U0062247

辨色视朝

晚清的朝会、
文书与政治决策

李文杰——著

上海人民出版社

　　本书是国家社会科学基金青年项目"清季中央政府的文书流转、政务运作与制度变迁研究"（16CZS060）的最终成果，鉴定等级优秀。

　　本书的出版，受中央高校基本科研业务费（Fundamental Research Funds for the Central Universities）华东师范大学精品力作培育项目（2020ECNU—JP003）的资助。

"朝，辨色始入。君日出而视之，退适路寝听政，使人视大夫。"

——《礼记·玉藻》

"伏愿我皇上仰法祖宗定制，辨色视朝，虚心听言，实事求是。"

——李鸿藻

目 录

插图目录

导　论

这本书讨论的是晚清时期的朝会与文书。

自秦以来的政治制度，被称为中央集权制，书同文，车同轨。因为这个条件，全国建立起高效的文书传递系统，确保朝廷施政如臂使指，政令能顺畅送达设治的每个角落，进而维持大一统的政治局面。在清代，即便是在千山万壑阻隔的雪域高原，京师下达的上谕也能在 40 天左右的时间，通过层层台站送抵驻藏大臣衙门；反之，驻藏大臣给皇帝的奏报也是如此。当然，对于不同时代政令的执行，人们尽可做出千人千面的解读。比如说，"山高皇帝远"就蕴含着对政令贯彻程度的质疑。在实际政治的运作过程中，从道府州县的各级官员到督抚，尽可在文书上面上下其手，做似是而非的报告，引导上级或君主朝最有利于他们的方向解读信息，诱导政策朝他们预想的路径执行。但不可否认的是，政治上的统一局面，正是赖一套复杂而又有序的上行、下行文书的流转在维系，宛如精妙的循环系统。

与此同时，最重要的行政文书——君主与中央各部院或者与封疆大吏沟通的文书，往往经由朝会商讨决定。这些朝会可区分为各种层次，有的侧重礼仪，重在展示君主的勤政形象；有的特重实效，凸显出权力操之在上；有的则是君主并不在场的群臣廷议，写成共识向上呈报。它们各有特色，在决策中发挥不尽相同的作用。

钱穆曾注意到，在中国现代政治中，会议和文书有着重要角色，不过，他更多的是批评文书与会议民主的消极面。①今天，我们仍然喜欢用"文山会海"来形容政务的繁冗，这恰好也说明文书与会议是政治运行的关键因素。从这个角度而言，行政文书产生的前前后后，正是政策的制定与执行的具体过程。

问题的缘起

从我最初酝酿本书的主题到现在大致完成，已经历了十多年时间。记得还在大四的时候，2004年春天，我选修了茅海建教授中国近代政治制度史的课程，他将清代到民国政府组织机构按类别、分专题进行讲解，尤其注重政治权力的来源与责任、各机构的特点、政治运转的规则与效果。我特别注意到"清代制度病"，发现用"腐败无能"一类的词语来概括清朝君臣，似乎太过简单：君主常是凌晨便起，批阅奏摺，一年到头少有停歇；军机大臣不顾年迈，每日做足准备，入内接受政策咨询，卒于任者不乏其人；递呈奏摺的部院大臣，同样如此。《礼记》有言："朝，辨色始入。君日出而

---

① 钱穆：《中国历代政治得失》，生活·读书·新知三联书店2001年版，第179—180页。

视之，退适路寝听政，使人视大夫"（《礼记·玉藻》）。清人将其发挥到了极致。君臣天不亮便须进入理政程序，这被清人概括为"辨色视朝"。同治年间，帝师李鸿藻进谏说："伏愿我皇上仰法祖宗定制，辨色视朝，虚心听言，实事求是。"①光绪年间，醇亲王奕譞上奏说："辨色视朝，为我国家一定不易之家法。"②除了早起，放在室外举行的"御门听政"更是要经受北京天气的折磨。毫不夸张地说，辨色视朝作为一项凸显勤政的清朝祖制代代相传，造就了中国历史上最为勤政的君臣团队（详见第二章第三节清帝每日的时间表）。

然而，我也产生了一个最大的疑惑：辨色视朝的祖制、宵衣旰食的团队，为何造就了近代以来屈辱的内外困局？勤政难道不对吗？

沿着这个问题往下想，我把焦点放在了政务流程上面。

清代的政务运作，可体现为文书的流转过程；而最重要的政务文书题本与奏摺，又是朝会的主要内容；朝会与文书，都是政治决策的要素以及具体的呈现。这正是本书探究的对象，也是本书正、副标题的由来。本书各章节的内容，将疏通政务流程和决策过程的诸多细节，或许不能直接回答上面的疑问，却会对相关思考有所助益。

本书论述的多是政治制度方向的题目。相较于历史长河中幽微的人心，相较于残篇断简及在此基础上搭建的隐秘史事，政治制度史常被视为相对固定和相对客观的研究对象，在我们的学科体制内

---

① 李宗侗、刘凤翰：《清李文正公鸿藻年谱》上册，台湾商务印书馆1981年版，第202页。

② 《醇亲王奏为皇帝视朝不宜过早谨述成宪事》（光绪十五年三月初七日），《宫中档朱批奏摺》，档号04-01-15-0081-040。本书引用的《宫中档朱批奏摺》，均来自中国第一历史档案馆馆藏，以下不再注明。

有经久不衰的意味。跟中国古代史领域比较起来，我们对于近代政治制度的研究还是相对薄弱的。这个很好理解。例如职官一条，从上古到中古，职官的类别、名目、流变比起清代、民国来，要繁琐得多，读懂史籍，须细究这些名目，深入钻研，自然就会形成专门之学。而近代史学科自产生开始，基本上是以大事件作为主轴来带动的，从史料集的编纂、学会的成立到研究热点的聚拢，无不是围绕重要历史人物与重大历史事件而展开。我们熟知的"三大革命高潮""两个过程""八大事件"的说法，就是最直观的反映。①所谓的政治制度，可能会附丽于太平天国、洋务运动、戊戌变法这些大的历史事件之下。包括职官在内的显性和隐性的制度，政治和经济的制度，是被相对忽视的（近年有所改变）。而在研究不足的情况下，我们对历史的理解常常会显得比较"隔"。

例如，军机处被我们抨击为君主专制顶峰的象征，但却是让清人深感优越和自豪的制度。清代在明代基础上，进一步落实废宰相的做法，一切大权操之自上，官居一品的大学士，权力遭到虚化；连势力最煊赫的军机大臣，通常也只是听君主口授大意、草拟谕旨而已，俨然是君主的大秘。这个制度实行一百多年，人们发现它能彻底阻隔权臣奸相这个对天下安定具有毁灭性的元素的出现。1906年，清廷宣布"筹备立宪"，接受会议政务大臣的建议，彻底改组传统的六部构架，唯独没有应允裁撤军机处、设立责任内阁并任命总理大臣的要求。当时的言论显示，责任内阁很自然地被理解成唐

---

① 罗志田：《构建兼容并包的中国近代史学科体系》，见《中国的近代——大国的历史转身》，商务印书馆 2019 年版，第 257 页。

宋的中书门下，内阁总理则被看作实权宰相，既然它们给权臣僭越提供了空间，早已被历史抛弃，何必又重新采用呢？如果理解了这个逻辑，我们就能更好地理解责任内阁筹组不成的舆论基础，这不是用统治者抓权不放一条就能充分解释的。用制度史来补充原有诠释的薄弱之处，补充对近代以来重大历史现象的理解，是一个值得尝试的方向。

我们通常会批评清制的"高度专制"，但这个专制表现是什么，专制到了怎样的程度，各个时段有没有程度上的差异，这些都值得深一步去探讨。以清代最为重要的政务文书奏摺为例，它由具备上奏权的大臣写好，或派专人传递到京，或由京中大臣直接呈递至宫中奏事处，皇帝亲自拆阅，进行简单批示或者更具体的处理。但实际上，晚清时期的君主（包括皇太后）深居宫中，实际的政治经验有限，大部分的奏摺都是例行处理：事务通报批示"知道了"；请示及建议事项则批示"该部/该衙门议奏"，发给六部、理藩院、总理衙门等中央部院做政策的建议或审核；等到它们返回议覆奏摺，君主的绝大多数批示都是"依议"，而不会予以否决。也就是说，政务的决定权，很大程度上握在中央部院的手中，由他们做实际擘画。

从这个过程就可以看出，所谓"专制"的说法，是可以通过具体化的描述，来进行部分修正的，在某些时段，或可解释为一种小范围的精英治国。钱穆说，对本国历史应有温情与敬意，不过，他在诠释清代制度时，使用了"狭隘部族政权"的说法，将传统与清制做了"切割"，在为前者辩护的同时，也能深入去批评后者。① 然

① 《中国历代政治得失》，第 143—153 页。

而，这种看似维护传统制度正面形象的做法，却可能导致忽视政治制度继承与延续的一面。上文提到的清朝在前朝基础上进一步深化废宰相的思路，就是历史延续性的一个例子。清朝通过弱化题本功能，虚置了内阁大学士的"票拟"之权。叶名琛、曾国藩、李鸿章等内阁大学士甚至以总督身份长期在外，根本无须入阁办事，这就说明内阁票拟之权的重要性已非同从前，对大学士的"宰相"称呼纯粹是出于礼貌。

而另一方面，如果缺乏对中国传统政治制度的通贯认知，也会弱化清朝特殊性，造成对历史细节的过度解读。

白彬菊（Beatrice Bartlett）的《君主与大臣：清中期的军机处（1723—1820）》一书，是一部深入解读军机处产生和发展初期高层权力关系的重要论著。她将当时政治分为"内廷""外朝"两部分，两者不但在紫禁城的空间上有着明确划分，且业务上也有着明显区隔——前者办事侧重执行皇帝的意志，后者则有着法治化的标准。她认为，军机处是雍正年间及乾隆即位之初，由一系列"内廷组织"综合发展而成的，这些组织凸显君主的个人意志，当然也就侵犯到"外朝"的权力。而这个内廷组织完善之后，逐渐形成和扩张着自己的权力，影响决策，约束皇帝，与君主、外朝，都有着复杂的争斗。①

如果我们纵观秦汉以降的宰相制度，会发现上述叙事与此前高度相似。汉代君主为了防范权臣，扩张意志，利用"宫中"的中朝

---

① ［美］白彬菊著、董建中译：《君主与大臣：清中期的军机处（1723—1820）》，中国人民大学出版社 2017 年版。

官尚书、中书谒者令、侍中等，去侵夺宰相的"府中"之权，到隋唐时期，这些君主身边近臣的名字，都已成为实际宰相的官称。唐代中期之后，皇帝身边的翰林侍从和宦官，又侵夺政府宰相之权。明初废宰相，不久置品秩较低的翰林入值大内，以内阁大学士的名义参与机要，侵六部之权……若只是对军机处做如是解读，似乎是中国历史上君主与宰相故事的再现。

从历史后果来看，明制、清制与前朝有着重大区别，它为大臣设置了权力的"天花板"，到一定程度便无法加高，基本阻断了权臣奸相这一历来威胁王朝安危的元素。正如晚清士大夫在论述军机处制度优势时所说的那样："自设军机处，名臣贤相不胜指屈，类皆小心敬慎，奉公守法，其弊不过有庸臣，断不至有权臣。"①如果无视这个特殊性，陷入细节之中进行挖掘，就有可能过分强调清朝的内外之分，过度解读君臣间的权力争斗（详细的讨论，见本书的相关章节）。

晚清最后 50 年也正是政治制度急速变化的时期，除了传统的垂帘听政、摄政王制度再现，新式政务机构伴随政治功能的转型，也陆续出现。从政治思想到行政功能、组织结构，无一不处于两千多年来最剧烈的变动之中。在种种变革交织的时代，政治决策及其前后的特点，实有再次探究的必要。

政治制度通常被人认为相对客观，因其在一段时间内相对固定，且通常有行诸字面的依据。不过，伴随而来的，是将政治制度

---

① 《掌山西道监察御史臣张瑞荫奏军机处关系君权不可裁撤摺》（光绪三十二年八月十一日），见故宫博物院明清档案部编：《清末筹备立宪档案史料》上册，中华书局 1979 年版，第 429—430 页。

的研究约等于寻章摘句的技艺，给人一种近似呆板的印象。这与实际历史中不绝如缕充满幽微隐秘、风云诡谲且不受制度约束的政治权谋与争斗似乎有着不小的距离。从近代以来的内忧外侮诸多史事中提炼出的权力（或暴力）理论，又加深了这种观感，即行诸字面的制度可被随意推翻，更不用说约定俗成的习俗与规矩。这样一看，政治制度似乎并不重要，研究的难度也并不高。

诚然，习惯了连续不断革命运动的 20 世纪或许有傲视旧有体制，睥睨一切秩序的资本，但是当我们回到历史中去观察其细部，却发现政治运作并非随心所欲，并非仅剩阴谋和权术。权力斗争遵循着一定的政治伦理，斗争之后也往往形成纸面的制度设计，保证新获秩序的稳固。例如影响晚清命运走向的辛酉政变，其过程可谓惊心动魄，表面上看，是皇太后与近支亲王联合起来，以武力为后盾推翻先帝临终所定的赞襄政务大臣制度，但在政变之后清算先前制度时，却频频使用"矫诏""无人臣之礼"等词语昭告天下——正是赞襄政务大臣破坏旧有制度，才遭灭顶之灾。

我们再看晚清每一次政治变动前，通常伴随着纸面制度的更易：垂帘听政，有"垂帘听政仪"；皇帝长大了，有对应的"归政仪"；皇太后训政，有着训政条目；宣布筹备立宪，有着《钦定宪法大纲》；在革命浪潮之下实行内阁制，则有《宪法重大信条十九条》。在每一次的章程、约定的背后，都有着精心筹措或激烈论辩（今天时髦的话叫作"博弈"）；而最终落实在纸面上，往往能据之以遵守施行。制度固然有着漏洞可资利用，但漏洞本身往往说明它的主体是得到遵守的。这些，都不可用后革命时代的思维来看待。

也正是由于政治制度的研究往往被看作面朝故纸堆做的寻章摘句

的枯燥技艺，它时常会遭受"只见制度不见人"的责难——只有枯燥的典制构筑的框架，而不见活生生人的行为与思想。这是本书试图去尽力避免的。为此，本书关注的，往往是影响或说明重要制度形成与变动的历史事件，希望以此去展示制度形成的动态经过与多元考量，注重档案的解读，充实高度凝练且相对静态的"会典"体裁。

本书将讨论晚清时期君臣朝会、奏摺处理与政治决策的大主题，为了清晰地展现这个主题下的具体内涵，我又将它分成了若干个小的主题进行处理。其中包含两个关键词，一个是朝会，一个是奏摺，两者密切关联；还有两个重要的背景，一是 1861 年建立的垂帘听政制度，一是 1906 年之后展开的筹备立宪。

材料与思路

本书的思路是从文书形成看决策的过程。清代政务的决策，无论是君臣参与的朝会还是君主不在场的会议，最终都会行诸文书。这些文书，或为奉旨"依议"的奏摺，或为长篇的密寄与明发上谕，奏摺与对应的上谕也就成为本书最重要的史料来源，它们在产生之后，有着各样的刊登场合，也就形成各式的文本。

谈到史料的层次，史家傅斯年曾说："假如有人问我们整理史料的方法，我们要回答说：第一是比较不同的史料，第二是比较不同的史料，第三还是比较不同的史料。"[1]在本书所涉及的晚清史领

---

[1] 傅斯年：《史学方法导论》，见欧阳哲生主编：《傅斯年全集》第 2 卷，湖南教育出版社 2003 年版，第 308 页。

域，史料较此前有大幅扩充，傅斯年的方法颇具指导价值。在这里，关于同一事件，往往有多种叙述，甚至同一个文件，也可找到多个版本。对各版本进行辨析，而后择善而从，是最基本的工作。面对材料的扩充，我们似应一则以喜，一则以忧，史料上量的扩充，未必对应质的提升。我们的研究领域、选题固然因此而拓展，但也应看到另一面。有学生私下交流论文经验时曾说：写论文最好多用几种史料集，就算内容相似，也不能盯着一个去引，要让注释尽量多样化，这样，审稿时才能显出优势来。如此操作，材料从绝对量上确实扩充了不少，却未必见得高明，尤其在一大批"同质"史料面前，如果不先做一番辨析和排序的工作而随着兴之所至去征引，就会显出证据的不齐整，好比将新鲜水果与过期瓜果放在同一堆。

例如，军机处《上谕档》1900 年 7 月 31 日（光绪二十六年七月初六日）收录这么一条上谕："现在各兵团围困西什库教堂，如有教匪窜出抢掠等情，当饬队力剿；倘彼死守不出，应另筹善策，暂勿用枪炮轰击。"①而伪满影印版《清实录》则变成了如下内容："军机大臣面奉谕旨：现在各兵团围困西什库教堂，如有教民窜出，不可加害，当饬队保护；倘彼死守不出，应另筹善策，暂勿用枪炮轰击。钦此。"②如果再翻阅《光绪朝东华录》则会发现，如此重要

---

① 中国第一历史档案馆编：《光绪宣统两朝上谕档》第 26 册，广西师范大学出版社 1996 年版，第 237 页。本书所引历朝《上谕档》，均为中国第一历史档案馆整理版本，以下不再注明。

② 《义和团档案史料叙例》已经对此有过解释，见故宫博物院明清档案部编：《义和团档案史料》上册，中华书局 1979 年版，第 2、414 页。

的上谕，居然未被收入其中。可见，在采择晚清史史料时，有必要检讨它们的来源及特点。

上文曾提到，与清朝前期不同的是，清中后期的主要政务通过奏折流转，军机处协助皇帝处理，原来主要由内阁处理的题本系统退居次要地位，以至于内阁的实际作用下降，位居正一品的内阁大学士如果未兼任军机大臣，则不被看作"真宰相"。我们现在利用频繁的清史资料，包括 1950 年代开始编纂的从鸦片战争到筹备立宪的各种《档案史料》，官修的《清实录》、私纂的《光绪朝东华录》乃至清代名臣文集、各式奏稿、奏底、《谕折汇存》等，其最主要的内容，也都是奏折与对应的上谕。所以，我们不妨顺着奏折的走向，来看看各种资料的特点及其缺陷。

按照文书形成的过程，我们今天看到并利用的奏折大概有三个系统：第一是奏折作者本人或本机构留存的底稿。个人奏稿往往会被收入私人文集，这类材料因涉及作者生前身后之名，其文本与最终上呈的奏折，区别不大。当然，也存在诸如康有为的《戊戌奏稿》大面积修改甚至作伪的现象。机构留存的底稿或依据底稿及收发文形成的档案，近年来被大规模影印出版，例如《总署奏底汇订》（总理衙门奏折底稿）、《国家图书馆藏清代孤本外交档案》及其续编（主要内容是依据总理衙门原档编纂的《清档》，其中奏折及对应的上谕是常见内容，详见本书第七章）。这些史料中收录的奏折与上呈给君主的奏折，没有太大差异，这里暂不展开说明。第二类是档案原件，主要是宫中档朱批奏折、军机处录副奏折两种，以及由此编纂形成的军机处相关档册，例如《上谕档》《议覆档》《月折档》等。第三类则是因第二类原折的公开，抄录而成的《邸抄》《京报》及其衍生资料，它们最主要的内容即内阁发抄的奏摺与对应的上谕。由于民间会依据《邸抄》《京报》再次衍生各式各样的史料，所以可将其单列为一个系统。

我们先来看看第二类，即奏摺的档案原件。内外大臣呈递给君主的奏摺，是最为正式的奏摺文本。如果经过君主朱批，则称为朱批奏摺。因定期回收置于宫中，故称为"宫中档朱批奏摺"。在发还上奏人之前，由军机处抄录副本，称"军机处录副奏摺"，并视情况决定是否发抄——交由内阁领出，各省提塘官可抄录，民间报馆可选择刊出。

宫中档朱批奏摺和军机处录副奏摺，是我们接触和使用最多，也认为最可靠的奏摺形态，但其中仍有需要注意的地方。例如，光绪朝的朱批奏摺中，有一部分虽由光绪帝亲手朱批，但它们并不是正式的政务文书，那些批示也不会发下执行，它们只是小皇帝在亲政前用来练习批摺的材料（详见第五章）。再如，军机处录副也并不一定是对原摺的忠实抄录，在某些时候，军机处可能会对奏摺的正本进行裁剪。晚清军机章京郭曾炘就做过这种事，其子郭则沄后来谈及庚子年间的一桩往事说：

> 凡臣僚奏事不称旨者，其疏留中不发，此事前代多有。《史记》载群臣请立闳、旦、胥为诸侯王，四月奏未央宫，留中不下，则汉时已然矣。其条奏数事，或择一二事可采者交议，馀事裁去留中。如道光时，袁铣条奏十事，仅以核赋课、平刑法、广教化三事交议是也。后来枢臣亦得斟酌去取。光绪庚子义和团之乱，某翰林条奏中有请惩东南大吏及按户搜捕汉

> 奸二事，先文安公在枢直，手裁去之，以其馀行部，即依
> 是例。①

按郭则沄的说法，在 1900 年庚子乱局之中，有一位翰林上递条陈，其中有两条建议，包括惩处拒绝排外的东南督抚、按户搜捕汉奸，上谕命将条陈交给相关部院议覆。奏摺随即转入军机处，被郭曾炘裁去上述两条，仅将其他内容交给部院议覆。因军机处在抄录奏摺副本时，有严格的核校程序，所以这件事如果是真的，恐怕不是郭曾炘一人之力所能办到，后面应该还有地位更高的授意者。

郭则沄的这个说法是否可靠呢？我们无法直接验证，但可以通过此前两年的另一桩事例进行旁证。1898 年戊戌变法期间，御史宋伯鲁、杨深秀于 6 月 20 日（五月初二日）上递一件封奏，题为《为礼臣守旧迂谬、阻挠新政，请伸乾威立赐降斥以儆效尤而重邦交事》。主要内容是弹劾礼部尚书兼总理衙门大臣许应骙顽固守旧、不通外交，并仇视通达实务之士（暗指康有为），建议罢免其本兼职差，降调使用。光绪帝在收到奏摺后，命军机处下旨，"着许应骙按照所参各节明白回奏"。②这个奏摺交军机处抄录副本后再交许应骙参照回奏。这就形成了两个版本：原本和录副本。按照惯例，两版本应完全一致才是，但实际上，军机处却对原奏摺动了手脚。以下是两个版本的关键段落比对（删除线为录副本删掉的内容）：

---

① 郭则沄：《竹轩拾零》，见北京大学图书馆藏稿本丛书编委会编：《北京大学图书馆馆藏稿本丛书》第 6 册，天津古籍出版社 1987 年版，第 36—37 页。
② 《光绪宣统两朝上谕档》第 24 册，第 203 页。

总理衙门为交涉要区，~~当此强邻环伺之时~~，一话一言，动易招衅，非深通洋务洞悉敌情，岂能胜任？许应骙于中国学问尚未能十分讲求，何论西学？而犹鄙夷一切，妄自尊大。~~闻其尝在总署，因一无关轻重之事，忽向德使海静争论，德使瞋目一视，以手拍案，尚未发言，而许应骙已失色，即趋出署，德使乃大笑，加以讪诮。此等之事，不一而足~~，其于伤邦交而损国体，所关非细故也。臣以为许应骙既深恶洋务，使之承乏总署，于交涉事件一毫无所赞益，而言语举动随在可以贻误，~~中国之轻见侮，未必不由此辈致之~~。①

两天后，许应骙上奏，对弹章各款做了辩驳，光绪帝明发谕旨：着毋庸议。即宋、杨奏摺所参各条不尽切实，拒绝他们降许之职的建议。在宋、杨原奏摺的封面上，有军机处添注的小字："另摘抄，同初四日（6月22日）许应骙摺交。"意思是，该奏摺被摘抄之后，与许应骙的回奏一起，都交给内阁中书领出发抄，相当于对外公开。各省在京的提塘官，可将这种类型的奏摺以及对应的上谕抄录下来，形成《邸抄》。京内民办报馆，则可据此印制成《京报》。于是，《邸抄》《京报》就成为各地官绅了解政情动态的资料，也就是上面提到的第三类奏摺。

当然，我们不能简单地判定说，上面例子中的朱批原摺是真史

---

① 《御史宋伯鲁、杨深秀为礼臣守旧迂谬、阻挠新政请伸乾威立赐降斥以儆效尤而重邦交事》（光绪二十四年五月初二日），其录副版本、原件版本分别见中国第一历史档案馆藏《军机处录副奏摺》，档号 03-9447-004、03-9447-005。本书引用的《军机处录副奏摺》，均来自中国第一历史档案馆馆藏，以下不再注明。

料，而被改动过的录副奏摺及之后衍生的《邸抄》《京报》是伪史料。删掉的部分正可说明中枢在意什么样的内容，他们最不希望哪些内容被公开；或者也可说明，当时的哪些过失或罪名对许应骙的仕途更具杀伤力，而这些也都属于更广义的历史真实。

由于档案原摺长期以来封存于宫中、军机处或各部院，在档案开放之前，当时及后来人主要依靠《邸抄》《京报》一类的奏摺汇编作为了解时政，编纂、研究历史的资料。清初纂修明史，曾大规模搜集留存于民间的《邸报》作为一手资料。我们熟知的晚清时期《经世文编》系列，部分取材于《邸抄》；《谕摺汇存》多取材于《邸抄》；清末翰林朱寿朋所编的《光绪朝东华录》，长期以来为学界所重视，也主要取材于《邸抄》；新式报刊如《申报》则有专门的《京报》版面，它与《光绪朝东华录》一样，收录的奏摺都是依据《邸抄》而再次转抄的版本。

那么，这些版本有哪些特点呢？我们仍以宋、杨参劾许应骙以及许应骙辩驳的两摺为例。它们与上谕皆在 6 月 22 日（五月初四日）发抄，却抄录在 6 月 29 日（五月十一日）的《邸抄》上。①这些奏摺刊登在《申报》，则已经到了 7 月 14 日（五月二十六日）。当天《申报》转载的，是 7 月 5 日（五月十七日）的《京报》全录（《京报》送达上海的《申报》馆，还需要九天时间），内含上述两摺及对应的上谕。从内容上来看，除个别字词的讹误，《邸抄》《京报》/《申报》的奏摺版本与军机处删节过的录副版本无异，《光绪

---

① 《光绪二十四年五月十一日邸抄》，见《邸抄》第 84 册，国家图书馆出版社 2004 年版，第 43504—43505 页。

朝东华录》同样如此。不幸的是，《光绪朝东华录》对奏摺的作者进行了简化处理，写作"宋伯鲁等奏"，忽略掉了杨深秀。①而实际上，宋伯鲁之所以署名在前，有可能只是因为其职务高于杨深秀，缩略作者的做法，会导致重要信息的丢失。

从比对信息也可看出，《邸抄》《京报》在当时的版本不一，重要的体现就是日期不齐整：奏摺产生于 6 月 20 日，许应骙覆奏于 6 月 22 日，但出现在某一版本的《邸抄》中，已到了 6 月 29 日；出现在《京报》中，是 7 月 5 日；《申报》再次转载，则已是 7 月 14 日的事情了。如果这些版本的奏摺、奏片没有注明上奏日期，我们就很容易将它们的刊出时间误作产生时间。

《邸抄》《京报》有着不同的版本，抄录者、刊印者也会根据各自不同的需要，摘录所需的主题及对应的上谕。在这种主观选择之外，客观原因也会造成《邸抄》的疏漏。例如在 1900 年八国联军入侵之际，高层政治处于不正常状态，统治者西逃，京城被侵占，内阁无法像平时那样从军机处领取奏摺发抄，民间报房也无法取得《邸抄》和印制《京报》，因此这一段时间的《邸抄》《京报》，是不完整的。

除了以上主客观原因造成的遗漏，《邸抄》在来源上还有一个最大的问题，即经由内阁公开发抄的奏摺，实际仅为每日政务的一部分。未公开发抄的奏摺主要分为两类。第一类是大量的京内各部院奏摺。按照制度，京内六部、理藩院等机构实行轮值，轮值之日向君主递送奏摺，奏报本部政事或者对所管事务进行议覆。一般情

---

① 朱寿朋编：《光绪朝东华录》第 4 册，中华书局 1958 年版，第 4099 页。

况下，皇帝给出两种简单的处理意见："知道了"或"依议"。不过，他无须动朱笔进行批示，而是指甲划痕，"横知竖议"，即横线表示"知道了"，竖线则为"依议"，随后由奏事处太监传旨，交给各部领回。这部分奏摺因未过军机处、内阁之手，所以无从发抄（详见本书第二章）。

还有一些奏摺未交代发抄。一是皇帝留中的，例如科道言官的建议或参奏，皇帝有意压着不处理；二是涉及机密不宜公开的（例如第二次鸦片战争之前涉及外国事务的奏摺）；三是奏摺内容未涉及部院事务的。擅自公开不允许发抄的奏摺，是一项严重的过失。

由此一来，军机处交给内阁中书领出发抄的奏摺及对应的上谕，是有限的。也就是说，《邸抄》的原材料，本就是不完整的。加之提塘官、报馆在再次抄录时有意取舍，导致它们的记录更加不全。就内容而言，《邸抄》所录的和未公开的奏摺相比，其重要性也相对低一些。领班军机大臣奕劻曾说："向行《邸报》，大抵例摺居多。"①御史赵炳麟也曾检讨："外间钞报，如《谕摺汇存》《阁钞汇编》之类，大抵皆照例摺件，于朝廷立法行政本末，无甚关涉。"②这样一来，《邸抄》《京报》以及据此产生的各类奏摺汇编，其价值就要打上一定的折扣。

类似的情况，也出现在《光绪朝东华录》上。1909年，供职国史馆的恽毓鼎希望仿照《续资治通鉴长编》编纂一部光绪朝政事

---

① 《宪政编查馆大臣奕劻等奏办理政治官报酌拟章程摺》（光绪三十三年三月初五日），见《清末筹备立宪档案史料》下册，第1060页。
② 《御史赵炳麟请令会议政务处筹设官报局片》（光绪三十二年十月三十日），见《清末筹备立宪档案史料》下册，第1059页。

记，他认为自己在史馆，可利用内阁便利，"凡廷寄、奏摺、列传，皆可借钞，从事编纂"。他还将当时刚刚成书的《光绪朝东华录》作为一个反面例子，引以为戒，评论说：

> 今年上海朱太史寿彭辑《光绪东华录》已成书，仅据《邸抄》掇拾而为之，辅以盛侍郎所藏之《洋务编》，其书疏略特甚，政事皆不具首尾（事之下部议者，其复奏摺往往不发抄。朱君不能得原摺，故徒有建议而无决议）。舍史馆而编《东华录》，犹弃山而聚铜也，无怪乎不成片段矣。私家不可作史。①

这里讲到了《光绪朝东华录》的缺点：第一是来源主要为《邸抄》这一民间的奏摺抄本；第二是相关奏摺被割裂开来，例如原奏被收入其中，而针对原奏的议覆奏摺因没能发抄（原因如上文所述，即部院议覆奏摺由皇帝划痕"横知竖议"后，直接传旨发还，未经军机处与内阁之手），往往无法寻获，所以恽毓鼎感慨说"不成片段"，"私家不可作史"。不仅如此，《光绪朝东华录》为图简便，有时仅将署名在前的奏摺作者列出，这样就可能忽略重要的合作之人。

　　《光绪朝东华录》采用编年体，将相关重大事件、重要奏摺、上谕归入对应的年月日。对于奏摺而言，它所示日期，是皇帝接收并给予针对性答复的日期。《邸抄》在抄录奏摺时，往往掐头去尾，

---

① 恽毓鼎著、史晓风整理：《恽毓鼎澄斋日记》第 2 册，浙江古籍出版社 2004 年版，第 464 页。

将上奏时间去掉。《光绪朝东华录》延续了这一特点，故奏摺所系日期，并非写作及发出的日期。如果该摺是京官所上还好，因递摺与批示往往在同一天；若是外官所奏，尤其是偏远地区的将军、督抚所奏，那么就不宜简单采用《光绪朝东华录》所示的日期。

在史料选择上，《邸抄》《京报》有不同的版本，其摘抄的上谕、奏摺不尽相同：一般明发上谕及其对应的奏摺较多，而机密谕旨——廷寄及相应的奏摺就没那么容易获取，这就限制了由此而形成的奏摺汇编以及《光绪朝东华录》的素材来源。从主观因素而言，朱寿朋等纂史者在面对上谕、奏摺时，会有自己的选择标准和政治顾忌。阅读义和团时期的《东华录》，再比对同一时期的《上谕档》可以发现，凡涉及保护外国使节、谴责暴民的上谕，往往被朱寿朋选入；凡是言辞激烈，显示对外强硬态度的上谕，则多被舍弃不用。陈恭禄曾说，"《光绪朝东华续录》内容丰富，价值在其他《东华录》之上，编纂的方法也和前人不同"，"盖已成为近代编年史的代名辞"。①这话放在 50 多年前并无大错，因为缺少更多精确的资料可读，档案也未能开放，但如果放在今天，就很有问题了。

由于《邸抄》及其副产品内容不全，未经官方校对核准，准确性欠佳，种种缺点不利于官绅及时了解最新的政情。1854 年初（咸丰三年底），江西巡抚张芾上奏，建议由官方统一审核、发行《邸抄》。张抱怨说，以前每月有摺差进京，顺便带回《邸抄》供官员军民了解政情，但是与太平军作战之后，因道路梗阻，除奏摺外，《邸抄》无法经驿站系统传递，导致各省官员对本省之外的重

---

① 陈恭禄：《中国近代史资料概述》，中华书局 1982 年版，第 66 页。

要政事，例如周边省份的人事任免、人事调动及其原因、周边的太平军动向等信息茫然无知。因此他建议，应命内阁每月将通行刊刻的权威版《邸抄》核对二十余份，交由兵部驿递系统下发，好让各地统兵大员和督抚们及时知晓全盘上谕，筹划全局，随时应变。①咸丰帝收到张芾奏摺后大怒，说张芾的建议"可笑之至"，"实属谬妄"，用廷寄形式对他进行了驳斥，其中有几句话值得注意。他说，"所有刊刻邸抄，乃民间私设报房，转相递送，与内阁衙门无涉"，"内阁为丝纶重地，办事之侍读中书，从无封交兵部发递事件，若令其擅发抄报，与各督抚纷纷交涉，不但无此体制，且恐别滋弊端"，"无论有无紧要事件，动用驿报"，"不特有违定例，亦令闻者诧异"。②

按理说，督抚要求内阁发布权威版本的《邸抄》，不过是希望获得相关奏摺和上谕的权威定本而已；而使用驿站系统递送《邸抄》，也不过是想及时了解政情。咸丰帝对张芾建议的激烈反应，令人匪夷所思。不过，就在十多年前的鸦片战争期间，耆英曾向道光帝报告，英军每天都能阅看《京报》，道光帝认为，"必有辗转递送之人，其为汉奸无疑，可恨可恶之至"，下令沿海督抚严密查访私行抄录《京报》的行为。③也就是说，《邸抄》《京报》虽允许公

---

① 《江西巡抚张芾片》（咸丰三年），中国第一历史档案馆藏《宫中档朱批奏摺》，档号04-01-01-120-2511。

② 《咸丰同治两朝上谕档》第3册，广西师范大学出版社1998年版，第459—460页。

③ 《清宣宗实录》卷375，第38册，中华书局1986年版，第753页。本书所引清代历朝实录与《宣统政纪》，皆为《清实录》中华书局影印本，1985—1987年，后文直接写明册数，不再一一注明《清实录》。

开，但在皇帝看来，毕竟属于有着一定保密级别的文书，起码不应该让敌人看到。在太平天国战争尚激烈进行的时候，咸丰帝拒绝发行官定《邸抄》，大概也部分出于保密的考虑。

不过，《邸抄》系统在清末得到了长足的发展，这首先是因为民办新报刊的大量出现。以《申报》为例，该报从 1872 年 4 月 30 日创刊起，即有专门版面发布《京报》，其中包括宫门钞、上谕、奏摺等内容。后来倡导变法维新的新报刊，也选择摘编《邸抄》的某些主题奏摺用于宣传。在这种情况之下，奏摺、上谕早已无法对外人保密。到了清末新政时期，京城部分部院与南北洋大臣开始编纂省部级的《官报》，刊载与本部门、本地区相关的奏摺、上谕、政令等内容。1906 年底，御史赵炳麟建议，由会议政务处将原来的《邸抄》从民间揽过来，发行正式的高级别《官报》。这一提议得到奕劻等人赞成，理由是："维预备立宪之基础，必先造成国民之资格，欲造成国民之资格，必自国民皆能明悉国政始。"①这就是创刊于 1907 年 9 月的《政治官报》。《政治官报》是日报，每天发行，主要内容包括三部分：谕旨、批摺清单、宫门钞，电报、奏咨，摺奏。除了机密文件不外宣，凡交由军机处发抄以及各衙门具奏的事件，均编入《政治官报》之中。

相比原有的《邸抄》系统，《政治官报》的优点在于，第一，收录奏摺、谕令数量多，涵括全面，不像《邸抄》那样，有庞杂的版本和较多的遗漏。第二，经由宪政编查馆核准，作为法律上的定

---

① 《宪政编查馆大臣奕劻等奏办理政治官报酌拟章程摺》（光绪三十三年三月初五日），见《清末筹备立宪档案史料》下册，第 1060 页。

本，官民可引以为准则。第三，除了军机处发抄的摺件，《政治官报》还收入了各部院未经发抄的奏摺，也就是那些原由皇帝指甲划痕后直接发下，不经军机处之手的奏摺。这些奏摺在此前的《邸抄》系统，甚至在宫中档及军机处档案中，是难以找到的。到了1911 年 9 月之后，因责任内阁成立，《政治官报》被《内阁官报》取代，交由内阁印铸局编纂，其主要内容未变。

今天，因新出史料的增加及学术的发展，各级图书馆、档案馆乃至私人秘藏的近代史资料得以影印出版，足以满足傅斯年所谓"能扩张它研究的材料"的要求。但近代史料量的拓展并不代表质的延伸，如果不加以细究，大量"同质"史料的机械重复，反而可能给研究带来一定的干扰。如果从奏摺、上谕等重要政务文书的涵盖面、准确性及细节的"狭义真实"来考虑，我认为不妨如此给晚清史料排个序：档案馆原档、影印或点校档案、《官报》、《实录》、文集、《邸抄》与《京报》、《光绪朝东华录》、其他衍生史料集。

以上也是本书采纳史料的先后次序。

全书的结构和主要内容

本书除导论和结论部分外，共 11 章，分为三编，分别题为"朝会的变迁""中枢与文书""会议决策与晚清变局"。

上编"朝会的变迁"，共四章，讨论三种君主在场主持的朝会模式：清初开始的不定期举行的御门听政、奏摺大兴之后每日举行的军机见起与部院轮班奏事制度、晚清时期遇大事由君主召集重臣举行的"御前会议"——见大起。其中，着重论述朝会与文书制度的关系。

御门听政对应题本的处理，在康熙朝最盛，随着奏摺地位的上升，题本处理方式也发生变化，多可以沿着内阁票拟、批本处批红的路径走完全程，无须经由朝会去公开讨论，御门听政的主要内容变成讨论折角待处理的疑难题本——折本。题本地位下降，折本也就随之减少。同时，君主和军机处在每天清晨须集中精力处理奏摺奏报事项，完全压缩了原分配给御门听政的时间，因此，御门听政逐渐衰微，最后终结于咸丰朝。

在清朝中后期所谓的"早朝"，实际上包含着一系列的政务活动。它们围绕着奏摺的处理而展开，主要包括京内各衙门轮值递呈奏摺，君主阅览、批示奏摺——京内一般奏摺直接给出"知道了""依议"两种意见，作简单记号后交还上奏衙门领回；复杂的京内奏摺、外省奏摺或由君主朱笔批示，或在军机处辅助下批示或拟旨。除接见军机大臣之外，每日轮值京内衙门的堂官——管部大学士、尚书、侍郎，须各自递呈膳牌，预备君主的召见和询问。这种早朝的常态在1861年之后，发生了某种程度的变形，这就是垂帘听政制度。

我们熟知同光两朝皇太后垂帘听政的制度，但这一制度的产生，经历了几个阶段：首先是咸丰帝病重时御前与军机大臣辅政的模式，然后是咸丰帝去世后八大臣赞襄政务的模式，最后才是辛酉政变后垂帘听政的模式。每一模式，都伴随着奏摺处理和上谕下达方式的改变，展示出政治集团的权力调整及其限度。

咸丰帝在病重卧床后，将每天收到的奏摺交给热河行在的御前与军机大臣拟批，对其拟批的意见少有更改，这使得行在的御前与军机大臣集团握有类似明代职司票拟的内阁大学士的权力。他们在咸丰帝死后，更获得了"赞襄政务"的名义，拟批奏摺、草拟谕旨，然后交皇太后钤图——咸丰帝死前御赐的"御赏""同道堂"两枚图章。很快，赞襄政务大臣与皇太后就各自的权力边界发生了激烈冲突，焦点在于钤盖图章究竟只是例行公事还是象征政令的核准权。最终，被疑为僭越了君权的赞襄政务大臣集团落败，两宫皇太后垂帘听政的体制得以建立。此后，朝政由议政王、军机大臣辅助处理，由他们拟批奏摺与草拟上谕，但最终决策权牢牢掌握在皇太后手中。这是同光两朝垂帘听政时期最基本的权力格局。

同治帝成年之后，两宫皇太后依据当初的章程，停止垂帘听政，恢复祖制，将大权交还给皇帝。然而，这一局面仅维持了不到两年。1875 年初，同治帝忽然病故，幼年光绪帝继承皇位，垂帘听政章程得以继续执行。七年后，随着慈安太后去世，慈禧太后成为帘幕之后唯一的决策者。1884 年，她与醇亲王奕譞密谋政变，使得同光以来辅政 24 年的恭亲王奕訢退居二线。1886 年，光绪帝即将成年，按照同治朝旧例，太后应完全还政给皇帝，然奕譞却提出了由慈禧太后继续训政的请求，并申明应该永远延续训政体制。慈禧太后允许暂时训政两年，待皇帝大婚之后即行归政。1888 年，奕譞再次出面，与军机处拟定归政后的政务章程：皇帝每天的批摺和拟旨意见，由军机处事后抄呈皇太后，重要的人事任命须先行请示皇太后再行降旨。过分谦抑的奕譞意在示弱，在风云诡谲的政治环境中保全醇亲王府和他的亲子光绪帝。这一迥异祖制的做法，让皇帝手中权力大打折扣，使他事事揣度太后意志，在无形压力之下度日，埋下了日后母子君臣之争的伏笔。

　　除去不定期举行的处理题本的御门听政、每日在军机处辅助下处理奏摺并召见部院大臣的朝会，清朝中后期还经常出现一种特殊的朝会——由君主召见军机大臣、全体部院大臣甚至更大规模大臣的"大起"。这种朝会是为了因应重要的政治与外交难题，由君主（或皇太后）临时召集，并无对应的制度规范。大起商讨的内容通常与重臣会议的奏摺相互配合，辅助政务决策。在见大起的过程中，除极个别王公得到特许外，其他的参与者皆全程跪对奏事，由权力和地位最突出的大臣进行代表性陈奏，大部分人只能缄默不语。在见大起的场合，个人的意见或激越的清议，往往得到收敛与抑制，与主流的持平意见形成妥协与调和，在重大决策关头发挥分担责任、调和立场的作用，使决策能为清议所谅，又不损其权威性。

　　中编的"中枢与文书"，侧重探讨重大文书的形成和处理过程，尤其是中枢机构在其中的作用。"光绪帝习批奏摺探析"一章，主要考察《宫中档》中一类特殊的文书——光绪帝成年之前的"朱批奏摺"。它们虽留下朱笔痕迹，但并不是一般意义上的朱批奏摺，不会发下执行。按照本书第一部分的论述，光绪帝成年之前，由皇太后垂帘听政，奏摺交给军机大臣墨笔拟批。所以，当时的"朱批奏摺"实际上是光绪帝为日后亲政而进行的政务训练。这个训练在皇帝十三四岁时开始，由帝师进行指导，展示出小皇帝日常所受教育的内容、范围与深度。有意思的是，皇帝的批示练习虽然篇幅较长，但实质性的指示意见，与军机大臣的拟批并无太大的差别。这似可说明，晚清大部分的国事批答，很大程度上依赖着旧官僚体系的经验，在既有的框架内完成流转与决策。

军机处每日辅助处理奏摺，依据君主意旨草拟上谕。在垂帘听政时期，更有拟批和拟旨的权力，且经常参与晚清重要职位的举荐。在军机处官员中，军机大臣接受君主咨询，而军机章京在很多时候则是重要文书的执笔人。他们还会开列"面单"，供军机大臣有针对性地应答君主的咨询。"清代军机章京的选任"一章，除论述军机章京在决策中的角色，也考察这一与君主近在咫尺甚至介入大政决策的秘书团队是如何选拔的。他们经由考试，从六部正途出身的司官中选任。考试内容为传统经典中的经史论题，文章篇幅短小，尤重书法。这些特点影响着这一秘书团队的学问与见识水准。

本书上编的各篇，以朝会为讨论对象，而朝会最重要事项，就是处理奏摺报告。"总理衙门的奏摺流转及其权力运作"一章，正是对奏摺产生过程的细致论述。该章以总理衙门为例，从奏摺底稿开始，对奏摺的草拟、修改、呈递、归档的全过程进行了考述。这也正是晚清外交政策形成的主要过程（政策的定音还包括奏摺呈递之后的批阅）。在这一系列流程中，草拟意见的落实、奏摺修改与呈递，既有着总理衙门章京尤其是总办章京的作用，也体现着总理衙门大臣团队中分量不一的意志。总理衙门是晚清中央部院的组成部分，故奏摺的草拟流程与六部有着相似之处；但它排斥胥吏，而由章京直接办稿，又显示出与六部的差异以及同军机处的近似之处。

"君相关系的终曲——清季内阁与军机处改革"，讨论了军机处这一君主秘书机构的最终走向。在晚清垂帘听政时期，军机处的实际作用较此前有所增强，原因在于两宫皇太后虽有人事决定权、批摺指示权和最终裁决权，但毕竟长期在深宫之中，未娴于繁杂的政情。军机处原本是清朝继明初废除丞相之后采取的进一步举措，目的在于弱化职司题本票拟的大学士的实际作用，体现出传统制度在清朝的延续性。这个在今人看来体现"君主专制高峰"的机构，却是清人引以为傲、能严防历朝宰相制度滋生权臣弊端的良方。清末筹备立宪时期，曾议裁军机处，设立责任内阁和总理大臣，这恰与前代宰相制度神似，故未能得到广泛认可。在宣统帝即位后，为严防军机大臣借拟旨之机推销私意，摄政王载沣命军机大臣在上谕之后署名。该举措引发了资政院对军机处副署上谕是否代表行政全责、君主权力应止于何处的疑问，一定程度上促成了1911年5月军机处的裁撤和责任内阁的形成。然在责任内阁成立之后，原军机处体制下的政务程序并未发生实质性改变，直到半年后清廷筹组的第二次内阁，才初步具备君主立宪制度下责任内阁的规模。

下编的"会议决策与晚清变局"，探讨的是晚清时期政务会议的模式、作用及其变化。明朝的九卿廷议，常用来商讨重要军国事项。这一模式在清朝被沿用，晚清时期则进一步扩大为"大学士六部九卿会议"，有众多臣僚的共同参与，由他们商议、写好公摺再上奏请旨。在同治、光绪两朝遇有疑难的政治军事决策时，这些公摺常被最高统治者拿出使用。这种模式有时是君主借公意表达自己的意志，有时侧重缓解舆情，示好清议，有时则是为了集思广益，收群策群力之效。这种会议模式，并无制度性规范，且参与者众，有着泄密风险，立场上须迁就多数，往中间路线靠拢。

众臣廷议的会议模式无形中塑造着晚清士人的议会概念。当他们接触到西方议会的细节后，发现议会议事近似于本朝的大学士六部九卿会议——都是群臣商讨议决，以文书形式报告君主批示，因此，这种会议模式也塑造着当时士人的议会知识。部院大臣或者群臣廷议政事，而后以奏摺形式向君主请示，这可看作行政决策的重要环节；而议会集体议决法案，交国家元首签署，则是立法的程序，两者形似而内涵迥异。理解上的混淆，无疑将导致行政机构与立法机构关系的走形。"议会与会议——晚清议院论的侧面"，就是着重讨论这种观念的产生及其后果。

下编最后一章"御前会议与筹备立宪"，接续了上编的问题，探讨的是真御前会议的筹备及其落空。"御前会议"四字连用，来源于日本语，是明治维新之后重大政治决策的一种形式。君主握批准之权，却由内阁负实际责任。这一词语在国内语境中往往指代御前的见大起，但在宣统帝即位后的立宪风潮之下，摄政王载沣曾一度计划召开日式的御前会议，君臣采取平仪形式进行大政决策。然而，这一计划终因无法清晰分割君权与相权（军机处或新内阁权力），担心权力旁落而未能实施。

总体而言，本书三编 11 章的内容，紧紧围绕着文书、朝会以及由此形成的政治决策三个主题而展开，考察朝会议事的各种形式、文书流转的诸多细节，关注它们在晚清时期的变化，尤其注意探讨细节中体现出的权力结构，试图以疏通关键细节的方式，向读者展示晚清政治决策的程序及其效果。

本书的大部分章节，曾以单篇论文的形式，刊在诸多学术期刊和报纸上。这些论文在刊出后及编入本书过程中，都做了大幅度的修改或更新。不论是投稿后接收到的详尽的审稿意见，还是期刊报纸、微信公众号的读者以及他们的批评，或是在写作和修改时自我预设的无形读者及其可能的感受，都是我不断改进的动力，故而论文发表是一个必不可少的帮助深入思考及自我修正的过程。我也愿借此机会，诚挚感谢大度接纳这些不成熟论文的编辑部的老师们。这些文章的原始发表篇目如下：

原　　名	出　　处	本书中的位置
晚清的文书流转与史料价值的大小	《文汇学人》2017 年 9 月 15 日	导论
清代的"早朝"——御门听政的发展及其衰微	《故宫博物院院刊》2014 年第 1 期	第一章
清代同光年间的早朝	《文史》2018 年第 2 期	第二章
垂帘听政、训政、归政与晚清的奏摺处理	《近代史研究》2018 年第 1 期	第三章
光绪帝亲政前的习批奏摺探析	《近代史研究》2015 年第 5 期	第五章
清代军机章京的选任	《中华文史论丛》2017 年第 2 期	第六章
总理衙门的奏摺流转及其权力运作	《中华文史论丛》2019 年第 2 期	第七章
君相关系的终曲——清季内阁与军机处改革	《清史研究》2018 年第 1 期	第八章
廷议与决策——晚清的大学士六部九卿会议	《史林》2019 年第 3 期	第九章
议会与会议——晚清议院论的侧面	《杭州师范大学学报》2018 年第 5 期	第十章

本书引证的文献多采用传统纪年，前后跨越的时间较长，为便

于读者阅览，正文论述使用换算后的公元纪年，相应的引文之后则用括号附注传统纪年。

另外，"文书"是本书的关键词，而其中涉及的关键文书包括题本与奏摺。在题本中，又有一类特殊的部分——在内阁票拟后，君主未及时表达意见，进而留待御门听政时处理的题本，因君主会用折角方式做记号将它们单列出来，故而被称作"折本"。这与不经内阁票拟的奏摺是完全不同的两类文书。为防止奏摺、折本混淆（在文献整理和实际研究中，存在这种现象），本书未将奏摺简写成奏折。但这并不意味着其他场合都应将奏折繁写，因为在多数语境中，奏折一词语义清晰，并没有同折本弄混之虞。①

本书在使用直接引文时，凡更正原文错字者，加〔 〕；增补漏字者，加〈 〉；无法辨认者，用□替代；补充解释者，加（ ）。

---

① 据《新华字典》的说明："摺"简化为"折"，在意义上可能混淆时，仍用"摺"（《新华字典》，商务印书馆 2019 年版，第 638 页）。

上编　朝会的变迁

第一章　御门听政的发展及其衰微

在中国传统王朝的政治生活中，清晨的朝会是一项重要内容。在清代，朝会根据其内容和性质，可分为两类，一类是突出礼仪属性的朝会，分大朝、常朝两种。其中，大朝是元旦、万寿、冬至三大节皇帝亲临太和殿，接受官员、使臣上表庆贺的朝会。常朝则次数较多，每月初五日、十五日、二十五日为常朝之期。每逢常朝之期，如果皇帝不御殿，则百官坐班，晚清时期已经很少举行。①内阁中书袁昶曾记载 1876 年（光绪二年）夏季的一次常朝："天微明，赴午门，常朝坐班，辰末刻（约 9:00）归。是日到班者，仅纠仪官一人，坐班官三人，亦有鲁朔馈羊之慨焉。"②所谓"鲁朔馈

---

① 托津等奉敕撰：《钦定大清会典（嘉庆朝）》卷 20，1a—9a 页，嘉庆二十三年刻本。《钦定大清会典（光绪朝）》卷 27，记载有相同的内容。有关大朝、常朝的记录，载在"礼部·仪制清吏司"条之下，其性质侧重礼仪。晚清常有人将常朝等同于御门听政或部院轮班奏事及皇帝接见军机，例如，郭则沄（军机章京郭曾炘子）认为："古有大朝常朝之别，大朝即今之朝贺……常朝即今之御门、御殿及排日召对……盖同光以后，御门御殿之制久辍，各衙门轮次直日奏事而外，所谓大朝、常朝者，止此而已"（《竹轩拾零》，第 32—33 页）。事实上，这是一种误解。原因在于，常朝在清后期已不经常举行。

② 袁昶著、孙之梅整理：《袁昶日记》上册，凤凰出版社 2018 年版，第 231 页。

羊"的故事，说的是子贡想去掉鲁国告朔（初一日）仪式的饩羊，结果被孔子教育："尔爱其羊，我爱其礼"（《论语·八佾篇》）。袁昶的意思是说，常朝已没了内容，只剩下部分形式。

第二类朝会，主要任务是商讨国家的日常行政、处理重要文书，这类朝会也可分为两种：一种称为"御门听政"，另一种则是皇帝接见军机大臣、各部院大臣轮值奏事的朝会（见下表）。第一类朝会及其仪制，各类政典记载详细，本章不予讨论，这里详说第二类有关政务和文书处理的朝会。

表 1-1　清代朝会分类

朝会性质	名　　称	举行时间
礼仪	大朝	元旦、万寿、冬至
	常朝	每月逢五日举行
政务	御门听政	不定期举行
	皇帝接见军机与部院轮班值日	每日举行

明清两朝，国家日常最高的政事处理和政务运作，主要体现为文书流转和朝会论事两个方面，这两个方面又紧密关联在一起，明人王阳明、杨一清说"夫朝以出政，政以成事"①，就是这个意思。粗略言之，明代及清代前期，国家的重要政务经由题本、奏本两类文书上呈，由内阁在皇帝的授意下，撰拟处理意见；朝会论事，也主要是讨论题本与奏本。清雍正朝之后，出现军机处，辅助处理康熙年间开始大盛的另一政务文书——奏摺，其后的朝会论事，

---

① 杨一清：《为急大本以图治安以尽修省事》（正德七年五月十二日），见杨一清著，唐景绅、谢玉杰点校：《杨一清集》下册，中华书局 2001 年版，第 762 页。

也开始围绕奏折进行。前一种讨论题奏本章的朝会，在清代被称作"御门听政"，不定期举行；后一种围绕奏折的处理而进行的朝会，出现在雍正、乾隆朝之后，综合了一系列会面商讨的经过，主要包括皇帝接见军机大臣、部院大臣轮班值日奏事，这种朝会几乎每天进行。有清一代，伴随君臣关系、文书制度的变化，这两种活动的内容、性质及其在国家政治生活中所起的作用，也发生着重大改变。

有关清代朝会的研究，此前学者多集中于康熙一朝。他们主要利用《康熙朝起居注》的相关记载，对当时经常举行的政务朝会——御门听政，作归纳分析。概括言之，御门听政最晚在康熙年间已经大盛，地点在乾清门，由皇帝"御门"（如皇帝住圆明园，则朝会地址在勤政殿，称为"御殿"），各部院官员依次奏事，主要商讨军国要务和处理题奏本章。除特殊日子之外，几乎每天进行，后来则减为三天、五天一次。①

不过，现有研究并未涉及御门听政此后的发展以及走向。御门听政是否一直延续，其内容和形式是否有所变更，其中原因又何在？御门听政是政务决策的形式之一，它的变动和兴衰，是清代文书、朝会制度的重要内容，也体现君主权力展现形式的变化。本章

---

① 徐艺圃：《试论康熙御门听政》，载《故宫博物院院刊》1983年第1期，第3—19页；刘桂林：《漫话御门听政》，载《紫禁城》1983年第4期，第20—21页；朱金甫：《清康熙时期中央决策制度研究》，载《历史档案》1987年第1期，第80—88页；王薇：《御门听政与康熙之治》，载《南开学报》2003年第1期，第18—27页；冉琰：《再谈康熙御门听政》，载《民族史研究》第6辑，民族出版社2005年版，第278—294页。

即着重探讨御门听政的发展、衰微及其与文书处理的关系。①

一、题本处理与御门听政

清制多承明制之旧，御门听政也是前朝的制度。成书于 1587 年（万历十五年）的《大明会典》，将明代的朝会分为以下几类：朔望朝、常朝御殿、常朝御门、午朝。所谓朔望朝，是每逢初一、十五在奉天殿举行的大朝，重在礼乐。国事朝会首先有御殿早朝，地点是奉天、华盖等殿。根据《大明会典》的说法："国初常朝或御殿，今不行"。可见，御殿常朝并未一直持续下去。商议国事的朝会，就只剩下御门早朝和午朝了。这两种朝会都在室外举行。其中，御门早朝的地点是奉天门（嘉靖朝更名皇极门，清初改称太和门）之外，文武百官在门前丹墀东西序立，向皇帝行一拜三叩礼，然后依次奏事。午朝与此类似，地点则在内金水桥以东的协和门内。②

明朝中后期，大臣们常引祖制，劝勉皇帝勤于朝政。武宗在位时，曾被大臣说"每月朔望之外，视朝不过一二"③。到嘉靖、万历朝，皇帝长时间不举行朝会。皇帝不视朝，而国事能得到处理，

---

① 由于小说和影视剧的影响，一般人印象中的"早朝"，是每天清晨皇帝御乾清宫或其他宫殿，由文武百官面奏大事，共同商讨对策。这种画面近似于明代的御殿常朝，但是与清代历史真实是有距离的。

② 申时行等修：《明会典》卷 44《礼部二》，收入《续修四库全书》第 790 册，上海古籍出版社 2002 年版，第 14—18 页。

③ 杨一清：《为急大本以图治安以尽修省事》（正德七年五月十二日），见《杨一清集》下册，第 762 页。

国家能照常运转，这是因为明朝发展出以本章制度流转为核心的政务体制。国事政务，由题奏本章上报御前，经皇帝授权后，交内阁票拟，然后复呈皇帝核准，易红批出，变成国家政令发布实施。①在该制度之下，政务可循内阁票拟、皇帝钦定之程序而议决，早朝的讲政就变成非必要选项。

1572 年（隆庆六年）夏，内阁首辅高拱向新即位的万历皇帝建议："一、御门听政，凡各衙门奏事，须照祖宗旧规，玉音亲答，以见政令出自主上，臣下不敢预；二、视朝回宫后，照祖宗旧规奏事二次御览毕，尽发内阁，拟票呈览，果系停当，然后发行。"②这里两次出现"祖宗旧规"，内容包括：必须举行御门听政，皇帝在听政时，要发声定调，给出本章的处理意见，且朝会结束之后，须将本章发给内阁，票拟意见。根据高拱的意思，可能是先皇偏离祖宗旧规久了，因此旧规才有建议给新皇的必要。从实践层面看，之所以能偏离祖宗成法不举行朝会听政，是因为皇帝有可能从现有的文书体制中抽身出来——不经过朝会上的事先表态，而直接将本章交由内阁票拟。

高拱的建议强调了御门听政的意义——"政令出自主上"，这正如同正德年间杨一清劝武宗御门听政所说的："黼坐仅临于数刻，纶音不越乎敷言"，"而可以收拳纲，决壅蔽，示百官之承式，回万方之视听"。③这个象征意义也说明，在明中后期的朝会上，皇帝可

---

① 胡丹：《明代早朝述论》，载《史学月刊》2009 年第 9 期，第 35—36 页；关文发、颜广文：《明代政治制度研究》，中国社会科学出版社 1995 年版，第 25 页。

② 《大明实录·明神宗实录》卷 2，"中研院"历史语言研究所 1962 年版，第 1 册，第 28—29 页。

③ 杨一清：《为急大本以图治安以尽修省事》（正德七年五月十二日），见《杨一清集》下册，第 762 页。

能并不承担实质性的本章处理和文书决策的任务。明熹宗刚登基时
（1621 年），有大臣劝他："皇上御门之时，宜择时政最切者，面奏
数事，立赐裁决；若概称报闻，总成虚套。"①让皇帝在御门听政
时，不要总是对启奏的本章简单应答一声即交内阁票拟，最好挑重
要事件表个态，好显示国事裁决取诸上意。

从以上线索，我们可以大概总结明代御门听政与文书处理的关
系：两者关系最理想的状态，是所谓"朝以出政，政以成事"，也
就是在朝会时，皇帝给文书处理定个调，然后交内阁据此票拟，成
为行政的依据。但事实上，皇帝却可以从这个程序中抽身出来，在
御门听政时虚应故事，不做实质表态，甚至不举行御门听政，致使
大臣们呼唤恢复祖制。

清朝入关之后，一般政务也经由题奏本章来处理，但内阁的作
用就不如前朝了。1644 年入关前，内院（内国史院、内弘文院、
内秘书院，清代内阁前身）大学士冯铨、洪承畴抱怨说，"各部题
奏，俱未悉知，所票拟者，不过官民奏闻之事而已"，他们建议仿
照明朝旧例，"以后用人行政要务，乞发内院拟票，奏请裁定"，得
到了摄政王多尔衮的肯定。②可见，内院票拟的题奏是有局限的。
不久，多尔衮就发下谕令，定下办事程序："凡陈奏本章，照故明
例，殊觉迟误。今后部院一切疏章，可即速奏，候旨遵行。"③所谓
"速奏疏章"，是指部院官员直接递送题奏本章，在摄政王面前奏
事，由他当场裁决，或由大臣将奏章封好上递，大学士读本，摄政

① 《明实录·熹宗实录》卷 3，第 1 册，第 145 页。
② 《清世祖实录》卷 5，第 3 册，第 60 页。
③ 《清世祖实录》卷 15，第 3 册，第 132 页。

王当面做出决定。①多尔衮并未扩大内院的票拟之权。

1652年（顺治九年七月），吏科给事中魏裔介向甫行亲政的顺治帝提出早朝及本章制度的建议："请于逢五日期，驾临正殿，朝见群臣，从容晋接。部院科道本章应实封者实封，应面奏者面奏，得以咫尺天颜，亲聆睿语。"②他建议逢五之日举行朝会，并将京内的本章分成面奏本章、封奏两部分。可见，此前并无规范的朝会制度。结合《清实录》中1653年顺治帝与内院诸臣一段对话，我们可以大致知晓当时题奏本章的处理程序：

> （上）问明时票本之制如何。诸臣奏曰："明时京官奏疏恭进会极门，中官转送御览毕，下内阁票拟，复呈御览。合，则照拟批红发出；否，则御笔改正发出。"上曰："今各部奏疏，但面承朕谕，回署录出，方送内院，其中或有差讹，殊属未便。"③

由上文的内容，可还原多尔衮摄政时期及顺治帝亲政初期各部院题本、奏本的处理方式：先由各部院呈进，交摄政王或顺治帝阅览，各部院"面承"上谕，而后带回本部拟旨、抄录，再交给内院。可见，皇帝（或摄政王）的意志是居于首位的。

在此之后，题奏本章的办理发生了一些变化，即由内院转奏本

---

① 这两种情况在《多尔衮摄政日记》中皆有记载，见郭成康：《18世纪的中国与世界：政治卷》，辽海出版社1999年版，第5—6页。
② 《清世祖实录》卷66，第3册，第514页。
③ 《清世祖实录》卷71，第3册，第561页。

章，皇帝至内院阅览，并由内院大臣协助拟旨。例如，1653 年 3 月之后的《清实录》中便多次记载，"上幸内院览诸奏章"。3 月 14 日（二月十五日），顺治帝在内院阅览奏疏，读到工部尚书张凤翔的致仕请求，谓诸臣曰："朕亦以其效力有年，不忍允告，但因衰老，自请归里，不能复留，故允所请，尔等可拟温旨来奏。"①告知内院大臣他对张疏的态度，让内院大臣据此拟旨。12 月 15 日（十月二十六日），顺治帝定各部奏事规则：

> 先是，各部奏事毕，仍携本章回部拟旨，方送内院，每致舛错。后于奏事时，奉御批即发内院。至是，上以章奏繁多，若竟送内院，又恐易滋弊窦。命和硕郑亲王同诸大臣更议。寻议：于太和门内择一便室，令大学士、学士等官分班入直，本章或上亲批，或于上前面批。若有应更改之事，即面奏更改，庶几无弊。议上，许之。于是钦定大学士、学士名次为二直，更番在内办事。②

据此，我们可归纳部院题奏的处理方式：各部奏章，由大学士、学士辅助皇帝亲批，或由大学士、学士当着皇帝之面拟批、修改。在整个顺治朝处理题奏本章的过程中，上意是主动的、居于指导地位的。

在这种分工下，国家事务经题奏本章陈奏，循官员递本——皇

---

① 《清世祖实录》卷 72，第 3 册，第 571 页。
② 《清世祖实录》卷 78，第 3 册，第 619 页。

帝阅览后指示——内院拟旨——审阅下发的程序而完成。如此一来，举行早朝当面奏事，并无一定之必要。所以，顺治帝亲政后，是否存在行之有常的御门早朝，并不清楚。乾隆年间官修的《皇朝文献通考》称："国初定制，每日听政，必御正门，九卿科道各员齐集启奏，率以为常。"①但现有文献似并不支持"国初每日听政"的说法。晚清学者震钧称："国初御门之典，在太和门。后改御乾清门，因亦移入，即唐代之常朝也。常朝五日一举，故御门五日为期。凡题本、大除授皆于此降旨。"②这种讲法可备一说，但更多的材料表明，行之有常的御门听政之制兴盛于康熙年间。

1667 年 8 月 25 日（康熙六年七月初七日），年满 14 岁的康熙帝诏命"躬亲大政"。同日"御乾清门听政"，令"嗣后日以为常"。③所谓的御乾清门听政，从这里开始，成为定制。根据《康熙起居注》记载，御门听政主要是"听部院各衙门官员面奏政事"。④那么，御门听政的程序及具体内容是什么？

成书于 1690 年（康熙二十九年）的《大清会典》，在《礼部·听政仪》中，详细记载当时的御门听政，称言：

　　　　凡御门听政，每日皇上御乾清门听政，设御榻于门之正

---

① 清高宗敕撰：《清朝文献通考》卷 128《王礼考四·朝仪》，商务印书馆 1936 年版，考 5961 页。《清朝通典》《清朝通志》也有类似记载。该文献同页还记载："顺治二年，定每日奏事，吏户礼兵工五部轮流首奏，刑部常列三班，并令翰林科道同奏事官齐进，侍班记注。"

② 震钧：《天咫偶闻》，北京古籍出版社 1982 年版，第 1 页。

③ 《清圣祖实录》卷 23，第 4 册，第 314—315 页。

④ 中国第一历史档案馆整理：《康熙起居注》第 1 册，中华书局 1984 年版，第 8 页。

中，设章奏案于御榻之前。部院大小官员，每日早赴午门外齐集，春夏于卯正一刻（6:15），秋冬于辰初一刻（7:15），进至中左门候。春夏于辰初初刻（7:00），秋冬于辰正初刻（8:00），进至后左门。该直侍卫转奏，候传谕进奏。直日侍卫随诸臣俱至乾清门丹墀东旁，西向排立，起居注满汉官于丹墀西旁，东向立。皇上御门升座，侍卫从丹陛下石栏旁东西排立，起居注官由西阶升至檐下侍立。部院大小官员按日轮班，依次由东阶升，堂官捧举奏章，先诣案前，跪置毕，转至东旁，西向跪奏。如应用绿头牌启奏事宜，亦由堂官捧至御榻前，西向跪奏。各官俱照品次，跪于堂官之后。每一衙门奏事毕，各官仍由东阶，照品序退。次一衙门进奏，如前仪。其启奏序次，吏、户、礼、兵、工五部，理藩院、都察院、通政司、大理寺轮班先后启奏。若宗人府奏事，在各衙门之先；若太常寺、光禄寺、鸿胪寺、国子监、钦天监奏事，在礼部之后；督捕、太仆寺奏事，在兵部之后；五城奏事，在都察院之后。若内阁、翰林院、詹事府奏事，在各衙门之后。九卿有会奏公本，科道官有条陈事宜，亦在各衙门之后。若刑部奏事，每日在第三班。各衙门官于奏毕时，各依次第，随侍卫由后左门出。内阁学士每日收所奏本章如有折本事宜，大学士、学士面奏请旨。①

---

① 伊桑阿等修：《大清会典（康熙朝）》卷41，文海出版社影印本1992年版，第15b—17a 页。

据此，我们可勾画出御门听政的大致图景，如下所示：

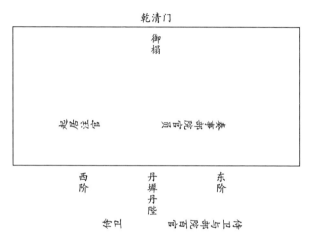

图 1-1　《大清会典（康熙朝）》描述之御门听政

　　这段引文可以看出康熙年间御门听政的内容和特点。第一，制度上，御门听政每天举行；第二，御门听政的内容之一，是由部、院、寺、监依次向皇帝报告奏章；第三，御门听政的内容之二，是处理"折本事宜"；第四，参加御门听政的官员，除各部院堂官即尚书、侍郎之外，还有中下层官员。所谓"折本"，是题奏本章的一种，即交由内阁票拟之后，皇帝未给出指示而折角留待进一步讨论的题奏。

　　一些相关研究在提及清代题奏本章的时候，都说成是先交内阁票拟，然后呈皇帝定夺。实际上，这应是后来才成型的做法，前文所述的顺治朝情况就并非如此，康熙朝《大清会典》"内阁"卷解释说：

> 凡内外衙门启奏本章，并各官条奏有满文者，大学士、学士公同票拟，进呈请旨，如止有汉文蒙古文者，发中书翻译。或全译或止译贴黄。侍读学士、侍读校正对阅，送大学士等票拟，进呈请旨。①

这里明确地说，题奏本章经"启奏"，然后交内阁拟旨。上文《听政仪》多次提及"启奏"，我将之理解为朝会时的当面奏白。也就是说，康熙朝的题奏本章，是先经朝会奏白，然后再发下内阁票拟。雍正朝所修《大清会典》，也有同样的记载。

不过，题奏本章的处理流程，也正是在康雍两朝发生了重大改变。其中的变化，与奏折的兴起及题奏本章地位的下降密切相关。

二、奏折大盛之后的御门听政

康熙年间，一种有别于题本、奏本，更具私密性质的政务文书——奏折产生了，其特点是奏事官员直接向皇帝密奏事件，皇帝不假手内阁，亲自批阅。而后，奏折或发职能部院议覆，或发还上奏人执行。伴随着奏折文书的大兴，早朝形式也发生了一些变化。即在原有的御门听政之外，又出现了一种奏事制度。

1726年（雍正四年）12月的上谕称："朕即位以来，令满汉文武诸臣及科道等官，皆用密摺奏事。盖欲明目达聪，尽去壅蔽。以

---

① 《大清会典（康熙朝）》卷2，第7a页。

收实效也。"①尽管一些奏摺在密报皇帝后仍须具题上奏，然而奏摺渠道的开通，还是逐渐挤占、替代了题本、奏本的空间。私密或重要国事，出于保密的需要，无法做到先摺后题，也无法在御门听政进行公开报告，在这种情况下，重大事项逐渐以奏摺言事替代了题奏本章。奏摺的处理，则涉及另一种朝会的形式。

早在 1723 年（雍正元年），继位不久的雍正帝就下发了一道上谕，"命尚书、侍郎等官，每日一人，轮班奏事，密摺封进"。②这里"轮班奏事"的内容，主要是封进的奏摺。因仅由单一衙门"轮班奏事"，其机密性远高于各衙门共同参与的御门听政。这一点，通过此后的档案，可以得到越来越多的印证。1726 年 2 月，雍正帝发布上谕称：

> 谕大学士等：今日朕坐勤政殿，以待诸臣奏事，乃部院八旗，竟无奏事之人！想诸臣以朕驻圆明园，欲图安逸，故将所奏之事，有意简省耶？朕因郊外水土气味较城内稍清，故驻跸于此。而每日办理政事，与宫中无异，未尝一刻肯自暇逸。已曾屡降谕旨，切告廷臣，令其照常奏事。若朕偶欲静息，自当晓谕诸臣知之。倘廷臣不知仰体朕心，将陈奏事件，有意简省，是不欲朕驻跸圆明园矣。
>
> 又见各衙门奏事，有一日拥集繁多者，有一日竟无一事者，似此太觉不均。以后八旗定为八日，各分一日轮奏。部院

---

① 《清世宗实录》卷 51，第 7 册，第 763 页。
② 《清世宗实录》卷 10，第 7 册，第 179 页。

衙门，各分一日轮奏。六部之外，都察院与理藩院为一日，内务府为一日，其馀衙门可酌量事务之多寡，附于部院班次。每日一旗一部，同来陈奏。则朕每日皆有办理之事，而不来奏事之大臣，又得在京办理，诚为妥便。至朕听政办事，各官齐集之日，原不在轮班奏事之数，次日仍按班次前来。若该部院衙门轮班之日，无事可奏，其堂官亦着前来。恐有召问委办之事，亦未可定。其紧要事件，仍不拘班次，即行启奏。①

这是一段非常重要的上谕，里面提到了两类截然不同的朝会：部院奏事之制、御门听政之制，两者的性质和内容完全不同，因此，当部院奏事规范为按照衙门进行八班轮奏之后，上谕称，"朕听政办事，各官齐集之日，原不在轮班奏事之数"，"若该部院衙门轮班之日，无事可奏，其堂官亦着前来"。除了明确区分"轮班奏事"与"御门听政"，这段话也提及了"轮班奏事"的特点：仅由"堂官前来"。这与堂、司官员共同参与御门听政是不一样的。

与题本、奏本相比，奏摺直接由上奏人密封，径抵御前，机密性更强，故大受雍正帝青睐。而题奏本章仅限于报告例行事务，重要性锐减。郭则沄在谈及这一制度变革时曾说："康熙时即有奏摺，然以题本为正，往往奏摺奉准者，仍令照例具题。自设置军机处，凡重要政事皆具摺直达于上，上阅后即时处断，由枢臣承行之。其

---

① 《清世宗实录》卷 40，第 7 册，第 596—597 页。

题本主于内阁者，大抵皆例文也。"①由于题本重要性下降，重要的政务不必通过御门听政公开汇报；且出于保密需要，重要国务也不必以朝会的形式公开讨论，因此，御门听政的次数也就相应地减少了。

根据会典的描述，康熙年间的御门听政"每日"举行。这一方面固然是处理国事的需要，另一方面也是为了向臣僚做出勤勉政务的榜样，促使他们不致怠惰。1682 年 7 月（康熙二十一年五月），康熙帝特颁谕旨，规定："都察院衙门及科道官员无逐日启奏本章，着每日黎明齐集午门。如满汉部院官员有怠惰规避者，即行察参。又大小各衙门满汉官员，虽该衙门无启奏事宜，亦着每日同启奏官员，黎明齐集午门，俟启奏事毕同散。"②可见，当时尚严格执行每日举行御门听政的规定。

然而，各部并非每日都有题奏本章，且本章可由皇帝在阁臣辅助下做出抉择，处理国政并不一定非通过朝会不可。1682 年 10 月，大理寺司务赵时楫上疏建言，称"诸臣每夜三更早起，朝气耗伤，未免日间办事，反难精密"，他建议，"平日本章，但须封进，其紧要事宜必须面陈者，分班启奏"。③分班启奏的建议，并未被康熙帝采纳。1684 年 6 月，御史卫执蒲上书，建议御门听政"或以五日，或以二三日为期"。对此康熙帝下旨称："念致治之道，务在精勤；励始图终，勿宜有间"，近年来海宇升平，政事渐简，部院事务可以合并者，允许酌量合奏，但他拒绝将御门听政的频次预定

---

① 郭则沄（龙顾山人）：《南屋述闻》，中华书局 2007 年版，第 116 页。
② 《清圣祖实录》卷 102，第 5 册，第 35 页。
③ 《清圣祖实录》卷 104，第 5 册，第 58 页。

为三日或五日，认为"非朕始终励精之意也"。①康熙帝只有在生病、出巡或逢有重要典礼的日子，才会暂停御门听政；待病情稍微好转，仍命大臣启奏本章。为了照顾到身体调养，他有时也将听政地点改为乾清宫。②

到了雍正年间，御门听政的频率就大幅下降了。雍正朝《大清会典》所记载的"御门听政仪"，与上文引述的康熙朝内容大致相同，只是去掉了"每日皇上御乾清门""每日早赴午门外齐集"中的"每日"两字。③这就说明，雍正朝御门听政的程序与之前类似，但已经成为不定期的朝会。

与御门听政次数减少相伴随的是，题本、奏本在处理规则上也发生了一些变化。1723 年 2 月 16 日（雍正元年正月十二日），雍正帝有一条谕令称："现今封印，各部院应奏本章，不用印信，照常送入内阁，票签进呈。其应用摺奏事件，着缮摺具奏。倘因封印之故，将应用本章具奏之事，概用摺奏，日后恐无凭据。"④"照常送入内阁，票签进呈"，这说明题奏本章的处理程序，已变为先交内阁票拟，再进呈皇帝定夺。因该条谕令下达于春节封印期间，可能有其特殊性，但将题奏本章与奏摺两分的做法，使得机密要件被单独析出，走奏摺路径呈送御前，客观上为题奏本章先交内阁票拟创造了可能。

———————

① 《清圣祖实录》卷 115，第 5 册，第 196 页。
② 《清圣祖实录》卷 149，第 5 册，第 644 页。
③ 允禄等监修：《大清会典（雍正朝）》卷 58，雍正十年武英殿刻本，第 21a—22b 页。
④ 《清世宗实录》卷 3，第 7 册，第 82 页。

三、文书制度的深入变化与御门听政的衰微

到了乾隆、嘉庆朝，随着奏摺地位的进一步提高，题奏本章的重要性日益下降，其不经由皇帝先阅、而直接递交内阁票拟的制度就巩固了下来。乾隆朝《大清会典》"通政使司"卷，言及该司执掌："凡内外臣工封事，许自达其陈事之疏，在京径送内阁，在外皆邮递至司，移送内阁，进呈御览。"①康雍两朝的《大清会典》都声称内阁票拟的对象是"凡内外衙门启奏本章并各官条奏"，而乾隆朝《大清会典》则有完全不同的说法：

> 各部院及直省题疏到内阁旧制公事用题本，私事用奏本，乾隆十三年定并改题本，大学士票拟进呈，得旨转下六科钞发各部院施行，以副本录旨，送皇史宬存贮。如原疏折出未定处分，俟御门听政时，满学士一人敷奏折本，大学士面奉谕旨，如前施行。②

送内阁票拟的奏疏，从康雍朝《会典》的"启奏本章"，变成了"各部院及直省题疏"，也就是说，直接交内阁票拟而不用经过朝会启奏和下旨了。与此对应的是，内阁票拟时，出现了"两拟票签"，即拟定不同意见，供皇帝参酌。雍正帝曾令督抚自行检举之案，由

---

① 允裪等奉敕撰：《钦定大清会典（乾隆朝）》卷81，乾隆二十九年武英殿刻本，第16a—b页。

② 《钦定大清会典（乾隆朝）》卷2，第3a—b页。

大学士两拟票签备选；乾隆帝则令刑部题本及秋审案件有须覆核时，两拟票签，并写明情节进呈，"待朕酌量"。①这些都说明，皇帝放松了处理题本的主动权，并非像从前直接指示票签意见，或者像处理奏摺那样，在先阅之后再吩咐军机大臣拟旨。

这段话也再次说明，如果题本票拟的诸多意见未被皇帝接受，则形成"折本"。御门听政时，由内阁学士上奏折本，大学士当面请旨。显然，这时的题本处理已和顺治、康熙年间不同，大多数题本已转变为先由内阁票拟、经皇帝批准后，交六科发抄实施，无须御门听政来处理。只剩下少数稍复杂的题本——折本，须借助御门听政当面请旨。因此，御门听政的举行，就与折本关联了起来。嘉庆朝《大清会典》言及内阁职守时称言：

> 御门听政则进折本。部本进呈后，有未奉谕旨、折本发下者，按日收贮，积至十件或十一二件，得旨御门听政。届期皇帝御乾清门升座，各部奏事毕，侍读学士二人，诣奏案前，奉各部奏函以退，学士一人，奉折本函恭设于案，启函依次启奏。大学士承旨迄，另缮签，随本呈进。②

根据这段说明，折本收贮积累至十件或十一二件，即举行御门听政。也就是说，御门听政的频率，取决于折本积攒的数量，御门听政的主要内容，也是讨论折本事宜。这通过批本处的职责描述也可

---

① 《清世宗实录》卷 112，第 8 册，第 494 页；《清高宗实录》卷 164，第 11 册，第 66 页。
② 《钦定大清会典（嘉庆朝）》卷 2，第 8a—b 页。

得到旁证。1851 年（咸丰元年）所修的《批本处现行事宜》中专论"御门事宜"：

> 由军机大臣传旨，于几月几日御门理事，即于奉旨之日，将折本并二单交出，另换二分，并知照内阁，要内阁学士名牌一分，内阁学士次序单一分，共为一匣，于御门前一日，随当日本交内奏事，牌、单俱内留。御门日，内奏事传旨，派某人读本，如派出之阁学系在内廷行走者，该员至本房请本，如不兼内廷者，批本官将折本交出该阁学祗领。恭候皇上升座，读毕，仍交内阁，俟大学士传旨，内阁遵旨改签，随当日本交批本处拴妥，折本上加清字奏片，交内奏事先行覆奏，奉旨是，即照签批发，改签后务于折本档内补入，某缺放某人，某人是否赏给全/半俸，某人是否从轻，万勿遗漏。①

批本处是负责给题本"批红"的秘书机构，一般是照皇帝意见，将内阁票拟或改票意见批于本面，属于题本处理的最后阶段。根据前文大意，"折本并二单"应是指累日积攒的折本与登记单一式两份。御门听政日期确定后，批本处将积攒的诸多折本以及内阁学士的名牌、次序单交给内奏事处。在御门听政当天，由皇帝选择的内阁学士负责读本。然后，皇帝裁决改签内容，由大学士承

---

① 载龄等编：《批本处现行事宜》，"御门听政"，北平故宫博物院 1937 年影印咸丰元年本，第 1—2 页。

旨、内阁改签，最后交批本处批发。也就是，御门听政的前前后后，内阁大学士、学士、批本处、内奏事处，全都围绕着折本在打转。

尽管折本是听政的最重要内容，但到了此时，折本启奏的程序已完全流于形式。乾隆帝曾在自己的诗注中解释称："内阁学士奏折本，率系背诵，凡记忆未熟及清语生疏者，往往遗忘讹舛，视为杂事。"①而御门听政原本的主要任务，处理普通题本，因有了内阁票拟——皇帝批准——六科发抄这一完整的程序，在朝会上反而退居次要地位。1801 年 3 月（嘉庆六年二月），曾有明发上谕称：

> 向来御门办事日，所有各部应进本章，惟刑部呈进三件，其馀俱只呈进一件，乃系相沿旧例。但朕每日披阅章疏，随时发行。若于御门日，将应进之本转为彻减，殊非勤政之意。嗣后凡遇御门日期，着各部将应进本章，不必拘旧例呈进。或虑本匣过厚，捧持不便，着各部不必过十件之数，各贮一匣。②

可见，御门听政时各部呈进的题本，并非积累多天所上，也不是各部当天的所有题本。而是象征性地选择个别题本呈进。这一方面是因为题本皆可交由内阁票拟，而后呈皇帝裁决，实在没有必要在听

---

① 章乃炜等编：《清宫述闻》上册，紫禁城出版社 2009 年版，第 324 页。
② 《清仁宗实录》卷 79，第 29 册，第 20—21 页。

政时各本皆报；另一方面，也是控制题本数量，减少听政的程序和时间。

由于题本奏报政事已大规模被奏摺取代，折本亦随之减少；折本积累不易，御门听政也就只能零星举行。在乾隆年间，御门听政的频率已大幅降低，此后各朝，更是断崖式锐减。我们可通过《清实录》记载，辅之以起居注记录，统计御门听政在乾隆朝之后的情况：

表 1-2　历朝《清实录》所载御门听政次数

	乾清门（次）	勤政殿（次）	在位时间（年）	总计（次）	年均（次）
乾隆朝	362	343	60	705	11.75
嘉庆朝	89	148	25	237	9.48
道光朝	51	118	30	169	5.63
咸丰朝	27	20	11	47	4.27

到了咸丰帝在位时，11 年之期，只举行了 47 次听政，平均每年 4 次多一点，实在是屈指可数。

我们可以通过翁心存的记录，看一下咸丰年间御门听政的执行情况。他在 1856 年 12 月 31 日（咸丰六年十二月初五日）的日记中记载：

上御门办事。卯初（5:00），入内待漏。卯正三刻（6:45），驾升座，六部以次奏事。礼部第一，户部第五。退。内阁以折本上，读本官乌尔棍泰，吏本四，兵五，刑五。礼成，退。户部奏事，湖北、贵州、江南请拨兵饷。巳初三刻（9:45），三库引见二十六名，命柏静涛领带。退，拜客回。①

由《实录》记载可知，上一次的听政，于 10 月 22 日在圆明园勤政殿举行。近 40 天的时间，积攒了疑难折本 14 件，由内阁学士乌尔棍泰负责报告。御门听政结束之后，还有另外的处理奏摺的程序。这天正好由户部递奏摺，还好这个程序由皇帝与军机处在室内就能完成，皇帝并没有另外召见和咨询翁心存（这个程序详见第二章）。我们可以想象，在北京的寒冬腊月，天还没亮的时候举行这样的露天朝会，对君臣而言是怎样一种折磨和煎熬。

如果皇帝在圆明园听政，大臣就更受罪了。翁心存记载 1859 年 4 月 4 日（咸丰九年三月初二日）的御殿听政说：

> 上御门办事，传卯初一刻（5:15）。予子正二刻（00:30）起，丑初二刻（1:30）下园，寅初三刻（3:45）到园，集朝房待漏。届时，上御勤政殿，各部以次奏事，今年第一次户部领班，无刑部。予捧本匣上，跪奏如仪，退。折本上，读本官载崇。予等复上，瑞相国领班，缘咏莪相国以足疾在告也，恭聆玉音而退。②

因为启奏折本的关系，内阁大学士是御门听政的必到角色。当时在京的大学士有三位，彭蕴章因病请假，翁心存和瑞麟担起

---

① 张剑整理：《翁心存日记》第 3 册，中华书局 2011 年版，第 1182 页。
② 《翁心存日记》第 4 册，第 1408 页。

了责任。翁心存时年 69 岁，在当时算一个垂垂老者，却要半夜起床，一路颠簸地赶往圆明园，等待天亮前的朝会。他特意讲到听政时"跪奏如仪""恭聆玉音"；他此前也曾提到，御门听政结束，算是"礼成"。可见，御门听政侧重礼仪的表达，侧重"玉音"传递这一颇具象征性的程序。这种重在形式的朝会，牺牲君臣的健康，代价实在不小，就政务运作的实际效果而言，作用却不大。

从操作层面而言，御门听政之所以锐减至屈指可数的地步，与另外一种处理奏摺的朝会也有关系。根据制度，每日凌晨送到宫中的诸多奏摺必须由皇帝先阅，并及时下达处理结果。为了完成这项最重要的国事，皇帝必须接见值日递摺的部院大臣、接见军机大臣（即翁心存所说的"户部奏事"）。随着奏摺繁复程度的增加，这个朝会早已挤占了君臣在清晨的时间，使得御门听政不再可能频繁举行。

御门听政在政务处理中作用的衰减和它礼法意义上的凸显，在其他文献中也有所显示。从《上谕档》及奏摺报告对御门听政的描述可以看出，自乾隆朝开始，档案中有关御门听政的内容，大多是在申斥旷误及失仪的官员，例如内阁学士读本失误、六部官员逢御门值日集体迟到或干脆不来、奏事官员踉跄跌倒等等。他们一般会被施以罚俸的处分。由于这些档册重在记载诸多军机要事，且在当时秘不示人，故其中只记御门听政纠正失礼之处，而不记听政商讨的内容，就不是因为事涉机密而有所隐瞒。唯一的解释是：听政已无实际内容，沦为一种纯粹的仪制。

尽管题本内容逐渐成为寻常事件，题本处理也逐渐沦为例行公事，御门听政从原有的重要政务商讨，逐渐演变成例行公务，它对国家政务的影响减弱，然而，由于是清代前期的"圣主"首创，代代坚持承继，逐渐成为皇帝勤于政务的象征。作为一项祖制，它在礼法上、形式上的意义，远过于它的实际内容。御门听政，甚至已经成为清朝君臣的负担。这一缺乏内容的国事活动，在皇帝风华正茂、躬亲理政的清前期尚可维持，到了皆以幼主继位的后期，就很难延续了。

1860 年 1 月 5 日（咸丰九年十二月十三日），咸丰帝"御乾清门听政"。这次听政的主要内容是当场简放一些职缺。4 月 3 日（咸丰十年三月十三日），搬往圆明园的咸丰帝"御勤政殿听政"。这是实录中记载的最后两次御门听政，一次是在宫中，另一次则在圆明园。①五个月后，在英法联军隆隆炮声的进逼之下，咸丰帝逃往热河。在那里，他度过了生命中最后的时光，并且再也没有举行过御门听政。

同治帝即位后，实行两宫皇太后垂帘、议政王辅政的新制度。这项新制度，针对的是皇帝接见军机与各衙门轮值奏事的程序，核心问题是处理奏摺。在新制度之下，议政王等拟定政务章程细节，规定"谒陵、御门、经筵、耕耤，均拟请暂缓举行"。②就实际操作而言，让年幼的皇帝在天色微亮的户外久坐，主持听政，也不具备可行性。1873 年，同治帝亲政。在此之前，王公大臣已拟定了章

---

① 《翁心存日记》第 3 册，第 1483 页。《清文宗实录》卷 303，第 44 册，第 427 页；卷 310，第 44 册，第 541 页。
② 《清穆宗实录》卷 8，第 45 册，第 228 页。

程，规定御门听政"一切典礼，拟请循照旧制，随时酌定".①然而，还没等到恢复御门听政，同治帝就突然病故。之后，年幼的光绪帝即位，两宫皇太后再次垂帘听政。根据王公大臣共同拟定的章程，御门听政再次暂缓举行。②

1889 年，光绪帝亲政，醇亲王奕譞奏称："御门办事较易，请由军机大臣侍习数月，即可举行。"然而，实际上却并未恢复御门听政。③这一时期的光绪帝，每天夜半即起身批阅奏摺，而后召见军机，接见轮班值日的部院堂官，其勤政态度令朝中官员动容（详见第二章第三节）。在这种情形下，朝中并没有人站出来，主张恢复已中止了二十余年且仅剩礼仪形式的御门听政。1898 年戊戌政变之后，光绪帝实际处于被监视状态。不久，清朝"改题为奏"，以处理题本、折本为核心内容的御门听政旧制，完全失去了依托。故实际上，在同治帝即位之后，御门听政就宣告停止，直至清亡再也没能恢复。1860 年 4 月在圆明园勤政殿举行的御门听政，就成为这一制度的绝响。

尽管如此，修纂于 1899 年（光绪二十五年）的《大清会典图》，在嘉庆朝原文的基础上，增列了《御门听政图》。因光绪朝并未举行御门听政，这个图似为通过考证而得出。

---

① 《咸丰同治两朝上谕档》第 22 册，第 216—218 页。
② 《礼亲王、睿亲王等遵旨会议两宫皇太后垂帘听政章程清单》（同治十三年十二月十八日），台北故宫博物院图书文献馆藏《军机处档摺件》，档号 118475。《军机处档摺件》与《军机处录副奏摺》实为同一类的档案，因历史原因而散落在台北、北京两处，内容互补，故内容上并无重复。本书引用的《军机处档摺件》，均来自台北故宫博物院图书文献馆馆藏，下文不再注明。
③ 《光绪宣统两朝上谕档》第 14 册，第 398 页。

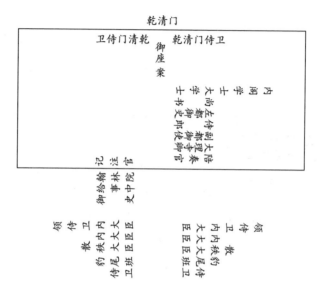

图 1-2 　《大清会典图（光绪朝）》所示御门听政图

资料来源：崑冈等修《大清会典图（光绪朝）》卷 27《礼二十七·朝会二》"御门听政"，光绪二十五年，第 8b—9a 页。

　　还有一点要说明的是，《大明会典》将御门、御殿称为"常朝"，但是在《大清会典》之中，御门听政从一开始就与三大节的"大朝"、每月逢五日举行的"常朝"有着严格区分。按照制度规定，逢五之日皇帝御殿，百官行礼。如果不升殿，则百官在午门外齐集坐班。常朝制度在晚清已废弛，却并未终止，光绪年间的御史刘恩溥也曾上奏说，"臣同治初年官翰林时，每逢常朝日坐班，王公百官到者颇多；及光绪初年，在御史任内查班时，到者仍复不少；本年正月初五日，臣赴午门前查班"，"未见一人到班，询诸茶役，据云，此礼旷误已二三年矣"。①这与前文引述袁昶的记载是相吻合的。

①　《刘恩溥片》（光绪朝），《军机处录副奏摺》，档号 03-5175-054。

结　论

作为清代朝会之一的御门听政，其形式与内容都和当时重要的政务文书——题本、奏本的处理相关联。部院启奏题奏本章、内阁上呈折本，而后听皇帝指示办理，是御门听政的两项主要内容。等到题奏本章的地位持续下降，御门听政不仅频率减少，内容也变为以处理疑难题本——折本为主。

与明朝相同的是，清朝的御门听政也是频率从高到低、逐渐减少；与明朝不同的是，清朝御门听政减少的原因，应归结为皇帝的勤政——必须每天应付以处理奏摺为核心的接见军机大臣及部院大臣的另一类朝会，这与明朝君主的旷误正好相反。在清初顺治及康熙年间，题本一直由皇帝先阅形成意见，然后交代内院/内阁票拟，后来逐渐变为先由内阁票拟，再上报请旨。为了便于皇帝充分选择，票拟也出现了"两拟双签"的现象。从常理而言，康雍乾三朝君主在位时期，集权趋势加强，而御门听政的频率却逐次降低，题本也由皇帝先阅变为先交内阁票拟，这看似矛盾的现象只能说明一个问题：题奏本章的地位在持续降低，相应地，为了处理它们而进行的御门听政，其地位也在下降。

自康熙朝中后期开始，奏摺大兴，重要及机密的军国事务，皆径达御前，这一形式大受清帝欢迎。奏摺与题奏本章不同，无须经由通政司、内阁、批本处这些繁冗的手续，保证重大国务由君主在未受他人意志的影响下，在第一时间独立裁决。奏摺制度的扩张，与中央集权的加强互相关联、交相作用。与此同时，题本、奏本的报告，沦为寻常事件，重要性渐轻，它们原本承担的重大信息传递的功能，由奏折替代。因重要性下降，故它们中票拟未定、留待处理的折本也随之减少，这使得雍正朝之后，御门听政的次数逐渐减少。

自乾隆、嘉庆朝之后，由于题本的处理已完全变为内阁先阅、票拟——皇帝批准、批本处照批——六科发抄这一模式，御门听政已经失去了处理题本的功能，仅视折本数量的多少来决定举行，成了一种勤政的象征。这种仅具形式而无太多内容的早朝模式，到了同治朝完全停止，迄清亡再未恢复。"大众化"御门听政制度的衰微，"小众化"皇帝接见军机及部院轮班奏事制度的持续，也正反映了清代政治日益注重实际效用及君主权力日重的大趋势。

戊戌变法期间，康有为曾代御史杨深秀起草一份奏折，建议光绪帝"采先圣誓众之大法，复祖宗御门之故事，特御乾清门，大召百僚，自朝官以上咸与听对"，希望以此"咸去守旧之谬见，力图维新"。①他是希望通过御门听政、公开议政的方式来推动变法。然而，从上文论述来看，自奏折大兴之后，御门听政已沦为礼仪性的朝会活动，其公开进行，旨在保持皇帝的勤政形象，并不能达到公开、透明、深入议政的目的。与部院轮值、军机见起的早朝制度相比，御门听政并无太大的优势，反而可能导致军机要务外泄这一君主并不乐见的后果。康有为要求恢复御门听政的呼吁，也是因为对清朝掌故缺乏深入了解。

---

① 中国史学会主编：《中国近代史资料丛刊·戊戌变法》第 2 册，上海人民出版社 2000 年版，第 392—394 页。

第二章　同治与光绪年间的早朝

前章已述，清代高层政务运作的主要内容，可归纳为每天的朝会议事与文书处理两个相互关联的方面。自从雍正、乾隆朝奏摺逐渐取代题奏本章成为最重要的政务文书之后，原有的以处理题本为主要任务的御门听政在王朝政治生活中的地位逐渐衰微，朝会议事和文书处理，围绕奏摺而展开。同治朝以降的晚清时期，是中国历史发生剧烈变动、内政外交遭遇前所未有重大挑战的 50 年。因皇帝年幼而出现的垂帘听政制度，打乱了原有的朝会议事和文书处理流程，加入了新的内容，改变了既往的最高权力结构与决策机制，影响了时局及王朝命运。检讨这一权力结构和决策机制的是非得失，须首先考证其具体内容与基本涵义。

有关晚清时期的朝会制度，经历其事的军机大臣与军机章京有过多种追忆。这些掌故性质的追忆，侧重叙述军机处负责的文书的处理流程，而非朝会的全景。[1]学术界对这一时期的朝会制度，也

---

① 瞿鸿禨：《儤直纪略》，见瞿鸿禨著、谌东飙校点：《瞿鸿禨集》，湖南人民出版社 2010 年版，第 158—166 页；许宝蘅著，许恪儒、马忠文整理：《清代及北洋政府时期中央机构档案及其管理——答韦庆远问》，载《清史研究》2014 年第 4 期，第 108—118 页；吕式斌：《枢曹追忆》，见中央文史研究馆编：《崇文集二编——中央文史研究馆馆员文选》，中华书局 2004 年版，第 96—113 页。

有深入探讨。茅海建在《戊戌变法史事考》中，曾据晚清档案精炼地概述光绪帝每日清晨的政务内容。[1]也有学者据中国第一历史档案馆藏档案推论，清帝处理的奏摺分为京内、外省两部分，都是每日政务的重要内容，其后续的流向不同（外摺常有朱批，须定期缴回；内摺常无朱批，无须缴回），因此也影响到保存至今的数量不尽相同。[2]但对于清代后期早朝的全景及影响重大决策的具体流程，尤其是一些重要细节，一直以来存在不尽相同的理解和看法。这在相当程度上影响我们对晚清最高决策机制以及相关重要史实的认识。

本章将详细考述晚清时期尤其是光绪帝每天早朝的时间、内容，探讨皇帝、皇太后、军机处各自的权力及其在政务处理中所发挥的作用，修正和补充前说，推进对晚清高层权力结构和决策制度的认识。

一、关于"早朝"的一般程序与辨析

清代皇帝朝会除大朝与常朝外，在前期还有御门听政。御门听政在康熙时形成定制，每日举行，主要流程是：皇帝每日清晨御乾清门（驻宫中时）或勤政殿（驻圆明园时），各部院启奏题奏本章，内阁学士报告折本（即内阁票拟皇帝未及时表态而折角——"折本

---

[1] 茅海建：《戊戌变法史事考》，生活·读书·新知三联书店 2005 年版，第 222—223 页。

[2] 刘文华：《谈京内奏折的处理及朱批、录副奏折的构成问题》，载《清史研究》2014 年第 4 期，第 119—128 页。

发下"的题本），皇帝当场裁示。参加的主要人员包括内阁、翰林院官员，在京各部院衙门堂官、司官。雍正朝之后，因奏折制度的兴起、军机处的设立及运作的规范化，每天主要的政务内容变为各部院轮值奏事、皇帝在军机处协助之下处理奏折。于是，形成了另外一种以奏折处理为中心的朝会程序。这一朝会程序分解开来，主要包括：1.各部院衙门轮值递折与递送堂官膳牌；2.皇帝阅览与批答奏折；3.军机大臣及部院堂官见起，接受咨询；4.引见与召见。其中，早朝的前三项内容围绕奏折处理而展开，也是本章重点讨论的对象。

有关清代奏折的处理，当时的军机大臣与军机章京曾留下较多的回忆，近年来的论文，也依据这些史料及档案有专门论述。以下按奏折的处理流程，对各种说法作一些辨析与补充。

（一）部院轮值的缘起与主要内容

据《大清会典》记载，京中部院衙门实行轮值奏事制度。具体来说，就是六部、理藩院、内务府等衙门轮流值日，逢轮值之日呈递奏折，堂官（包括管部大学士、尚书、侍郎等）呈递膳牌，预备接受皇帝的召见和咨询。

轮值制度，形成于1726年（雍正四年）。关键史料即前文征引的当年2月21日（正月二十日）雍正帝上谕：

今日朕坐勤政殿，以待诸臣奏事，乃部院八旗，竟无奏事之人！想诸臣以朕驻圆明园，欲图安逸，故将所奏之事，有意简省耶？朕因郊外水土气味较城内稍清，故驻跸于此。而每日办理政事，与宫中无异，未尝一刻肯自暇逸，已曾屡降谕旨，切告廷臣，令其照常奏事。若朕偶欲静息，自当晓谕诸臣知之。倘廷臣不知仰体朕心，将陈奏事件，有意简省，是不欲朕驻跸圆明园矣。

又见各衙门奏事，有一日拥集繁多者，有一日竟无一事者，似此太觉不均。以后，八旗定为八日，各分一日轮奏；部院衙门，各分一日轮奏。六部之外，都察院与理藩院为一日；内务府为一日。其馀衙门，可酌量事务之多寡，附于部院班次，每日一旗一部，同来陈奏，则朕每日皆有办理之事，而不来奏事之大臣，又得在京办理，诚为妥便。至朕听政办事，各官齐集之日，原不在轮班奏事之数，次日仍按班次前来。若该部院衙门轮班之日，无事可奏，其堂官亦着前来，恐有召问委办之事，亦未可定。其紧要事件，仍不拘班次，即行启奏。①

这是最早的有关部院奏事的规定。当时，并行两种政务文书——题奏本章（题本和奏本）与奏摺。前者是通过御门听政程序由内阁协助处理，后者则由皇帝亲拆亲阅。所以上述引文中，也出现了与两种文书相关的不同流程：一是"轮班奏事"，即部院衙门、八旗轮流递陈奏摺；二是"听政办事"，则是指御门听政。由于这两类朝会的性质不同，所以雍正帝才会说，"朕听政办事，各官齐集之日，原不在轮班奏事之数"。也就是说，参加完处理题本的御

---

① 《清世宗实录》卷40，第7册，第596—597页。因该段史料涉及轮班奏事之制的缘起，与本章主题密切关联，所以再次全文征引，并加以释读。

门听政，各衙门堂官还须按照排班顺序参加轮班奏事。

从这道上谕可以看出，在这之前，各部院递陈奏摺是有事即奏，导致皇帝每天收摺的数量不均。雍正帝让部院衙门、八旗轮值递摺，这一程序是为了防止各衙门懒政怠政。同时他也规定，即便无事可奏，轮值衙门的堂官也须前来，以备咨询及委办事件，这就是后来的堂官递膳牌预备召见的制度。另外，如遇到紧要事件，各衙门可不拘班次递摺，这一规定在后来演变成"加班奏事"。

1732 年（雍正十年），原有的轮班值日奏事制度出现部分调整：八旗之后，增加领侍卫内大臣、前锋统领、护军统领合为一班；六部、都察院理藩院之后，内务府、国子监合为一班，銮仪卫、光禄寺合为一班。由此就形成了九日轮值制度。[1]1769 年（乾隆三十四年），领侍卫内大臣与前锋统领、护军统领的班次分离，位居八旗之前另成一班，武职及八旗衙门形成十天轮值制度。[2]1815 年（嘉庆二十年），撤销都察院理藩院联合值日，都察院归入刑部、大理寺班次，三法司合为一班；理藩院则归入銮仪卫、光禄寺一班。[3]从此，形成了稳定的文职八班、武职及八旗十班的轮值制度。所谓的轮值，是指遇该衙门值日，可于当日奏事引见，如"适遇无事，亦令该衙门递片声明"；其他非值日衙门，遇到紧要事件则可加班奏事。[4]因具备上奏权的官员与机构较多，若不加以限

---

① 《清世宗实录》卷 124，第 8 册，第 628 页。
② 托津等纂：《大清会典事例（嘉庆朝）》卷 833 "侍卫处"，嘉庆二十三年刻本，第 4a—b 页。
③ 《清仁宗实录》卷 307，第 32 册，第 79 页。
④ 崑冈等修：《钦定大清会典（光绪朝）》，收入《续修四库全书》第 794 册，上海古籍出版社 2002 年版，第 764 页。

制，将极大增加皇帝的工作量，故部院轮值奏事，不失为一种控制奏摺总数、减轻皇帝工作量的制度设计。

这种排班制度，在晚清时期发生了一些变化：首先，总理各国事务衙门作为中央部院，进入到值班序列。又因总理衙门属于新设机构，所办事务无成例可言，且常有突发的重要事件，故而"有要事，当随时陈奏，不以值日拘也"。①

其次，清末新政，传统的六部结构解散，陆续出现新设的西式各部，值日次序屡有变动。至1906年（光绪三十二年）丙午官制改革，最终形成了11部的局面。根据军机处《早事档》，这一时期转变为文官衙门、八旗及武官衙门共十班的值日次序，排班如下：

第一班为外务部、钦天监、侍卫处（领侍卫内大臣）；第二班为吏部、翰林院、镶黄旗；第三班为民政部、都察院、正黄旗；第四班为度支部、宗人府、正白旗；第五班为礼部、学部、正红旗；第六班为陆军部、銮舆卫、镶白旗；第七班为大理院、法部、镶红旗；第八班为农工商部、邮传部、军咨府、正蓝旗；第九班为理藩部、镶蓝旗；第十班为内务府、前锋与护军营。②

---

① 何刚德：《春明梦录》，北京古籍出版社1995年版，第120页。

② 军机处《早事档》宣统元年七月至八月，台北故宫博物院图书文献馆藏。在宣统二年十一月成立海军部，宣统三年五月，裁撤吏部，改礼部为典礼院后，最终形成新的十班轮值次序：（1）外务部、钦天监、正白旗；（2）民政部、宗人府、正红旗；（3）度支部、镶白旗；（4）学部、典礼院、镶红旗；（5）陆军部、翰林院、正蓝旗；（6）海军部、都察院、镶蓝旗；（7）法部、大理院、八旗两翼；（8）农工商部、銮舆卫、侍卫处；（9）邮传部、内务府、镶黄旗；（10）理藩院、正黄旗。参见《政治官报》宣统元年至三年闰六月各册，《内阁官报》宣统三年七月后各册，文海出版社影印本1965年版。

除递奏摺外，部院轮值的第二项活动是递膳牌，预备召见。据光绪朝《大清会典》的记载，奏事处掌管递膳牌一事：

> 递膳牌亦如之。宗室王公用红头牌，文职副都御史以上，武职副都统以上，用绿头牌。遇直班奏事引见之日，各于膳前呈递，曰"膳牌"。惟内廷行走之王公大臣不递膳牌。内阁学士及班次在副都御史以下之京堂官亦不递膳牌。凡外官来京者，文职按察使以上，武职副都统总兵以上，皆递膳牌。遇皇帝巡幸，则随从行在之道府亦递膳牌。①

膳牌在早膳前呈递，向皇帝提供名单，以便选择膳后召见的大臣。轮值衙门因当天递送奏摺，所以须递膳牌，以备皇帝咨询上奏的内容。根据前文所引雍正帝上谕，遇到某衙门值日，无论有事无事，其全体堂官（出差、请假者除外）都必须前来。

当天，他们须在凌晨做好准备入内，听候"起单"（见起的清单），这是一项苦差。如果皇帝在西郊圆明园，则更是苦不堪言。1791 年的某个冬日（乾隆五十六年十月），乾隆帝体恤臣下，让轮值衙门的堂官可稍晚入内。上谕称言：

> 朕因年高少寐，每当丑寅（约 3:00）之际即垂衣待旦，日以为常。而诸臣因请驾较早，率皆先时祇候。且汉大臣中，多有住居城外者，趋朝自必更早。如诗所云"东方未明，颠倒

---

① 《钦定大清会典（光绪朝）》，第 764 页。

衣裳”，殊属无谓。况自今冬月日短，朕用膳办事，总在卯正
（6:00）以后，诸臣早集朝房，亦无所事。嗣后各该衙门遇有
陈奏事件及带领官员引见，俱着于卯正到齐，亦不为迟，以示
体恤。①

乾隆帝起床阅摺时间较早，轮值部院堂官因预备召见，也须极早起
床，穿戴入宫，家在外城的大臣更费周折，因此乾隆帝体恤当值官
员，让他们晚些时候再入宫。当然，这只是乾隆帝临时起意，之后
的君主并未延续。嘉庆年间，一位御史曾经质疑这种部院轮值、堂
官预备召见的合理性，理由是各部院堂官人数众多，无须全数前
往，应留下大部分在署办公。结果，这一理由被嘉庆帝定性为“名
为急公，实系疲玩”，遭到痛斥。②

关于值日之期部院堂官递膳牌见起，这里以户部侍郎、总理衙
门大臣、海军衙门大臣曾纪泽的例子进行说明。1889 年 3 月 27 日
（光绪十五年二月二十六日），在皇帝接受归政、独自处理政事后不
久，曾纪泽当天的日记记载：

> 寅正一刻（4:15）起。茶食甫毕而苏拉来报叫起叫起即召
> 见，催舆飞趋入朝。三库递月摺，海军奏事三件也。步趋至九
> 卿朝房，幸起单未下，坐二刻许。卯初二刻（5:30）入乾清
> 门，遇庆邸于遵义门阶下，立谈片刻。卯正（6:00）召见，皇

---

① 《乾隆朝上谕档》第 16 册，中国档案出版社 1998 年版，第 538 页。
② 《清仁宗实录》卷 226，第 31 册，第 34 页。

> 上问同文馆事，问海军本日保奏人员事，问西洋语言文字之大凡，敷对约三刻许。[①]

当天户部三库递月摺、海军衙门奏事递摺（与总理各国事务衙门类似，遇事可随时上奏，不拘值日），因他同时担任总理衙门大臣、海军衙门大臣，并管理同文馆事务，曾纪泽按规定须递膳牌。当天光绪帝想详细询问他各处事宜，所以让人报叫起，单独召见三刻。

（二）奏摺处理与军机处见起

雍正朝之后，清帝每日晨起最重要的政务是处理奏摺。有关清代的奏摺制度，学界研究已十分丰富。下文将顺着奏摺的走向，细致考察奏摺的处理流程，补充和修正前说的相关内容。按照清代制度，京内、外省奏摺，都是经由奏事处直抵御前。所以，我们首先来看奏事处接收奏摺的程序。

奏事处由御前大臣兼管，其中领班侍卫一人，在御前侍卫、乾清门侍卫内特简；章京六人、笔帖式二人、奏蒙古事侍卫六人。此外，还有内奏事处，由太监18人组成。[②]奏事处的主要职能是接收满、汉奏摺。奏摺传递入宫，遵循如下规定：

> 凡接摺于宫门，皆以昧爽。乾清门启以寅正（4:00），奏事直班章京豫俟于门外，门启，乃接摺。在京各衙门之摺，皆

---

① 曾纪泽著、刘志惠点校：《曾纪泽日记》下册，岳麓书社1998年版，第1776页。
② 张德泽：《清代国家机关考略》，故宫出版社2012年版，第38页。

储（贮）以黄匣，其有密奏事件，则加封储（贮）匣。外省奏
摺，皆固封加贴印花，外加夹板。驻跸圆明园，则接于出入贤
良门左门；驻跸热河，则接于大宫门；行在，则接于行宫门。
接摺后，汇交奏事太监呈览。惟邮递者接无时。①

当然，不是谁都有资格递摺。为了限制奏摺的数量进而避免给皇帝
造成过重的工作量，除了轮值衙门以部门名义外，制度规定只有如
下人员才能递奏摺：在京宗室、王公，文职京堂以上、武职副都统
以上官员，翰林院、詹事府官员中授日讲起居注者，以及言事的科
道官；外省文职按察使以上、武职总兵以上，驻防总管、城守尉以
上，新疆西路北路办事大臣、领队大臣以上官员。道员如言事，也
可递奏摺。无递摺资格的京官，如果奉特旨外派查办事件，或担任
学政、织造、关监督，也可递奏摺。②

奏摺上递之后，分为外省和在京两类进行处理，《大清会典》
分别有如下说明：

> 每日所递各摺，除驿递之摺皆由奏事太监径交军机处封发
> 不由奏事处发下外，其馀外省各摺，无论有旨无旨，皆由奏事
> 太监封固，于次日交本处发给原递摺之人祇领。

> 其在京所递各摺，除留中及由军机处发下，或饬交是日召

---

① 《钦定大清会典（光绪朝）》，第 763 页。嘉庆朝《大清会典》对此有相同的记
载，见《钦定大清会典（嘉庆朝）》卷 65，第 10a 页。（　）内容为嘉庆朝会典
不同于光绪朝之处。
② 《钦定大清会典（光绪朝）》，第 763—764 页。

见之大臣发下外，其馀各摺，或奉旨"依议"，或奉旨"知道了"，由本处（按：奏事处）发下者，即由本处传旨给领。①

京内、外省奏摺的处理次序不同。1802 年（嘉庆七年）的一道上谕称："每日批览奏摺，奏事处先将外省所递奏摺呈阅后，始将各部院衙门事件以次进呈"。②清末军机章京吕允甫亦回忆说："每日外摺最先发下。"③可见，奏摺的处理顺序是先外省，后京内。以下分别论述两类奏摺的处理方式。

一般而言，京内奏摺又可粗分为两类：部院衙门奉旨议覆本部所辖事务的奏摺，有决策的性质，皇帝一般给予"依议"的回复；本部所辖事务的例行奏报，皇帝一般给予"知道了"的指示。不过，这两种结果，皇帝无须动笔，而只在奏摺表面"以爪抓痕"，划出横线与竖线：横线表示"知道了"，竖线表示"依议"，故又称"横知竖议"，而后由奏事处据此口传处理的结果。这一做法被评价为"虽百十函，无一舛误"。④军机章京吕允甫也曾谈论过这一流程，他说：

京内各衙门奏摺，均盛以黄匣，无封套，上用指甲在摺面画竖道为"依议"，横道为"知道了"。由太监传旨后，各衙门均将原摺带回。太监将其所抄《内摺事由簿》注明"依"或

---

① 《钦定大清会典（光绪朝）》，第 764 页。

② 《嘉庆道光两朝上谕档》第 7 册，广西师范大学出版社 2000 年版，第 338 页。

③ 《枢曹追忆》，第 100 页。

④ 震钧：《天咫偶闻》，第 2 页。

　　"知"字，送到本处，宣读某衙门某事一摺"依"，某事一摺
　　"知"。本处将预录事由随听随注，注讫交供事缮写，编入《内
　　奏事档》。①

由此可见，对京内部院衙门的奏摺，如果皇帝意见仅为"知道了"
"依议"，则无须朱批，只由奏事处口传谕旨，由各衙门将奏摺带回
执行即可。这些奏摺，军机处无法得到副本，而只有"预录事由"
及处理意见这两种简单记录。这一程序，我们通过王庆云日记（时
任翰林院侍讲学士）也可得到印证，他在 1847 年 7 月 24 日（道光
二十七年六月十三日）记载：

　　丑正（2:00）候于官门外，寅初一刻（3:15）官门启，较
　　前月初九早一刻，入，递摺于奏事门外之西朝房，复至外朝房少
　　憩。卯初（5:00）复进内，卯正二刻（6:30）发出摺子，至奏
　　事门前领。奏事官传旨："知道了"，古谓之口敕。阅过摺子，于
　　皮面奏字下掐爪痕。巳正（10:00）回寓。②

这里的"掐爪痕"就是上文吕允甫提到的"上用指甲在摺面"画
道，"横知竖议"；"口敕"就是奏事处口传奏摺的处理结果。这种
方式减轻了君主的工作量，但显得不够慎重，甚至有可能造成疏
漏。1866 年（同治五年），鸿胪寺少卿文硕上摺称，奏摺的处理意

---

① 《枢曹追忆》，第 100 页。
② 王庆云：《荆花馆日记》上册，商务印书馆 2015 年版，第 47 页。

见最好能宣之笔墨，以作凭信：

> 窃查在京各衙门摺奏事件，自钦奉朱批，或由军机大臣承旨外，其馀所奉谕旨，向由奏事官口传各衙门，有于次日述旨者，亦间有不述旨者。至奉旨"依议""知道了"等件，则仅凭摺面横竖划记，从无述旨之例。奴才伏思传宣诏旨，只字皆关紧要，仅凭口传手画，终不足以昭敬慎，设有舛误，关系匪轻。然自奏事太监而奏事官，自奏事官而各衙门递事官，递相传述，咎将谁归？①

不过，从后来的情况看，文硕的建议并没有得到积极回应，指甲划痕的方式依然得以继续。可见，此类奏摺无须皇帝进一步发挥，只是照例对部院奏报"知道"或"依议"即可，这说明大部分京内衙门奏摺仅是例行公事；另一方面也说明，皇帝对这一时段部院的议覆奏摺都会给予肯定答复，尊重他们的专业意见。

那么，如果遇到稍微复杂和重要的京内奏摺，皇帝有更详细的谕旨，或者他对奏报内容不熟悉而须找人咨询，或者干脆不同意奏摺的意见，或者为科道言官不宜公开的"封奏"，又该怎么处理呢？

上引文中吕允甫提到的军机处《内奏事档》，在中国第一历史档案馆、台北故宫博物院图书文献馆的军机处档册中无法查得，但

---

① 《鸿胪寺少卿文硕摺》（同治五年九月二十六日），《军机处录副奏摺》，档号 03-4684-036。

却有与之相似的《早事档》。①我们不妨选取《早事档》的部分内容，看看京内的各类型奏摺究竟如何处理。1898 年 5 月 26 日（光绪二十四年四月初七日），军机处《早事档》记载：

> 宗人府银库奏请派管库大臣事，奉朱笔圈出崑冈。
>
> 户部奏遵查已革道员何应钟被参，有无冤抑，应否饬四川总督查究请旨事单一件，奉旨"留"；又奉本年春季官绅等认领股票银数事单二件，奉旨"知道了"；又片奏派员赴上海制造股票事，奉旨"知道了"；又会议湖南奏销案内知县续完银两，请减议事，奉旨"依议"；又奏会议广东奏销未完一分以上各员事单一件，奉旨"依议"；又奏四川陆续收捐请奖事单一件，奉旨"依议"；又奏核覆直隶淮军收支各款事，奉旨"依议"；又奏三个月奏闻事件事，奉旨"知道了"。
>
> 步军统领衙门奏，饷鞘进城数目事单一件，奉旨"留"；又奏现审月摺，奉旨"知道了"。
>
> 克勤郡王晋祺因病请续假五日，奉旨："赏假五日"。
>
> 启泰病痊请安，奉旨"知道了"。

---

① 清末军机章京许宝蘅对此有说明："各部奏摺：由各部向外事处投递，亦送敬事房太监进呈阅览，不加朱批，但口谕'依议'或'知道了'，太监以指划横直纹于摺面记之，传达于军机大臣，交章京摘记事由于早事档（此系光绪二十七年后始有，从前属于内阁）。"这其中可能有两处小误："以指划痕"，权力应在皇帝；《早事档》在稍早也有，下文有引用。许说见许宝蘅著，许恪儒、马忠文整理：《清代及北洋政府时期中央机构档案及其管理——答韦庆远问》，载《清史研究》2014 年第 4 期，第 112 页。此前学者在研究奏摺制度时，并未充分利用《早事档》，以致出现较多讹误及曲折的论证。

　　詹事府值日名单，奉旨"知道了"。

　　通政使司、镶白三旗各奏无事，均奉旨"知道了"。①

结合上文所述的轮值制度可知，当天轮值的机构为户部、通政司、詹事府，镶白旗满洲、蒙古、汉军三旗，步军统领衙门亦附于后。他们上递的绝大部分奏摺，都得到"依议""知道了"两种意见。这些意见，光绪帝直接以指甲划摺面，交由奏事处口传谕旨即告完成。户部查何应钟一摺、步军统领衙门一摺，奉旨"留"，也就是这两道奏摺"未奉谕旨"进而发下军机处，由军机大臣阅后在入见时带上，与皇帝商量处理结果。再看当天军机处《随手登记档》：

　　朱批饶应祺摺，报四百里，闰三月初四发，马递发回，请以彭绪瞻补库车直隶厅同知由，"吏部议奏"，交；阿克苏道李宗宾因病出缺由，"吏部知道"，交；片：委李滋霖署阿克苏道由，"吏部知道"，交；片：委骁骑校成寿等署防御等缺由，"兵部知道"，交；请以周仪补玛喇巴什直隶厅通判由，"吏部议奏"，交；户部摺，遵查革道何应钟报销参案请旨办理由；单；款目。

　　步军统领衙门摺，饷鞘月报由；单一，归箍。

　　交片一件：交户部：贵部奏革道何应钟报销参案开单呈览，面奉谕旨：户部咨行川督查明办理由，交户部领去。

────────────────

① 军机处《早事档》（光绪二十四年四月初七日），中国第一历史档案馆藏。该条资料由茅海建教授提供。

> 奏片二件：照录邓华熙等电信呈览由；遵拟致德皇国电一
> 件呈览由。
>
> 缮递致德国国电稿，随事递上，发下后，由堂交总署。
>
> 缮递初六日朱批摺件事由单；缮递初六日早事传旨事
> 由单。①

朱批意见后的"交"，指交内阁发抄。《随手登记档》是军机处的档案，"交片"是军机处交给京内衙门的上谕行文；"奏片"是军机处呈递给光绪帝的奏事片单；其后"缮递""递上"的主语都是军机处。

由档案记载可知，当天光绪帝收到的外省奏摺，都来自新疆巡抚饶应祺。光绪帝对这些奏摺一一动笔朱批，交内阁发抄，由吏部、兵部议覆或知道。京内衙门奏摺中，两份"留"下"未奉谕旨"等待处理的奏摺，也出现在《随手登记档》之中，且注明处理意见：户部查何应钟一摺，军机处奉旨交户部咨行四川总督查明办理；步军统领衙门摺单，则直接发给军机处"归簠"，即放入军机处录副奏摺的"月摺包"中存档。

这一天，户部尚书、军机大臣、总理衙门大臣翁同龢，户部侍

---

① 中国第一历史档案馆编：《清代军机处随手登记档》第149册，国家图书馆出版社2013年版，第290—293页。其中，"摺"，是指正摺；"片"是指夹在奏摺中，另奏他事的奏片；"单"是奏摺附件清单；"交"，即交内阁发抄；"交片"，是以军机处名义发给京中部院的上谕；"奏片"是军机处呈递给皇帝的奏事之片；"堂"，即军机处堂官，也就是军机大臣；"朱批摺件事由单""早事传旨事由单"是军机处抄送给慈禧太后的光绪帝每日处理奏摺的意见节略。详见本章第三节。

郎、总理衙门大臣张荫桓皆留有日记。翁同龢在他的日记中记载：

> 晴，无风。外摺少，电一，威海初五交英租。张君拟国电，余等面呈，上以为然，遂照电旨式写奏片递。上命臣索康有为所进书，令再写一分递进，臣对：与康不往来。上问：何也？对以：此人居心叵测。曰：前此何以不说？对：臣近见其《孔子改制考》知之。是日户部值日，奏昭信股票京中得七十四万，各省七百馀万。与仲山访张君，拟两电，一告吕使宝星随后再寄，国电先译递；一饬沪道试办宝星寄京。①

《张荫桓日记》当天记载：

> 晴。丑初（1:00）起，至园，寅正（4:00）。受之正白蒙旗值日，同坐谈。无起。常熟属勿行，候其退直。余倦卧矣。常熟、仲山同至公所，邀余过寓蚤餐，商制宝星。子良以粤制为佳。上敕询荫桓、常熟相商。余以沪关蔡钧明白，宜从沪制，以沪有粤匠也，遂定议。余草电稿与蔡，交总办带署。余亦返寓。②

"受之"为镶白旗蒙古都统崇礼，张误作"正白蒙旗"。这一天，户部、镶白旗三旗值日，因此户部尚书翁同龢、侍郎张荫桓及崇礼皆

---

① 陈义杰整理：《翁同龢日记》第 6 册，中华书局 1998 年版，第 3128 页。
② 张荫桓著、王贵忱注释：《张荫桓戊戌日记手稿》，尚志书社 1999 年版，第 147—148 页。

须入内递膳牌等待召见。翁有军机大臣身份，每日必见。张则不然，他递膳牌等待召见，结果"无起"，遂打算回去。在光绪帝处理完外省、京内奏摺后，发下"留"而"未奉谕旨"奏摺，翁同龢等军机大臣入内"见面"，将两份奏摺带上，听光绪帝述旨；另同时带上张荫桓起草的致德国国电，交光绪帝钦定。

从这里，我们也可以判断军机处《随手登记档》与《早事档》的产生过程。《早事档》记载京内各部院所上奏摺及其意见，除奉旨"留"的奏摺，其他皆以口传谕旨方式，交给上奏部门领回，未经由军机处录副保存。[①]《随手登记档》则记录每天京外奏摺及其处理意见，京中部院"留"下"未奉谕旨"等待见面时处理的奏摺，也被载入其中。

还有一种在《早事档》中被标注"留"的奏摺并未发下军机处，仅在《随手登记档》中有"留中"的记录。这种奏摺一般由翰詹科道所上，内容是密议政务或者弹劾他人。由此也可见《早事档》的"留"并不等于"留中"，而是留下待处理、避免直接由奏事处口传谕旨的意思。标注"留"的奏摺因此也有两种处理结果：一是发下军机大臣阅览而后由军机大臣见面时商讨请旨，二是留中。这其中，又以前一种占大多数。

到了1907年10月（光绪三十三年九月），宪政编查馆开办

---

① 刘文华通过中国第一历史档案馆所藏清代奏摺及清人笔记，发现京内奏摺比例较小这一现象，并对其原因进行了合理解释。本章在此综合利用《随手登记档》、清人日记及刘文未提及的《早事档》，补充说明清代内外奏摺及各档案记载之间的相互关系。参见刘文华：《谈京内奏折的处理及朱批、录副奏折的构成问题》，载《清史研究》2014年第4期，第119—128页。

《政治官报》，将每日内外奏摺的处理情况公开刊布，分别名为"内摺传旨事由单""外摺钦奉朱批事由单"。这两种事由单的记载内容，分别与《早事档》《随手登记档》基本重合。两类事由单的名称也显示，京内摺一般"传旨"处理，而外摺则通过朱笔批答来进行。

下文列举《政治官报》上某天的记载进行说明。当年 11 月 25 日（十月二十日），值日的衙门是外务部、钦天监、侍卫处，《政治官报》上记载的两件《事由单》分别是：

内摺传旨事由单

外务部封奏二件，奉旨"留"；又代递出使大臣李家驹、杨枢、孙宝琦奏摺各一封，均奉旨"留"；御前、乾清门、吏部、陆军部各奏月摺，均奉旨"换出"；钦天监奏考试官生等第分别优劣举劾事，奉旨"依议"；兜钦（按：侍卫处官员）奏紫禁城内外值班弁兵应得奖赏变通办法事，奉旨"依议"；又片奏南苑教练兵丁等免其看视事，奉旨"依议"；又片奏应得奖赏兵丁等均分二日看视事，奉旨"依议"。

外摺钦奉朱批事由单

吴廷斌（按：署理山东巡抚）奏建立高等农业学堂先设中科摺，"农工商部知道"；又奏查勘河工起程日期片，"知道了"；又奏候补守方桂芬等期满甄别片，"吏部知道"；又奏勘估本年分应办运河各工需用银数摺，"该部知道"；又奏饬提学使罗正钧赴任片，"知道了"；又奏解亲贵出洋经费片，"该部知道"；又奏八月分雨量情形摺，"知道了"；又奏藩司接收交代摺，"度支部知道"。

信勤（按：署理浙江巡抚）奏筹解俄法本息摺，"该部知道"；又奏解练兵经费片，"该部知道"；又奏解六批地丁京饷片，"度支部知道"；又奏解新约赔款摺，"该部知道"；又奏解拨补厘金银两片，"该部知道"；又奏解第七批直隶协饷摺，"该部知道"。

承祐（按：马兰镇总兵，负责守卫遵化清东陵）奏谢准开缺恩摺，"知道了"；又奏请以增茂补茶房拜唐阿缺摺，"着照所请该衙门知道"。

罗正钧（按：署理山东提学使）奏到任日期并谢恩摺，"知道了"。

李家驹奏呈递国书礼成摺，"知道了"。

外务部奏谨拟出使俄国大臣敕谕国书摺，"知道了"；又敕谕单；又国书单；又奏胡惟德辞任国书单；又奏议覆杨士骧奏请添设东省关道摺，"依议"。

孙宝琦奏呈递国书礼成摺，"知道了"；又颂词答词单。

杨枢奏呈递国书礼成摺，"知道了"；又奏日君赐宴并赠银器片，"知道了"。①

这两件清单显示：大部分内摺都是由当天值班的衙门所上，并且无须动笔朱批；外摺则由光绪帝朱批；内摺、外摺并不局限于字面的

---

① 《内摺传旨事由单》《外摺钦奉朱批事由单》，载宪政编查馆官报局编：《政治官报》第32号（光绪三十三年十月二十一日），第3—4页。

意思：但凡皇帝"留"下未做掐痕处理进而发下军机处的奏摺，都被归入外摺清单之中，外务部与出使大臣的奏摺就是一个典型的例证。

1911年5月（宣统三年四月）责任内阁成立之后，中央各部轮班值日、轮班递摺的制度仍在继续，《政治官报》（后更名《内阁官报》）仍在每天公布前一天的《内摺传旨事由单》《外摺钦奉朱批事由单》。很显然，这象征着一切政务仍出自圣裁，只不过处理奏摺的辅助机关由军机处变成了新内阁。直到袁世凯内阁成立后，1911年11月22日（十月初二日），在袁的建议下，清廷下旨停止官员入对奏事。①从此，中央各部轮值递摺、递膳牌预备召见的朝会制度寿终正寝，政令发出之权正式从君主转移到内阁。

根据以上论述，可依奏摺类型，将部院轮值奏事、皇帝批阅奏摺、军机处见起的朝会活动概括说明如下：

1. 京内奏摺。 六部、理藩院、内务府等衙门轮值，八天一班。轮值部院在当值之日呈递奏摺，称为"奏事"。同时，轮值衙门堂官须全体呈递"膳牌"，以备皇帝咨询、召见。

对于部院递送的大部分奏摺，处理意见是"知道了""依议"两种，无须朱笔批答，只需皇帝在奏摺封面上掐痕，然后交奏事处口传谕旨即可。这类奏摺，无须发下军机处，也无须录副、发抄，也未由宫中或军机处定期回收，只在《早事档》中有所记录，故今天较少看到原件。

---

① 《上谕》，载内阁印铸局编：《内阁官报》第92号（宣统三年十月初三日），第2页。

对于皇帝使用朱笔批答的奏摺，发下军机处，根据朱批内容做下一步的处理。

对于没有批示也无掐痕的奏摺，也发下军机处，这类奏摺，在《早事档》中记载为"留"，即留下不由奏事太监口传谕旨，而是发下军机大臣阅看，再捧入做进一步的商讨和处理。上述两类奏摺，在军机处《随手登记档》中有题由及处理意见的记载。

这里有所例外的是，总理各国事务衙门奏事不排班，可随时递摺。总理衙门的奏摺，也不做掐痕处理，一律"留"，发下军机处做下一步处理，且都能在《随手登记档》中找到处理流程与痕迹。也正因为如此，总理衙门奏摺获得朱批的比例远高于其他部院；相应地，缴回宫中的比例也最高，在《宫中档》中保存得最为完整。①总理衙门改组为外务部之后，亦如此办事，即外务部奏摺（包括由总理衙门、外务部代递的出使大臣奏摺）不作掐痕、不直接传旨，而统一留下，待与军机处商讨后处理。这一点，可从前述《政治官报》的引文中看出来。

除此之外，有少量的封奏皇帝给予"留中"的处理，暂不发下，事后归入军机处录副奏摺的"月摺包"中。这些奏摺，在《早事档》中也记载为"留"，在《随手登记档》中，则有"留中"两字的记录。

2. 外省奏摺。它们不做掐痕处理，不记载在《早事档》中。它们或经皇帝朱笔批示，或在咨询军机大臣、部院大臣后以廷寄、明

---

① 该段的论点，据《军机处随手登记档》《早事档》及垂帘听政时期军机处拟批奏单、奏片综合分析而得出。

发上谕形式做出对应的处理。

每天奏摺的处理顺序，是外省奏摺在先，京内奏摺在后。

据上文的考述，可将每日奏摺处理的一般情况总结如下：

表 2-1 奏摺分类与处理程序

	皇帝初步意见	是否朱批	与军机处关系	相关记录
京内奏摺	知道了依议	奏摺封面上掐痕，交奏事处口传谕旨	不发下军机处，不录副、不发抄、不缴回	《早事档》
	留	未动笔朱批	发下军机处，军机大臣看后，捧入请旨	《早事档》记"留"《随手登记档》
	留中	无朱批	当日不发下军机处，日后直接发下归籤	《早事档》记"留"《随手登记档》仅存目
	批答意见	朱笔批示	发下军机处，录副，视情况决定发抄	《随手登记档》
外省奏摺	知道了、该部知道、该部议奏、另有旨或更详细的批示内容	多数动笔朱批	发下军机处阅看，或照朱批办理，或捧入请旨、拟旨，而后录副，视情况决定发抄	《随手登记档》

这里要说明的是，从每日寅正（4:00）奏事处开门接摺（光绪帝亲政后有所提前，下文将详述），到值日部院堂官完成召对、军机大臣发出上谕，这一长串的早朝活动一般在午初（11:00）前结束。军机大臣多由部院堂官兼任，他们在结束早朝活动后，还要赴本职所在部门处理政务。

二、垂帘听政后至光绪帝亲政前的早朝

晚清最后 50 年，由于皇帝皆幼年即位，国家大事在很长一段时间由垂帘听政进行决策，相应的早朝程序和政务处理方式也发生了重大变化。具体来说，这些变化包括以下几点：

首先是御门听政完全停止。御门听政以处理题本及疑难题本——折本为议事内容，但因题本皆已先由内阁票拟进行了初步的处理；又因题本所报事件重要性的降低，折本发下的数量也随之减少。到咸丰朝，御门听政年均不到五次，变成一种纯粹为了彰显勤政而做出的姿态。同治帝即位后，御门听政即告暂停，实际上在此之后，从未恢复过。（详见第一章）

其次是奏折的处理，变为皇太后先阅、军机处代拟批旨这一模式。

最后是军机处及部院堂官见起，加入了皇太后垂帘的内容。这一条较为直观，故下文重点叙述第二点。

咸丰帝去世前一个月，政务由承德行在的御前大臣、军机大臣代为处理，具体方式是：每日奏折，咸丰帝发给御前大臣、军机大臣阅看，由他们拟批，将批单呈进请示，咸丰帝略作修改，即发下执行。御前大臣、军机大臣在此时的权力与明朝中后期职司票拟的内阁大学士近似，且有过之而无不及，明代票拟尚有司礼监的介入。咸丰帝去世后，任命御前大臣、军机大臣载垣、端华、肃顺等八人"尽心辅弼，赞襄一切政务"。①赞襄政务大臣随后向吏部、兵

---

① 《咸丰同治两朝上谕档》第 11 册，第 263 页。

部咨文，规定各路统兵大臣，各省督抚等文武官员，"拜发摺报时，另备印文，开明所发摺若干封，片单若干件，用印封，随摺报交捷报处"，以便查核。每天奏摺的详细意见，由赞襄政务大臣拟旨，呈慈安皇太后、小皇帝（慈禧太后代）在意见单的首尾分别钤用咸丰帝御赐的"御赏""同道堂"两枚图章，以作凭信。[1]每天奏摺的简略批答，则由赞襄政务大臣"于各摺片后，缮写'赞襄政务王大臣奉旨云云'，钦此"，即以皇帝名义代为批答奏摺。[2]

　　也就是说，奏摺仍是先由奏事处交到御前，皇太后先阅，但上奏人须将奏摺、片的作者和数量另单汇报给赞襄政务大臣；同时，每天奏摺由赞襄政务大臣拟批，交皇太后钤印确认。在这个体制之下，因赞襄政务大臣掌握奏摺的数量和作者信息，皇太后无法压下奏摺留中不发；赞襄政务大臣可对奏摺自行拟批。尽管皇太后可以用钤印方式行使最后决定权，但赞襄政务大臣因握有咸丰帝授命的奏摺拟批权，他们可以通过罢工（"搁车"）方式，强迫皇太后同意其意见。皇太后的图章，仅剩下象征意义（详见第三章第一节）。

　　1861年10月（咸丰十一年九月），两宫皇太后联合恭亲王奕訢，发动政变，处置赞襄政务大臣，建立起垂帘听政的新制度。奕訢被任命为"议政王"、领班军机，辅助朝政的处理。早朝程序中，

---

① 《咸丰同治两朝上谕档》第11册，第266页。除了外省奏摺，赞襄政务大臣也能掌握京内奏摺的上奏人与奏摺数量等信息。这一时期的文书处理程序，可参见本书第三章。本章重在解释朝会过程，与第三章论述文书处理各有侧重。因论证的需要，部分引文和重要细节会有重复之处，祈读者谅之。
② 《清代军机处随手登记档》第96册，第165页。

"议政王军机大臣"代替赞襄政务大臣，掌握阅看奏摺及进行后续拟批和拟旨的权力。不同的是，赞襄政务大臣由咸丰帝遗命授权，议政王军机大臣则是由两宫皇太后所授权；前者有着高度的自主性，后者须遵循两宫皇太后意志阅摺、拟旨。

每天早朝的内容，为两宫皇太后先阅奏摺，形成初步的印象，然后发下议政王军机大臣，由他们详细讨论，再捧入请旨，根据口授旨意缮拟谕旨或批答意见，将拟批、拟旨于次日递上，待两宫皇太后阅定后，钤用图章发下。在这个程序中，两宫皇太后与小皇帝同时参加议政王军机大臣的见起，议政王军机大臣的工作量变大，主动性也高于前朝的军机大臣，他们不只是预备咨询和被动拟旨而已，对于各项奏摺，须"悉心详谈"，且拟旨时间也格外长，并在次日呈递意见。①

对于早朝时召见大臣及各级官员的引见，礼亲王世铎等人撰拟章程，规定：

> 召见内、外臣工，拟请两宫皇太后、皇上同御养心殿，皇太后前垂帘，于议政王、御前大臣内轮派一人，将召见人员带领进见。
>
> 京、外官员引见，拟请两宫皇太后、皇上同御养心殿明殿，议政王、御前大臣带领御前、乾清门侍卫等，照例排班站立，皇太后前垂帘、设案，进各员名单一分，并将应拟谕旨分别注明，皇上前设案，带领之堂官照例进绿头签。议政王、御

---

① 《咸丰同治两朝上谕档》第 11 册，第 401、381 页。

前大臣捧进案上，引见如常仪。其如何简用，皇太后于名单内钦定，钤用御印，交议政王等军机大臣传旨发下，该堂官照例述旨。①

除此之外，原有的早朝内容之一，部院轮班值日、递奏摺及膳牌等待召见的制度，依然照旧施行。1865 年（同治四年），翰林院编修蔡寿祺上奏，建议两宫皇太后"勤召对"，旨命大学士倭仁等会议覆奏。倭仁等上摺称：

> 查原奏内勤召对一条，据称，请每日召见大臣，并令九卿科道多派数员，按日轮班引对，以资献纳等语。查定制：各衙门每日轮班值日，各该堂官均呈递膳牌预备召见，此例并未寝废。倘有必须顾问之事，即可立时召见。至科道向无值日之例，如各有所见，原准随时封奏，并不待引对时，方准敷陈。所奏多派数员轮值之处，应无庸议。②

由此可见，垂帘听政时期，各部院轮班值日、堂官呈递膳牌预备召见之制并未改动。

1873 年 2 月（同治十二年正月）同治帝亲政后，每天早朝的内容皆"规复旧制"。不过，同治帝的早朝，并不像他父亲、祖父时代的状态，他似乎有意与勤政的祖制作对。1874 年 7 月（同治

---

① 《清穆宗实录》卷 8，第 45 册，第 228—229 页。
② 《大学士倭仁等摺》（同治四年四月初二日），《军机处录副奏摺》，档号 03-5006-012。

十三年五月），首席帝师李鸿藻上奏称：

> 皇上亲政之初，凡仰蒙召对者，莫不谓天禀聪明，清问周
> 至，钦佩同深，气象为之一振。迩来各部院值日诸臣，未蒙召
> 见，人心又渐懈矣。咸丰年间，文宗显皇帝每日召见多至八九
> 起，诚以中外利弊，非博采旁咨，无以得其详细也。若每见不
> 过一二人，每人泛问三数语，则人才之贤否，政事之得失，何
> 由得悉乎？①

不仅如此，同治帝也经常压下奏摺，不发给军机处。频繁的奏摺
"留中"使得军机处非常不安，同年 8 月 27 日（七月十六日），奕
訢与醇亲王奕譞等上奏，建议同治帝"遵祖制""纳谏章"。奏摺称
言："中外大小臣工呈递封奏，向来皆发交军机大臣阅看，请旨办
理。近来封口摺件，往往留中不发，于政事得失，所关非细。若有
忠言谠论，一概屏置，不几开拒谏之风乎？嗣后遇有封奏，伏愿皇
上仍照旧发下，一广言路。"②

　　不过，同治帝亲理朝政的时间并不长。1874 年 12 月 13 日（同
治十三年十一月初五日），也就是亲政约一年半之后，同治帝因天花
卧床，御前大臣、军机大臣等上奏，拟定新的办事章程，建议："现
在圣躬正宜静心调摄，臣等拟请每日摺件仍遵前旨，暂由臣李鸿藻
敬缮；其清字摺件并暂由臣奕訢等敬谨缮写，仍随时候旨遵行。"③

---

① 《清李文正公鸿藻年谱》上册，第 202 页。
② 《清李文正公鸿藻年谱》上册，第 208 页。
③ 《咸丰同治两朝上谕档》第 24 册，第 349 页。

17 日，他们上摺，"吁恳"两宫皇太后参与召见，披览奏摺，发表意见。①这样，早朝的模式，又恢复到垂帘听政时期。

年底，同治帝病故。慈禧太后以奕譞之子载湉入承大统，改元"光绪"。这时，京中王公、六部九卿联衔，奏请两宫皇太后再次垂帘听政，并拟定听政章程，其内容与同治初年近似。早朝的奏摺处理与接见大臣的程序，也就一并恢复。②早朝要点包括：部院衙门轮值，堂官递膳牌；皇太后先阅奏摺，对于大部分的京中奏摺，直接以指甲划痕再传旨；对于部分京中奏摺和所有的外省奏摺，军机处按照皇太后的意思，以"军机大臣奉旨"的模式拟批、拟旨，然后交皇太后定夺；两宫皇太后与小皇帝一起参加军机大臣和部院大臣见起。

上述垂帘听政模式维持到 1881 年（光绪七年），做了细微调整。当年 4 月 8 日（三月初十日），慈安太后病故，慈禧太后成为养心殿帘幕之后唯一的听政者。4 月 10 日（三月十二日），原本由两宫皇太后作掐痕处理的部院奏摺，也开始交由军机处落实于纸面拟批。当天《随手登记档》出现一条新记载："奏单一件内务府等摺拟请传旨由。"③该奏单可在《军机处录副奏摺》中寻获，内容是：

三月十二日，内务府奏三月十八日在大高殿办道场奕劻捧

---

① 《咸丰同治两朝上谕档》第 24 册，第 350 页。奕訢、李鸿藻代批的方式，从十月三十日开始实施，十一月初五日正式拟定章程。

② 《礼亲王世铎等清单》（同治十三年十二月十八日），《军机处档摺件》，档号 118475。该清单是上述十八日奏摺的附件。

③ 《清代军机处随手登记档》第 112 册，第 715 页。

表事，拟请旨传"知道了"；又奏三月十八日在大光明殿办道场悼亲王捧表事，拟请旨传"知道了"。恭理丧仪王大臣奏，大行慈安端裕康庆昭和庄敬皇太后几筵前每遇皇上亲奠，请派领侍卫内大臣递酒杯事，拟请派礼亲王世铎、肃亲王隆勲……①

按常理，京中部院奏摺除指示"留"以外，其他多为两种意见："知道了""依议"，无须动笔，两宫皇太后直接处理即可；但慈禧太后单独垂帘之后，这些奏摺连同外省奏摺一起，皆发下交军机处拟旨拟批而非作摺面掐痕处理。②此时，慈禧太后在处理朝政时的主动权有多大？我们不妨通过"甲申政变"中的细节来观察她与军机处的权力关系转移及此时的早朝模式。

甲申政变是中法战争期间，慈禧太后借清流弹劾军机大臣之机，密谋推倒恭亲王奕訢所领导的军机班底的政治事件。其导火索，是詹事府左庶子盛昱于 1884 年 4 月 3 日（光绪十年三月初八日）所上的一道奏摺。《随手登记档》记载当天军机处奏单题由："奏单一件左庶子盛昱等摺拟传旨由旨'知道了'。"③奏单的全文是：

三月初八日，左庶子盛昱、御史何崇光封奏各一件，均拟

---

① 《军机处奏单》（光绪七年三月十二日），《军机处录副奏摺》，档号 03-7426-011。该奏单不全，缺省略号之后的内容。

② 从档案记载来看，除偶尔无奏摺发下外，几乎每天皆有军机处拟批奏片、奏单。各奏片全文记录在《上谕档》中，奏单散见于中国第一历史档案馆藏《军机处录副奏摺》及台北故宫博物院藏《军机处档摺件》中。

③ 《清代军机处随手登记档》第 118 册，第 203 页。

请旨传"留";内阁汇奏上谕,拟请旨传"留";又奏月摺,
拟请旨传"知道了";工部奏修理宫殿安挂竹帘事单一件,拟
请旨传"知道了";镶白旗满洲奏署佐领图记事,拟请旨传
"知道了";桂祥、海绪、铨兴各请训政,拟请旨传"知道
了";舒璧请安代奏谢恩,拟请旨传"知道了";王嵩龄请安,
拟请旨传"知道了";福锟、张樾各谢恩,均拟请旨传"知道
了";鸿胪寺、镶白旗蒙古汉军各奏无事,均拟请旨传"知
道了"。①

根据上文的考述,我们可以从上面这一段引文中提取以下信息:当
天,值日衙门是工部、鸿胪寺、镶白旗三旗。京内奏摺,包括机密
的御史"封奏",都由军机大臣撰拟了初步的传旨意见。除盛昱、
何崇光、内阁三摺暂"留"外,其余皆依照旧例,照军机处拟批意
见口传谕旨发下。按照程序,奏单上递后,三件批"留"的奏摺亦
一起呈上,等待进一步发下拟旨;或由军机大臣在见起时接受咨
询,而后发下拟旨。然而,当天军机处见起,并未提及上述封奏的
处理情况。军机大臣翁同龢在日记中记载:"今日入对时,谕及边
方不靖,疆臣因循,国用空虚,海防粉饰,不可以对祖宗。臣等惭
惧,何以自容乎!退而思之,沾汗不已。"②

我们可据此推断,当天,军机大臣已得知盛昱呈递的奏摺一
份,并拟定处理意见"留",即留待军机大臣入见时,商讨处理之

---

① 《军机处奏单》(光绪十年三月初八日),《军机处档摺件》,档号125628。
② 陈义杰整理:《翁同龢日记》第4册,中华书局1992年版,第1817页。

策。但是，慈禧太后并未发下这一奏摺，军机大臣见起时，她也没有谈及盛昱奏摺的处理意见。三天后，也就是 4 月 6 日，翁同龢又记载："军机起，武官，一刻七分。发两封奏，而盛煜〔昱〕一件未下，已四日矣，疑必有故也。"①查军机处《随手登记档》，可知当天发下封奏，其中一件为 4 月 3 日何崇光所上。与档案给我们留下的印象矛盾的是：从日记的内容来看，翁同龢对盛昱奏摺的具体内容，并不知晓。当时清朝处于中法战争的紧张状态之中，京内封奏几天未发下，翁明显感觉到其中充满异常。

4 月 8 日，包括翁同龢在内的全班军机大臣被撤，朝野震惊。10 日，翁同龢记："张子青来，始知前五日五封事皆为法事。盛煜〔昱〕、赵尔巽、陈锦、延茂二件。惟盛煜〔昱〕则痛斥枢廷之无状耳，今日始发。并劾丰润君保徐延旭之谬，又牵连及于高阳之偏听。"②张子青，即张之万，时任刑部尚书，在 4 月 8 日被任命为新的军机大臣。盛昱奏摺引起了当时政坛的地震，翁同龢以一种揭开重大谜底的语气，记述盛昱奏摺发下的情形。也就是说，翁此前对盛昱奏摺的具体内容，并不知晓。进一步而言，4 月 3 日，尽管军机处对盛昱奏摺"拟请旨传'留'"，但却并未拆阅其内容。对这一现象的合理解释是，慈禧太后虽发下封奏，却没有授予军机处拆阅之权，军机大臣只能奉命批"留"。

由此可见，军机大臣对内外奏摺皆有拟旨之权，然奏摺的初阅权、缓发权、对批示的裁决权，却操之于慈禧太后之手。

---

① 《翁同龢日记》第 4 册，第 1818 页。
② 《翁同龢日记》第 4 册，第 1819 页。

三、亲政、归政后光绪帝的时间表

随着光绪帝年岁渐长，慈禧太后开始让他接触政务，练习批摺和接见大臣（详见第五章）。1883 年（光绪九年），光绪帝虚岁 13。这年的大年初一，帝师翁同龢记载早朝程序的变化，称言：

> 卯正二刻（6:30），召见于西暖阁，皇太后与上同坐御榻，太后在右，上在左，俨如宋宣仁故事，盖前此所未有也。诸臣入，先叩贺太后天喜，汉话。次叩贺上天喜，清话。皆一跪三叩首。维时，中官传赐太后暨上八宝荷包各一，敬受即悬于胸，一叩首谢，然后上垫。谕以天气清和，吉祥善事，皇帝好学，日近诗书，自明日起，当同在坐。以后早事皆拟亲裁。诸臣亦颂扬数语，即退。①

所谓早事亲裁，只是光绪帝在慈禧太后指导下，练习政务，并不改变垂帘听政的权力结构。1886 年（光绪十二年），小皇帝年满 15 周岁。慈禧太后决定，次年正月十五日，结束垂帘听政，为年满 17 虚岁的光绪帝行亲政典礼。从次年开始，慈禧太后就不再每日出席早朝、参加军机见起和召见部院大臣了，而是改为选择性地参加。曾纪泽在日记中记录下这些细微的变化。②但凡有慈禧太后在

---

① 《翁同龢日记》第 4 册，第 1713 页。
② 《曾纪泽日记》下册，第 1565 页。

场参加朝会时，"设纱屏为幛"，且局面仍由她主导，光绪帝只是陪衬。1889 年 1 月 3 日（光绪十四年十二月初二日），曾纪泽记当天早朝细节，称言："巳初一刻（9∶15）入觐，皇太后撤帘，垂询及谈论各国交涉近事，敷对甚详，约二刻余。皇上坐于前案，默然而已。"①

在这个时段内，光绪帝批答奏摺，在发下前须经慈禧太后检查；稍复杂的奏摺，都由军机处拟定办法，向慈禧太后请示。即便如此，光绪帝在批答奏摺一事上，仍分外谨慎。他曾跟翁同龢介绍说，外省奏摺，都是先手加签条，令军机大臣酌定后，他再正式批答。②这种体制继续维持了两年。

1888 年 7 月（光绪十四年六月），慈禧太后下旨，决定在次年正月皇帝大婚后，终止训政，"归政"给光绪帝。③军机处又拟定归政后恢复旧制的办事规范。其主要内容是恢复光绪帝亲裁大政，独自接见军机大臣、部院大臣，独自召见部院引见官员的系列权力，只不过，每天的朱批内容及拟旨内容，由军机处在事后摘抄，交慈禧太后过目；同时，重大的人事任命，须请示慈禧太后裁定。④

接受归政后的光绪帝，每天勤于政务。他给自己订下了苛刻的时间表，每天处理政事的起始时间，比前代清帝大为提前。就在接受"归政"后一个月，他的本生父醇亲王奕譞递上一道奏摺，建议

---

① 《曾纪泽日记》下册，第 1752 页。
② 《翁同龢日记》第 4 册，第 2101 页。
③ 《清德宗实录》卷 256，第 55 册，第 446 页。
④ 《军机大臣摺》（光绪十四年十一月初十日），《军机处录副奏摺》，档号 03-5703-032。

"视朝不宜过早"，其中列举道光帝之后诸位清帝的工作时间表，
称言：

> 辨色视朝，为我国家一定不易之家法。道光年间召见时刻，
> 臣方幼稚，不能确记，而每日请驾，例于寅正三刻（4∶45）；
> 咸丰年间召见，常在卯辰之交（7∶00），盈廷诸臣皆系卯正
> （6∶00）以前入朝。近闻自归政后，每日寅正（4∶00），早事即
> 由奏事处传出，是以臣工无不丑刻（1∶00—3∶00）趋朝，寅刻
> （3∶00—5∶00）备齐。①

奕譞说，光绪帝视朝太早，"非至当之道"，理由有三点：一、视朝
过早，加以终日劳碌，非调护之法；二、年老大臣既须早起入宫，
散门后又须赴本管衙门，分散精神，"务虚名而略实政，反致诸事
废弛"；三、大臣入宫太早，给宫禁看守造成很大困扰。他希望慈
禧太后能督促光绪帝"恪遵成宪，不必专以视朝之早晏为勤逸"。

　　显然，朝中大员的时间表都跟着光绪帝发生了改变。我们从曾
纪泽的日记中可明显看出端倪。此前，他是户部侍郎、总理衙门大
臣，每逢户部、总理衙门值日奏事，他一般是卯正（6∶00）起床，
入朝等待召见；但自从光绪帝大婚并接受归政后，他的时间表一下
提前了两到三个小时。皇帝大婚后两天，曾纪泽准备入宫，为自己
加一级谢恩，他寅正（4∶00）起床，结果皇帝未召见，只能返回家

---

① 《醇亲王奏为皇帝视朝不宜过早谨述成宪事》（光绪十五年三月初七日），《宫中
　　档朱批奏摺》，档号 04-01-15-0081-040。

中补睡。此后轮到户部、总理衙门值日，他的起床时间提前到了寅初（3:00）至寅初二刻（3:30）。①

不过，奕譞的奏摺似乎没有发生作用。当年9月9日（八月十五日），总理衙门章京杨宜治值班，入西苑等候接收本衙门当天呈递的奏摺。他在日记中记录："赴东署（按：即总理衙门），夜丑正二刻（2:30），入直西苑门他坦。南海澄波，中天璧月，仰视广寒，同兹清澈。甫四点钟（4:00），摺奏已发下，军机处须臾叫起矣。上听朝之早如此。"②

此外，据光绪朝军机章京继昌记载："皇上天性勤敏，遇出宫拈香日，漏三下（约0:00）即起，凡执事人员少迟必误。军机大臣每寅初（3:00）入直，章奏已早发下，恒不及阅，已召见章京缮旨，堂官旁立以俟，顷刻须就，一时阘冗之风为之一变。"③

辨色视朝、勤于政务，是历代清帝的祖训。早在康熙、雍正年间题本、奏本作为国家重要政务文书的年代，早朝的主要形式是御门听政，根据康熙朝《大清会典》的记载，部院大小官员"每日早赴午门外齐集，春夏于卯正一刻（6:15），秋冬于辰初一刻（7:15）"进入乾清门，等候皇帝御门，启奏题奏本章。④此后，御门听政的频率逐渐减少，同治帝即位后，即一直停止。所以，同治帝、光绪帝亲政后所谓的早朝，主要是围绕奏摺处理而进行，即上文所述的

---

① 《曾纪泽日记》下册，第1769—1770页。
② 杨宜治：《惩斋日记》，见北京大学图书馆馆藏稿本丛书编委会编：《北京大学图书馆馆藏稿本丛书》第17册，天津古籍出版社1991年版，第638页。"他坦"，即临时值房。
③ 继昌：《行素斋杂记》卷下，上海书店出版社1984年版，第31a—b页。
④ 《大清会典（康熙朝）》卷41，第15b—17a页。

奏摺批答、军机处见起与草拟上谕、轮值部院大臣见起等等。皇帝办公的时间，也以奏摺处理为最重要的考量因素。

军机章京赵翼曾记载乾隆帝日常办事时间表："上每晨起必以卯刻（5:00），长夏时天已向明，至冬月才五更尽也。时同直军机者十余人，每夕留一人宿直舍。又恐诘朝猝有事，非一人所了，则每日轮一人早入相助，谓之早班，率以五鼓（约 4:00）入。平时不知圣躬起居，自十二月二十四日以后，上自寝宫出，每过一门必鸣爆竹一声。余辈在直舍，遥闻爆竹声自远渐近，则知圣驾已至乾清宫，计是时，尚须燃烛寸许始天明也。余辈十余人，阅五六日轮一早班，已觉劳苦，孰知上日日如此，然此犹寻常无事时耳。当西陲用兵，有军报至，虽夜半亦必亲览，趣召军机大臣指示机宜，动千百言。余时撰拟，自起草至作楷进呈或需一二时，上犹披衣待也。"[1]

又据领班军机章京朱学勤在 1873 年（同治十二年）透露，当时亲政不久的同治帝"悉复道光年间旧制，寅正（4:00）必须到值，卯正（6:00）已召见矣。每日俱有部院数起，天语垂询公事，极为切要，非留心部务者，竟不能对，将来必能循名责实，以釐庶政，此真可喜之事。"[2]

可见，光绪帝的早朝时间，不但早于道光帝、咸丰帝和乾隆帝，也比有过垂帘听政经历的同治帝早上一两个小时。当然，他的时间表也并非一成不变，在事繁的日子，奏摺处理似乎要慢一点。

---

① 赵翼：《檐曝杂记》，中华书局 1982 年版，第 6—7 页。
② 《朱学勤致应宝实手札》（同治十二年二月初四日），见上海图书馆历史文献研究所编：《历史文献》第 14 辑，上海古籍出版社 2010 年版，第 78 页。

例如 1894 年翁同龢二次进入军机处，他记载，皇帝发下奏摺的时间是每天卯初（5：00）。①即便如此，他的勤政程度与其先人相比，只能说有过之无不及。

按照当时奏摺量作保守推算，如果每天仅收到 20 件奏摺，每件的处理时间为五分钟，而光绪帝发下奏摺是在寅正（4：00），那么，他每天不到凌晨两点半就要进入工作状态，起床时间则必须更早。可以想象，由亲王之子入承大统的光绪帝，此时求治之心、回报之心是何等的强烈。他似乎决心做一个勤政的好皇帝，将辨色视朝的祖制做到极致。我们不妨通过张荫桓日记 1894 年 5 月 24 日（光绪二十年四月二十日）的记载，看看光绪帝清晨的时间表：

> 礼部加班。上有颐和园请安之谕，意今日召见必早。讵寅初二刻（3：30）始有信，急趋九卿房，子密徘徊门外。少顷起单下，与之偕入。余蒙召问现奏事件、总署近事。奏对毕，上言："沈秉成调京矣。"谨对言："已见邸抄。"又及吉林事而退出。②

张荫桓为总理衙门大臣，并以户部侍郎署理礼部侍郎，所以，当礼部加班奏事时，他须递膳牌预备召见。"子密"，即礼部侍郎钱应溥。这一天，光绪帝要前往城外颐和园向慈禧太后请安，所以张荫桓预计，如果有见起，时间会比较早。他二人在寅初二刻（3：30）

---

① 陈义杰整理：《翁同龢日记》第 5 册，中华书局 1997 年版，第 2757 页。
② 张荫桓著，任青、马忠文整理：《张荫桓日记》，上海书店出版社 2004 年版，第478 页。

接到起单，预备召见（在此之前，皇帝已读完了当天的奏摺）。这一时间，张认为太晚。可以推测，每逢光绪帝前往颐和园的日子，他要比一般时候起得更早。当天见起，光绪帝除了询问礼部上递奏摺的情况，也问了总理衙门事务，并告知张荫桓一些重要人事情况和地方情况。

不仅如此，光绪帝看奏摺时，曾改变以往先阅外省奏摺后阅京内部院奏摺的做法。翁同龢曾记载称："是日传：以后外摺系卯初下，较晚一时许也；外摺内摺一起下，未免拥挤。若有封奏，恐来不及看。"①这就说明，在此之前，外摺内摺系同时发下。因办事拥挤，光绪帝不得不将两者分开阅看，分别发下。

然而，朝政并未因光绪帝的勤政而有所好转。就在他接受归政五年后，中日战争爆发，他每天的日程表更加紧密，奏摺数量更多，军机及部院官员见起、议政的时间也随之增加。在此之后。因列强争夺在华利益斗争的加剧，光绪帝每天面临的压力以及政务的繁剧，有增无减。下文从翁同龢、张荫桓两位朝廷重臣日记中，摘出与光绪帝工作日程相关的部分内容，考察其早朝及政务细节。

1898 年 3 月 21 日（光绪二十四年二月二十九日），军机大臣翁同龢在日记中记录：

> 寅初（3:00）起，寅正（4:00）至直房。外摺一安维峻军台缴费期满释回也。巴所递约稿一，电二，许、杨，皆外部决绝之词。见起三刻。安维峻事，上徘徊久之，批再留数年，浅人以为上

① 《翁同龢日记》第 5 册，第 2757 页。

意从刻，不知尚从宽也。论俄事良久，命传李鸿章、张荫桓明
日预备召见。巳初（9:00）散。①

此时，光绪帝可谓焦头烂额。自从上年德国借口教案侵占胶州湾，
俄国趁机利用《中俄密约》占据旅顺大连，不再离开，俄国驻华公
使巴布罗夫向清朝提出租借旅大的要求。许、杨为清朝前后任驻俄
公使许景澄、杨儒。日记中提到的安维峻，在甲午战争中弹劾李鸿
章，并连带攻击慈禧太后说"皇太后既归政皇上矣，若犹遇事牵
制，将何以上对祖宗，下对臣民"，触碰到帝后关系这一最为敏感
的神经，被革职发往军台。②

从这段日记可以看出，光绪帝仍是在寅正（4:00）即看完并发
下奏摺，军机大臣随后见起，与光绪帝讨论达三刻之久。次日，翁
同龢在日记中记录：

> 照昨时到直房，李、张有起，入晤于案上。庆邸来谈，稍
> 闻昨日入见语，然实无措置，今日李、张起，上亦不能断也。
> 见起三刻。巴照一。电三，皆旅顺有兵二千来泊树旗将登岸事。衡量
> 时局，诸臣皆挥涕，是何气象，负罪深矣。退时，庆、李、张
> 邀谈，大约除允行外别无法，至英、日、法同时将起，更无
> 法也。③

---

① 《翁同龢日记》第 6 册，第 3103 页。
② 茅海建：《从甲午到戊戌——康有为〈我史〉鉴注》，生活·读书·新知三联书
店 2009 年版，第 51 页。
③ 《翁同龢日记》第 6 册，第 3104 页。

翁同龢仍照常入值军机处，阅看光绪帝发下奏摺。光绪帝按计划召见总理衙门大臣李鸿章、张荫桓，讨论对俄交涉。庆亲王奕劻认为，俄国的要求无法拒绝，李、张二人也不可能有合适的对策。参加见起的张荫桓则对当天的早朝有更为细致的记录：

> 阴雨。寅正（4:00）起，赴总署公所。合肥旋至。余语合肥以奉派俄事，毁我两人而已，合肥谓同归于尽，何毁之足云。少顷宣召，与合肥同进仁寿殿南里间。余蒙赏垫，跪定。
>
> 上询合肥："俄事如此，尔去年密约如何立的？"
>
> 合肥奏言："现事不决裂，密约仍有。"随请旨作何办法。
>
> 上谕："尔们打算怎样？"
>
> 合肥奏言："皇上曾商太后否？"
>
> 上谕："尔们都无办法，如何能商量太后？"合肥伏喘无言。
>
> 上询荫桓："有办法么？"
>
> 当奏言："容通筹妥当，请旨遵行。"
>
> 上谕："要请旨么？"
>
> 徐奏言："商定后奏明办理。"
>
> 上词色略霁，垂询合肥："尔正月患喉症么？"
>
> 合肥奏言："已愈。"
>
> 旋询荫桓："闻尔这几日亦有病。"
>
> 当碰头奏言："亦患寒病在喉，数日始解。"
>
> 上颔之，徐徐谕："总理衙门事，责成尔两人。"
>
> 合肥奏言："无日不到署。"

　　荫桓奏言："竭心力以图报。近事棘手，亦在圣明鉴中。"

　　上颔之，令出，合肥不能起，掖之，上谕："站定乃行，勿急遽出。"至军机直庐，庆邸坐候，合肥与谈俄事。未几，枢辅进见后回论一遍。余以俄情不测，拒之即生变，此在人人意中；允之，而俄交能否永固，实不可必。且各国能无违言亦不可必，以故委决不下。庆邸、仲山韪余言，合肥置不答。返寓补睡。旋访常熟、仲山筹商，子良亦就谈。晚饭后各散。仲山言明早户部直日，可在寓听起矣。余答以有牌子，究不敢不到。①

　　这天的早朝，应是吏部值日，但因对俄交涉事务紧急，故前一日光绪帝以交片上谕，命李鸿章、张荫桓预备召见。当天的早朝次序应为李、张先见起，而后是军机大臣。李、张见起时间似并不长，主要是光绪帝向二人询问对俄政策，李、张没有正面回答。后来，二人与奕劻约军机大臣详谈。张荫桓分析了拒绝或应允俄约的利弊，奕劻、廖寿恒（仲山）表示赞同。后一天由户部轮值奏事，户部侍郎张荫桓须递膳牌，所以他说"究不敢不到"。这段文字，也生动记载了光绪帝早朝与大臣见起的细节。一个每天丑时（1:00）即起、勤于国事，十多年不敢懈怠的年轻君主，在面对国权被步步蚕食时又无能为力的无可奈何之状跃然纸上。被满腔愤懑笼罩的光绪帝，仍不忘询问李鸿章病情，并嘱他"站定乃行，勿急遽出"，也体现他柔和周到的一面。

---

① 《张荫桓戊戌日记手稿》，第66—72页。

四、尾　声

1898 年 9 月 21 日，慈禧太后从颐和园回宫三天后，再次宣布"训政"，戊戌政变事发。当日光绪帝以朱笔明发上谕：

> 现在国事艰难，庶务待理。朕勤劳宵旰，日综万几，兢业之馀，时虞丛脞。恭溯同治年间以来，慈禧端佑康颐昭豫庄诚寿恭钦献崇熙皇太后两次垂帘听政，办理朝政，宏济时艰，无不尽美尽善。因念宗社为重，再三吁恳慈恩训政，仰蒙俯如所请，此乃天下臣民之福。由今日始，在便殿办事。本月初八日，朕率诸王大臣在勤政殿行礼，一切应行礼仪，着各该衙门敬谨预备。①

从此，早朝及奏摺的办理规则，又恢复到了光绪十三、十四年间，即光绪帝亲政、同时慈禧太后训政的旧模样。按照前次训政的具体规则，最重要的做法应包括：内、外臣工摺奏应行批示者，均请朱笔批示，恭呈慈览发下；复杂奏摺，由军机处缮单请旨；满汉各缺，遇有应请旨简放者，分别缮写清汉字空名谕旨，恭候懿旨简放，朱笔填写；满汉尚书侍郎缺出，应升应署及各省藩臬缺出，照垂帘听政时旧例，请旨简放。②光绪帝仍然进行着每天的早朝，批

---

① 《光绪宣统两朝上谕档》第 24 册，第 416 页。
② 《军机大臣摺》（光绪十二年十月十七日），《军机处录副奏摺》，档号 03-5544-024。

阅奏摺，并参加军机见起，接见值日的部院大臣，但与前次训政不同的是，接见现场增加了慈禧太后的座次，她参加每天的见起。同时，奏摺批阅和处理，加入了慈禧太后即时监督的程序，军机大臣的主动权也有所增加。在批本处当差的金梁称，当时早朝次序如下：

> 时太后训政，寅初（3:00）始达内殿，后起，（内奏事处）乃进览（内外摺奏）。帝入请安，侍立。太后偶亦指一二事示帝，非指示不得径翻阅也。阅毕，交军机，而两宫徐出临朝。召见臣工，先外起而后军机。军机王大臣于此顷刻间，互速传阅，略拟办法，以备顾问。仓卒常不及尽览，敷衍应对。①

政变后，慈禧太后和光绪帝每天早起阅览奏摺，召见大臣，先见部院大臣，而后再见军机大臣，军机大臣可趁机阅览发下的奏摺。因时间仓促，无法细读，也无法充分思考其中内容。据军机大臣荣庆的记录，当时内外奏摺发下的时间，常在卯刻至辰刻（5：00—7：00），晚于戊戌政变前的时间表。②从存留至今的光绪朝朱批奏摺可以推测，在戊戌政变之后，光绪帝实权尽失，但仍照前次训政时期的规则，阅览并亲自批答奏摺，且仍与慈禧太后一同接见内外大臣。不过，这一制度也有前后差别。

在训政之后一段时间，光绪帝虽与慈禧太后一起参加见起，但

---

① 金梁：《光宣小记》，见章伯锋等主编：《近代稗海》第11辑，四川人民出版社1988年版，第295—296页。
② 荣庆著、谢兴尧整理：《荣庆日记》，西北大学出版社1986年版，第77—80页。

很少说话。训政之后一月，总理衙门总办章京顾肇新在给其兄长的家信中说："训政以来，召对臣工，上仅默坐，不发一言，近闻所住之瀛台，四面高筑围城，仅留一门，不得任便出入。"①史官恽毓鼎亦称："至戊戌训政，则太后与上并坐，若二君焉。臣工奏对，上嘿不发言，有时太后肘上使言，不过一二语止矣。"②次年，顾肇新又在私信中说："近虽外臣觐见，俄顷之间，慈驾亦必在旁刺听，以防或与大臣接谈，终非日久相安之道也。"③由此可见，第二次训政以后，慈禧太后对光绪帝极不信任，虽允许他接见内外大臣，但多有防范；光绪帝明白这一道理，也无多言。不过，到了辛丑之后，"两宫回銮"，情况就好一些了。1903 年 2 月 22 日，时任刑部尚书、管理大学堂事务的荣庆在日记中记载当天早朝见起的情形：

> 至西苑，本部值日，蒙召见于勤政殿。皇上先询本部奉（疑为"奏"）事及现审若干，皇太后于庶狱意颇矜恤，询及现在盗案较少，姜军门、肃邸地面弹压较前为甚，并学堂事宜，勖以任劳任怨，并建堂舍，以城外为远，以端郡王府如可用，可以斟酌为训，并论广西军务。皇上复询政务处事宜，初进时奏明，昨日蒙恩照旧供职，摘帽谢皇太后、皇上两次。午

---

① 《顾肇新致顾肇熙》（光绪二十四年九月初六日），《顾豫斋致其兄函》，中国社会科学院近代史研究所藏，所藏号：甲 233。
② 恽毓鼎：《崇陵传信录》，中华书局 2007 年版，第 57 页。
③ 《顾肇新致顾肇熙》（光绪二十五年），《顾豫斋致其兄函》。

初（11:00）下，到政务处，交庆邸交办之件。①

光绪帝、慈禧太后每天一同见军机、见值班部院大臣，也会向召见者询问各自感兴趣的问题。②

这一时期的军机大臣瞿鸿禨对光绪帝、慈禧太后共同参加早朝，有更详细和准确的记载。首先，二人同时出席早朝，且共一御案，"（见起时，）大内在乾清宫西暖阁，太后坐西，皇上坐东，皆北面。西苑则在勤政殿东暖阁，太后坐东，皇上坐西，皆南面。颐和园则在仁寿殿之北楹，亦太后坐东，皇上坐西，皆南面。"③遇召见和谢恩事，"须先诣太后座前跪下，摘帽碰头者三，口称臣某谢皇太后天恩，叩毕戴帽起立，诣皇上座前如前碰头毕，再戴帽起立中行一步许，再直跪，两宫始垂问一切也。"④军机大臣入见，就当日发下的奏摺请旨，其程序如下：

> 领班大臣次第跪递，皇上手接。有述旨匣，则先呈递，次递摺件。递时，陈明某人某摺某事，皇上必先呈递太后。两宫于办事时，诸摺均已览过，故可即时裁决。谕下，或由皇上朱批，或降明发谕旨，或写交旨，或写廷寄。承旨毕，如有差缺请简派，则接递缺目及名单，陈明请旨。朱笔圈出交下后，或

① 《荣庆日记》，第60—61页。
② 可参见邹嘉来：《仪若日记》光绪三十三年三月十一日条，日本东洋文库藏；陶大均《平龛遗稿》，光绪三十一年九月十六日召见问答，1920年刊本。
③ 《傺直纪略》，第160页。
④ 许宝蘅著、许恪儒整理：《许宝蘅日记》第1册，中华书局2010年版，第181页。

上有垂询，或下有陈说，奏对终，命退，然后退。①

由此可见，戊戌政变后，光绪帝与慈禧太后共同参加早朝，接见军机和部院大臣，共同裁决奏摺处理意见，奏摺仍由皇帝朱批。只不过，任何实质性的决定，都必须请示慈禧太后许可。

清代自从雍正、乾隆朝开始，在原有的早朝——御门听政之外，另外形成了每日京中部院轮值、军机处见起的早朝制度。这一早朝制度的核心，就是奏摺处理，具体包括每日凌晨轮值部院递摺，稍后堂官递膳牌预备召见；皇帝阅看内外奏摺，通过指甲划痕、直接批答或咨询大臣后述旨等多种方式对奏摺进行处理。

从同治朝开始，这一早朝程序加入垂帘听政的内容，皇太后取代皇帝，阅览并初步处理内外奏摺，重要者多交军机处拟批，皇太后复核，以此完成每天的政务。光绪帝亲政及接受归政后，每日极早批阅并发下奏摺，接见部院及军机大臣，将早朝时间大大提前，展示出法祖勤政的新面貌，但也影响到政务的合理决策，并无形中加重了朝中大臣的负担，亦未起到政治上医治沉疴的效果。戊戌政变之后，慈禧太后再次训政，仍由光绪帝批阅奏摺，接见大臣。只不过，都加上了慈禧太后在场监督的程序，一切实质性的政务决定，都须请示慈禧太后裁决。这种以奏摺处理为核心的早朝制度，终结于1911年11月袁世凯内阁的成立。

---

① 《傯直纪略》，第160—161页。

第三章　垂帘听政、训政、归政与晚清的奏折处理

清朝的最后 50 年，是近代中国变革最为剧烈的时段，既产生了为清朝士人所称颂、媲美前代的"同光中兴"，也出现了为后世所熟知、学界聚焦的镇压太平天国、中法战争、中日战争、清末新政、辛亥革命等系列事件。这一时段内，应对"数千年未有之变局"、并直接促成各种政治后果的，首先是清代最高层的权力结构与政治制度的变化，它并非我们耳熟能详的"以军机处为标志的君主专制的顶峰"一句话所能概括。在该时段的多数时间内，出现了一种皇太后参与政务的垂帘听政和训政的制度。两次垂帘听政的后续，出现同治、光绪朝两种不同的"归政"模式，后一模式衍生的权力结构，直接酿成戊戌政变、己亥建储与庚子国变。①

---

① 学界有关垂帘听政的研究，多集中于该制度的缘起及建立之初的运作情形，而对后续的发展，尤其对同治、光绪两朝听政结束后"归政"状态下的权力结构未有充分注意，因此也就不能区分晚清时期听政、两次归政、训政、亲政的内涵、差异及其原因。较典型的研究有吴相湘：《晚清宫廷实纪》，中国大百科全书出版社 2010 年版，第 42—76 页。

前章对晚清的朝会，尤其是同治帝、光绪帝的时刻表进行了详细论述，本章将重点论述垂帘听政、训政、归政、皇帝亲政这一系列制度的基本意涵，聚焦于奏折处理方式及其背后所体现的高层权力的分配与变动，补充前章内容，尝试从清代文书制度的内在线索来理解晚清政局的变化。

一、赞襄政务大臣制度

有关晚清"垂帘听政"的缘起，清人留有绘声绘色的叙述，学术界也有过详细的研究，它的基本过程已较为清晰，即咸丰帝去世后，慈安、慈禧两宫皇太后联合恭亲王奕訢发动政变，推翻载垣、端华、肃顺等八人主持的"赞襄政务大臣"体制，建立起两宫皇太后垂帘听政、奕訢以"议政王"头衔领导军机处辅政的新制度。① 这一制度断续地存在于此后数十年的历史之中（"议政王"头衔存在的时间稍短），当然，其中出现过多次调整和变种，但可以肯定的是，康熙、雍正朝建立的以奏折处理为核心、军机处协助为特点

---

① 这一事件的资料汇编见《辛酉政变》，见故宫博物院明清档案部编：《清代档案史料丛编》第1辑，中华书局1978年版，第82—141页。薛福成曾用笔记方式详细叙述咸丰帝死后垂帘听政制度建立的全过程，其中内容采自各处逸闻，细节上有很多差错，涉及本章所论范围之处，详下文辨析。参见薛福成著，丁凤麟、张道贵整理：《庸盦笔记》卷1"咸丰季年三奸伏诛"条，江苏人民出版社1983年版，第17—24页；亦可参见邓之诚：《祺祥故事·序》，见《旧闻零拾》2，邓氏五石斋1939年刊本，第1—3页；黄濬著、李吉奎整理：《花随人圣庵摭忆》下册，中华书局2008年版，第816—822页；苏同炳：《咸丰、慈禧与恭王》，见《中国近代史上的关键人物》上册，中华书局1988年版，第239—260页。

的君主专制，已经发生了一些改变。

垂帘听政制度的内涵有哪些？在垂帘听政制度之下，皇太后、皇帝、军机处等各方权力如何划分？随着皇帝成年，这些权力又出现过哪些变化？

这些重大疑问似为既往研究的薄弱之处。由于清代君主的"集权"主要体现在国家重大事务的处理上，而这些重大事务，又往往围绕奏摺批阅、高级人事的安排（仍与文书相关）而展开，所以以下文将聚焦于垂帘听政时期奏摺批阅程序的细节，借此考察当时最高权力结构的变化。

我们先将目光回溯到咸丰末年。

1861 年 8 月 2 日（咸丰十一年六月二十六日），病倒在承德行宫的咸丰帝改变平日奏摺的处理模式，不是先阅奏摺然后发下军机处、再召集军机大臣述旨。当天军机处《随手登记档》记载朝政处理新模式的出现：

> 本日，大人们同御前大臣、内务府大臣一起召见，带下摺报二十一封，面奉谕旨：着御前大臣载垣、景寿、肃顺会同军机大臣公同阅看，分别拟定应批及应缮谕旨，夹签进呈。内清字二封，由满屋夹签，共夹签四十一件。次日随摺片单发下，内朱批一件、朱勾二件，均归朱笔包，馀归籤。另清字签二件，交满伴。①

---

① 《军机处随手登记档》第 96 册，第 81—82 页。

《随手登记档》是由军机章京所记的有关奏摺处理流程的档册，记载及使用机构是军机处。故上述引文中，"大人们"是指行在的军机大臣。本来，奏摺应由君主亲拆亲阅，形成印象和意见后，发下军机处做后续处理，咸丰帝因卧病在床，没有体力亲批奏摺，故命载垣、景寿、肃顺同军机大臣一起看摺，并拟定处理意见，签条呈进。载垣等人于当日阅摺后，拟定奏摺的处理签条多件，与回复奏片一件，呈送咸丰帝。回复奏片汇报拟批拟旨的总体情况称：

> 本日发下摺报二十一封，共摺、片、清单五十三件，清字摺二件。臣等公同阅看，除照会十一件、宋景诗禀一件毋庸拟批外，应拟寄信谕旨一件、明发谕旨五件，其馀摺、片、清单，共三十七件，应行拟批，谨分别夹签进呈，恭候钦定。此项摺片为数较多，伏请皇上从容披览，可否于明后日发下，再由军机处缮拟谕旨呈递？伏祈圣鉴。谨奏。①

这一记录模式，从此成为每天《随手登记档》的最后一条，直至 8 月 21 日（七月十六日）咸丰帝驾崩前一天。所谓"夹签进呈"，即御前大臣、军机大臣将他们对奏摺和附片的意见，写成单独的签条，夹在对应的奏摺与附片中，呈咸丰帝钦定。例如，8 月 2 日首条签条为：

> 瑛棨奏本年春季抽收厘捐银数摺，谨拟："户部知道"。

---

① 《咸丰同治两朝上谕档》第 11 册，第 201 页。

其后也有"瑛棨奏粮价单，谨拟：'览'"等签条意见。①而当天《随手登记档》中记载的"次日随摺片单发下"的"朱批一件"，内容是：

> 瑞昌、王有龄奏，军饷支绌，闻粤海关有封储银两，请酌拨十万两片，谨拟：户部速议具奏。
>
> 着由六百里寄信劳崇光无论何款，先拨四五万两，由海道运浙，一面片交户部查议速奏。②

"户部速议具奏"，是御前大臣、军机大臣的拟批意见；而第二段"着由六百里寄信"以下，是咸丰帝的朱笔改写意见。可见，咸丰帝对载垣等人给瑞昌、王有龄奏摺的拟批意见，并不完全同意，因此重新做了批示。

所谓的"次日随摺片单发下"的"朱勾二件"，其中之一为：

> 瑞昌、王有龄奏收复处州府城，署温处道志勋、署总兵特保功过相抵，请免查办，知县姚复辉请免治罪，仍革职留任，知府李希郊阵亡请优恤片，谨拟写明发谕旨：将李希郊优恤，志勋、特保应否免（其）查办，姚复辉应否免其治罪及改为革职暂行留任之处，恭候批示。③

---

① 该签条原件见《军机处呈签条》（咸丰十一年六月二十六日），《军机处录副奏摺》，档号03-4431-048。亦可参见中国第一历史档案馆编：《咸丰同治两朝上谕档》第11册，第201—202页。

② 《咸丰同治两朝上谕档》第11册，第204页。

③ 《咸丰同治两朝上谕档》第11册，第204页。▢▢▢内容为咸丰帝自行圈出，（ ）内容为咸丰帝自行补入。这些改动即咸丰帝的"朱勾"。

文段中记号，皆为咸丰帝勾画。载垣等人给该摺的拟批意见，使用的是疑问句，意在请示；咸丰帝的勾画，则意在做出选择。

从数量上而言，当天发下奏摺、奏片、清单为53件，而咸丰帝只有一项改写，两项勾画，说明对载垣等人十分放心。载垣等人的拟批意见，也就具备近似朱批的效力。这些拟批意见，是在并无指示的背景下做出的，载垣等人发挥的作用，已超出军机大臣的职司，而近似于明代中后期负责票拟的内阁大学士。拟批意见经过咸丰帝的确认之后，通常是由军机大臣执朱笔，誊抄在奏摺末尾，作为皇帝的朱批执行。①这种处理奏摺的模式，在咸丰帝去世后，进一步发生改变。

8月22日，咸丰帝驾崩于承德。此前一天，他发下朱谕，立皇长子、年方五岁的载淳为皇太子，由载垣、端华、景寿、肃顺、穆荫、匡源、杜翰、焦祐瀛等八大臣"尽心辅弼、赞襄一切政务"。②次日，赞襄政务大臣发吏部、兵部咨文，规定外省奏摺的办理程序，称言：

---

① 查阅这一时期的奏摺原件，多半使用笔力遒劲、颜色殷红的批示，绝非病重之人所为。《上谕档》里有蛛丝马迹解释这一现象，例如七月初六日的拟批意见单之后，有小字记录："次日发下，摺由堂代批，即交奏事处。"可见，批示意见经过咸丰帝确认后，交给军机大臣代为誊抄在奏摺之上（《咸丰同治两朝上谕档》第11册，第233页）。另外，也有一些奏摺，本身是载垣等人所上，则不交载垣等人批示，而是咸丰帝自行批示，因而笔力虚弱，颜色淡红（见载垣等摺，咸丰十一年七月初七日，《宫中档奏摺》，档号406014670，台北故宫博物院图书文献馆藏），这一发现是在与任智勇讨论的过程中取得的。《宫中档奏摺》与中国第一历史档案馆藏《宫中档朱批奏摺》也是同一类档案，因历史原因而散落两处。

② 《咸丰同治两朝上谕档》第11册，第263页。

嗣后，各路统兵大臣，各省督、抚、学政及各城将军、参赞大臣、都统、副都统、办事大臣、帮办大臣、提督、总兵等，遇有拜发摺报时，另备印文，开明所发摺若干封，片单若干件，用印封，随摺报交捷报处，以便本王、大臣查核。即希吏、兵部由五百里分别转行传知，一体遵办可也。

再，本王、大臣拟旨缮递后，请皇太后、皇上钤用图章发下，上系"御赏"二字，下系"同道堂"三字，以为符信。并希转传在京文武各该衙门一体钦遵，按照朱笔随时恭缴。①

从 8 月 22 日起，军机处《随手登记档》不再出现自 8 月 2 日以来的载垣等人拟批奏片的记录，档案中也再无相应的签条。23 日的《随手登记档》，记载内外奏摺批示的格式，称：

本日摺报王大臣拟旨后，谕令于各摺片后，缮写"赞襄政务王大臣奉旨云云钦此"。递上发下。②

随后，赞襄政务大臣将廷寄谕旨、交片谕旨的格式从原来的"军机大臣字寄"改为"军机处赞襄政务大臣字寄"式样。③结合几种文书格式的改变可知，赞襄政务大臣已经接管了原属于军机大臣的承旨拟旨之权（尽管两者在人事上有四位重合，即穆荫、匡源、杜翰、焦祐瀛，但未得"赞襄政务"之名的军机大臣文祥显然被排除

---

① 《咸丰同治两朝上谕档》第 11 册，第 266 页。
② 《军机处随手登记档》第 96 册，第 165 页。
③ 《咸丰同治两朝上谕档》第 11 册，第 274 页。

在权力核心之外），并可通过"奉旨"字样，代君主批示奏摺，这也是之前军机大臣未曾有过的权力。奏摺本由皇帝亲阅批示，或指示军机处拟旨，即便咸丰帝病重时，奏摺仍是由他亲阅，然后发下军机大臣、御前大臣拟批或拟旨，再交他审核、修改后发下。此时，则变为赞襄政务大臣拟写批答或另写谕旨，呈两宫皇太后钤"御赏""同道堂"（慈禧太后代小皇帝掌管）两枚图章，再发下施行。

问题在于，咸丰帝死前并未详细交代政务的处理程序，也没有规定两枚图章的权力界限。按照赞襄政务大臣的说法，"拟旨缮递后，请皇太后、皇上钤用图章发下"，据日后公示的"罪状"，八大臣还曾宣称，他们系赞襄皇帝，因此"不能听命于皇太后"，"请皇太后看摺，亦系多余"。①在赞襄政务大臣看来，皇太后给拟批、拟旨钤印图章仅仅是走过场而已，实际操作中，也有一些谕旨未经钤图而直接发下。②不过，朝中大臣却并不这样认为，例如京中大学士翁心存看到咨文后，他的理解是"凡述旨片，由赞襄政务大臣拟进，皇太后、皇上阅定后，上用'御赏'图书，下用'同道堂'图书发下施行"。③显然，翁心存将钤印看成是一种重要的审批权。

不仅如此，在奏摺的内容和形式上，赞襄政务大臣也尽量降低两宫皇太后的"存在感"。首先是胜保、谭廷襄二人在递送请安摺时提到"请皇太后圣躬懿安"字样，赞襄政务大臣认为"向来臣工尤具摺请皇太后安之例"，于是将他二人交部议处。不久，统兵大

---

① 《咸丰同治两朝上谕档》第 11 册，第 389 页。
② 《咸丰同治两朝上谕档》第 11 册，第 318 页。
③ 《翁心存日记》第 4 册，第 1634 页。

将僧格林沁在自己的奏折结尾处有"皇太后圣鉴"字样，赞襄政务大臣联名致函通报："查内外臣工折报，均系奏闻皇上，不宜书写皇太后字样，此后王爷奏折，自应一律，应请惟用'皇上圣鉴'字样为荷。"①

按照清制，"大权操之在上"，赞襄政务大臣显然不宜抛开两宫皇太后，毫无监督，自行其是，但因咸丰帝未对钤图代表的监督权予以说明，赞襄政务大臣也有意模糊处理，这就为日后的斗争埋下了隐患。

关于此时奏折的处理，我们还须关注一个问题，即奏折是首先由奏事处送抵御前、交皇太后阅览，还是直接交由赞襄政务大臣拟旨？这一问题关系到两者在国家政务上的知情权、主动权及他们权力的分割与限度，须先做一考辨。

我们先来看看清朝制度对奏折传递的规定。据第二章第一节所引《大清会典》"奏事处"条对呈递奏折的说明，在平常时期，无论皇帝身处宫中、圆明园还是热河，奏折都是经奏事处直达御前，皇帝有奏折的绝对先阅权，在未经第三人阅览的情况下，形成自己的主见，避免思维受到他人的影响。在乾隆朝后期，奏折制度执行得并不如后来那样严格，以至于有人在向乾隆帝递折的同时，抄录副本交给军机处，使得军机大臣和珅等享有同等知情权。嘉庆帝完全掌权后，对奏折呈递进行了严格规范。1799 年 2 月 12 日（嘉庆四年正月初八日），即乾隆帝死后五天，嘉庆帝下旨对和珅治罪，同时由内阁明发上谕，宣示文武官员：

① 《咸丰同治两朝上谕档》第 11 册，第 300、365 页。

各部院衙门文武大臣，各直省督、抚、藩、臬凡有奏事之责者，及军营带兵大臣等，嗣后陈奏事件，（俱应）直达朕前，俱不得另有副封关会军机处。各部院文武大臣亦不得将所奏之事，（预先）告知军机大臣，即如各部院衙门奏章呈递后，朕可即行召见，面为~~指示~~（商酌），各交该衙门办理，（不关军机大臣指示也，）何得预行宣露，致启通同扶饰之弊耶？将此通谕知之，（各宜凛遵。）钦此。①

从这时开始，奏摺的呈递严格依照上述程序执行，同时也有了《大清会典》的上述规范。咸丰帝驾崩后，遗命载垣、端华、肃顺等八人"赞襄政务"，他们可拟批奏摺，草拟上谕，事权极大，但档案中未见到奏摺传递次序发生改变的记载，奏摺似仍照此前规则，由奏事处直达御前，两宫皇太后先阅。这里，我们可借一件特殊奏摺，对上述次序给出进一步证明，并说明其背后体现的权力关系。

"赞襄政务大臣"制度的施行，引起恭亲王奕訢和权力欲极强的慈禧太后的不满。9月10日（八月初六日），御史董元醇揣度圣意，上奏摺"敬陈管见"，请求将皇太后"暂时权理朝政"之事公布天下，同时建议"于亲王中简派一二人，令同心辅弼一切事务"。②这一建议完全改变了赞襄政务大臣制度下的权力格局，故该奏摺上递后，引起承德行宫一场极大的政治风波。9月17日（八

---

① 《嘉庆道光两朝上谕档》第4册，第13页。（　）内容为嘉庆帝朱笔添加，══内容为嘉庆帝删除。
② 《董元醇奏请皇太后权理朝政并另简亲王辅政摺》（咸丰十一年八月初六日），见《清代档案史料丛编》第1辑，第91—92页。

月十三日），行在军机章京密函京中同事，讲述风波的经过：

> 千里草上书，初十日未下，此处叫人上去要，仍留看。夸
> 兰达下来，说："西边留阅。"心台冷笑一声。十一日叫见面，
> 说写旨；下来叫写明发，痛驳。夫差拟稿尚平和，麻翁另作，
> 诸君大赞，"是诚何心，尤不可行"等语，原底无之。遂缮真递上。
> 良久未发下，他事皆发下，并原件亦留。另叫起，耳君怒形于
> 色。上去见面，约二刻许下来，闻见面语颇负气。仍未发下，云
> "留着明日再说"。十二日上去，未叫起，发下早事等件。心台
> 等不开视，决意搁车，云"不定是谁来看"。日将中，上不得
> 已，将摺及拟旨发下照抄，始照常办事，言笑如初。如二四
> 者，可谓浑蛋矣。①

"千里草"，即董元醇；"夸兰达"，即总管太监；"西边"，即慈禧太
后；"心台"，即怡亲王载垣；"见面"，即军机大臣每日入内见起；
"夫差"，即吴姓军机章京；"麻翁"即焦祐瀛，他是排名最后的军

① 高劳辑：《清宫秘史》，载《东方杂志》第9卷第1期（1912年7月），第2页。
本函为咸丰十一年京中与行在军机章京系列密函之一，又称为《热河密札》，共
12通。受书者之一为军机章京朱学勤，这一批信札后来为学勤子朱澹所得，再
后来则被张元济购得，首先由署名高劳者以《清宫秘史》的标题刊印于1912年
《东方杂志》第9卷，第1、2期。1930年代，掌故家黄濬曾为之作注，并归入
其著《花随人圣庵摭忆》。晚清翰林吴庆坻亦曾自朱澹处阅览这一批书札，摘录
入其著《蕉廊脞录》。这里引用的文段，以《东方杂志》版本为准，另据《蕉廊
脞录》修正一二错讹之处。又据俞炳坤考证，本信函写信人"守黑道人"为许
庚身，受信人为时在京城的朱学勤。参见《花随人圣庵摭忆》中册，第670页；
吴庆坻：《蕉廊脞录》，中华书局1990年版，第15页；俞炳坤：《热河密札考析
（上）》，载《故宫博物院院刊》1982年第1期，第9—11页。

机大臣，也是赞襄政务大臣之一；"耳君"，即郑亲王端华；"另叫起"，即在军机大臣拟旨后再次接见军机；"搁车"，即罢工；"二四者"，即八位赞襄政务大臣。该函所述的内容，得到日后清算载垣等人罪状时所颁谕旨的印证。其中，拟定于 10 月 21 日（九月十八日）的上谕有一段回顾了董折风波："虽我朝向无皇太后垂帘之仪，朕受皇考大行皇帝付托之重，惟以国计民生为念，岂能拘守常例？此所谓事贵从权，特面谕载垣等着照所请传旨，该王大臣奏对时，晓晓置辩，已无人臣之礼；拟旨时又阳奉阴违，擅自改写，作为朕旨颁行，是诚何心？"①另一道颁布于 12 月 20 日（十一月十九日）的谕旨补充说："载垣等奏对时，即已晓晓置辩，及拟谕旨，遂敢阳奉阴违，擅自改写，一切驳斥，迨述旨时未即允照所拟宣发，而载垣等胆敢于次日发交折件压搁不办，竟将所拟谕旨坚请发下，又以未用御印不足为凭，再行渎请。"②

根据上述密函及上谕的说明，董元醇奏折抵达御前的时间是 9 月 14 日（八月初十日），但次日方在赞襄政务大臣的坚请下交其阅览，并在奏对时进行了讨论。两宫皇太后当时交代的拟旨方案是"着照（董元醇）所请"，可是载垣等人"阳奉阴违，擅自改写"。考 9 月 15 日《随手登记档》，其中提及董元醇奏折的处理情况：

御史董元醇折　以下折三件，均于缮旨后随事递上。

敬陈管见由　堂上见面后带下，缮旨递上，未发下，次日

---

① 《咸丰同治两朝上谕档》第 11 册，第 376 页。
② 《咸丰同治两朝上谕档》第 11 册，第 515—516 页。

发下，随旨交。①

所谓"以下三摺"，除了该摺之外，还有五城御史和都统春佑的两项一般事务奏摺。"堂上见面"，即军机大臣入内见起；"带下"，即把董摺带回军机处。结合以上密函、上谕及《随手登记档》的记载可知，赞襄政务大臣在 15 日"见面"后，看到了董元醇原摺。不过，他们在前一天就已经知道有该摺的存在，故"初十日（14 日）未下，此处叫人上去要"。那么，有没有可能奏摺是在初十日先送到赞襄政务大臣那里，然后交两宫皇太后阅览且未发下呢？这种可能性似不成立，除了上文引述的《大清会典》有关奏摺处理次序的说明之外，证据尚有如下几条。

首先，《热河密札》之十，其中有一段，报告奏摺之事："今日（9 月 9 日，八月初五日）胡研生封奏，圣母留中。八公打听不出来，相顾失色。初六日注，已发下，无要事。"②胡研生，即御史胡寿椿。按照这个记载，他的奏摺在 9 月 9 日送抵热河，慈禧太后看完后，压下奏摺未发。赞襄政务大臣不知摺中具体内容，十分惶恐，担心对他们不利，找人打听也无结果。不过，次日发下奏摺后，发现乃虚惊一场，胡摺的内容并无特别之处。这一段内容清楚地告诉我们，《大清会典》所记奏摺处理次序没有发生变化，奏摺先送御前，两宫皇太后先阅，并掌握了信息。她们如果暂时压下奏摺或者做留中处理，赞襄政务大臣根本无从知晓其中的内容。

① 《军机处随手登记档》第 96 册，第 279 页。
② 高劳辑：《清宫秘史》，载《东方杂志》1912 年第 9 卷第 2 期，第 1 页。

第二，14 日《随手登记档》首条记载：

八月初十日　郑　许　本日摺、片拟批后，均递上、发下。①

"郑""许"，即当天值班、并记载《随手登记档》的两位军机章京郑锡瀛、许庚身。②这里说得很清楚，当天的奏摺、附片在赞襄政务大臣拟批后，"均递上"，并经两宫皇太后钤图发下。而事实上却是，八月初十日送达的董元醇摺并未拟批、拟旨，当天档册也无任何记载。这就只有一个解释，即董摺不在军机处奏摺清单之中，军机处当天未看过奏摺，否则，记录中不会使用"均"这一涵盖全体的字眼，且会照例在档册中记载"某摺　留中"字样。

第三，密函中曾讲到 16 日（十二日）政务的处理流程："十二日上去，未叫起，发下早事等件，心台等不开视"，亦可说明每天奏摺流转的次序是先由两宫皇太后阅览，而后发下，否则，赞襄政务大臣若已先看、"已开视"，就谈不上"不开视"了。

综上所述，在咸丰帝死后，奏摺仍是像从前那样，先由奏事处送至御前，由皇帝先阅（实为皇太后代阅），形成初步印象和意见后，发下赞襄政务大臣拟旨。董元醇奏摺同样如此，只不过两宫皇太后扣下未发。既然是这样，赞襄政务大臣又何以得知该摺的存在呢？

我们不妨联系上文曾提到的赞襄政务大臣在 8 月 23 日（七月

---

① 《军机处随手登记档》第 96 册，第 270 页。
② 俞炳坤：《热河密札考析（上）》，载《故宫博物院院刊》1982 年第 1 期，第 4 页。

十八日）咨文吏部、兵部，要求地方大员"拜发摺报时，另备印文"，开明所发摺、片，随摺报交捷报处，便于赞襄王大臣查核。个别外省大员接到这一咨文后，除了将自己的奏摺数量咨报外，还将奏摺全文或事由抄录副本，另送赞襄政务大臣。这让人直接联想到明朝内阁首辅张居正及乾隆朝军机大臣和珅接收臣工奏疏副本的做法。此种做法后来成为张居正、和珅的重大罪状，不容于当时的君主。赞襄政务大臣当然知道其中的风险，因此拒绝类似侵犯君主信息权的行为。①然而，他们仍能通过大员们的咨报，得知每天进呈的所有各省奏摺、附片的作者及其数量。②故当天发下的奏摺数与奏摺总数无法吻合时，他们很自然地就想到是两宫皇太后扣下了部分奏摺，他们才能理直气壮地"叫人上去要"。在这种情形之下，两宫皇太后是无法隐瞒手中奏摺的。③

嘉庆初年规范之后的奏摺制度不同于明清题本的地方，在于奏

---

① 《咸丰同治两朝上谕档》第 11 册，第 300、328 页。

② 档案中有较多上奏人给赞襄政务大臣的这一类咨文，例如，察哈尔都统当年八月十五日咨文称："本衙门于八月十五日拜发奏事摺三封，中有一封内夹片二件，又奏请圣安摺一封，共四封，相应开明数目，随摺递交捷报处转呈赞襄政务大臣处以凭查核。"见《察哈尔都统庆昀咨文》（咸丰十一年八月十五日），《军机处录副奏摺》，档号 03-4184-060。

③ 需要说明的是，这只是赞襄政务大臣知道摺存在的可能原因之一。之所以只说是可能的原因，理由有两点：第一，在递摺时另备印文说明数量的咨文对象，是"各路统兵大臣，各省督、抚、学政及各城将军、参赞大臣、都统、副都统、办事大臣、帮办大臣、提督、总兵等"，似并未将京官包含在内；第二，据单士元介绍，除了军机处之外，接收奏摺的奏事处另有《登文档》《奏事档》，记录每日收到的文件目录及奏摺题由（单士元：《清宫奏事处职掌及其档案内容》，载《故宫博物院院刊》1986 年第 1 期，第 9 页）。因管理奏摺的原因，奏事处与军机处不仅在空间上距离极近，业务上也有密切往来。赞襄政务大臣或可通过奏事处档册发现董摺的存在。《登文档》《奏事档》未开放阅览，这里只能存疑。

摺直接经由奏事处递至御前，除了上奏方（上奏者及代笔者），在君主拆阅前是没有旁人看过的。先阅奏摺，除了保密的优点，也避免了君主在他人影响下对奏摺涉及的人与事形成先入为主的印象。虽有军机处协助处理，但君主可缓发或干脆压下奏摺，以便充分思考对策，或作为一种消极地否决奏摺建议的手段，规避或至少减轻奏摺公开后可能造成的震荡。赞襄政务大臣此时要求上奏人在拜发奏摺时，另备印文开明所发摺、片以便查核，使得他们完全掌握了每天递至御前的外省奏摺、附片的数量与上奏人的信息，无疑侵夺了奏摺制度赋予君主（此时由皇太后代行）主动掌握和处理信息的权力。

　　确定了奏摺仍经御前交两宫皇太后先阅这一关键细节，我们再来看赞襄政务大臣的实际权力。《热河密札》第一通讲述称：

> 玄宰摺请明降垂帘旨，或另简亲王一二辅政。发之太早。拟旨痛驳，皆桂翁手笔。递上，摺、旨俱留。又叫有两时许，老郑等始出，仍未带下，但觉怒甚。次早仍发下。复探知是日见面大争。老杜尤肆挺撞，有"若听信人言，臣不能奉命"语。太后气得手颤。发下后，怡等笑声彻远近。[1]

玄宰，明末书画家董其昌字，这里代指董元醇；桂翁，即焦祐瀛（字桂樵）；老郑，即郑亲王端华；老杜，即杜翰。结合上文两通密札、《随手登记档》的记载及前文的推断，我们不妨还原当时的情

---

[1]　高劳辑：《清宫秘史》，载《东方杂志》1912年第9卷第1期，第1页。

形：董元醇奏摺 9 月 14 日送抵御前，两宫皇太后阅摺。该摺提出皇太后理政、并增添亲王大臣辅政的建议。由于事关重大，两宫皇太后一时未想到解决方法，她们不希望发下奏摺让载垣等人进行针对性的回击，因此扣下并细思对策。载垣等人通过兵部捷报处的奏摺目录，得知当天有奏摺未发下，故"叫人上去要"。经总管太监传旨，说慈禧太后留摺查看，载垣冷笑，对此表示不屑。在得知奏摺藏不住后，两宫皇太后于 15 日与赞襄政务大臣见面时，指示将奏摺带下"写旨"，按照董元醇建议办理。但军机章京吴某奉赞襄政务大臣之命拟旨，批驳董摺；又因意思平和，不能尽如载垣等人之意，于是焦祐瀛亲笔改写（修改拟旨例由排名最后的军机大臣承担），加入许多激烈词句痛批董摺，在缮抄后递上，要求两宫皇太后钤图发下实施。

当天，两宫皇太后将赞襄政务大臣上递的其他拟批、拟旨皆钤图发下，唯独留下了对董摺的拟旨。待再次叫起时，两宫皇太后与赞襄政务大臣发生激烈争执。两宫皇太后不满焦祐瀛的拟旨，有意不用，但杜翰在御前公开表示：如果两宫皇太后听从董元醇所言，他将抗命不遵。尽管如此，两宫皇太后仍压下了该道拟旨，坚持不发，告诉对方："留着明日再说"。

16 日，两宫皇太后照例先阅各处奏摺，而后将奏摺发下赞襄政务大臣拟批。载垣等人选择了罢工，并抛下一句"不定谁来看"。意思是，看谁能做批阅奏摺的主。赞襄政务大臣拟批、拟旨是奉了咸丰帝的遗命，少了他们的拟批程序，奏摺就无法处理，国家政务也就陷入瘫痪。在将近正午时，两宫皇太后选择了妥协，将焦祐瀛前日拟旨发下照抄，公布施行，载垣等人也恢复了正常办公。

据 9 月 15 日（八月十一日）《上谕档》，焦祐瀛拟旨之原文为：

> 我朝圣圣相承，向无皇太后垂帘听政之礼。朕以冲龄，仰受皇考大行皇帝付托之重，御极之初，何敢更易祖宗旧制？且皇考特派怡亲王载垣等赞襄政务，一切事件应行降旨者，经该王大臣等缮拟进呈后，必经朕钤用图章，始行颁发，系属中、外咸知。其臣工章奏，应行批答者，亦必拟旨呈览，再行发还……该御史必欲于亲王中另行简派，是诚何心？所奏尤不可行。①

从以上论述，我们可以总结出当时奏折处理程序以及赞襄政务大臣权力分配的情况如下：每日各省上报的奏折，由兵部捷报处据上奏人的汇报，统计数量，交赞襄政务大臣收执，但他们并不能先阅奏折，奏折依例仍由奏事处送抵御前，由两宫皇太后代小皇帝阅览，形成初步印象而后发下，或见面给出处理意见后发下，交赞襄政务大臣针对各折拟批或拟旨。接下来，赞襄政务大臣将拟批、拟旨呈上御前，由皇太后钤"御赏""同道堂"两图章，拟批、拟旨自此方具上谕效力，发下施行。拟批、拟旨完全依照赞襄政务大臣的意志进行，如果两宫皇太后不表同意，赞襄政务大臣们可停止日常工作，让政务瘫痪。故而，两宫皇太后虽可先阅奏折，并形成自己的意志，事实上却毫无实际理政的权力，她们的图章仅剩下象征意义。赞襄政务大臣可清楚地了解到每天收到奏折的数量，两宫皇

---

① 《咸丰同治两朝上谕档》第 11 册，第 306 页。

太后甚至连隐瞒或压下部分奏摺的权力也没有。

日后两宫皇太后曾多次明发谕旨，将董元醇奏摺的处理作为载垣等人的罪证。可见，围绕奏摺处理权所起的争端，是双方的主要矛盾之一。值得注意的是，焦祐瀛拟旨时提及"我朝圣圣相承，向无皇太后垂帘听政之礼"，表面上确实如此。从历朝史迹来看，幼主即位后，一般存在皇太后称制、同姓皇亲辅佐、异姓顾命大臣辅佐三种模式，根据历朝历代及清前期的历史经验，后两种模式通常以悲剧而告终。皇太后称制的情形，较多地存在于中原王朝，一则母子之间有着天然情分，二则皇太后的地位与儿子的皇位紧紧地关联在一起，虽有外戚专权及武则天武周革命的前鉴，但总体而言，在皇太后称制辅佐幼主的故事中，以竭力维护和稳定幼主地位者居多（武则天最后也选择了亲子为皇嗣），远低于另外两种形式对皇位的威胁，也就更易于为人们所接受。①这也是两宫皇太后能够代皇帝先阅奏摺乃至此后能代皇帝亲裁政事的历史与伦理基础。

① 祝总斌：《古代皇太后"称制"制度存在、延续的基本原因》，见《材不材斋史学丛稿》，中华书局 2009 年版，第 562 页。沃丘仲子（费行简）称："乃以肃顺素暴庆，廷臣衔之刺骨，而奕訢尤希用事，内外交构，群小袒后，于是废遗诏，罢辅政，以太后当国，奕訢议政。自是领枢府者必亲王，以迄奕劻秉钧，清室云亡而后已。后不足责，而訢、譞、周祖培、胜保之流，或希用，或快报复，竟悍然背家法、弃君命，以贻祸于来兹，其肉庸足食乎！"见沃丘仲子：《慈禧传信录》卷上，崇文书局 1918 年版，第 4 页。类似的看法在民国后很有代表性，例如首次发表《热河密札》的编者"高劳"有按语："我国经典及历史家政治家，莫不懔懔焉以母后临朝为戒。前清家法，亦不许太后垂帘听政，迄于季世，孝钦三次垂帘，卒酿戊戌之变、庚子之祸。"见高劳辑：《清宫秘史》，载《东方杂志》1912 年第 9 卷第 1 期，第 1 页。这些观点以后见之明，将清亡的原因归结于辛酉政变之后建立的太后当国、亲王秉政制度上，但事实上，这一体制在当时被看作是开创"同光中兴"的制度保障。费行简认为奕訢、奕譞等人发动辛酉政变，"背家法、弃君命"，衡诸史实，有失偏颇。

相比较而言，赞襄政务大臣以备案查核为由，掌握每天递至御前的外省奏折、附片数量及上奏人的信息，侵夺了奏折制度赋予君主的主动掌握和处理信息的权力；通过罢工的激烈形式逼迫两宫皇太后就范，虚化钤图所象征的皇权监督，使得赞襄政务大臣借拟批、拟旨把自己的意志直接转换成上谕发出，超越清代军机大臣乃至明中后期的内阁首辅的权力，将自己树立成为明清以来政治制度极为防备的权臣形象（明初废丞相、清朝虚化内阁权力及降低题本的重要性在很大程度上皆出于攘夺相权，严防权臣再现的考虑）。辛酉政变的发生，固然有慈禧太后权力欲所致的成分，但上述制度层面的因素未尝不是赞襄政务大臣落败的深层次原因。

二、同治朝的垂帘听政与亲政

赞襄政务大臣理政的局面并未维持太长的时间。九十月间，两宫皇太后联合恭亲王奕訢发动政变，处置八大臣，并按照董元醇的建议，建立起垂帘听政的制度，奕訢被任命为"议政王"、领班军机大臣，辅助处理朝政。赞襄政务大臣阅看奏折和拟旨、拟批的权力被"议政王军机大臣"接手。不同的是，前者在名义上由咸丰帝遗命授权，后者则由两宫皇太后监督和授权；前者以"赞襄政务"之名代替军机大臣，后者则与军机处班底完全重合（议政王是领班军机）。11月3日（十月初一日），奕訢等定下军机处拟批奏折及拟旨的格式，称言：

> 每日发下摺报，应由臣等拟旨批发，谨拟写"议政王军机

大臣奉旨"字样进呈,恭候钦定。如遇有寄信谕旨,拟写"议政王军机大臣字寄"字样。其交片行文一律办理,并即知照吏、兵二部转行京、外各衙门并各路统兵大臣知悉。①

针对赞襄政务大臣通过兵部捷报处了解和掌握每日上奏数量的做法,奕訢等人拟旨称:"臣等查,所办并非旧章,相应据实奏明,仍咨吏、兵二部转传各路军营及各省督抚等,嗣后拜发摺报,毋庸另备印文随同摺报咨行军机处,以符旧制。"从奏摺批示及廷寄格式上来看,"议政王军机大臣奉旨/字寄",相比此前"赞襄政务王大臣奉旨/字寄",并无差异。但各处递交奏摺时,不再向军机处咨报上奏人姓名与奏摺数量,议政王军机大臣也就无法像赞襄政务大臣那样,事先全盘了解每天收到外摺的信息。

11 月 9 日(十月初七日),军机处进一步草拟明发上谕,规定外省奏摺的处理方式,称言:

> 嗣后,各直省及各路军营摺报应行降旨各件,于呈递两宫皇太后慈览、发交议政王军机大臣后,该王、大臣等悉心详议,于当日召见时恭请谕旨,再行缮拟,于次日恭呈母后皇太后、圣母皇太后阅定颁发。
>
> 应行批答各件,该王、大臣查照旧章,敬谨缮拟呈递后,一并于次日发下;其紧要军务事件,仍于递到时立即办理,以

---

① 《咸丰同治两朝上谕档》第 11 册,第 381 页。

昭慎重。①

鉴于赞襄政务大臣的模糊办法导致争端，这两道上谕对奏折处理的程序作了详细规范：首先，将外省奏折分为拟批、拟旨两类。如须拟旨，奏折由两宫皇太后先阅，而后发下议政王军机大臣商谈，在当天见面时听取、征询皇太后意见，根据意见缮拟谕旨，等次日两宫皇太后阅看审核，发下施行。如果只是拟批，则由议政王军机大臣查照旧制撰拟，呈送两宫皇太后阅看后，次日发下施行。也就是说，两宫皇太后对军机处意见有指示权，还有着最后的监督审核权。

　　上谕明确规定，在拟旨之前，议政王须"恭请谕旨"，这也就将形成上谕的主动权交给两宫皇太后：她们可先阅奏折，先期形成处理意见，并将这种处理意见加给议政王军机大臣。按照咸丰帝遗命，各项拟批、拟旨仍须钤"御赏""同道堂"图章方具备效力，两宫皇太后因此也就掌握了最后审批权。不仅如此，两宫皇太后还可按意志和政治需要，留中或缓发某些奏折而无须担心被监视。因此，议政王军机大臣的权力，是无法与赞襄政务大臣相比拟的。对此，11月11日（十月初九日）两宫皇太后发布的奕䜣等人所拟一道关于上谕格式的谕令，很好地说明了他们之间的权力关系：

　　　　朕奉母后皇太后、圣母皇太后懿旨：现在一切政务，均蒙两宫皇太后躬亲裁决，谕令议政王军机大臣遵行。惟缮拟谕

① 《咸丰同治两朝上谕档》第11册，第400—401页。

旨，仍应作为朕意宣示中外，自宜钦遵慈训，嗣后议政王军机大臣缮拟谕旨，着仍书"朕"字，将此通谕中外知之。①

由此可见，政务皆由两宫皇太后裁决，她们有关奏摺处理和人事安排的意旨，可直接以"朕"的名义进行发布，议政王军机大臣被置于"谕令遵行"的地位，负责"缮拟谕旨"。这与赞襄政务大臣的权力对比鲜明。为了给垂帘听政拿出可资依循的规则，礼亲王世铎领衔，率京中王公大臣、大学士、六部九卿等会议，拟定《垂帘听政章程》共 11 条，除了祭祀、大典礼礼仪，召见内外臣工时皇帝与两宫皇太后的礼仪，顺天乡试、会试、殿试命题方式等内容，有关人事、文书处理方面的规范主要包括：京、外官员引见、简用，由皇太后于名单内钦定，钤用御印，交议政王等军机大臣传旨发下；除授大员、简放各项差使，由议政王、军机大臣将拟应升、应放名单呈递，恭候钦定，钤印发下。②这表明，在垂帘听政程序中，两宫皇太后将重要职务的最终任命权牢牢掌握在自己手中。不过，议政王军机大臣却有着拟单，即提出候选人员的权力。

下文援引同治年间垂帘听政体制下，军机大臣呈递的缮拟谕旨奏片一件，我们可借此观察当时体制下奏摺的处理程序。奏片全文为：

　　　蒙发下张之万报二封，计摺片单共十二件，臣等公同商

—————————

① 《咸丰同治两朝上谕档》第 11 册，第 411 页。
② 《清穆宗实录》卷 8，第 45 册，第 228 页。这一章程得到两宫皇太后批准。

阅，所奏遵保豫军在马山口剿贼获胜之员弁绅开单请奖一摺，查系奉旨择尤保奏之案，拟写明发谕旨：照张之万所请奖励；所奏窜扰山东之贼日渐南趋情形，查本月十二日业奉寄信谕旨，令吴昌寿严密布置，并将境内馀匪扫荡廓清，此次张之万摺，拟批：令其俟吴昌寿到省，将防剿布置情形详细告知，其挑濬河道事宜，并令张之万恪遵前旨，实力办理。其馀摺片八件，分别拟批进呈，是否有当，伏候钦定，谨奏。①

这是 1865 年（同治四年）的某天，军机大臣（奕訢刚被免去议政王头衔）对署河东河道总督、卸任河南巡抚张之万有关捻军战事、治河问题共 12 件奏报的拟批、拟旨意见。该摺片中，起首的"蒙"字上钤有"御赏"章，结尾"奏"字上钤有"同道堂"章，说明片内所拟意见，得到了两宫皇太后应允，可以照办。奏片上所列的当然不是当天收到的所有奏摺，而是其中较为重要的部分。由此可见，两宫皇太后虽有着两次审核拟批、拟旨的机会，但毕竟年纪轻，大多数的政务仍由军机大臣商酌，赖其经验和智慧去完成。

　　11 年后，同治帝即将年满 18 岁（虚岁）。按垂帘听政时确定的程序，皇帝大婚之后，可"亲裁大政"。1872 年 11 月 22 日（同治十一年十月二十二日），军机处、内阁拟定皇帝亲政后《归复旧制清单》，使朝政运作恢复到同治朝之前由皇帝理政的正常状态。这一清单共列 16 条，多半涉及文书的处理及人事任命，全文如下：

---

① 《军机大臣奏片》（同治四年四月），《宫中档朱批奏摺》，档号 04-01-01-0889-002。

一、内、外臣工摺奏有应批示者，均请朱笔批示。

二、在京各衙门每日具奏摺件，由奏事处恭呈御览，除奉旨交下由臣等请旨办理外，其馀摺件，仍照旧制，即由该处传旨遵行，毋庸由臣等再行覆看。

三、满汉各缺遇有应请旨简放者，仍照旧制，分别缮写清汉字空名谕旨，恭候朱笔简放；如召见时，业经承旨简放某人，即由臣等照例缮写谕旨呈递。

四、满汉尚书侍郎缺出，遇有应升应署者，向不进单，仍照旧制恭候特简。

五、各省藩臬缺出，无论有无候补人员，均系请旨简放，向不进单，近来有由督抚等保奏堪胜两司者，臣等拟与在京候补人员一并开单呈进，以备简用。

六、遇有寄信谕旨，应照旧制，请旨酌定六百里加紧至四百里不等，或由马上飞递，臣等钦遵办理。

七、西北两路将军大臣等报匣，应照旧制，仍请朱笔押封。

八、巴图鲁名号，应照旧制，仍缮满、蒙、汉三体字开单呈进，恭候朱笔圈出，再由臣等填写。

九、各项考试题，应复旧制，均候钦定，至翻译乡会试及各项翻译场题，除由南书房翰林办理，及遇有考试蒙古中书等项仍由臣等照例恭拟翻译题呈递外，馀均应照旧制，由臣等进书，恭候钦命，均毋庸奏请派员拟题。

十、遇有清字谕旨，应照旧制，不用汉字夹片，其应用清字奏片，亦仍用清字，毋庸再缮汉文。

十一、每月呈换新疆大臣名单，仍照旧制缮写清字，其应放副都统人员名单，亦仍用清字缮写呈进。

十二、每日内阁呈进本章除奉旨交下由臣等请旨办理，及遇有折本仍由内交批本处照例办理外，其馀本章，向不发交臣等阅看，拟请仍照旧制办理，至空名等本应照旧制，恭候朱笔填写。

十三、每年各省密考摺片单，向不发下，应照旧制，均请留中备览。

十四、臣等遇有应交内奏事处呈递之奏片，请照旧制，仍由内奏事处随时呈递。

十五、各衙门引见特旨录用人员，向不拟旨，均系候旨酌用，应请仍照旧制办理。

十六、秋审黄册内，免勾人犯向不拟旨，均候谕旨遵行，应请仍照旧制办理。①

其中最为重要的，是前五条，涉及日常奏摺处理及重要人事任命。根据章程，此前在垂帘听政制度下由议政王军机大臣代批奏摺的模式终结，改由皇帝直接朱批。奏摺仍是直达御前，由皇帝决定其去向：或在皇帝给出处理意见后由奏事处直接传旨（大部分的京内奏摺），或由皇帝朱批，或发下军机处讨论和拟旨。其中，直接传旨的奏摺，也不再交给军机处覆看把关。重要额缺、差使，由皇帝钦

---

① 《军机处、内阁呈清单》（同治十一年十月二十二日），《军机处录副奏摺》，档号03-4697-051。

定简派，部分可由军机处及督抚保举开单，听候皇帝选择。当然，督抚保举人员开单，似非清朝祖制，而是太平天国兴起之后出现的新情况。

这一章程告诉我们，清朝最高权力结构似已完全恢复到咸丰朝及之前的情形，皇帝掌握奏摺处理权、重要人事任命权，而施行了11年的垂帘听政制度，也即将成为历史。这一章程也将清朝君主原有的、依据习惯操作的权力完全明文化，可谓一份详细的清帝权力清单。与此同时，咸丰帝授命的"御赏""同道堂"两枚图章被内阁封固。①

然而，这种正常的旧制并未维持太长的时间。首先是同治帝亲政一年多后，违背惯例，频繁地对收到的封奏留中不发，拒绝让军机大臣知晓重要奏摺的内容。②值日衙门堂官递膳牌接受召见这一程序，也得不到同治帝的严格执行。③根据此前清帝的做法，君主亲裁大政，留中奏摺、不见臣僚都在他的权限之内，军机大臣不会多问，但问题是，同治帝在亲政之初，办事召见很有章法，此时忽

---

① 翁曾翰著、张方整理：《翁曾翰日记》，凤凰出版社2014年版，第231页。

② 同治十三年七月十六日，恭亲王奕訢、醇亲王奕譞等上奏，建议同治帝"遵祖制""纳谏章"等。关于"纳谏章"，奏摺称："中、外大小臣工呈递封奏，向来皆发交军机大臣阅看，请旨办理。近来封口摺件，往往留中不发，于政事得失，所关非细。若有忠言谠论，一概屏置，不几开拒谏之风乎？嗣后遇有封奏，伏愿皇上仍照旧发下，一广言路。"见《清李文正公鸿藻年谱》上册，第208页。

③ 同治十三年五月二十日，帝师李鸿藻奏称："皇上亲政之初，凡仰蒙召对者，莫不谓天禀聪明，清问周至，钦佩同深，气象为之一振。迩来各部院值日诸臣，未蒙召见，人心又渐懈矣。咸丰年间，文宗显皇帝每日召见多至八九起，诚以中、外利弊，非博采旁咨，无以得其详细也。若每见不过一二人，每人泛问三数语，则人才之贤否，政事之得失，何由得悉乎？"见《清李文正公鸿藻年谱》上册，第202页。

然改变，让王公大臣和帝师们深感不安①（可参阅第二章第三节同治帝亲政之初的时间表）。

1874年12月8日（同治十三年十月三十日），在亲政仅一年多之后，同治帝因重病卧床，"仍治事如常，命军机大臣李鸿藻恭代批答章奏"，即仍看奏摺，但命李鸿藻以朱笔代批；满文奏摺，则由奕訢代批，并"随时候旨办理"。②不过，这仅仅是权宜之计。12月17日（十一月初九日），因同治帝病重，御前大臣、军机大臣再上奏摺，称言：

> 吁恳两宫皇太后俯念圣躬正资调养，与皇上一同召见，俾臣等恭承懿训，庶随时有所禀承。所有各衙门每日具奏摺件及军报等件，应请两宫皇太后一并披览，其应行圈派者，并请随时圈派。③

这段话中的"披览"一词值得注意，它区别于"批览"，指皇太后有开视奏摺，进行先阅之权，但披览不是批示，无须动笔。此前咸丰帝在病重之时，也曾"披览"御前大臣与军机大臣的拟批与拟旨。很明显，奏摺先阅权、奏摺指示、上谕草拟以及人事任命的裁决权，又重新回到了两宫皇太后手中。这与此前垂帘听政时期的制度几乎无异。

1875年1月12日（十二月初五日），同治帝病故。两宫皇太后

---

① 《清李文正公鸿藻年谱》上册，第202—204页。
② 《清穆宗实录》卷372，第51册，第929页。
③ 《咸丰同治两朝上谕档》第24册，第350—351页。

命醇亲王奕譞之子载湉"入承大统",改元"光绪"。由于光绪帝年幼,仍由礼亲王世铎领衔,京中王公、御前大臣、军机处、内阁、六部及其他大小部门官员联衔,在 14 日奏请两宫皇太后再次垂帘听政。奏摺称言:"伏念嗣皇帝尚在冲龄,一切应办事宜,惟赖皇太后亲加裁决,庶臣下有所秉承"。①两宫皇太后随后下旨,表示同意:

> 览王大臣等所奏,更觉悲痛莫释。垂帘之举,本属一时权宜。惟念嗣皇帝此时尚在冲龄,且时事多艰,王大臣等不能无所禀承,不得已姑如所请。一俟嗣皇帝典学有成,即行归政。②

这里明确将"归政"、归复旧制的时间点放在新君主"典学有成"之时。1 月 25 日,在京王公及高级官员拟定了新的垂帘听政章程,与章程一并上递的奏摺称言:"嗣皇帝入承大统,尚在冲龄,仰赖皇太后俯念万几至重,复允亲裁大政,俾臣等有所秉承。"③新章程中有关礼仪的部分与第一次垂帘听政的章程近似,最大的不同点,出现在人事决策程序上,这里不妨对照两者的细节:④

---

① 《礼亲王世铎等摺》(同治十三年十二月初七日),《军机处档摺件》,档号118209。
② 《清德宗实录》卷 1,第 52 册,第 77 页。
③ 《礼亲王世铎等摺》(同治十三年十二月十八日),《宫中档朱批奏摺》,档号 04-01-14-0075-162-9。
④ 《礼亲王世铎等清单》(同治十三年十二月十八日),《军机处档摺件》,档号118475。该清单是上述十八日奏摺的附件。

表 3-1 两次垂帘听政细节对照

第一次垂帘听政	第二次垂帘听政
京、外官员引见，拟请两宫皇太后、皇上同御养心殿明殿，议政王、御前大臣带领，御前、乾清门侍卫等，照例排班站立。皇太后前垂帘、设案，进各员名单一分，并将应拟谕旨分别注明，皇上前设案，带领之堂官照例进绿头签，议政王、御前大臣捧进案上，引见如常仪，其如何简用，皇太后于名单内钦定，<u>钤用御印</u>，交议政王等军机大臣传旨发下，该堂官照例述旨。	京、外官员引见，拟请两宫皇太后、皇上同御养心殿明殿，御前大臣带领，御前、乾清门侍卫等，照例排班站立。皇太后前垂帘、设案，进各员名单一分，并将应拟谕旨分别注明，皇上前设案，带领之堂官照例进绿头签，钦派王大臣一人，恭进案上，引见如常仪，其如何简用，皇太后于名单内钦定，<u>朱笔圈出</u>，交军机大臣传旨发下，该堂官照例述旨。
除授大员、简放各项差使，拟请将应补、应升、应放各员开单，由议政王、军机大臣于召见时呈递，恭候钦定，将<u>除授简放之员钤印发下</u>缮旨。	除授大员、简放各项差使，拟请将应补、应升、应放各员开单，由军机大臣于召见时呈递，恭候钦定，将除授简放之员<u>朱笔圈出</u>缮旨。

后一章程中，承旨之人由"议政王、军机大臣"变为军机大臣，这是因为奕訢的议政王头衔已经被革掉；重要人事任命的程序，由皇太后"钤用御印"变为皇太后"朱笔圈出"。用明文规定皇太后使用朱笔简用大员，这是首次。不使用咸丰帝的图章而使用朱笔，说明第二次垂帘听政的权力来源与前次相比，发生了改变：前一次源自咸丰帝的遗命，后一次则完全源自皇太后的身份[①]（朝会与文书

[①] 史官恽毓鼎曾听官场前辈说及垂帘听政的掌故："两宫皇太后垂帘听政，上坐居中，两宫在帘内分左右坐。恭忠亲王为议政王，立帘前传语。两宫批事不动朱笔，用小铜印镌'同道堂'三字决事。至光绪初元再垂帘，则用朱笔矣"（《恽毓鼎澄斋日记》第1册，第329页）。这里提及光绪初年两宫太后使用朱笔，应主要是人事任命时的朱圈、朱点。奏折和上谕仍由军机大臣拟批、拟旨后呈上，而不是由皇太后直接用朱笔批示。

运作的实例，可同第二章第二节参照）。

可以说，除了部分微调，两次垂帘听政对于高层的权力结构，有着近似的规定。

三、光绪帝亲政前后的制度设计

1886 年（光绪十二年），小皇帝 16 虚岁。在此之前五年，慈安太后于 1881 年 4 月 8 日去世，慈禧太后独自垂帘听政。在此之前两年，慈禧太后联合奕譞，利用左庶子盛昱弹劾军机大臣之机，罢黜了以奕訢为首的全班军机，即"甲申易枢"。高层人事虽有了剧烈变动，但政务处理的程序并未发生改变。奏摺仍是慈禧太后先阅，发下军机处商量（军机处与醇亲王沟通）、听取征求她的意见后拟旨呈递，待审核通过再发下施行。奏摺也仍是由军机大臣代批，写"军机大臣奉旨"字样。

7 月 11 日（光绪十二年六月初十日），慈禧太后发下懿旨，计划在次年皇帝 17 岁时，举行亲政大典，让光绪帝亲裁大政。上谕称："十余年来，皇帝孜孜念典，德业日新，近来披阅章奏，论断古今，亦能剖决是非，权衡允当。"按照光绪帝即位时上谕中"一俟嗣皇帝典学有成，即行归政"的约定，慈禧太后决定于次年正月"选择吉期，举行亲政典礼"。同时，"所有应行事宜及应复旧制之处，着各该衙门敬谨查明成案，奏明办理"。[1]这道谕旨将光绪帝处理奏章的成熟程度当作他能否亲裁大政的重要依据。

---

[1] 《清德宗实录》卷 229，第 55 册，第 87—88 页。

这一重要上谕下达之前，慈禧太后与光绪帝及其生父醇亲王奕譞有过当面交流，君臣间出现了不同意见，帝师翁同龢在当天的日记中有详细记载：

> 是日醇亲王有起，起下，传今日书房撤，余等方欲散，朱内侍来言，醇亲王请三师傅商酌事，遂偕燮臣至月华门。子授上库，寿泉未入。伯邸早散，惟庆、克两王在彼。须臾醇邸来，云：顷召对，懿旨以皇帝典学有成，谕明年正月即行亲政，伊恳求再三，上亦跪求，由邸指示。未蒙俯允。语多，未悉记。余曰："此事重大，王爷宜率御前大臣、毓庆诸臣请起面论。"邸意以为不能回，且俟军机起下再商。一刻许，军机下，礼王等皆言力恳且缓降旨，而圣意难回，已承旨矣。余再请醇邸同枢廷请起，邸以殿门已闭，竟止。定十二日王公大臣会商，再请训政。余等遂退。诣燮臣处饭，饭罢入署。散后访莱山，告以请训政不如请缓归政为得体，彼亦唯唯否否也。夜草一摺，明日商之同人。①

根据奕譞向翁同龢的叙述，当天慈禧太后、光绪帝与奕譞见面，慈禧太后提出，皇帝已学有所成，年岁渐长，准备在明年举行亲政仪式，还政给皇帝。奕譞先是跪求慈禧太后收回成命，同时，又示意光绪帝一起跪求，然未能阻止慈禧太后还政之意。随后，奕譞派人请翁同龢、孙家鼐前往商议对策。参与商议的，还有当天见起的庆

---

① 《翁同龢日记》第4册，第2028—2029页。

郡王奕劻、克勤郡王晋祺。这些人里,奕譞是光绪帝本生父,奕劻、晋祺是宗室代表,翁同龢、孙家鼐则是光绪帝的授业恩师,可以说,他们是皇帝的至亲。翁同龢的意见是,事关重大,奕譞应该继续率御前大臣及皇帝老师们向慈禧太后表明态度,请她收回亲政的旨意。当天,待军机处见起后,大家商定,两天后召集王公大臣共同商议对策。下午,翁同龢专程拜访孙家鼐,翁认为,与其请慈禧太后继续"训政",不如请她"暂缓归政"更为得体,并草拟好相应奏摺作为讨论基础。所谓"暂缓归政",重在"暂缓"二字,指向的是将来的归政;而继续训政,则少了时间的约束,未能言明何时结束训政。

翁同龢起草的奏摺代表宗室、帝师这一小圈子,在次日得到伯彦讷谟祜、晋祺、奕劻的支持,也得到了奕譞的首肯。与此同时,京中王公、大学士、六部九卿另外起草奏摺,请求慈禧太后继续训政。除了两摺之外,奕譞还单独上奏,建议在光绪帝年满二十岁时,再行归政。①三份奏摺代表不同人群,核心意思都是反对光绪帝立即亲政,而应由慈禧太后继续主持朝局,但三摺语气和建议内容稍有不同。翁同龢起草,三王、孙家鼐等联衔的奏摺列明三点理由:第一,"经义至深,史书极博",皇帝的学业讲习,还未贯彻;第二,国家日常政务的奏摺涉及甚广,皇帝的批答还要继续练习;第三,皇帝对满语还未熟悉。他们的建议是:"俟一二年后,圣学大成,春秋鼎盛,从容授政"。②

京中王公、大学士、六部九卿所上奏摺,由礼亲王世铎领衔,

---

① 《翁同龢日记》第 4 册,第 2029 页。

② 《伯彦讷谟祜等吁恳暂缓归政以懋圣学摺》(光绪十二年六月十四日),《军机处录副奏摺》,档号 03-5688-052。

联衔者数十人，代表皇族、阖朝官员的声音。这一奏折搬出嘉庆初年乾隆帝"躬亲训政"三年的先例，建议慈禧太后"光昭前烈，训政数年，于明年皇上亲政后，仍每日召见臣工，披览奏章，俾皇上随时亲承指示，非第用人行政大端有所秉承，即现在一切变通整顿之事，及中外交涉因应机宜，皆得躬奉徽猷，备聆心法，将来宸谟独断，措置裕如，用成千载一时之盛治。"①

三份奏折中，最重要的还是奕譞的这份，他的身份极为特殊：从行政上而言，自从1884年"甲申易枢"，奕譞就成为幕后操持军机的亲王；从血缘上而言，他不但是道光帝第七子，慈禧太后的妹夫，更是即将亲政的光绪帝的本生父。他在奏折中请求慈禧太后应允王公大臣的训政建议，"俾皇帝有所禀承，日就月将，见闻宏绰，俟及二旬，再议亲理庶务"，他不仅提出光绪帝年满二十再行亲政的请求，更自创一项"永远维持现状"的建议：

> 抑臣更有请者，列圣宫廷规制，远迈前代。我皇太后循守成宪，严肃有加，将来大婚后，一切典礼规模，咸赖训教饬诫。即内廷寻常事件，亦不可少驰。前微臣愚以为归政后，必当永照现在规制，一切事件，先请懿旨，再于皇帝前奏闻。俾皇帝专心大政，博览群书，上承圣母之欢颜，内免宫闱之剧务，此则非如臣生长深宫者不能知，亦不敢言也。②

---

① 《礼亲王世铎等吁恳亲政后仍训政数年摺》（光绪十二年六月十四日），《军机处录副奏摺》，档号03-5688-051。
② 《醇亲王奏为吁恳皇太后体念时艰俯允训政摺》（光绪十二年六月十四日），《军机处录副奏摺》，档号03-5688-050。

按照这个建议，不但在皇帝年满二十、尚未亲政之前，即便在他年满二十、亲政之后，所有的政务"必当永照现在规制，一切事体，先请懿旨，再于皇帝前奏闻"。这种处理政务的方式，不仅违背祖制，也违背常理。

从程度上来看，三份奏摺的程度逐渐递增。帝师与宗亲的奏摺提出的"缓期授政"三项理由，完全在两可之间，功课不够、满语不熟、奏摺内容太广，都不足以成为"缓期授政"的理由，因为光绪帝此时的年龄与同治帝亲政时相仿，且练习批阅奏摺已超过五年，他的表现比同治帝要出色得多（详见第五章）。礼亲王世铎领衔的王公、六部九卿奏摺搬出了嘉庆初年乾隆帝训政的祖制，理由更有力一些，然慈禧太后在身份上与乾隆帝毕竟有别，且乾隆帝的训政，也只是暮年短期而已。奕譞奏摺的建议，让皇帝年满二旬再亲政，已将时间延后了三年，而"必当永照现在规制"，更是给了光绪帝一个须永远被监督和受训的身份。

当天，慈禧太后收到三份奏摺后，发下懿旨，拒绝了前两份奏摺的建议："该王大臣等所请训政数年，及暂缓归政之处，均毋庸议。"但对于奕譞的建议，慈禧太后却表示："念自皇帝冲龄嗣统，抚育教诲深衷，十余年如一日，即亲政后亦必随时调护，遇事提撕，此责不容卸，此念亦不容释，即着照所请行。"①她虽然拒绝了王公大臣的训政之请，却允准了奕譞提出的亲政后随时指导光绪帝的建议，为继续干政预留了地步。

懿旨发下后，奕譞见继续训政的建议并未被接受，于是集中众

① 《清德宗实录》卷229，第55册，第90页。

人，商议第三次上奏。

这次，王公大臣们又草拟出两份重要奏折，一为礼亲王世铎领衔，京中王公、大学士、六部九卿同上，翁同龢等人都参与了联名；另一份为醇亲王奕譞所独上，主要意思仍是劝慈禧太后在皇帝亲政后，继续训政。除此之外，还有十多人单独上奏。对于无休止的劝进，翁同龢借议论天气，似有深意地说："日日如此，奇哉！"①又在早课时，建议光绪帝再次亲自向慈禧太后"吁恳"训政，或许能挽回上意。②

其实，公折也好，奕譞独上的奏折也罢，他们实在找不出更多的理由证明训政的绝对必要。公折用较长篇幅恭维慈禧太后，称她自辛酉之后，指授方略，以次削平"发捻回各匪"，"今日所处之时，为亘古未有之创局；今日所行之政，即为亘古未有之盛事"，"一切军国重要之件，皆无成法可循，定策决疑，万不能不仰烦慈虑"，"惟有吁求俯准前折所请训政数年，皇上禀承懿训，措置咸宜"。③其中谀颂之意太过，翁同龢实在看不下去，他议论说，"为亘古未有之创局""即系亘古未有之盛事"这两句，"似未惬也"。④

奕譞奏折也无甚新意，仍是反复强调慈禧太后应继续训政：

> 本月十四日，臣等恭请训政各折，未蒙俯允，臣奕譞于召对时，见皇帝叩恳之肫诚，慈谕开示之严切，彷徨悚惧，钦感涕零，并蒙谕及，不敢上拟高宗纯皇帝训政之仪，徽音笃挚，

---

① ② ④　《翁同龢日记》第 4 册，第 2030 页。

③　《礼亲王世铎等再行沥恳训政数年折》（光绪十二年六月十八日），《军机处录副奏折》，档号 03-5688-059。

莫对一词，曷敢再事渎请？惟思太上皇帝与垂帘听政，原属不同，然方今时事较嘉庆初年，难易若何？皇帝年岁，较仁宗睿皇帝春秋若何？我皇太后念切宗社，既从权于两朝，似宜勉允臣邻，庶收功于一篑，庆大治于寰中，慰先灵于天上，此率土臣民所仰企而切祷者，乞皇太后深思垂鉴焉。①

话既然说到这个份上，王公贵戚、满朝大臣也已三次陈情，慈禧太后在当天颁下谕旨，终于勉为其难，"俯允"了众人的训政之请，她说："国家值此时艰，饬纪整纲，百废待举。皇帝初亲大政，决疑定策，实不能不遇事提撕，期臻周妥。既据该王大臣等再三沥恳，何敢固持一己守经之义，致违天下众论之公？勉允所请，于皇帝亲政后再行训政数年。"②也就是说，次年的亲政大典仍照常举行，但慈禧太后表示，她不会因一己的固执而置众望于不顾，她答应训政数年。奕譞为了避嫌，恳求辞去管理神机营差使，慈禧太后在上谕中一并驳斥，勉励他"亦当以国事为重，略小节而顾大局"。

在这种情况下，军机大臣、大学士联合拟定亲政之后训政条款，让国是处理有所依循，章程规定，涉及皇帝主持的礼仪庆典，均由光绪帝亲自主持，一些重要行政举措，则仍由慈禧太后在场监督。最重要的内容，涉及人事任用权及奏摺批阅权，有以下几条内容：

凡遇召见、引见，皇太后升座训政，拟请照礼臣会议，暂

---

① 《醇亲王奏为请皇太后勉允训政摺》（光绪十二年六月十八日），《军机处录副奏摺》，档号 03-5688-058。

② 《清德宗实录》卷 229，第 55 册，第 93—94 页。

设纱屏为幛。

　　内、外臣工摺奏应行批示者，拟照旧制，均请朱笔批示，恭呈慈览发下。

　　在京各衙门每日具奏摺件，拟请暂照现章，由臣等缮单请旨，其内阁每日进呈本章及空名等本，亦请暂照现章办理。

　　满汉各缺，遇有应请旨简放者，拟照旧制分别缮写清汉字空名谕旨，恭候懿旨简放，朱笔填写，如召见时业经承旨简放有人，即由臣等照例缮写谕旨呈递。①

召见、引见大臣，由慈禧太后垂帘；简放重要缺额及差使，亦遵照懿旨进行，也就是说，本属于皇帝的重要人事任命，仍由慈禧太后牢牢控制。这一时期，《上谕档》记录有军机处每日所上的拟批和拟旨奏片，我们可择一进行说明。1887 年 5 月 5 日（光绪十三年四月十三日），军机处奏片称：

　　蒙发下摺报，已奉朱批三件，其馀应请批示汉字摺片十四件，分别缮拟批条呈进，恭候钦定，俟朱批发下后，钦遵办理。其应行请旨摺一件，拟于召见时请旨。是否有当，伏候圣裁。谨奏。光绪十三年四月十三日奉旨：依议。②

当天，军机处收到的奏摺、奏片 17 件，三件已直接由光绪帝批示，

---

① 《军机大臣奏为遵旨酌拟皇上亲政皇太后训政条款摺》（光绪十二年十月十七日），《军机处录副奏摺》，档号 03-5544-024。
② 《光绪宣统两朝上谕档》第 13 册，第 154 页。

另外 14 件则由军机处另写签条拟批，交慈禧太后审核后，由光绪帝用朱笔抄写在奏摺上，然后发下。另有一件拟旨，则由军机处在与光绪帝及慈禧太后见面时请示。可见，内、外大臣的奏摺，虽可由光绪帝朱批，但须呈送慈禧太后把关，然后发下；稍重要奏摺的处理意见，则仍交军机大臣拟批或拟旨，呈送慈禧太后把关，拟批由光绪帝朱笔抄录后发出，拟旨则直接发出。

自 1887 年 2 月（光绪十三年正月）开始，虽已宣布皇帝"亲政"，但实际上却重在"训"：对光绪帝而言，是训练理政；对慈禧太后而言，是训导理政。而训政的主要内容，都落实在奏摺批示及相应的上谕草拟中。

四、从文书制度看归政及其限度

1888 年，朝中开始筹备皇帝次年正月的大婚，光绪帝大婚年龄为 19 岁（虚岁），已超过同治帝 18 岁完全亲政的年龄。当年 7 月 27 日（六月十九日），慈禧太后下旨称，训政两年以来，皇帝学业精进，大小国事也能措置合宜，待皇帝大婚之后，即行"归政"。[1]同日，光绪帝明发上谕，表示"重申前命，朕敢不祗遵慈训，于一切几务兢兢业业，尽心经理。"[2]

结束训政，实行归政，首先要做的仍是明定章程，将皇帝、皇太后权力划分明确。按照同治朝皇帝亲政的先例，只需将一切政务"恢复旧制"，即按照咸丰帝及此前历代清帝独揽大政的做法即可。但这一

----

①② 《清德宗实录》卷 256，第 55 册，第 446 页。

恢复旧制的商议过程，奕譞又全程参与，并积极出谋划策。10月6日（九月初二日），奕譞提出了归政后军国大事及重要人事的办理规则：

> 凡遇军国重大事件，皇帝恭请皇太后裁夺，再谕军机大臣遵办。
>
> 臣工封奏除寻常事件皇帝发下现办外，其关系紧要者，皇帝恭呈皇太后慈览毕，于次日召见军机大臣时指示遵行。
>
> 升调中、外大员，京官文职管理宗人府王公、大学士、尚书、侍郎、内务府大臣；武职领侍卫内大臣、都统、步军统领；外官文职总督、巡抚，武职将军、都统、提督等缺，及御前大臣、军机大臣、毓庆宫行走、总理各国事务大臣、南北洋大臣等要差，由军机大臣请旨裁定，皇帝奏明皇太后，次日再降谕旨。
>
> 每日部院摺件皇帝披阅传旨后，发交军机处另缮清单，恭呈慈览。
>
> 每日外省摺报朱批发下后，由军机大臣摘录事由及所奉批旨，另缮清单，恭呈慈览。
>
> 凡遇到明发、字寄、电寄谕旨及各处电奏，皇帝随时斟酌，恭呈慈览。①

按照奕譞所拟的条款，光绪帝就不剩什么权力了，所谓的归政，不过是个名义。皇帝过手的任何事件，都可能因为"关系紧要"的缘由而

---

① 《奕譞奏为行政用人关系紧要凡遇军国重大事件尚宜抵奉徽音等敬陈管见摺》（光绪十四年九月初二日），《军机处录副奏摺》，档号03-5858-003。此条资料由徐笑运博士提供。

必须先送慈禧太后定调。对于这个方案，军机处并未照单全收，他们参照奕譞的意见，拟定了归政后章程 16 条，并得到慈禧太后批准。其中，有一些为"归复旧制"，有一些则为从权办理，重要条款如下：

> 中、外臣工奏摺，应恭书皇上圣鉴，至呈递请安摺，仍应于皇太后、皇上前各递一分。
>
> 内、外臣工摺奏已奉朱批之件，钦遵办理，如有发下未经批示之件，由臣等分别缮拟批条呈进，恭候钦定。其应请旨办理者，俟召见时请旨。
>
> 在京各衙门每日具奏摺件，拟请查照醇亲王条奏，皇上披阅传旨后，发交臣等另缮清单，恭呈皇太后慈览。至内阁进呈本章及空名等本，拟请暂照现章办理。
>
> 每日外省摺报朱批发下后，查照醇亲王条奏，由臣等摘录事由及所奉批旨，另缮清单，恭呈皇太后慈览。
>
> 简放各缺，拟请于召见时请旨后，由臣等照例缮写谕旨呈进；其简放大员及各项要差，拟请查照醇亲王条奏，由臣等请旨裁定后，皇上奏明皇太后，次日再降谕旨。
>
> 满汉尚书、侍郎缺出应升、应署，及各省藩、臬缺出，拟请暂照现章，由臣等开单进呈，恭候简用。[1]

两相对比，可以看出醇亲王方案的表达格外直白：大事（未作定义）请示皇太后、重要奏摺请示皇太后、京内与外省奏摺处理意见报送皇

---

[1] 《军机大臣奏为恭拟明年二月归政大典后归复旧制与变通处理各条请旨钦定摺》（光绪十四年十一月初十日），《军机处录副奏摺》，档号 03-5703-032。

太后、各式上谕斟酌报送皇太后、重要文武官员的任命由军机处请旨后皇帝请示皇太后。这样，留给光绪帝的空间几乎就没了。而军机处方案则稍微松绑：尽管内外奏折的处理结果仍在事后报皇太后，但皇帝有着处理的主动权；如果皇帝未经批示，则由军机处辅助他处理。

被最终采用的军机处版本，其首条称：除请安折之外，一般奏折只书"皇上圣鉴"，也就是在名义上表明，奏折的阅览、批示权转移到了皇帝手中。已奉朱批之件，钦遵办理；未经批示之件，由军机处分别缮拟批条呈进，恭候钦定；应请旨办理的奏折，于召见时请旨，这与以往军机处办事制度相符，基本算是归复旧制。

可是，下面几条就有深意了。

首先，在京各衙门每日具奏折件，先由光绪帝批阅、传旨，然后由军机处另缮清单，交慈禧太后阅览。外省奏折，先由光绪帝批阅、下发，然后同样由军机处择要摘录事由，交慈禧太后阅览。这表明，光绪帝掌握奏折先阅、处置之权，但必须由慈禧太后事后监督。①虽然经朱批或拟旨处理过的奏折已具备行政效力，慈禧太后通过事后监督也无法追回，但这种事后监督并非毫无意义。有事后监督这一程序悬诸头顶，光绪帝处理奏折，须时刻考虑慈禧太后，虽不至完全迎合她的倾向，却也不可能放开手脚，完全按照自己的意见来处理朝政。有意思的是，这两条意见都是"查照醇亲王条奏"商议的结果。奕譞是这项制度的设计者。他设定这一事后监督的条款和程序，无疑因为他作为皇帝本生父的特殊身份，他努力打

---

① 茅海建在《戊戌变法史事考》一书中，援引这两项条款，并称之为"事后报告制度"。见《戊戌变法史事考》，第11页。

消慈禧太后的疑虑，避免可能出现的皇帝与皇太后的矛盾。

有关人事权的说明，稍微有些复杂：请旨简放缺，是由军机处根据光绪帝意见，缮写谕旨呈进；而"简放大员及各项要差"，则由军机处请旨裁定，报慈禧太后批准，次日下发。也就是说，对于重要的职、差，慈禧太后有最后定夺的权力。这一条规定，同样也是出自奕譞的建议。

清朝办理政务的原则之一，即援引成法、先例，这些成法、先例一定程度上可视作处理重大事务的习惯法。在1886年决定皇帝亲政之时，军机处及朝中大员可援引同治帝亲政先例，将一切政务恢复旧例，醇亲王不但上奏抗拒，而且授意光绪帝，请慈禧太后收回成命，继续训政；另又几次鼓动军机处、帝师、王公勋戚共同上奏，陈请慈禧太后继续主持朝政。1888年，因皇帝大婚，皇太后不得不归政之时，醇亲王再次出面，与军机处拟定章程，限制光绪帝权力，使之与同治帝的亲政显示出本质差别。

我们不妨详细对照同治帝亲政、光绪帝亲政、归政时有关奏摺处理和人事任命的重要条款，看看军机处依据醇亲王手订章程对光绪帝造成哪些束缚。

表3-2　垂帘听政后亲政章程重要条目对照

官员引见、人事任命		
1872年（同治十一年）亲政条款	1886年（光绪十二年）亲政条款	1888年（光绪十四年）归政条款
各衙门引见特旨录用人员，向不拟旨，均系候旨酌用，应请仍照旧制办理。	各衙门引见特旨录用人员，向不拟旨，均系候旨酌用，今拟请暂照现章办理。	

（续表）

官员引见、人事任命		
1872 年（同治十一年） 亲政条款	1886 年（光绪十二年） 亲政条款	1888 年（光绪十四年） 归政条款
京外文武官员引见，近年系将应行带领引见及应由王大臣验放之处，分别办理，拟请嗣后仍照旧制，由各衙门一体带领引见。	凡遇召见、引见，皇太后升座训政，拟请照礼臣会议，暂设纱屏为幛。 近年各衙门改归验放验看开单请旨及暂停引见人员，拟请循照旧制，一律带领引见，仍恭候懿旨遵行排单，照现章豫备。	各衙门引见人员，皇上阅看后，拟请仍照现章，于召见臣等时，请旨遵行。
除授大员、简放各项差使，拟请仍照旧制，分别题奏及开单进呈，恭候皇上命下。 满汉各缺遇有应请旨简放者，仍照旧制，分别缮写清汉字空名谕旨，恭候朱笔简放；如召见时，业经承旨简放某人，即由臣等照例缮写谕旨呈递。	满汉各缺，遇有应请旨简放者，拟照旧制，分别缮写清汉字空名谕旨，恭候懿旨简放，朱笔填写，如召见时业经承旨简放有人，即由臣等照例缮写谕旨呈递。	简放各缺，拟请于召见时请旨后，由臣等照例缮写谕旨呈进；其简放大员及各项要差，拟请查照醇亲王条奏，由臣等请旨裁定后，皇上奏明皇太后，次日再降谕旨。
满汉尚书侍郎缺出，遇有应升应署者，向不进单，仍照旧制恭候特简。 各省藩臬缺出，无论有无候补人员，均系请旨简放，向不进单，近来有由督抚等保奏堪胜两司者，臣等拟与在京候补人员一并开单呈进，以备简用。	满汉尚书侍郎缺出应升应署，及各省藩臬缺出应请旨简放，向来均不进单恭候特简，今拟请暂照现章，仍由臣等开单进呈，请旨简用。	满汉尚书侍郎缺出应升应署，及各省藩臬缺出，拟请暂照现章，由臣等开单进呈，恭候简用。

（续表）

奏摺批示、题本处理与上谕下达		
1872 年亲政条款	1886 年亲政条款	1888 年归政条款
内、外臣工摺奏有应批示者，均请朱笔批示。	内、外臣工摺奏应行批示者，拟照旧制，均请朱笔批示，**恭呈慈览发下**。	内、外臣工摺奏已奉朱批之件，钦遵办理；如有发下未经批示之件，**由臣等分别缮拟批条呈进，恭候钦定**。其应请旨办理者，俟召见时请旨。 每日外省摺报朱批发下后，查照醇亲王条奏，**由臣等摘录事由及所奉批旨，另缮清单，恭呈皇太后慈览**。
在京各衙门每日具奏摺件，由奏事处恭呈御览，**除奉旨交下，由臣等请旨办理外，其馀摺件，仍照旧制，即由该处传旨遵行**，毋庸由臣等再行覆看。	在京各衙门每日具奏摺件，拟请暂照现章，**由臣等缮单请旨**。	在京各衙门每日具奏摺件，拟请查照醇亲王条奏，**皇上披阅传旨后，发交臣等另缮清单，恭呈皇太后慈览**。

　　资料来源：《军机处、内阁呈清单》（同治十一年十月二十二日），《军机处录副奏摺》，档号 03-4697-051；《军机大臣奏为遵旨酌拟皇上亲政皇太后训政条款摺事》（光绪十二年十月十七日），《军机处录副奏摺》，档号 03-5544-024；《军机大臣奏为恭拟明年二月归政大典后归复旧制与变通处理各条请旨钦定摺》（光绪十四年十一月初十日），《军机处录副奏摺》，档号 03-5703-032。

　　比对同治帝亲政条款、光绪帝亲政与归政条款，我们可以发现明显的差异。其中，同治帝亲政条款的"归政"性质最为彻底，可谓恢复了军国大事皆自圣裁的祖制，当然，在实际政治运作中，因垂帘听政和军机处拟批制度已运作十年有余，难免对同治帝造成一些牵制。

而 1886 年制定的亲政条款，基本仍是以慈禧太后为主导——召见、引见有慈禧太后在场；人事任命由慈禧太后决定；简单奏摺皆由光绪帝批示后，交慈禧太后过目，然后发下；稍微复杂的奏摺，都由军机大臣拟批，呈光绪帝过目并最终由慈禧太后定夺。两年后的归政条款虽号称"归政"，然留有较为关键的"尾巴"：稍微重要的职位、差使，都由光绪帝请示慈禧太后，然后作出决定，对于较为程序化的各部尚书、侍郎缺出，按资级应升、应署，及各省藩臬缺出，先由军机大臣根据惯例开单，然后由光绪帝决定简用。

对于日常行政最为重要的奏摺，无论京内一般性奏摺，即不经过军机处而由皇帝阅览后交奏事处直接传旨的简单奏摺，或是其他朱批奏摺、须拟旨奏摺，都由军机处在事后将奏摺及光绪帝的处理意见抄送慈禧太后，让她进行事后监督和审查，并且，归政条款并未对这种监督进行时间限定。这就意味着，慈禧太后若不主动要求，这种监督将一直持续下去。

当然，奕譞在一些形式上也赞成完全归复旧制，他建议，"归政后，中外臣工奏摺，自应照旧不书'皇太后圣鉴'字样，至于请安摺件，应于皇太后、皇帝前各递一分"，[1]这被军机处接受，然而，这改变不了重大决策须请示慈禧太后的政务次序。

由于有慈禧太后监督权的客观存在，光绪帝在朱批或决策时，不得不揣度、考虑慈禧太后的态度行事。这种心态融入日常公务的

---

[1] 《呈谨将醇亲王函拟亲政事宜各条照抄恭呈慈览单》（光绪十四年），《军机处录副奏摺》，档号 03-5703-035。

处理过程中，使得光绪帝对自己的意见进行自我禁抑，争取两人关系的平衡。在这种微妙的格局之下，慈禧太后虽未临朝，也未执有朱笔，却无声无息地加入朝会的讨论和奏摺的批示过程中。另一方面，当遇到重大或疑难问题时，光绪帝更会请示慈禧太后。翁同龢即观察道："现在办事，一切照旧，大约寻常事上决之，稍难事枢臣参酌之，疑难者请懿旨。"①所谓的归政，实际上更接近于"归而未还"。

从实际的运行来看，光绪帝也并非将每日批示的所有奏摺开列清单呈送慈禧太后阅览。茅海建曾将 1898 年戊戌变法期间《随手登记档》《早事档》的奏摺纪录与"朱批摺件事由单""早事传旨事由单"纪录比对，发现大多数时间，光绪帝是将每日收到的所有奏摺题由及其处理结果交给了慈禧太后，只有极少数奏摺，例如康有为几份密摺、湖南举人曾廉请杀康梁的条陈未送交慈禧太后。皇帝在既定框架内的权变处理，体现出制度的某种弹性，但在关键时刻，也容易被看作是阳奉阴违的小动作。

在 1886 年、1888 年拟定亲政、归政条款时，朝政本有两次机会"归复旧制"，即恢复到同治帝亲政及历代清帝亲裁大政的制度上去，然奕譞却两次出面阻碍，他的举动看似不合理，实则有其作为皇帝本生父的良苦用心。我们不妨体会一下奕譞举动背后的心态。25 年前辛酉政变，包括两位"世袭罔替"王公在内的赞襄政务大臣或被杀或被黜；两年前的甲申易枢，他的兄长、为"同光中兴"立下汗马功劳的恭亲王奕訢连同其军机班底被全班罢黜，朝野震动。作为两次政变的亲历者和受益者，奕譞对这些惊心动魄的结

① 《翁同龢日记》第 4 册，第 2262 页。

局肯定有不同于常人的体会，他比一般人更了解自己曾经的同盟者慈禧太后；他不得不再三或者过度考虑慈禧太后归政懿旨背后的深意，不得不考虑如若真的接受归政对光绪帝乃至整个醇亲王府可能造成的严重后果，于是，才有违背祖制、恳请慈禧太后继续训政的举措及此后限制光绪帝权力的制度设计，而这些制度设计中最重要的内容，就是对政务文书处理方式的规定。

虽有军机处条款作为此后办事标准，但此前醇亲王拟定的意见并未丢弃，据《随手登记档》的记载，醇亲王的方案，奉"懿旨：依议，交军机处存案"。①它作为重要档案，被别有深意地保存了起来。

结　语

咸丰帝去世后，清朝原有的由皇帝独揽大权的局面不复存在，终清之世，再无前代清帝完全亲裁大政的局面。其中的关键，就是辛酉政变。辛酉政变前的一段时间，施行的是咸丰帝遗命的"赞襄政务大臣"制度，内外奏折、大小国事，由八位政务大臣定夺后，交两宫皇太后钤图确认，就具备了行政效力。此时的奏折，按惯例仍是先直抵御前，由两宫皇太后披览。然而，政务大臣掌握着每日所收奏折的作者与数量，一旦重要奏折有所留中或他们所拟奏折批示及上谕未被通过，他们可通过"搁车"形式，强迫两宫皇太后妥协。咸丰帝未对御赐图章的权力边界进行说明，给赞襄政务大臣以模糊处理的空间，抹掉图章背后代表的监督权，使得他们有可能超

---

① 《军机处随手登记档》第 127 册，第 439 页。

越体制内军机处的权限，甚至让他们超越明代内阁首辅的权力，进而将自己树立为明清两朝制度高度防范的权臣。触碰君权禁脔的举措，也注定成为赞襄政务大臣落败的原因和主要的"罪状"。

取而代之的垂帘听政及议政王军机大臣辅佐制度，不但维持了两宫皇太后所代表的皇权对奏摺的先阅权，而且授予她们对奏摺的指示及最后核定权。议政王军机大臣退回到传统制度为军机处所划定的权力界限之内，尽管他们的政治经验、智慧在议政过程中得到了高度肯定和依赖。在赞襄政务大臣、议政王军机大臣两种体制下，奏摺皆由大臣们代批，两宫皇太后钤图确认，但两种体制下钤图的自主性迥异，代表两种体制有着质的区别。皇太后在政务处理程序中的决定作用，是垂帘听政时期国政处理的最关键因素。同治帝亲政后，政务程序"归复旧制"，因十余年政务的惯性，他对军机处的依赖比以往清帝都要大。

待到光绪帝幼年登基，再次施行垂帘听政，政务制度恢复到同治初年的垂帘听政与军机大臣辅政的模式，虽有甲申易枢的人事剧变，奏摺处理模式却未有所改动。光绪帝成年后，朝政本应再次"归复旧制"，然因奕譞的坚持，先是创造君主亲政同时皇太后训政的特殊体制；当光绪帝大婚之后，又实行一种"归而不还"的归政模式，使得光绪帝手中权力大打折扣，也为此后宫廷争权和政局演变埋下了隐患。在前一个模式里，皇帝仅具虚君的地位，奏摺处理、人事任命，都须由慈禧太后最终定夺；在后一个不完全的归政体制中，光绪帝的奏摺处理，须由慈禧太后进行事后监督，重大人事任命，则须由慈禧太后复核方为有效。这些无疑使得皇帝须随时揣摩慈禧太后的倾向和喜好，从而背负巨大压力进行施政，两人间不可避免地出现某种程度的关系扭曲。

在最后这一特殊体制形成的过程中，发挥最重要作用的，是醇亲王奕譞。从行政上而言，奕譞在甲申易枢后替代奕訢，成为参与军机处谋事的幕后之人，拟定亲政条款，他责无旁贷；从血缘上而言，奕譞是小皇帝的本生父，须时时提防慈禧太后对他的猜忌。1889 年春，就在慈禧太后归政当月，御史屠仁守上奏，建议外省密摺、廷臣封奏仍书"皇太后圣鉴"字样。慈禧太后为表明完全归政的姿态，先是将屠开去御史，交部议处，随后又将议处不力的吏部堂官及承办司官进行惩处，并直接下令革屠之职，永不叙用。①与此同时，河东河道总督吴大澂上奏，建议讨论尊崇醇亲王典礼之事。这无疑触动了光绪帝、奕譞与慈禧太后之间最为敏感的神经。奏摺递上后，上谕命抄录奕譞早年《豫杜妄论奏》，打消朝野"妄进邪说"，借以梯荣的想法。②宫廷关系的微妙和敏感，使得光绪帝、奕譞谨小慎微，在触碰到三者关系之时，不免反应过度。

奕譞不惜扭曲成法先例，先是让慈禧太后训政，后来又反对光绪帝像此前清帝那样完全亲政，将慈禧太后对朝政的干预长期化。让他没想到的是，就是这种不按祖制的制度设计，导致后来高层权力的扭曲，并最终激化了慈禧太后与光绪帝的矛盾。纵观晚清史实变迁，我们可发现诸多政治事件固然与人物关系及各自性格有着关联，而各种制度框架未尝不是催化剂、助推剂，两者在很多时候，表现出一种相互影响、互为因果的关系。

---

① 《清德宗实录》卷 265，第 55 册，第 546—547 页；卷 266，第 563—564 页。
② 《清德宗实录》卷 266，第 55 册，第 563 页。

第四章　见大起——晚清的"御前会议"

前章分别介绍了清代君主日常的议政与决策方式——前期的御门听政；奏摺制度兴起尤其是军机处成立之后，行之有常的军机处与部院堂官见起。在后一种形式下，皇帝先阅奏摺，依次与当天递摺的部院堂官个人或者多人见面，然后再与军机大臣见面，向他们咨询政策，交代上谕大意，在军机处辅助之下完成政令的下达。

就参与情况而言，御门听政人数较多，主要包括内阁与六部的堂司官员，通常在户外进行，实际上并不利于长时间的讨论问题，尤其是军机要务。而在军机处与部院堂官见起的模式之下，参与人数十分有限，君主能迅速地展开咨询，做出决策。不过，关系匪轻、包含疑难的军国大事往往须集思广益，以保证决策的合理性，同时又能为清议舆论所容。在这种情况下，原有的见起模式就会扩大，从军机大臣、值日的部院堂官扩充到六部九卿甚至更大范围的翰詹科道。这种规模庞大的见起又被称为"大起"，晚清时期俗称为"御前会议"（御前会议一词来自日本，是清廷预备立宪时曾有意模仿的决策模式，详见第十一章）。本章尝试对这种朝会模式及其特点做初步的考察。

一、朝会与见起

清代君主召见大臣称为见起、叫起。①君主每日阅览奏摺，下发上谕，军机大臣从旁辅助，所以见起的对象首先是军机大臣。另外，京内各部院轮值递摺，当天值日的堂官（该部的管部大学士、尚书、侍郎）或其他单衔递摺的官员在递摺时，须附带递送膳牌，供君主早膳时选择是否召见。被召见者再由奏事处发下"起单"，依照起单至御前见起。这个过程，我们可借助曾纪泽和荣庆的记录来进行观察。

1877 年（光绪三年）10 月 4 日，曾纪泽在就任驻英国公使前，接受慈安、慈禧两宫皇太后召见。他在日记中记："丑初（1:00）入朝，递请安黄摺三件，绿头牌一件，在九卿朝房偕松生、岳松坐良久。至内务府朝房，与冯展云一谈。迎谒枢密诸公，至散秩大臣朝房一坐。叫起单下，军机头起，纪泽二起，醇邸三起。卯初（5:00），入乾清门，在内朝房坐极久。辰初（7:00），军机下，召见纪泽于养心殿东间。掀帘入，跪谢天恩，免冠碰头，着冠起立，进至垫前跪聆圣训。"②根据记录，曾纪泽递了三件请安摺（分别给两宫皇太后、皇帝），并随摺递送写有自己姓名的膳牌（宗室王公用红色，一般大臣用绿色，故称"绿头牌"），然后在大内等候召见。因等候时间很长，曾纪泽前往各处朝房与军机及部院大臣聊天。递

① 《曾纪泽日记》下册，第 1776 页。
② 《曾纪泽日记》中册，第 773 页。

膳牌并不代表一定被召见，如被召见，另会发下起单。当天，皇太后见大臣三起，曾纪泽是第二起，地点是在养心殿东暖阁垂帘听政处，见起须全程跪对。

1894年7月15日，詹事府中允荣庆入内接受光绪帝召见，他在日记中记载："至西苑门外稍坐，旋宣入总兵何明亮，尚书李鸿藻、荣庆、李葆实，并军机为五起。到奏事处门外小立，奏事官恩少岩回内奏事，出，带随行至榆树院西屋祗候。始叫何，次李。有顷，一内侍到门向庆曰：'叫'。谨随行，极舒缓。至勤政殿北院，顺东殿墙绕至南院，由南东阶升入殿南面东隔扇。稍立，内侍向东里间帘内静伺，旋揭帘起，谨即趋入。上面南坐，座左右设坑〔炕〕几摺件，座前设御案，案上止叫起单一纸，案即军机毡，即在案西角跪。"①这个记录可见奏事处的传递作用：呈递膳牌、发下起单，依序传宣和引导见起的官员。这次见起的地点是在西苑（今中南海）勤政殿。

君主见部院大臣，主要是针对当天所递奏摺的内容或该部主管的事项进行咨询；见军机大臣，则是商讨并决定奏摺的处理方案，交代上谕的内容。在一般情况下，日常政务由君主在中央部院、军机处辅助下独断裁决，借助单个或小规模召见即可完成，无须召集众臣集议，故见大起的事例并不多见。但在晚清时期，因政治外交的重大疑难事件增加，且君主权威相对降低，见大起的事例就多了起来。大起主要用于听取多方意见，集思广益，但并不急于当场做出裁决。

① 《荣庆日记》，第19—20页。

1861年辛酉政变发生之后，两宫皇太后垂帘听政。恭亲王奕訢以议政王身份领导军机处和总理衙门，辅佐朝政。1862年，云南学政张锡嵘上奏，请宗祀咸丰帝于天坛祈年，两宫皇太后先命王公、大学士、六部九卿、翰詹科道会议具奏，[①] 但因事涉先皇待遇，关系到在位的同治帝的孝行，在大臣们上奏表达否定意见后，两宫皇太后决定"叫大起"，当面商讨处置方式。大学士翁心存记载7月29日（七月初三日）两宫皇太后见大起的场景：

> 卯初（5:00）入直，予等四人俱到。辰初三刻（7:45）引见毕，辰正二刻（8:30）皇太后、皇上召见王大臣于养心殿东暖阁，询问张锡嵘条奏宗祀事也。凡召见三十一人，予初以漏未递牌，故未召，后知予上直，乃始补叫，而排在贾、周两相国之后。及入东暖阁门坎，两相即跪，后无馀地，予一足才入，一足尚在槛外，两相遽叩首，予冒而仆，旁人急扶起，乃随两相跪，太后命之前，乃膝行而前。上坐榻上，西向，诸臣去黼座尚远，在后者皆距门坎而跪，有跪槛外者，失仪甚矣。诸臣惟惠邸奏对数语，遂退。辰正三刻（8:45）出。[②]

据事后发下的上谕，参与见起者31人包括：惠亲王绵愉、惇亲王奕誴、醇郡王奕譞等宗室王公贝勒12人，军机大臣与御前大臣5人，大学士2人，尚书侍郎10人，三品京堂2人。上谕还说，当

---

① 《咸丰同治两朝上谕档》第12册，第195页。
② 《翁心存日记》第4册，第1761页。

天参与见起的诸大臣"佥称文宗显皇帝德齐覆帱,道隆继述,凡有血气之伦,罔不共切尊崇","惟考之今制,稽之古礼,事多窒碍,未可依行",最后,两宫皇太后的结论是,"该学政所奏既属窒碍难行,即着毋庸置议"。①

结合翁心存的叙述以及当天上谕的内容,我们可以总结这次大起的特点:首先,参加见大起人员之前也曾参与了君主不在场的群臣会议和上奏,递摺当天也递上膳牌预备召见;未递膳牌而必须参加见起者须补递(关于会议奏事,详见第九章);其次,当天见大起的地点在宫中的养心殿东暖阁,相比召见者31人,那里的空间显得十分狭隘,大臣必须跪对奏事,地位稍低或后到者只能跪在门外;第三,翁心存行礼时,因动作仓促而扑倒,诸多臣僚也失序失仪。这些细节都暗示着,大起的场面十分少见,故而众臣甚至官居一品的大学士都缺乏经验;第四,参与大起的王公大臣虽多,但无须全部发言,这次仅惠亲王一人陈述,奏对的时间不过一刻钟而已。尽管如此,上谕仍将惠亲王一人的发言当做集体意见。实际上,在这次见起之前,大学士六部九卿的会议奏摺已做出了张锡嵘建议不可行的结论,两宫皇太后因事涉同治帝的孝行,为示慎重,故再次召集王公大臣当面商讨。从召见全过程来看,并无实质性地集体发言或辩论,形式大于内容,两宫皇太后更多的是希望借重公议下一结论而已。

由于晚清高层官员日记史料较为丰富,从参与者的日记中,我们至少可以搜集到晚清时期多次人数在20以上或影响较大的"见

① 《咸丰同治两朝上谕档》第12册,第325—326页。

大起"的事例，列表如下：

表4-1　晚清主要的"大起"概览

时　间	地　点	人数	商　议	
1862.7.29	养心殿东暖阁	31	张锡嵘奏宗祀咸丰帝于天坛祈年殿事	①
1870.7.23	乾清宫西暖阁	19	处置天津教案	②
1873.2.22	养心殿	超30	同治帝亲政面谕内外大臣恪恭尽职	③
1880.1.21	养心殿东暖阁	45	崇厚擅签对俄条约之事	④
1880.9.22	养心殿东暖阁	约20	拒俄约之后对俄和战	⑤
1884.4.8		约20	甲申易枢撤恭亲王奕訢为首的军机	⑥
1900.6.16—19	西苑仪鸾殿	约百余	对义和团及列强和战态度	⑦
1912.1—2	养心殿	约十余	多次商议南北和议与清帝逊位事	⑧

　　资料来源：①《翁心存日记》第 4 册，第 1761 页；②陈义杰整理：《翁同龢日记》第 2 册，中华书局 1989 年版，第 784—785 页；③《翁曾翰日记》，第 230 页；④⑤陈义杰整理：《翁同龢日记》第 3 册，中华书局 1993 年版，第 1463—1464、1507 页；⑥陈义杰整理：《翁同龢日记》第 4 册，第 1818 页；⑦恽毓鼎：《崇陵传信录》，第 60—64 页；袁昶：《乱中日记残稿》，中国史学会编：《中国近代史资料丛刊·义和团》第 1 册，上海人民出版社 1957 年版，第 340—341 页；⑧溥伟：《让国御前会议日记》，中国史学会编：《中国近代史资料丛刊·辛亥革命》第 8 册，上海人民出版社 1957 年版，第 110—115 页。

　　下文选择垂帘听政时期及 1900 年决定清朝命运与中国国运的几次大起进行讨论，考察这一朝会模式的基本特点。

二、垂帘听政期间的两次大起

　　在同光两朝的垂帘听政期间，出现过两件棘手的关乎国权、引

发清议躁动的重大事件：天津教案和崇厚擅签条约案。为妥善处理
这两件大事，两宫皇太后曾有过大规模召见王公大臣的举措。

1870 年 7 月，在天津教案发生之后，因缺乏准确信息来源及
外交经验，清朝君臣无法准确地判断法国政府对此事可能会做出的
反应及其底线。十年前，英法联军入侵北京、焚毁禁苑之事历历在
目，提示清朝君臣对天津教案不可掉以轻心。为此，两宫皇太后召
见诸多重臣，商讨对策。7 月 23 日，在宫中教读同治帝的翁同龢
记载："已而闻余等五人（按：五位帝师李鸿藻、翁同龢、徐桐等）
皆有起，遂至军机直庐看曾国藩摺，一力言洋人无迷拐事，请降明
旨昭雪；一将天津府张光藻、知县刘杰交刑部治罪。余与荫轩随引
见碰头，午初二刻（11:30），与诸王、军机大臣、御前大臣、总理
衙门诸臣同召见于乾清宫西暖阁。两宫及上南向坐，未垂帘，垂询
良久。惇、醇两邸持论侃侃然，恭邸持之坚，卒如曾国藩所请。五
刻多始退，汗出沾衣，有跪不能起者。"①

这天参加见起者有 18 人，包括惇亲王，大学士官文、瑞麟、
朱凤标、倭仁，军机兼总理衙门大臣奕䜣、宝鋆、沈桂芬，军机
大臣李鸿藻，御前大臣醇郡王奕譞、景寿、伯彦讷谟祜，总理衙
门大臣董恂、毛昶熙，弘德殿帝师徐桐、翁同龢、桂清、广寿。
这个名单包括了与皇帝血缘最近的宗室、皇帝的各位老师、在垂
帘听政时期地位尤为重要的军机大臣、处理外交的总理衙门大臣。
他们的立场、观点不同，于是，在御前发生了激烈争论，翁同龢
又记：

---

① 《翁同龢日记》第 2 册，第 784 页。

> 军机、总理西向跪，馀东向跪。两宫先谕：“此事如何措置？我等不得主意。”惇邸首奏：“曾某亦不得已，惟民为邦本，民心失则天下解体。”醇邸极言民心宜顺，并天津府县无罪，陈国〈瑞〉忠勇可用，并诋及总理衙门照会内有“天津举事者及大清仇人”之语，斥为失体。宝、董强辩，语相侵。两宫分解之，因言：“夷人是我世仇，尔等若能出一策灭夷，我二人虽死甘心，且皇帝幼冲，诸事当从长计较。”倭相亦主张、刘两员既是好官，不宜加罪。瑞、朱同声应之。余言：“此两事皆天下人心所系、国法是非所系，望再申问曾某，此后如无要求，尚可曲从；倘无把握，则宜从缓，似不必于言谈间定议。”董恂曰：“此时不知天津又作何局面，焉能往来问答耶?”于是惇邸谓两事既不得不从，则中国人迷拐罪名仍宜从重。醇邸又极论“素日无备，故临事以‘无可如何’四字塞责。自庚申至十年，试问所备何事？且言此次纶音如措词有失体处，臣等仍当纠正。”恭邸允之，遂定议。时广侍郎甫有所言，竟未达其意而退。①

与八年前那次仅惠亲王一人发言的大起不同，围绕如何处置天津教案，这次大起出现了两种对立态度，且在御前发生了争执：惇亲王、醇亲王与三位大学士倭仁、瑞麟、朱凤标，他们主张顺应民心，力保天津知府张凤藻、知县刘杰与提督陈国瑞。醇亲王不满总理衙门迎合法国要求的处置方式，并与总理衙门大臣宝鋆、董

① 《翁同龢日记》第2册，第784—785页。

恂发生争执，两宫皇太后居间调停。可是，若不对天津府县官员做出处罚进而激怒法国，她们又担心有无法承担的后果。最后，因恭亲王的坚持，两宫皇太后答应由军机处拟旨，按照曾国藩的建议，将天津知府和知县革职，交刑部治罪，未采纳惇亲王、醇亲王及三位大学士的意见（据军机章京朱学勤透露，总理衙门是由沈桂芬拿主意，宝鋆、董恂从旁附和）。①尽管如此，醇亲王等人却坚持加入会同军机处拟旨的行列中，获得了奕訢应允。他们共同拟定了四条上谕：其中，两条为明发，一为上述革职上谕，一为宣示洋人并无迷拐情形，公开告知天下；两条廷寄，分别要求曾国藩持平办理，并饬令沿江沿海督抚小心防备，以备可能出现的军事冲突。②

　　这次见大起有点类似政策辩论，汇聚了正反双方的意见，由两宫皇太后居中调节裁断。以奕訢为首的总理衙门大臣在人数上处于劣势，其主张却获得最后认可。尽管如此，持不同意见的醇亲王奕譞也争取并加入会同拟旨的行列之中。正反双方经协商后拟定意见，两宫皇太后予以确认。这次大起，有一种小范围民主决策的意味，富有政治外交经验的官员能通过御前辩论，压倒清议，进而形成主流政策。代表清议的王公与大学士，也能参与政策制定。广泛的高层参与最大限度地为最终的决策背书，分担了决策压力，并提高了政策的权威性。

---

① 《咸丰同治两朝上谕档》第 20 册，第 131 页；《朱学勤致应宝时手札》（同治九年七月二十一日），见上海图书馆历史文献研究所编：《历史文献》第 14 辑，第 88 页。
② 《咸丰同治两朝上谕档》第 20 册，第 130—131 页。

而影响近代中俄关系、引发光绪朝清流高昂的崇厚案，更是出现了两场研讨决策的大起。

1880 年 1 月 21 日，因朝中大臣就如何处置崇厚及其所签对俄和约（《里瓦几亚条约》）争执不下，两宫皇太后决定见大起，同时召见 45 位大臣。翁同龢在日记中记载：

> 与枢廷同入，恭邸带起，按次跪，龢在第一列。谕曰："诸臣所议与朝廷意正合，尔等有见到者即说。"有顷，全相国言崇厚所议万万不可从，龄相申数语，徐、广两公及余亦申数语。谕曰："此事委曲已久，不意要挟至此，万不能忍。若再从之，上不〈能〉对祖宗，下不能对天下臣民。"龢对曰："谋国之方，以保境息民为大，境不保民不息，则据理与争，但欲用兵必先筹饷，非空言可了。"谕曰："纸上谈兵，有何实际？"龢曰："二十年来所谓自强者安在，要从朝廷起，振刷精神，尤须定以限制，日有课月有程，方好。"谕曰："着添人再议。"龢又曰："西路重兵尚可恃，东三省仅有虚名，北路喀尔喀四部弱极，奈何？"恭邸曰："四爱曼（按：即中俄西北边境锡伯、索伦、察哈尔、额鲁特四部）无法可办。"谕曰："分界必不可从，通商本有者勿动。"恭邸曰："旧约不必改。"又曰："南洋沈某死后竟无人可代。"因言人材之难，又请约诸臣同至总署商酌。谕曰："派亲郡王、醇亲王、御前大臣、六部、都察院同议。"又谕："崇厚临行时再三嘱以可从者从，不可者拒绝，而竟荒谬如此！如何治罪，一并妥议。"并再三宣谕后面跪者有所见即奏，皆寂然。徐、广两公有数语，惟余语最多

耳，三刻许退。①

这次见起从上午 10 点开始，持续了 45 分钟。见大起有特殊背景：
20 天前（1 月 2 日），翰林院侍读学士黄体芳上奏，弹劾出使俄国
大臣崇厚不奉谕旨，任意与俄国签订事涉通商划界的条约，之后又
擅自回国，遂建议重治其罪。两宫皇太后将此事及崇厚条约交给大
学士、六部九卿、翰詹科道会议。②由于问题敏感，朝中争议极大。
21 日，除了大学士领衔的会议公摺外，另有十多位大臣单衔递摺
发表意见。两宫皇太后决定见大起，召见递摺的官员。照例，他们
在递摺的同时，也向奏事处递膳牌，等待当天召见，所以能在短时
间内集齐。

公摺主要的意思是拒绝割让伊犁南境，拒绝俄国在西北诸城设
立领事馆，拒绝俄国从西北通商至汉口。两宫皇太后同意奏摺的基
调，大学士全庆首先发言，说崇厚定约不可遵从，大学士载龄、礼
部尚书徐桐、兵部尚书广寿附议，各自又略作引申。工部尚书翁同
龢说，当务之急是筹饷，以备后续可能出现的军事冲突。恭亲王奕
訢是领班军机大臣，并管理总理衙门，他没有直接表明态度，只是
强调防备之难并感叹济世人才之缺，实则暗示中俄交涉远比奏摺所
说的难，须得从长计议。他建议邀请众臣至总理衙门详议，分担一
线外交部门的压力。最后，两宫皇太后将俄约及崇厚罪行再次交
议，但缩小了参与范围：把前次参与会议的翰詹科道排除在外，他

① 《翁同龢日记》第 3 册，第 1463—1464 页。
② 《清德宗实录》卷 104，第 53 册，第 544 页。

们不仅人数众多，且持论激进。值得注意的是，两宫皇太后曾在现场再三宣谕，跪在后排、有不同意见的翰詹科道可畅所欲言，然而他们"皆寂然"。在此情形下，奕訢的请求很自然地被优先考虑。可见，在见大起的场合，不同意见可以放上台面公开辩论，但事实上，密摺之中或者私下表达的激进意见不得不有所收敛。

9月22日，也就是距上一次见大起八个月后，慈禧太后又一次召集众臣。原因是，崇厚所订条约已接近换约日期，但清政府不可能接受未经修改的条约。按照此前的经验，拒约可能会导致军事冲突，这次见大起也正是讨论对俄和战的问题。在前一天的下午，内奏事处传醇亲王与六部尚书递膳牌，预备次日召见。参与见起的王公大臣约20人，包括惇亲王、醇亲王、全班军机大臣，在岗的六部、理藩院尚书，都察院左都御史，另外有清流代表人物詹事府詹事宝廷。翁同龢在日记中记载：

> 请安毕，（慈禧太后）曰："时事紧急，有何主意？"惇邸首对以修约以十年为期，断非良法云。醇邸谓："和则所索无已，战则兵未齐，莫若以电线既断为词，告凯阳德展期三月，一面备兵"云云。军机、恭邸力言："战事无可恃，不敢作孤注一掷计。"宝廷抗言"枢臣办事迟延，彼此争执数语。臣则陈述速弃伊犁之说，以为即许十八条亦有次弟，当以此为开谈。"徐桐言："照廷议所准已辱国，况加至十八条乎，不可行莫若战。"臣因言："战非难，难在志定，此志自两宫太后先定，枢臣亦定方可，一战即和，贻误更大。"馀人则未开口。李鸿藻言："事至今日，诸王大臣竟绝无一句实话乎"，并言

"臣有愚见，准十八条而杀崇厚"云云。亦无人谓然也。宝廷请交廷议，上以为然，遂定二十日交议，三日内复奏。凡历六刻，汗不能支，馀语极多不能记，大抵催兵，着东三省大员带兵备旅顺口而已。张之洞传而未到。①

所谓的"十八条"，即崇厚上一年擅定的《里瓦几亚条约》。众臣围绕是否拒约，分成主和主战两派。基于清朝薄弱的军事力量，恭亲王奕訢领班的军机处偏向主和。宝廷斥责军机处办事不力，而礼部尚书徐桐则明确主战。醇亲王、翁同龢等希望避免战事，提出缓期议改条约、放弃伊犁部分土地等建议。清流领袖李鸿藻因身兼军机与总署大臣，无法持后果难料的主战之论，只能说些气话：接受条约但杀掉崇厚。翁同龢主张，两宫皇太后先定主战之志方可言战，实际上是将决策责任和压力推给她们。多数人在这个场合不敢表达意见。相对而言，宝廷建议将和战之事交廷议，则是为两宫皇太后缓颊，很快就得到批准。所幸随后俄方派遣前任公使布策来华议约，廷议也就随之终止。

　　1880 年的两次见大起，都是围绕着俄约而来。崇厚擅签事涉领土割让及商务利益的条约，引发了重大危机和争议，不但在外交决策一线的军机处与总理衙门无法面对，就连两宫皇太后也难以做到独断，只能将此事公之于众，召集王公大臣乃至翰詹科道当面讨论。在"见大起"这个庄重场合，面对务实派的陈述，激昂的清议也只能放低调门，最终形成妥协意见，进而成为决策的基础。

---

① 《翁同龢日记》第 3 册，第 1507 页。

三、决定国运的两次大起

进入 20 世纪，清廷有两次重要的大起，涉及国运走向。在一般叙述中，它们通常被称作"御前会议"。这两次见大起，第一次发生在 1900 年 6 月，讨论对待义和团及列强的政策；第二次发生在 1912 年 1 月，讨论是否答应南北议和中南方提出的退位条件。

实际上，在讨论联军入侵问题的几次大起之前，1900 年 1 月 24 日，还有一次大起。那一次是慈禧太后和光绪帝在西苑仪鸾殿召见王公贝勒、御前大臣、内务府大臣、书房师傅、部院大臣，直接宣布以载漪之子溥儁为大阿哥，在宫中读书。在见起之前，慈禧太后已与荣禄等人谋划多时，她打消了废光绪帝的念头，改成较为柔和的立储。所以，那一次见起并不是商量细节，而是宣布结果，相当于发布会的性质。这个结果，是以光绪帝朱笔的形式直接发布的。①

6 月 16 日至 19 日（五月二十日至二十三日）的一系列大起，亲历其事的袁昶留下了日记，恽毓鼎则在多年后进行了追忆。

6 月 16 日，慈禧太后与光绪帝同见王公大臣、六部九卿约百余人，地点是在西苑仪鸾殿东暖阁，军机大臣跪御案周围，因地方狭窄，大臣跪满屋内，后至者跪在门槛之外。这一天发言者主要是总理衙门大臣袁昶，另有翰林院侍读学士刘永亨、朱祖谋、大理寺卿张亨嘉等，他们主张不可依恃义和团，对拳民应予驱逐，稳定局

---

① 《崇陵传信录》，第 59 页；《光绪宣统两朝上谕档》第 25 册，第 396—397 页。

势，然后再设法劝退洋兵。反对者以端郡王载漪为首，认为驱逐义和团会失去人心。慈禧太后表态要顺应民意，同时设法退洋兵。见面结束后，慈禧太后密令军机处发交片上谕给端郡王与董福祥，开导义和团拳民，并招募精壮者进入军队。①

6月17日，再次见大起。这一天局势发生转变，慈禧太后开始坚定主战，并得到二十余名保守派人士的支持。她拿出了未经查证的"洋人照会四条"，并陈述了其中三条，包括指明一地令中国皇帝居住、代收各省钱粮、代掌天下兵权，而隐藏归政皇帝一条未说。王公、贝勒、崇绮等人痛哭主战。最后，慈禧太后命徐用仪、立山、联元赴使馆区晓谕利害，让各国公使下旗归国。②

6月18日下午三点，两宫又一次见大起，但这次时间很短，未展开激烈辩论。到19日下午一点，第四次见大起（那桐称为"全起"），③这时的慈禧太后已下决心与列强开战，命总理衙门大臣许景澄前往使馆区宣布宣战事宜。据恽毓鼎事后回忆，光绪帝握着许景澄的手说"更妥商量"，试图阻止最后的决裂，被慈禧太后怒斥。19日见起结束之后，传谕次日辰刻（7:00—9:00）再次见大起。然而，次日慈禧太后"传旨撤全起"，因宣战事已经完全确定，用不着再次召集众臣商议。④

6月16日至19日，四天连续四次见大起，恽毓鼎日后称之为

---

① 《光绪宣统两朝上谕档》第26册，第133—134页。
② 《崇陵传信录》，第61—62页；《乱中日记残稿》，第340—341页。另，李希圣的《庚子国变记》有相似的内容，本章则以亲历者的记录为依据。
③ 北京市档案馆编：《那桐日记》上册，新华出版社2006年版，第346页。
④ 《崇陵传信录》，第63—64页。

"庚子御前四次大会议",其历史影响不言而喻。四次见大起,只有第一次慈禧太后态度稍温和,只表示要顺应民心,不能驱逐义和团。第二至第四次,主战声音高亢,慈禧太后意见明朗,这时再提反对意见,要冒巨大的政治风险。到第四次之后,慈禧太后已坚定了宣战之心,不愿受反对声的干扰,干脆取消掉原计划的见大起。恽毓鼎后来评论说:"方事之兴,庙谟盖已预定。特借盈廷集议,一以为左证,一以备分谤。始也端王主之,西朝听之;厥后势浸炽,虽西朝亦无可如何。"①多年前,两宫皇太后就天津教案、崇厚案见大起时,会充分听取军机处与总理衙门的务实意见,有效纾解昂扬的清议。但在 1900 年,慈禧太后在保守派的引导下形成定见后,便难以容忍反对意见,不过是借大起获得王公大臣的多数支持,分担决策压力与责任。原本用以集众意见的大起,失去了此前的功能。

另外一个以"御前会议"名称在历史上留下重要影响的大起,发生在 1912 年初,隆裕太后多次召见王公大臣,商讨清帝退位问题。②

1911 年 10 月武昌起义之后,南方多省陆续宣布独立。清廷随后解散奕劻内阁,任命袁世凯为内阁总理大臣,由他组织新内阁。11 月 22 日,袁世凯面奏政务办事程序,君主"除照内阁官制召见国务大臣外,其余召见官员均暂停止","总理大臣不必每日入对,遇有事件,奉召入对,并得随时自请入对";每日政务,"凡无须必请上裁事件,均以阁令行之"。③这些条目显示,内阁已经接过行政

---

① 《崇陵传信录》,第 64 页。

② 《让国御前会议日记》,第 112 页。

③ 袁世凯:《面奏奏事人对暂行停止事项》,见刘路生、骆宝善主编:《袁世凯全集》第 19 册,河南大学出版社 2013 年版,第 66 页。

大权，相应地承担起了行政责任。12 月 6 日，载沣辞去监国摄政王之位，不再干预政务，内阁得以完全掌握行政权。从当天起，官方发布的《内阁官报》头条《宫门钞》，也不再记录召见情形。①不过，君主与内阁总理及其他国务大臣见面，仍称为"召见"；大臣面奏事项，仍称为"入对"，但问题是，这时由隆裕太后代君主召见王公大臣见大起，在法律上已无商议一般政务并作裁决的效力。正如袁世凯在 1912 年 1 月 16 日入对密奏时说的那样："总理大臣受朝廷之委任，握全国之枢机，治乱所在，去就因之。独至帝位去留，邦家存否，则非总理大臣职任所能擅断。其国务大臣，亦只能负其行政一部之责，存亡大计，何敢思及？"也就是说，国家日常行政事务，由总理大臣及其他国务大臣负责，隆裕太后召集的"御前会议"所能决定的，仅是王朝的存留一事。②

载沣辞去摄政王后，隆裕太后于 12 月 28 日（十一月初九日）分两起分别召见内阁国务大臣与近支王公。参与召见的国务大臣（署理度支部尚书）绍英在日记中记：

> 内阁具奏，请上召集近支王公会议大计。是日，上先召集王公，次召见内阁国务大臣，皇太后垂泪，谕袁总理大臣云："汝看着应如何办，即如何办。无论大局如何，我断不怨汝。即皇上长大，有我在，亦不能怨汝。"袁对云："臣等国务大臣，担任行政事宜。至皇室安危大计，应请上垂询皇族近支王

---

① 《宫门钞》，载《内阁官报》，宣统三年十月分。
② 袁世凯：《内阁请速定大计摺》，见《袁世凯全集》第 19 册，第 260 页。

公。论政体本应君主立宪，今既不能办到，革党不肯承认，即
应决战。但战须有饷，现在库中只有廿馀万两，不敷应用，外
国又不肯借款，是以决战亦无把握。今唐绍怡请召集国会公
决，如议定君主立宪政体，固属甚善；倘议定共和政体，必应
优待皇室。如开战，战败后，恐不能保全皇室。此事关系皇室
安危，仍请召见近支王公再为商议候旨遵行。"复召见近支王
公，俟王公见过退下，遂定召集国会之议。拟旨阅定后，总理
大臣、国务大臣等署名。①

这一段记载中特别值得注意者有两处：第一处是袁世凯所说，
国务大臣担任行政事宜，皇室安危应垂询皇族，就是说，内阁握有
行政权，对行政事宜担责，皇太后和皇室能决定的，只是皇室安危
（君主制存续）的问题。第二处是此事最后的决策经过，仍是由皇
太后交代拟旨，由内阁大臣署名发出。仅就该问题的决策程序而
言，与此前军机处体制并无差别，只不过署名者改为内阁大臣。

武昌起义后袁世凯内阁成立，内阁担任行政之责，与此对应的
是，资政院议决法案，君主只能依从颁布，而不得否决。②从事实
与法律上而言，皇帝变成了虚君，此时的清朝已是完全的君主立宪
政体（可参阅第八章第三节）。不过，具体到皇室安危、君主制存

①　绍英：《绍英日记》第 2 册，国家图书馆出版社 2009 年版，第 264—267 页。因
避宣统帝溥仪名讳，唐绍仪原文作唐绍怡。
②　《宪法重大信条十九条》（宣统三年九月十三日），见《清末筹备立宪档案史料》
上册，第 102—104 页；《内阁奏片》（宣统三年十月十七日），见《光绪宣统两
朝上谕档》第 37 册，第 333 页。

废这个大问题，仍须由君主（隆裕太后代理）裁断。在商议此事时，仍采用的是清朝见起的程序和拟旨方式。此后，隆裕太后在1912年1月19日、22日两次召集王公大臣见起，决定和战与国体问题，其性质和程序与此类似。可以说，有关清帝退位的各次"御前会议"，主题非常特殊，程序上仍接近传统的见大起。

结　语

自从奏折取代题本成为最重要的政务文书，围绕奏折的处理而进行的军机与部院大臣见起就成了每日清晨最重要的朝会事务。小范围的奏对满足了保密和及时的需要，政务决策因此高效率地进行。晚清时期，因君主年幼出现的垂帘听政制度客观上造成权威的相对下降，加之新的政治外交难题迭出，使得统治者不得不扩大朝会范围，在面对重要议题时，诉诸见大起的形式。

事实上，并无明文规定在涉及何种大事时，须由君主（包括代行君主权力的皇太后）召集众臣见大起，是否及何时见起，由君主自行决定。就绝对数量而言，晚清时期大规模的见起并不多，且并无合适的空间进行此种大型朝会，以至于每逢举办之时，经常出现尴尬细节，多有臣僚失仪的现象。虽有多次见大起商议疑难国事的事例，但需要展示众多意见辅助决策的时候，却不见这种大型朝会形式，例如在中日战争和变法维新之时。见大起的朝会往往又与会议奏折相配合，即见大起的对象是当天共递会议奏折的众臣，也就是说，见大起常常是众臣廷议奏折的加强与补充（详见第九章）。

从形式上而言，在见大起的过程中，除极个别王公得到特许外，其余所有大臣皆全程跪对奏事，时刻提示君臣之分与尊卑次序，从形式上缺乏平等会议的可能。往往是权力或地位较高的王公大臣进行奏对，大部分人则缄默不言。在这个场合，私下上奏或者朝堂之外出现的激昂清议，都会有所收敛和抑制，最终与理性、平和的声音形成某种程度的妥协与调和。

晚清时期的见大起，很大程度上是统治者希望集思广益，召集尽量多的高层官员，在重大决策时分担责任、调和意见，使决策具备权威性的同时，可为清议所谅解。但是在个别极端事件中，统治者主意已定，只是以见大起的形式达到利用众臣名义的目的，为自己的决策分谤背书。

必须指出的是，除了在最后时刻应对国体问题的朝会，晚清的其他各次君臣见大起，与御前会议（源自日语）有着重大区别。这一点，在第十一章还会有详细讨论。

中编　中枢与文书

第五章　光绪帝习批奏摺探析

在传统的中国社会，皇帝居于国家政治舞台的中心位置。这一特征，在明清两代尤为鲜明：皇帝不仅是名义上的最高统治者，且因宰相制度废除，皇帝须亲自理政，故同时亦成为政府首脑。皇帝理政的重要形式，就是处理国家的政务文书。自清雍正朝起，奏摺逐渐取代此前的题奏本章，成为最重要的政务文书。国家重要政务，由具备奏事权的京中及外省官员具摺上陈，经由奏事处径达御前，皇帝在阅后给出意见进而发下执行，由此完成军国大事的处理，维持政治的有效运转。在这一制度之下，看摺、批摺，就成为国家政治运作中核心的部分。皇帝阅读、理解奏摺，进而潜心思考、批答，皆关乎国计民生或军国要务，故分量极重（参阅第二章）。使我们感兴趣的是，皇帝的奏摺批阅这一重要的国务活动，是否有过完整的训练？

清朝在雍正帝之后，历任统治者的即位年龄分别是：乾隆帝 24 岁，嘉庆帝 36 岁，道光帝 38 岁，咸丰帝 19 岁。当他们执掌国家最高权力、开始批阅奏摺之时，皆已成年，此前已有过较完整的教育和政务训练，故其批摺的训练过程，我们不得而知；而同治帝、光绪帝分别以 5 岁、4 岁的幼龄继位，而后方开始接受教育，故我们可推测，他们的经学教育、书法训练、奏摺批阅，都是在继位之后从零开始的，有着相应的过程。那么，他们阅读、批示奏摺的本领，来自何处，又有怎样的训练过程？这种训练，是否暗示着他们日后治国思路的源起或影响治国的决策？本章即尝试利用光绪朝一类特殊的档案史料，即光绪帝在亲政前朱笔批示的奏摺，来回答上述疑问。①

一、蹊跷的奏摺朱批

姜鸣在《龙旗飘扬的舰队》一书中，谈及慈禧太后与晚清海军发展一事，其中引用 1885 年（光绪十一年）奏摺朱批一件。当时，中法战争结束，左宗棠领衔，会同多人上奏，建议整顿海军，仿造法国样式的兵船。奏摺上递后，有朱批称言：

> 筹办海防二十馀年，迄无成效。即福建所造各船，亦不合用。所谓自强者安在？此次请造钢甲兵船三号，着准其拨款兴办。惟工繁费巨，该大臣等务当实力督催，毋得草率偷减，仍致有名无实②（见图 5-1）。

---

① 戈斌在《光绪帝朱批述评》一文中，曾注意到光绪帝亲政前的这批奏摺，且对小皇帝批摺过程进行了合理的推测，但对于这些奏摺朱批的形成原委、效力，则尚待进一步论证。围绕这批奏摺而起的误解，也有待辨析与廓清。参见戈斌：《光绪帝朱批述评》，载《故宫博物院院刊》1998 年第 3 期，第 47—52 页。

② 朱批图版见《左宗棠等摺》（光绪十一年五月二十一日上），见中国第一历史档案馆编：《光绪朝朱批奏摺》第 64 辑，中华书局 1995 年版，第 832 页。该套《光绪朝朱批奏摺》共 120 册，出版时间为 1995—1996 年，以下不再注明。

作者对此评论说:"如此恳切的语言,由皇太后亲笔写来,在整个洋务运动的过程中是极为罕见的,真实地反映出最高当局在中法战争之后对于海防建设的焦虑心情。"①判定朱批作者是慈禧太后,这大概因为此时光绪帝尚处少年,未亲政理事,且朱批书法不甚工整,与光绪帝后来的字迹有些差异。然而问题是,清朝似未有皇太后为奏摺详作朱批的制度,故上述推断是否成立?

为此,我们不妨跟踪这一奏摺的后续记录。

按照清制,奏摺送达御前的当天,经由皇帝朱批者,发下军机处,由当班的军机章京记录题由和朱批意见在册,这就是《随手登记档》;同时,抄录奏摺与朱批原文作为副本,即所谓《军机处录副奏摺》。上述奏摺于当年 7 月 20 日(六月初九日)抵达御前,查当天《随手登记档》可发现,该条奏摺题由之下,并无朱批记录,取而代之的,是奏摺的后续处理情况:

中法议约已成恳由船政试造钢甲兵船由　堂谕封存,初十日见面带上、带下缮旨后仍封存,九月二十一日抄交海军衙门,原摺归籍。②

根据清代政务运行的规则,上述档案文字的意义是:7 月 20 日,

---

① 姜鸣:《龙旗飘扬的舰队——中国近代海军兴衰史》,生活·读书·新知三联书店 2002 年版,第 246 页。马幼垣在著作中也征引了这一段朱批,并认为其"可信"。参见马幼垣:《靖海澄疆——中国近代海军史事新诠》上册,中华书局 2013 年版,第 120 页。

② 《军机处随手登记档》第 121 册,第 128 页。

慈禧太后阅览奏摺后，发下军机处；21 日，军机大臣接受召见时，将该奏摺带上，听慈禧太后口述意见，然后带下，令军机章京据意见缮写谕旨，并封存原摺。10 月 28 日（九月二十一日），另将该摺抄送海军衙门，原摺归入档案。再查《清实录》，7 月 21 日所拟谕旨的全文是："左宗棠等奏整顿海军，拟仿照法国钢甲兵船新式，由裴荫森督率试造等语，前据左宗棠奏请拓增船炮大厂，当谕令李鸿章等妥议奏办。海疆善后，亦饬各抒所见。现在覆奏尚未到齐，左宗棠等所请仿照新式试造钢甲之处，着俟李鸿章等覆奏到日，定议后再降谕旨。"①按照上谕的说明，左宗棠奏摺被暂时搁置处理。这与朱批所说"着准其拨款兴办"，是完全矛盾的！

不过，明发上谕也说，"着俟李鸿章等覆奏到日，定议后再降谕旨"。有人会问，前引朱批有无可能是后来的"再降谕旨"呢？我们不妨对这道奏摺作进一步追踪。当年 11 月 8 日（十月初二日）有一道上谕，提到该摺的最终处理结果，称言：前据左宗棠等奏，中法议约已成，恳由船政试造钢甲兵船一摺，"着裴荫森即将新式双机钢甲兵船，先行试造一号。如果试验合用，将来再行奏明陆续添造。目前所需造船经费，即由闽省前存洋款内拨用。"②

对比前引朱批，可发现两者间明显的差异：朱批允许准其拨款兴办兵船三号，而上谕仅允许"先行试造一号"；朱批要求"拨款"，但未说明款项来源，上谕则对款项来源有明确交代。朱批本是不可更易的上谕，须发下严格执行，在这里我们却看到：奏摺朱

---

① 《清德宗实录》卷 209，第 54 册，第 959 页。

② 《清德宗实录》卷 217，第 54 册，第 1046—1047 页。

批并未交军机处登记，也未形成相应的上谕。暂不论其作者，前前后后的情况告诉我们，这是一份形式特殊的奏折，它的朱批，并无相应的行政效力。①

这是为什么呢？

让我们先从这一时期奏折办理的规则说起。第三章已提到，1861 年 11 月，两宫皇太后联合恭亲王奕訢发动辛酉政变，翦除政敌载垣、端华、肃顺等人，为小皇帝拟定"同治"年号，废除咸丰帝临终所定"襄赞政务大臣"制度，代之以垂帘听政及议政王议政之制。在新制度中，奏折由议政王、军机大臣"拟旨批发，谨拟写'议政王军机大臣奉旨'字样"。②也就是说，奏折批示，由此前皇帝直接朱批，改为奕訢及军机大臣代为墨批，且加"议政王军机大臣奉旨"九字。1865 年，慈禧太后利用翰林院编修蔡寿祺弹劾奕訢之机，废除其议政王名号。从此，奏折批示字样改为"军机大臣奉旨"六字，仍由军机大臣代批。③到 1872 年，军机处、内阁拟定同治帝亲政后的办事规制，称言："内外臣工折奏有应批示者，均请朱笔批示"。④次年，皇帝亲自朱批奏折的旧制得到恢复。然不久，同治帝病故，他的堂弟光绪帝即位。

光绪帝即位之时，因年幼而延续原有的垂帘听政制度。奏折批

---

① 马幼垣也发现了朱批与实录之间的差异，不过他认为："就文献性质而言，两者均可信。问题的关键当在时间的先后，但这两份文件之间没有显著时差。随后见纪录的，就是李鸿章的竭力反对"（参见《靖海澄疆——中国近代海军史事新诠》上册，第 120 页）。

② 《咸丰同治两朝上谕档》第 11 册，第 381 页。

③ 《咸丰同治两朝上谕档》第 15 册，第 114 页。

④ 《咸丰同治两朝上谕档》第 22 册，第 219 页。

示，仍由军机大臣墨笔代行，加"军机大臣奉旨"六字。直到1886 年（光绪十二年），军机处拟定次年亲政后办事规制，称言："内、外臣工摺奏应行批示者，拟照旧制，均请朱笔批示，恭呈慈览发下"。①这一制度在次年正月的亲政大典后得到施行。而这里所谓的"拟照旧制"，即按照光绪帝即位前同治帝亲手朱批的制度。"朱笔批示"，即皇帝行使奏摺的朱批权。也就是说，在此前 12 年，奏摺批答一直使用与"旧制"相对的权宜之计，即军机大臣根据慈禧太后意旨代为批答，并加"军机大臣奉旨"字样。这一时期，没有名副其实的朱笔御批。

然而，如果我们查阅已刊印的《光绪朝朱批奏摺》，可找到光绪帝亲政前经过朱批的奏摺约 220 余件。这些奏摺，最早一件是 1881 年 2 月 3 日（光绪七年正月初五日）所收，② 最晚时间则是 1885 年 7 月 17 日（光绪十一年六月二十二日）。③这些朱批的内容，无一与《随手登记档》记载的处理意见相同；同时，这些留有朱笔的奏摺，有一部分可找到原文、格式与之完全相同、但批示内容却不同的奏摺。例如，1882 年（光绪八年）吉林将军铭安上"革员富景查山受赃等情照律例定拟"一摺，有朱笔批示的意见：

---

① 《军机大臣摺》（光绪十二年十月十七日），《军机处录副奏摺》，档号 03-5544-024。
② 《广西巡抚庆裕摺》（光绪六年十一月二十八日），见《光绪朝朱批奏摺》第 94 辑，213 页。《军机处随手登记档》第 112 册，第 529—530 页。二为署山西巡抚卫荣光摺，光绪六年十二月二十九日，《光绪朝朱批奏摺》第 3 辑，第 481—482 页。应说明的是，它们在这批奏摺中，并非写作时间最早。因本章论述奏摺的处理，故只说明到达御前的时间。
③ 《留任甘肃新疆巡抚刘锦棠摺》（光绪十一年五月二十五日），见《光绪朝朱批奏摺》第 34 辑，第 20—23 页；《军机处随手登记档》第 121 册，第 185—186 页。

富景着发往军台效力赎罪，馀照所拟办理，该部知道。①

紧随其后收录的奏摺，在内容、字数、格式上与之完全一样，但摺后批示则为：

军机大臣奉旨：刑部议奏。钦此。②

查军机处《随手登记档》，可知该摺在 1883 年 1 月 22 日（光绪八年十二月十四日）到达御前，并给出批示称：

刑部议奏。③

核对后两条记录，发现它们与上文所述光绪帝亲政前的文书制度完全吻合，当时奏摺批示的格式是：军机大臣代行墨批，加"军机大臣奉旨"字样。也只有这样的批示，才具备行政效力，可发下实施；而朱笔批示内容，无"军机大臣奉旨"字样，并不符合这一时期的规制，故反而无效。既然如此，这些朱批是何人所为，又是如何产生的呢？它们是否出自慈禧太后之手？

要回答这一疑问，我们必须对该时期朱批规则再做探讨。

---

① 《吉林将军铭安摺》（光绪八年十一月二十九日），见《光绪朝朱批奏摺》第 109 辑，第 981—983 页。
② 《吉林将军铭安摺》（光绪八年十一月二十九日），见《光绪朝朱批奏摺》第 109 辑，第 983—985 页。
③ 《军机处随手登记档》第 116 册，第 68 页。

在 1887 年之前，曾两度实行垂帘听政制度。该制度始于 1861
年，废止于 12 年后的同治帝亲政之时；待到光绪帝继位，再次施
行。1875 年初，在京王公及高级官员曾联衔制定光绪初年的垂帘
听政章程，章程规定：简用重要官员及差使，由皇太后钦定，"朱
笔圈出"。不过，章程并未规定每天奏摺处理的办法。①我们可默
认，奏摺处理办法应与前一次垂帘听政时相仿。根据第三章第二节
所引辛酉政变之后军机处拟定的奏摺处理方式（第 128 页②），两
宫皇太后可指导进行奏摺批示，却并未显示她们有直接朱批的
权力。

另一方面，我们可以从朱批的笔迹上寻找线索。将 1887 年之
前的朱批笔迹与之后的相比较，我们可大致判定，上述 220 余件的
奏摺朱批，与 1887 年亲政后的光绪帝笔迹是一脉相承的，它们出
自同一人之手（见图 5-1、5-2）。

如果说，从字迹进行认定显得较为抽象，我们再从文献记载上
寻找线索和证据。

从 1881 年至 1886 年，光绪帝接触最多的，除慈禧太后之外，
还有帝师翁同龢、孙家鼐、张家骧。这三人中，张病逝于 1885 年，
孙家鼐无日记存世，翁同龢则详细记录下与小皇帝的日常交流。在
1882 年之后的《翁同龢日记》中，经常出现为光绪帝"讲摺"及
光绪帝"读摺""习批摺"的记录。例如 1882 年 4 月 18 日（光绪
八年三月初一日）记载："发下臣工奏摺六十件，皆一两开者，命

---

① 《礼亲王世铎等清单》（同治十三年十二月十八日），《军机处档摺件》，档号
　118475。
② 《咸丰同治两朝上谕档》第 11 册，第 400—401 页。

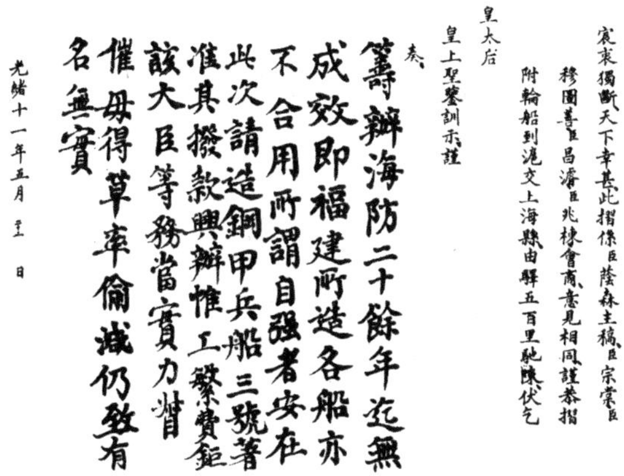

图5-1　光绪帝亲政前练习批摺的笔迹

资料来源：《左宗棠等摺》（光绪十一年五月二十一日上），见中国第一历史档案馆编：《光绪朝朱批奏摺》第64辑，第832页。

资料说明：该奏摺是光绪帝用来练习批摺的材料，奏摺中清晰可见光绪帝的朱笔句读，摺后的朱批为无效批示。

图5-2　光绪帝亲政后正式批摺的笔迹

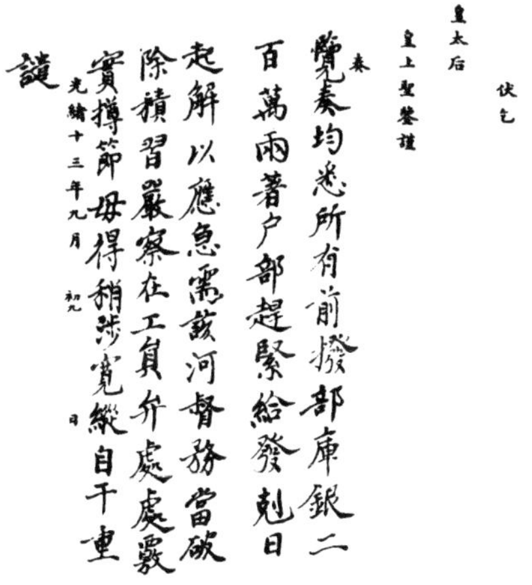

资料来源：《革职留任河东河道总督成孚摺》（光绪十三年九月初九日），见《光绪朝朱批奏摺》第98辑，第410页。

于书房日日讲习。读尚好，膳后看摺一件，未初二退。"①1883 年 9 月 10 日（光绪九年八月初十日）记载："辰正三刻（8∶45）到书房，耽搁二刻入坐。生书未读，讲明史高兴，熟书照旧，膳后习批摺亦用心，未初三（13∶45）退，连日功课似有进境。"②光绪帝出生于 1871 年，当时 11 岁。从上述 220 余件朱笔批示的奏摺中 1881 年至 1882 年 4 月的部分来看，它们篇幅短小，皆控制在一至两开，与翁同龢日记中记载内容吻合。也就是说，亲政前光绪帝朱笔批示的奏摺，很可能就是翁同龢所称的发下供讲习之用的臣工奏摺。翁提及，小皇帝有"习批摺"的练习，这提示我们，那些朱笔御批，很有可能就是光绪帝的练习之作。

1886 年 7 月，慈禧太后决定次年为年满 17 虚岁的皇帝举行亲政大典。懿旨中提及的缘由之一便是"近来披阅章奏，论断古今，亦能剖决是非，权衡允当"。③按照制度，谕旨中提到的光绪帝"近来披阅章奏"，很可能是无效批示，也就是上文所述"习批摺"功课。尽管如此，慈禧太后还是将练习的效果"剖决是非，权衡允当"作为光绪帝亲政的重要理由。

通过上述几个细节，我们可推定：1887 年（光绪十三年）之前，维持国事运转的奏摺，由军机大臣用墨笔批示后，发下执行。今人所见的同时期朱笔批示的奏摺，是光绪帝国事训练的日常功课。其批答时间，是在军机处批示之后；批答的奏摺，不会发下军机处录入《随手登记档》，也不会抄录副本，更不会作为上谕发给

① 《翁同龢日记》第 3 册，第 1650 页。
② 《翁同龢日记》第 4 册，第 1767 页。
③ 《光绪宣统两朝上谕档》第 12 册，第 214 页。

上奏大臣执行。这一时期奏摺的处理，仍以军机处奉旨批答的意见为准。尽管光绪帝的练习之作皆以朱笔书写，但其效力却远不如军机大臣的墨笔批示。

二、书房功课与"习批摺"

由于《起居注》并无亲政前皇帝批答奏摺的记录，我们只能从帝师翁同龢的日记中寻找此事的蛛丝马迹。实际上，批摺练习并非光绪一朝仅有的现象，少年同治帝同样经历过这一训练。翁同龢在1870年8月30日（同治九年八月初四日）日记中记："始抄奏摺十件，请上每日阅看。"①时同治帝已满14岁，当天是他真正接触奏摺之始。此时，同治帝的汉文老师有李鸿藻、倭仁、徐桐等人，翁同龢是其中之一，他于五年前即奉旨"在弘德殿行走"。②从翁同龢的记载来看，李鸿藻等人为同治帝进讲的日常功课包括四书、《左传》、《礼记》、《周易》、《尚书》、《大清会典》、《明史》、《资治通鉴》、古文、古诗，同治帝须频繁接受作诗、作论的练习，这些作诗文的功课，主要由翁同龢出题批阅。

翁同龢在当天日记中接着说："晨读顺，减去带温《礼记》本，六刻而毕，连上生书。讲两号书，熟书仍留一半也，满书午正毕。二刻余等入直，读至未正一始毕，初看摺，申初一退。"③这一天，翁同龢分两次进讲，一在早晨，一在午后。午正二刻（12:30）第

---

① ③ 《翁同龢日记》第 2 册，第 793 页。
② 《清穆宗实录》卷 160，第 48 册，第 709 页。

二次授读，未正一刻（14:15）结束，之后教同治帝读奏摺，一小时后，也就是申初一刻（15:15）结束。此后，同治帝练习看摺的功课不定期地进行。

起初，同治帝对看摺一事尚感新奇和兴趣，为了便于把握整篇奏摺的意思，他"用笔摘记事由"。①然而没过多久，他就对此兴致索然了。从1871年2月开始，看摺、讲摺成为固定的日常功课，安排在每天午后进行。②小皇帝对读摺训练越来越不上心。翁同龢曾记同治帝"看摺时精神极散，虽竭力鼓舞，终倦于思索"，有时"讲摺尤不着力"，讲摺时"仍嬉笑"，甚至为抗议读摺、讲摺而大闹，翁同龢等不解其故，只能感叹"真无可如何也"。③

为了给亲政后理事做好准备，两宫太后时常询问、检查同治帝的功课，其中对"看摺"一项尤为关心。1871年4月，两宫皇太后检查了同治帝的功课，然后传旨给皇帝的师傅们，说小皇帝读书"不过磨工夫""见书即怕""认字不清"，还特别强调说，"看摺奏要紧"。④翁同龢等人甚感惶悚不安。当年11月的一天，两宫皇太后在检查同治帝功课后，说他"未能用心，昨令读摺不成句，又讲《左传》，则不了了"。⑤同治帝已近16岁，读摺已满一年，对奏摺

---

① 《翁同龢日记》第2册，第796页。
② 翁同龢日记同治十年正月二十二日条记载："照常入，读尚可，巳初一退，生书五刻，熟书六刻，讲《书经》三刻。午初二来，午正二入，看摺二刻多。讲《明史》及论共三刻，古文、诗三刻，写字一刻，以后拟每日如此，故备著之。"《翁同龢日记》第2册，第831—832页。
③ 《翁同龢日记》第2册，第832—833页。
④ 《翁同龢日记》第2册，第839页。
⑤ 《翁同龢日记》第2册，第882页。

尚不能准确断句。他的表现，让李鸿藻伤心自责，与翁同龢"言书房诸事，哽咽而已"。①当时离同治帝亲政之期只剩一年，李鸿藻深知小皇帝的学业及处理奏摺的能力远未达到亲政理事的要求，但也只是无可奈何。

要适应亲政后的政事需要，仅仅读摺、讲摺是不够的，同治帝也须经历"习批摺"的过程。1872年初，由于翁同龢丁母忧离开书房，现有文献记录中已难找到同治帝练习批摺的记录，但现存的奏摺原本，却可讲述这一事实。

据上文所述，同治帝亲政前，奏摺的法定批阅方式是军机大臣代为墨批，加"军机大臣奉旨"字样。然而，在现存1873年前的奏摺中，也同样发现未加上述字样、且以朱笔批示的奏摺。这些奏摺，最早作于亲政之前半年。②根据前文光绪帝的例证，可同理推测这些奏摺是同治帝"习批摺"的产物。不过，与光绪帝练习批摺时间较长、批示内容五花八门不同的是，同治帝亲政前所批奏摺数量不多，且内容仅限于"知道了"或"某部议奏"三四字而已。字迹工整，内容单调。这大概因为亲政在即，同治帝不得不尽快做些适应和准备，另一方面功课不佳，又须谨慎下笔，不能因此闯祸，只能循例给出一些简单的批示。在他正式亲政之后，也仍沿用之前练习批摺的语言，以"知道了""某部议奏""另有旨"为主。这种缺乏主动表态的批示，在朱批中较为常见，实际上是将国家政务的决策权，交给部院衙门和军机处。如此操作，虽可理解为依循旧例

① 《翁同龢日记》第2册，第902页。
② 《绥远城将军定安摺》（同治十一年六月十一日），《宫中档朱批奏摺》，档号04-01-07-0023-002。

办事，然而，若从头至尾都这样批示，也可看成皇帝怠惰或理事能力不足的表现。

相比同治帝，光绪帝奏摺功课就要长得多。同治帝 14 岁才将看摺列入功课内容，光绪帝则最迟在 9 岁就已开始接受奏摺"讲习"。翁同龢在 1880 年 9 月 12 日（光绪六年八月初八日）日记中记："巳初一刻（9∶15），上始到书房，撤去生书，馀照常，未讲《鉴语经世》，以殿内所存摺进讲数叶，未初三（13∶45）退。"次日又记载："读佳，讲摺，未初二（13∶30）退。"①这是翁同龢首次在日记中记录进讲奏摺的情况。然而，这很可能是零星的插曲，光绪帝系统接受批奏摺的练习，还是在两年之后。

如前文所述，据《翁同龢日记》1882 年 4 月 18 日的记载：当天，慈禧太后发下臣工奏摺 60 件，皆一两开，命于书房日日讲习。②此时的翁同龢已不同于同治年间，他是光绪帝的首席教师。当时同在毓庆宫授课的，还有工部左侍郎孙家鼐、内阁学士张家骧。他二人的本职、资历皆低于已位至工部尚书的翁同龢，且入宫授读的时间也比他晚。③翁习惯在日记中记录授读的重要细节，供此后自己查阅。考虑到这两层因素，可大致推测 4 月 18 日那天是慈禧太后首次批量发下奏摺，供书房讲习。尤其是发下奏摺皆为一二开这一细节，更能说明问题。这些奏摺篇幅极短，显然是供入门

---

① 《翁同龢日记》第 3 册，第 1504 页。
② 《翁同龢日记》第 3 册，第 1650 页。
③ 翁同龢与夏同善是光绪帝入学读书起，就奉旨负责授读的师傅。1878 年（光绪四年），夏同善外任江苏学政，开去毓庆宫差使，孙家鼐、张家骧先后奉旨入宫授读。

之用。看摺、讲摺，从那时起就成了光绪帝书房功课的一部分。

在习批摺之前，光绪帝早已开始接受系统的儒学教育。1876年5月（光绪二年四月），五岁的小皇帝正式入学读书。他的功课从识字开始，在此后六年，先后读过四书、《帝鉴》、白居易诗、《孝经》、《诗经》、《易经》、《尚书》、《尔雅》、《礼记》、《左传》，翁同龢等人经常为他讲解实录、圣训、《开国方略》，他也经常利用上述经典作为材料，写作史论。这为光绪帝读摺、批摺，打下了很好的基础。1882年4月，光绪帝开始大量读摺，当时发下60份奏摺供讲读。年底，慈禧太后又让军机处续抄奏摺20份，继续在书房讲解。①这些，都是熟悉奏摺的第一步。

1883年，小皇帝年满12岁，他开始练习处理政事。翁同龢在元旦日记中记载，当天，慈禧太后面谕："皇帝好学，日近诗书，自明日起，当同在座，以后早事皆拟亲裁。"②所谓早事，是指围绕奏摺处理而展开的批示、见起、讨论、拟旨等工作的总称（详见第二章）。也就是说，光绪帝的奏摺功课，从之前的书房进讲，扩大到了当面听审。2月15日，翁同龢又记载光绪帝听取奏摺的拟旨程序：

> 卯正三刻（6:45）入见于西暖阁，上亦在座。宝相递摺，上接阅，颇用心，自首至尾，不少忽也。每一摺毕，太后降旨、枢臣承旨后，仍于上前复述之。应放两缺，太后以朱笔授

---

① 《翁同龢日记》第3册，第1701页。
② 《翁同龢日记》第4册，第1713页。

上圈之。是日凡五摺两单，为时较久，凡三刻五分而退。①

这是记载当日军机大臣"见面"的情形。军机大臣"见面"，是在慈禧太后阅摺并发下军机处"接摺"之后。主要是处理当天慈禧太后发下阅览的奏摺。她口授谕旨，命军机大臣撰拟意见。光绪帝在这一过程中，仅充当听众。在接下来的放缺程序中，为了训练光绪帝，慈禧太后指导他使用朱笔完成了这一步骤。

回到书房里，光绪帝就不仅仅是听众了。听完师傅讲摺后，他会"习批摺"。翁同龢在当年 9 月 10 日记载，"辰正三刻到书房，耽搁二刻入坐，生书未读，讲明史高兴，熟书照旧，膳后习批摺亦用心，未初三退，连日功课似有进境。"②这是翁首次记载光绪帝"习批摺"的情况。此前，日记中对奏摺功课的写法，仅限于"看摺""讲摺"，而此后，则大量更换为"批摺"。这说明，光绪帝奏摺功课的主要内容，已有所转移，更多地是亲自动笔批示。他的批摺功课，常安排在其他课业内容之后，是每天功课中最后的部分。

光绪帝批摺的功课，主要由翁同龢、孙家鼐指导。翁同龢曾在1883 年（光绪九年）的一条日记中记载："书房功课仅可，膳后工夫长，未正始退，余益必欲批摺多几句也。"③他和孙家鼐也偶因批摺闹些意见。如 1886 年 9 月 3 日（光绪十二年八月初六日），翁同龢记载："作诗，昨批摺语，夒兄以为未惬，余不谓然，颇龃龉。"④

---

① 《翁同龢日记》第 4 册，第 1715 页。
② 《翁同龢日记》第 4 册，第 1767 页。
③ 《翁同龢日记》第 4 册，第 1768 页。
④ 《翁同龢日记》第 4 册，第 2040 页。

随着讲读的深入和批摺练习的增多，光绪帝的功课也日渐进益。《翁同龢日记》1884 年 3 月 25 日条记载："到书房早，作论尚好，后半用心，膳后批摺，未改一字，皆进境，馀功平平，未正退，径归。"①1885 年 1 月 9 日条记载："无起，作论一首，不费力，甚清畅，可喜，膳后批摺亦然。"②

1885 年之后，光绪帝讲摺、习批摺的功课日益频繁。翁同龢在当年 3 月 16 日记载称："功课如式，膳后请作数行论，盖拟以论与诗、摺轮日间作，庶几以此替早晨一段功夫耳。"③可见，练习批摺，此时已定期进行，成为光绪帝功课中固定的一部分。进讲和批示的奏摺，也逐渐有所选择。《翁同龢日记》1886 年 7 月 24 日条记载："功课如昨，枢廷送抄洋务摺五件备进讲。"④这里明显可见讲读的针对性。批答奏摺是亲政后光绪帝最重要的日常公务，慈禧太后也就对练习的功课表现出重视态度。翁在同月 23 日的日记中记载："是日召见于乾清宫西暖阁，太后与上南向前后坐，凡三刻五分退。首书房功课，对温书及近日批摺作诗情形，因言宜定心作沉着工夫。"⑤

然而，光绪帝毕竟尚在童年，深宫之中的生活单调且压抑，小皇帝读书时常心神不定，有时也难免脾气暴躁。《翁同龢日记》1883 年 3 月 28 日条载："膳后如式，然因讲摺稍长，即不愿，奈

① 《翁同龢日记》第 4 册，第 1814 页。
② 《翁同龢日记》第 4 册，第 1895 页。
③ 《翁同龢日记》第 4 册，第 1913 页。
④ 《翁同龢日记》第 4 册，第 2032 页。
⑤ 《翁同龢日记》第 4 册，第 2031 页。

何，奈何！"①次年 4 月 16 日记载："膳后讲摺至未正，此亦常事。而张公上即不欲读，已而忽下座传散，余执不可，则大怒，排门而出。余等固请还座，讲他事以移之，稍定。"②1885 年 10 月 22 日又记："膳后批摺，馀照常，总未能用心也，未初二退。"③小皇帝的心情与脾气难免影响功课与批摺，这也就很好地解释了朱批字体时而工整，时而潦草的现象。

年幼的光绪帝在书房中同样会闹情绪，程度却不同于同治帝。入学那年，翁同龢、夏同善为他讲解人心道心之分，光绪帝懵懵懂懂地说："吾作事皆依道心也。"④他在读书时，不太安分，常玩弄表，孙家鼐曾试图用"静坐之法"矫正，未果。这种脾性也反映到批摺上面。因此，光绪帝这一时期的朱批，常有先工整、后潦草，前后书法不一的情况。例如 1884 年 5 月，署理湖南布政使庞际云上奏，建议在按察司内设立专局，清厘历年积案。光绪帝细读奏摺，用工整小字在行间批示心得之处。对闾阎琐事，他议论说："闾阎琐事，于听讼时留心访察，亦尽心民事之道，但必出于诚心方好，若卖弄精神，自矜察察，循良之吏尚不出此。"读到摺中提到的"讼棍"，他义愤地说："此等人最为闾阎之害，乃政中之害马也，急宜除之。"对摺中所述熟悉律令的候补人员，他批示："陶熔出一二好州县，吾民受福多矣！"等读到奏摺末尾，须对全篇进行总结批示时，光绪帝显出了一些不耐烦，字迹由工整楷体变为行

---

① 《翁同龢日记》第 4 册，第 1725 页。
② 《翁同龢日记》第 4 册，第 1821 页。
③ 《翁同龢日记》第 4 册，第 1968 页。
④ 《翁同龢日记》第 3 册，第 1230—1231 页。

草。不过，他仍有长篇批示：

> 《左传》曹刿与鲁庄公论战，谓大小之狱，必以情，忠之
> 属也，可以一战。汉宣帝有言，使吾民无叹息愁苦之音者，政
> 平讼理也，安民之道，息讼为先。今之为治者如此，鲜矣！该
> 署抚能见及此，其细心讲求，实力奉行毋怠。①

对于光绪帝能勤于政务，慈禧太后和翁同龢等人似并无疑问，他们
只担心小皇帝不够耐心、沉静，因此，时有规劝。在光绪帝亲政前
半年，翁同龢曾在他面前"力陈时事艰难，总以精神气力为主，反
复数百语，至于流涕，上颇为之动也。"②翁向慈禧太后报告光绪帝
读书批摺功课后，慈禧太后也表示"宜定心作沉着工夫"。③总体而
言，翁同龢对光绪帝的批摺功课，虽有时也表示"总未能用心"，
但更多的时候，是夸他"进境""批摺好"，与此前对同治帝流露出
的无可奈何，对比鲜明。

　　看摺、"习朱批"，是同治、光绪帝亲政前书房功课的一部分，
意在为亲政后的亲裁政事做好准备。同治帝因学业进度较慢，性格
极顽皮，开始看摺和练习朱批的时间也较晚，在1870年满14岁时
才开始练习读摺，在1872年亲政前不久才开始练习批摺，且批示
内容极为简单，皆为例行公事，这种风格延续到亲政之后，实际上

---

① 《署理湖南巡抚庞际云摺》（光绪十年四月二十八日），见《光绪朝朱批奏摺》第
　120辑，第557—559页。
② 《翁同龢日记》第4册，第2030页。
③ 《翁同龢日记》第4册，第2031页。

把军国大事尽委诸朝臣。光绪帝则不同，他学业进步较快，性格内敛，自我克制力远强于同治帝。他在1882年即11岁时，就开始系统的读摺训练，至迟在1883年，开始练习批摺，至1887年正月亲政，他的练习时间超过四年。光绪帝练习功课的朱批内容极为丰富，很少批"知道了""依议"例行字句，对奏摺内容多有详细的指示和论述。这种风格，延续到他亲政之后的一段时间里。

三、对朱批内容的简要分析

上文已述，从现已刊印的中国第一历史档案馆《光绪朝朱批奏摺》中，我们可找到亲政前朱批奏摺约220余件。在台北故宫博物院刊印该馆藏《宫中档光绪朝奏摺》中，则没有发现此类奏摺。从时间上看，220余件奏摺中产生时间为1880年（光绪六年）的奏摺有32件，1881年43件，1882年91件，1883年5件，1884年42件，1885年则为19件。不过，这些奏摺仅显示奏摺的产生日期，而不能证明光绪帝阅读及练习的时间，故而上述数据的信息量有限。

从主题上看，数量最多的是军事与军务类奏摺，共67件，其中，涉及中外战争者数量最多，为14件，都与中法战争相关；其他较多的有营制11件、人事10件、军需与防务事宜摺各9件。数量第二的是内政类奏摺，共39件，其中涉及职官与官制者最多，为25件，其他为礼仪、赈济事务摺。数量第三的是财政类奏摺，共35件，其中主要有地丁漕粮事务摺9件、仓储事务摺8件、盐税事务摺7件，其余还有经费、捐输、关税事务摺。数量第四的是农田水利类奏摺，共 25 件，其中又以水利事务居多，共 15 件。数量第五的是外交类奏摺，共 14 件，其中，涉及中朝关系者最多，为 4 件。数量第六的是民族类奏摺，共 10 件，其中，涉及蒙古事务者最多，共 5 件。数量并列第七的是法律类、科举与教育类，都为 9 件。其余尚有实业类 6 件，工程、交通各 2 件，内容较为庞杂者有 4 件。军事类奏摺数量居首，这与 1880 年代清朝军事上内外紧蹙的局面有关；职官、财政、农业、外交、民族类奏摺数量，则与清朝六部、理藩院所辖事务的重要程度相吻合。

从上奏人身份看，这 220 余件奏摺的作者绝大多数是各省将军、督、抚、学政，而在京衙门和京官的奏摺则不足一成。各省奏摺中，两江总督、江苏巡抚与学政所上奏摺最多，共 20 件；其次是直隶总督及会办北洋事务大臣所上奏摺，为 19 件。其他数量较多者还有盛京、吉林、黑龙江三将军及宁古塔办事大臣所上奏摺 13 件；福州将军、闽浙总督上摺 13 件；湖广总督、湖北巡抚等上摺 12 件；山西巡抚上摺 12 件；浙江巡抚上摺 10 件；四川总督、成都将军上摺 9 件；绥远将军、乌里雅苏台将军、库伦办事大臣、科布多参赞大臣上摺 9 件；广州将军、两广总督等上摺 8 件；山东巡抚上摺 8 件；陕甘总督、陕西巡抚等上摺 8 件。在京衙门及京官上摺 15 件，上奏人主要是翰林、御史、给事中。除总理衙门以机构名义上摺 4 件、礼部上摺 1 件之外，几乎不见其他在京衙门的奏摺。[①]

在选择"习批摺"的 220 余件奏摺中，之所以少见在京衙门奏摺，是因为在京各部奏摺主要以议覆事项为主，在起草之前，已经

---

① 　以上 220 余件奏摺，散见于《光绪朝朱批奏摺》第 3—111 辑。

由职能部院（包括部分军机大臣）仔细讨论，例行批示"依议"即可，交由皇帝主观发挥的余地很小。之所以大量选择两江总督、直隶总督所上奏摺，是因为两江地区为财经的核心区域，直隶则为"洋务总汇"，且经手对朝鲜事务。福建是当时中法战争的前线，其军政长官的奏摺也就成为选择的重点之一。

通过对奏摺的主题和上奏人身份的统计分析，我们大致可看出，挑选出供光绪帝研习的奏摺体现两个倾向，一是侧重当时清朝面临的最紧要的军事事务；二是依据吏、户、礼、刑、工、藩各部所辖的传统事务来挑选。故光绪帝亲政前的时事教育，仍是以传统的政务内容为主。

亲政前光绪帝的朱批，是一种政务处理的模拟练习。他依照老师们的教导，根据自己的理解，在奏摺末尾或文中，对奏摺内容进行点评，给出明确的处理意见。这些点评和意见的思想资源，来自他平日接受的经史学问、本朝掌故，或咨询老师之后所得。从这些朱批内容，可以追溯光绪帝治国思想形成的大概端倪。下文对奏摺朱批的内容进行扼要介绍。

在传统中国社会，农业生产为民生之本。从光绪帝的批摺来看，农业问题属于老话题，他的教育中明显地体现出对农业的重视。1881 年初，浙江巡抚谭钟麟曾上一份简单奏摺，请求蠲免仁和等县当年应征的灶课（盐税的一种）钱粮。光绪帝有先后两段极为详细的批示：

> 着照所请。兵燹以后，民力雕凋残，自系实情。该抚务当培养元气，以厚民生而裕国课，是谓之至要。

　　荒田不能开垦，一则为~~滋~~资本不继，一则为政令烦苛，尔督抚等总当体恤民艰，设法招垦毋忽。①

朱批中频繁出现的错字及更正，也可印证批摺属于练习的性质。战争之后培养元气、厚民生、裕国课，这属于老生常谈；开垦荒田的阻碍因素一为资本不继，一为政令繁苛，这就有可能出自师傅的深入教诲了。

　　这一时期光绪帝所批奏摺，皆有前后两段，且后一段文字较前一段深入。我们可大致推测：前后两段的产生，有时间先后关系，最有可能是翁同龢等人在检查第一段批示后，有针对性地进行了讲授和点评，而后才有第二段批示的出现。在"习批摺"的文字中，光绪帝不但直抒胸臆，有时也引经据典，将他平日的读书所得写入奏摺的批示中。1882 年 10 月，陕西巡抚冯誉骥奏报各属捐建积谷社仓之事，军机大臣循例代批"知道了。"②光绪帝则引经据典，批示道：

　　社仓为朱子遗意，果能实力奉行，何患食之不足？《记》曰："三年耕，必有一年之蓄。"可不勉乎？③

　　对于海关税收这一中外通商之后的新兴事务，光绪帝也会在习

① 《浙江巡抚谭钟麟摺》（光绪六年十二月二十一日），见《光绪朝朱批奏摺》第 75 辑，第 275—276 页。文中删除线是光绪帝的删除痕迹。
② 《军机处随手登记档》第 115 册，第 365 页。
③ 《陕西巡抚冯誉骥摺》（光绪八年八月初四日），见《光绪朝朱批奏摺》第 91 辑，第 36—37 页。

批摺时表达自己的观点。例如，1882 年 2 月护理江西巡抚谭钧培例行奏报江海关征收内地商税银两，军机大臣例批"户部知道"四字，① 光绪帝则批示：

> 所奏均系实在情形，惟茶税一项，恐尚有不实不尽，嗣后务须实力稽征，不准短缺。
>
> 自上海通商后，中国利益尽为洋人所夺，尔等身膺疆寄，必须筹一除弊之法，毋得徒托空言。②

"上海通商后"，即《南京条约》开放上海之后。"中国利益尽为洋人所夺"，如果是指协定关税，则一定程度上是事实；不过"尽"字，也稍显绝对。如果联系到这一时期翁同龢较为保守的政治倾向，就不难理解光绪帝批示之所由来。

光绪帝在机器织布一事后面的批示意见，也能看出他对传统社会民本事业的态度。1882 年 4 月，直隶总督李鸿章奏请在上海招商，试办机器织布，军机处代为批示"该衙门知道"，即交户部备案知晓。③光绪帝则先批示称：

> 机器织布，事属创举，织成则天下受其利，不成则商民受其累，且贻笑于外国矣。尔其选妥员、觅巧匠，竭力经营之；

① 《军机处随手登记档》第 114 册，第 373 页。
② 《护理江西巡抚谭钧培摺》（光绪七年十二月二十八日），见《光绪朝朱批奏摺》第 71 辑，第 810—811 页。
③ 《军机处随手登记档》第 114 册，第 546 页。

　　至优给年限、宽免厘税，乃办成后之事，此时毋庸议及也。

也就是同意李鸿章此举，并优给条件，乐见其成。但此后不久，又批示称：

　　蚕桑为天下本务，机器织布，害女工者也。洋布既不能禁，奈何从而效之乎？此事仍当审慎。①

其中意思，是表示审慎反对，出发点是保护本国的手工业。前后批示的不同之处，只能以翁同龢等人有针对性地居间"讲摺"来解释。从一份有关开矿的奏摺批示中，我们更能看到讲摺的效果。

　　1884 年 7 月，云贵总督岑毓英奏报云南矿务办有成效，军机大臣代批的意见是："览奏已悉，办理尚属妥协，仍着饬属认真开办，以兴地利而裕饷源。该部知道。"②而光绪帝则更为深入地论证道：

　　五金为天地自然之利，若开采得宜，使地不爱宝，亦足以裕国便民。尔等所筹，亦颇用心，但积股一事，朕闻外间有一等奸商者，以积股为名，诱骗财利，以致失信于人，人皆畏阻。所派招（股）委员，能否积成巨款，尚未可知。③

① 《直隶总督李鸿章摺》（光绪八年三月初六日），见《光绪朝朱批奏摺》第 101 辑，第 651—653 页。
② 《军机处随手登记档》第 119 册，第 48 页。
③ 《云贵总督岑毓英摺》（光绪十年闰五月十八日），见《光绪朝朱批奏摺》第 101 辑，第 952—953 页。（　）内容为光绪帝所补。

当时矿务开采，多实行官督商办，招集商股办厂，按市价售卖给官企，获得余利。除去办事人员的"花红"及提取的官利若干，其余利润则按股均分。弊端之一，在于产权不清、权责不明，官方虽提供优惠，但常有需索，集股投资者无法估算成本与收益，因而影响入股的积极性。奸商以集股诱骗财利的情况虽也存在，但并非"失信"的根本原因。翁同龢时任工部尚书，光绪帝的点评很大程度上体现了翁对此事的态度。

吏治是王朝统治者极为关心的问题。清代选人用人的方式非常繁琐，中下级官员一般查照《吏部铨选则例》，综合出身、资历、政绩各方面的表现进行任用，留给皇帝的工作也就相对轻松。从少年光绪帝习批摺的内容来看，他对官员铨选极为上心，且经常给出长篇批示，展示他接受的有关选人、用人之法的教育。

1881 年 1 月，署理四川总督丁宝桢例行奏报武官千总甄别之数，其中说明弹劾人员照往常之例，为百名选三人，光绪帝先后两次给出批示：

> 知道了。仍随时认真考察，无以庸劣之员滥竽充数，以肃营伍。

> 千总虽系末弁，其贤者尽可不次超升，不肖者亦应随时甄别，岂有一百人中定劾三员之理？嗣后不必拘泥。[1]

---

[1] 《署理四川总督丁宝桢摺》（光绪六年十二月二十二日），见《光绪朝朱批奏摺》第 37 辑，第 820—821 页。

光绪帝命封疆大吏不拘成例，随时察举或参劾官员，颇有几分锐意进取之意，只不过，他的批示在这个时候还不能作数，真正指导这道奏摺的，是军机处代批的"知道了"三个字。[1]

在有关大臣请假、辞职的奏摺上，小皇帝除了批示自己的意见之外，也会加入一些稍显老成的对臣下的体恤。1882年，在籍休养的前工部右侍郎阎敬铭奉命入京受职，他上奏推辞，军机大臣代批意见，称言："览奏已悉，着仍遵前旨，即行来京供职，所请收回成命之处，着毋庸议。"[2]而光绪帝的批示，虽也不同意阎敬铭的推辞，命其依旧入京，但语气就不那么生硬了，他写道：

> 览卿所奏，情辞恳切，具见悃诚，《易》曰："王臣蹇蹇，匪躬之故。"孔子"君命召，不俟驾而行"，卿当深念此义，迅速来京，毋为再三之渎。

此后可能经师傅评阅，光绪帝针对阎敬铭在奏摺中所写"王安石小官则辞，大官则就"，自己"老病庸愚，不及安石万一"的说法，补批道：

> 王安石小人也，奈何以此自比？卿其勿让，朕亦不疑。[3]

① 《军机处随手登记档》第112册，第565页。
② 《军机处随手登记档》第114册，第478页。
③ 《前工部右侍郎阎敬铭摺》（光绪八年二月初十日），见《光绪朝朱批奏摺》第3辑，第746—748页。

其中不但引经据典，且情理俱下。对于臣下要求请觐的奏摺，光绪帝因更多表现体谅之意，较少考虑实际形势，以至于有时会与军机处代批意见相左。例如，1882 年 3 月，云贵总督刘长佑在越南形势吃紧之时奏请开缺就医，并循例觐见，军机处代批奏摺，称言："云贵地方紧要，该督任事有年，素称得力，着将应办事宜认真整顿，不必来京陛见，所请开缺，着毋庸议。"不同意刘长佑开缺，也不同意刘来京陛见的请求。

然而，奏摺发到小皇帝那里，批示就有所不同。光绪帝批示："览奏情词恳切，着即来京陛见，听候谕旨。"这也是上述 220 余件奏摺中，皇帝批示与军机处完全不同的一件。不过，在经由师傅指导之后，光绪帝改变了批示意见，称言：

> 滇省蛮夷之地，必得重臣镇之地。尔战功屡著，操守清廉，着即起病视事，以慰朕眷念边陲至之意。①

对刘长佑，既褒扬过去的成绩，又勉励目前的景况，使刘无法拒绝免于来京。与军机处的代批意见相比，少了一份严厉，而多了一些情理。前后两处批示的不同之处也提示，两批示有着先后顺序，后一朱批很可能是师傅们在对比军机处的批示后，对皇帝前一次批示的纠正。

对有关三年例行"大计"的奏摺，光绪帝也作为阅读功课，认

---

① 《云贵总督刘长佑摺》（光绪八年正月二十六日），见《光绪朝朱批奏摺》第 3 辑，第 736—738 页。

真批答。例如，他在江西巡抚李文敏所上本省"大计举劾各员"一摺上，批示道：

> 为政之道，首在得人，一邑得人，则一邑治；天下得人，则天下治。尔等身膺疆寄，考察属员最关紧要，嗣后随时留心毋忽。
>
> 三载考绩，黜陟幽明，实为大典。摺内称举劾公允，果能自信否？朕当密加考察。①

其中详细阐明他对吏治与为政的理解。"朕当密加考察"，则是在劝勉之外，添加了警示的意味。对此等例行报告，光绪帝有时也在批示中揭穿虚文，表现出自己明察秋毫，断不容欺蒙的姿态。例如，1881 年 2 月，河南巡抚涂宗瀛奏报省内考试候补各员的等第，光绪帝批示道："府县各员，不但考其文章，亦当考其政绩，该抚其实力为之。"可能是经翁同龢等人教导之后，光绪帝补充批示：

> 吏部章程既云考其文义，又云量其才具，本属含混，即就文义而论，此五十五员中，知府庶同通文理，均属明畅，佐杂各员缮写履历居多，岂官大者皆通，官小者即不通乎？所奏殊不实。②

---

① 《江西巡抚李文敏摺》（光绪七年二月二十八日），见《光绪朝朱批奏摺》第 3 辑，第 548—549 页。军机大臣代批意见为："吏部知道，单并发。"见《军机处随手登记档》第 112 册，第 734 页。
② 《河南巡抚涂宗瀛摺》（光绪七年正月二十八日），见《光绪朝朱批奏摺》第 3 辑，第 539—540 页。军机大臣代批意见为："知道了。"见《军机处随手登记档》第 112 册，第 624 页。

人事类的奏摺批示，说明光绪帝在系统学习当时的制度，并学习阅读奏摺、特别是从细节处提出疑问、寻找问题的能力。情理并下、语重心长的训示，也显示出少年光绪帝正在翁同龢等人的教导之下，熟悉驾驭臣下之道。

在小皇帝学习批摺期间，正是边疆危机加深、传统宗藩关系面临瓦解的前夜。有关边疆事务、宗藩关系以及中外交涉的奏摺，也有部分被挑出，作光绪帝讲摺、批摺练习之用。从中我们也可看到光绪帝接受到的宗藩关系及中外关系的理念。1884 年 3 月，丁宝桢奏请派员查办前藏地区喇嘛抢夺巴勒布（今属尼泊尔）商民一事，小皇帝批示道：

> 喇嘛抢夺廓番，近于蛮触相争，惟西藏隶我版图，不能不为筹办，恤款若干，必须斟酌，其攘夺为首之人，亦须严办，丁士彬能否担当此事，着详查（具）奏。①

"西藏隶我版图"，这说明小皇帝在师傅的教导之下，已有了明确的国土、国界的观念，因此他在此做主，代藏人给予尼泊尔一定的恤款，并令严查此事。丁士彬此前曾任内阁中书、总理衙门章京，在京城声名狼藉，当时是四川候补道。光绪帝可能从翁同龢那里听到有关丁的介绍，故对丁承担此事表示疑问。

---

① 《四川总督丁宝桢摺》（光绪十年二月二十二日），见《光绪朝朱批奏摺》第 111 辑，第 416—418 页。当时，军机大臣为此事专门拟定上谕，命酌定银数予以赔偿，着四川总督等妥办，并令藏中将为首滋事者交出。见《军机处随手登记档》第 118 册，第 202 页；《清德宗实录》卷 179，第 54 册，第 494 页。

朝鲜是清朝的模范藩属国，因受日本、俄国的压力，清朝与朝鲜关系也出现一些新的情况和形势，这在光绪帝习批摺的内容中，也有所体现。1881年3月，盛京礼部侍郎松森奏报朝鲜解送海上遭遇风难的民众一事，军机处照例代批"知道了"，①光绪帝除了指示奖赏，另外也询及朝鲜形势，他批示道：

> 朝鲜送回难民，尚知谨守藩臣之礼，该国差官着赏给银两，以示优待。
>
> 朝鲜北近俄夷，南邻日本，国势本弱，近来其国内讧，未知果安定否？因此奏，故谕及。②

1882年3月，吉林将军铭安等官员就朝鲜人占种吉林边疆农地一事进行议覆，光绪帝在奏摺之后有两条朱笔批示，第一条是：

> 朝鲜贫民占种吉林荒地，自疆吏视之，固有彼此之分；自朝廷观之，初无中外之别，着即妥为安插，不必多设科条。

随后一条批示为：

> 良民安分垦种，原可宽容，如借此蚕食边疆，仍当驱逐，

---

① 《军机处随手登记档》第112册，第638页。
② 《盛京礼部侍郎松森摺》（光绪七年二月初六日），见《光绪朝朱批奏摺》第112辑，第234—235页。

着妥慎为之。①

前一条批示，显示出完全的中朝宗藩关系的理念。"初无中外之别"，"着即妥为安插，不必多设科条"，是将越境的朝鲜人当作本国人对待，而丝毫不加区别。后一条应该是在进一步被师傅教导之后所作的修正，光绪帝也意识到由此可能遭受的边地蚕食。尽管如此，他仍"宽容"对方的"良民"越境"安分垦种"。

1882年10月，直隶总督李鸿章奏报所议中国与朝鲜《水陆通商章程》，军机大臣代批称："该衙门速议具奏，单并发。"②也就是将中方所拟的章程交总理衙门商讨议覆。光绪帝之意，也是由总理衙门仔细商量，但批示内容就丰富多了，他说：

> 朝鲜为我属国，僻在东夷，国势贫弱，日、俄久已垂涎，若与英、美各国准令一律通商，则俄、日不敢独肆吞并，此亦保全属国之道。至于条款有无流弊，着该衙（门）细心妥议具奏。
>
> 开海禁、停市易，此二事最要，着照所请行。③

光绪帝首条批示，是当时朝野人士较为看好的"以夷制夷"方略。

---

① 《吉林将军铭安等摺》（光绪八年正月二十五日），见《光绪朝朱批奏摺》第112辑，第242—243页。
② 《军机处随手登记档》第115册，第391页。
③ 《直隶总督李鸿章摺》（光绪八年八月二十九日），见《光绪朝朱批奏摺》第112辑，第245—247页。

"开海禁"，主要是允许中朝渔民互相越境捕鱼；"停市易"则为停止吉林等处互市，因为此前互市，由边民供亿人马刍粮，使他们不堪其扰，故光绪帝称上述两事最重要，即照李鸿章建议办理。

除对朝鲜关系之外，清朝此时对越南关系也显示出微妙变化。这些在光绪帝练习批折时也有所体现。1881 年 5 月，湖广总督李瀚章奏报越南贡使入出湖北境内日期事由，军机大臣代批"知道了"，光绪帝则给出了两条富有情感的批示：

> 远方进贡，理应优待。该督抚所办甚是。将来使臣回国时，路过鄂境，仍着妥为护送。
>
> 炎方不靖，朝贡不时，阅此朕忽念其国君民在水深火热中也。①

1883 年，越南形势危机，中法之间就越南事进行交涉。法国公使宝海提出，"驱除盗贼"刘永福，中法以红河为界，中国保护红河以北。广西巡抚倪文蔚奏报边疆筹备防御之法，光绪帝朱批称言：

> 保护刘永福自属正说论。至红江通商，以北岸全归中国，亦中肯綮。法越订约久矣，越虽称藩，实同自主。中国以安边为重，不肯轻起衅端也。

---

① 《湖广总督李瀚章折》（光绪七年四月二十四日），见《光绪朝朱批奏折》第 112 辑，第 475 页。

> 刘永福之不可驱逐,不待智者(而)知之。尔能任认定此
> 意办理,自可就绪。①

从前一批示可以看出,光绪帝已将越南看做相对独立的国家,在越南问题上的立足点,不是强调宗主国"保全属国"之义务,而是希望消弭"衅端",稳固边陲。

由此可见,童年时期光绪帝接受的有关中外关系的知识,其内容是随着形势发展而有所变化,往往是最新的。他所提出的处理周边国家关系的对策,也并非停留在过去那种宗藩关系的基础之上,而是逐渐加入了近代国际关系的观念,开始试图从国家安全和利益的角度思考问题。

结　语

奏摺是雍正朝之后,维系国家运转最为重要的政务文书。看奏摺、批奏摺,也就成为清帝首要和必须的治国技能。同光之前的历任清帝皆以盛年即位,加之雍正之后实行秘密建储制度,皇帝即位前的教育,尤其是看摺、批摺教育的情况我们不得而知。而同治帝、光绪帝因为幼年即位,在文献中则留下读摺、讲摺的记载;光绪帝更留下练习批摺的记录,这也是清宫朱批奏摺中绝无仅有的类型,为我们认识光绪帝的早期教育和国事训练提供了极好的材料。

---

① 《广西巡抚倪文蔚摺》(光绪九年正月十六日),见《光绪朝朱批奏摺》第 119 辑,第 532—534 页。

　　同治帝接触奏摺训练之时，已年满 14 岁。读摺、讲摺仅两年多，就开始亲政。从前那些讲摺此时突然变成了货真价实、待他批示的文件，这实在有点难为他。同治帝接受批摺训练的时间很短，他的训练是不充分的，甚至一两年以后，他在断句上还存在问题。吸取同治帝此前的教训，光绪帝接受讲摺、练习批摺的时间大为提前。从现存的档案来看，光绪帝最早练习批摺的对象，是产生于1881 年初的一批奏摺。根据《翁同龢日记》的记载，光绪帝有规则地接受讲摺、练习批摺开始于 1882 年 4 月。当时，他已年满 12虚岁。在此后长达五年时间内，他的讲摺、读摺、练习批摺训练，在持续地进行。经过长期的训练，光绪帝逐渐熟悉了国家最重要的政务文书的处理流程，也开阔了政治眼界，训练了治国能力。

　　在练习批摺的开始阶段，奏摺篇幅都极为短小，约一二百字上下，皆为例行的人事、雨水钱粮、科举事项的奏报，并无太大的实际意义，光绪帝皆做详细批示，且批有前后两段。从两段内容的递进关系而言，后一段极有可能是在师傅讲解后的再度批示。随着年岁、知识面和阅读能力的递增，光绪帝接触的奏摺，在篇幅上和内容上都有所增加。他批示的内容也开始丰富起来。

　　奏摺的阅读和批示看似简单，实际对批阅者本人的知识面、眼光、阅历都有较高的要求。故而奏摺的批示，也侧面反映了这一时段皇帝接受的综合教育。光绪帝对当时繁琐的人事制度的批示意见，显示本朝制度是他日常教育中最为重要的部分。频繁出现的经典引用，提示着他仍接受极规范的经学教育；光绪帝对朝鲜和越南事务的批示，反映出宗藩关系在他平时教育中的踪影，而前后态度的细微转变，说明翁同龢等人的外交思想颇有与时俱进的一面。

与军机处代行的批示相比，光绪帝的长篇批示多、引经据典多、无效批示多、议论感慨多，同时也更富有感情、更如同人与人之间的对话。尽管这些批示并无效用，却显示出光绪帝锐意进取的气象。在他亲政后，这种气象也依然存在。

值得注意的是，比对军机处的批示和 220 余件练习批摺的意见，我们几乎看不到完全对立的内容。即便是那些曾经由皇帝两次批示的奏摺，其前一次批示——即皇帝较为独立完成的，或许其篇幅较长，但仅为观点的发挥——在具体的指示上，与军机处代批内容差别不大。

连孩子都能批示奏摺，这又可以说明，不论皇帝爱民和改革的主观意愿如何，绝大部分的国事批答、政策执行，仍依赖原有官僚体系的经验，在既存的框架内即可展开（政务通报"知道了"，政务请示交"部院议覆"）。这也正是 19 世纪末，最高决策机制和权力结构的重要特点。

第六章　清代军机章京的职责与选任

　　军机处自雍正年间创立后，成为清朝君主最倚重的中枢机构。乾清门外的军机处与君主起居之所近在咫尺，每日协助君主，承谕旨、备咨询，参与密勿，记载档案，对内外奏摺作最有效率的后续处理，故逐渐替代内阁，成为最具备实际权力的机构。军机处设置的特点之一，是人员属性：官员分两级，军机大臣与军机章京，前者由皇帝从内阁大学士、六部尚书、侍郎等官员中简用；后者从内阁中书、六部司官中考选，皆作为兼差，各员自带本职的品级。第二，军机处办事慎密，外人不得与闻，且"有官无吏"，没有像六部那样熟悉则例、成法，但品质上受人质疑的胥吏。它只在附属机构——方略馆中额设缮抄的供事若干名。供事奉章京之命，抄写章京交代的档案，而不能上下其手，参与军机处的日常事务。①

　　军机处权力甚重，以至于清人俗语说："大学士非兼军机处，

① 由于供事经手奏摺的抄录，也会有泄密的危险。张元济曾受报人汪康年之托，打点军机处供事，找对方抄录未公开发抄的奏摺。见《张元济致汪康年》（光绪二十三年六月初六日），《张元济全集·书信》，商务印书馆 2007 年版，第 178 页。

不得为真宰相。"①大学士秩正一品，为清代文官之首，他们只有在进入军机处成为军机大臣后，才能有与其地位匹配的权力。如此重要的差使，其人员选用自然完全操之于上。相比较而言，作为司官的军机章京，俗称"小军机"，其品秩、地位要低一些，但因承担军机处具体事务的办理，掌握机要，作用和地位也不容小觑。如果说军机大臣是皇帝的大秘书，军机章京就是皇帝的小秘书，职位之要，近似于唐代中书舍人、明初的殿阁大学士。本章试图考察军机章京这一与文书档案关系最紧密的秘书人群，重点论述他们的选任经过及其主要职能。②

一、军机章京基本职能的辨析

刘绍春据《枢垣记略》等资料总结，"军机章京实际职任与会典记载大有出入"。③朱维铮认为，作为晚清权力运作核心的军机处，"在嘉庆朝已形成章京们的实际专政"。④本章则认为，自从

① 赵尔巽等撰：《清史稿》卷302，中华书局1977年版，第35册，第10468页。
② 关于军机章京的考试，目前仅见刘绍春：《军机章京考选制度述略》（载《史学月刊》1992年第2期）一文，该文依据政典，对章京考试进行了概述，并辑出两次章京考试的考题。朱维铮也指出："军机章京在满清中央政府的权力运作过程中的历史作用，迄今未见清史学者讨论"（《重读近代史》，中西书局2010年版，第304页）。另外，民国笔记《凌霄一士随笔》有《军机章京之选充》一篇，可作参考。见徐凌霄、徐一士著，徐泽昱编辑：《凌霄一士随笔》中册，中华书局2018年版，第979—981页。
③ 刘绍春：《军机章京职权责利的若干问题》，载《史学集刊》1993年第4期，第21—23页。
④ 朱维铮：《重读近代史》，第304页。

《大清会典》将军机处列为正式条目之后，嘉庆、光绪两朝的会典对军机章京主要职能的记载，是基本准确的。"嘉庆朝已形成章京们的实际专政"这一观点，贬低了皇帝亲裁大政、处理文书的主动权及军机大臣的实际作用。

嘉庆朝《大清会典》将"办理军机处"纳入国家机构进行记录，概括出军机章京的职守："掌分办清字、汉字之事。"其下夹注有详细解释：

> 缮写谕旨，记载档案，查核奏议。系清字者，皆归满洲章京办理；系汉字者，皆归汉章京办理。在京旗营及各省驻防、西北两路补放应进单者，内外蒙古、藩部及喇嘛并哈萨克、~~霍罕、~~廓尔喀朝贡应拟赏者，皆隶满洲章京。在京部院及各省文员、绿营武员补放应进单者，王公、内外大臣应拟赏者，~~及朝鲜、琉球、越南、暹罗、缅甸、南掌等各外国朝贡应拟赏者，~~皆隶汉章京。惟承审案件，无论满汉章京，一体由军机大臣酌派。[1]

概括来说，军机章京的工作，主要围绕着档案来展开；再概括一些，主要围绕奏折的后续处理来展开。所谓"缮写谕旨，记载档案，查核奏议"，可分开来看。

首先是缮写谕旨。这也是军机处的主要职能之一。光绪朝军机

---

[1] 《钦定大清会典（嘉庆朝）》卷3，第11b—12a 页；《钦定大清会典（光绪朝）》卷3，第47页。( ) 内容为《钦定大清会典（光绪朝）》删掉的句子。

章京继昌在叙述这一职能时,解释称:"军机处拟旨,由章京呈堂。如有酌改之处,由军机大臣中行走最后者执笔。"①在一般情况下,草拟上谕由领班章京(达拉密)安排;"凡明发、寄信、交片各谕旨,达拉密属某人拟草,则某人拟妥,自行送堂。"②在拟旨这件事情上,章京与大臣距离皇帝,有着远近之别。继昌说:"旧制,军机章京随军机大臣至南书房候缮谕旨,近则大臣召对毕,退至军机堂述旨缮进,章京遂不随入。"③也就是说,到光绪年间(成书于1899年),军机章京拟旨的职能没有改变,只是不像从前那样,可以与军机大臣一同入内听候述旨了。

一般而言,军机大臣在听候皇帝述旨后,再向军机章京转述,由章京拟旨,最后交大臣改定后呈上。有时军机大臣也会自己动手。如记录1861年辛酉政变经过的《热河密札》第四札称言:

> 千里草上书,初十未下,此处叫人上去要,仍留看。夸兰达下来,说:"西边留阅。"心台冷笑一声。十一日叫见面,说写旨;下来叫写明发,痛驳。夫差拟稿尚平和,麻翁另作,诸君大赞。"是诚何心,尤不可行"等语,原底无之。遂缮真递上。④

这封密札的相关背景已在第三章有详细的论述,赞襄政务大臣违背两宫皇太后的指示,到军机处拟旨痛批董元醇所上的建议垂帘听政

---

① 《行素斋杂记》卷下,第 23a 页。
② 《行素斋杂记》卷下,第 2b 页。
③ 《行素斋杂记》卷上,第 8a 页。
④ 高劳辑:《清宫秘史》,载《东方杂志》第 9 卷第 1 期(1912 年 7 月),第 2 页。

的奏摺，首先由吴姓军机章京（夫差）拟旨，但不能尽如八大臣之意，于是，军机大臣焦祐瀛亲自操刀，拟旨驳斥。由此可以看出军机大臣、军机章京在拟旨上的分工层次。密札透露出诸多绝密信息这一点，也很好地解释了军机章京在文书与政务处理过程中的角色。

其次是"记载档案"。这里的记载档案，主要是每日的《随手登记档》《交发档》。1907 年进入军机处的章京许宝蘅在当年 12 月 15 日日记中记录当天的工作："七时入直房，领班、帮领班共一席，值日二人共一席，馀则随便坐席。凡有拟旨，由领班恭拟，值日者一管《交发件》，一记《随手簿》，余等则缮写谕旨，恭批安摺，及记载档案、核对抄摺等事。"①所谓《随手簿》，许在 28 日的日记中解释："所有各省摺奏及部院摺奏奉有朱批者，本日之谕旨、廷寄，皆须摘由登载于册，朱批则全录，此册名为《随手登记》。"而所谓"交发件"，许的解释是："又一册为《交发簿》，系将本日所收各摺件及谕旨、廷寄、交片应发交各衙门者列于册，俟供事抄缮各摺齐，即传内阁及各衙门人来领去，各省摺片仍入原封，交至乾清门内西廊下内奏事处宫监点收，以有朱批须原摺发还各省也，本处及内阁所存者皆抄副本。"②

许宝蘅提到"本处及内阁所存者皆抄副本"，也就是与记载档案相关联的，还有一项重要事务，即抄录朱批奏摺的副本，存档备查，作为日后处理同类事件的参考，这就是所谓《军机处录副奏

---

① 《许宝蘅日记》第 1 册，第 158 页。
② 《许宝蘅日记》第 1 册，第 161 页。

摺》。《枢垣记略》叙述录副的经过:"凡抄摺,皆以方略馆供事,若系密行陈奏及用寄信传谕之原摺,或有朱批应慎密者,皆章京自抄。各摺抄毕,各章京执正副二本互相读校,即于副摺面注明某人所奏某事,及月日、交、不交字样,谓之开面。"①正因为章京熟悉档案,《大清会典》会将"查核奏议"列为章京的重要职责之一。1869年,直隶总督曾国藩致函领班军机章京朱学勤,托朱寻找旧日所上的重要奏摺并录出。②郭则沄亦称,"枢直日行事件外,有带管之事",其中之一,即"查考旧案"。③

除《大清会典》述及的主要职能之外,军机章京的重要任务还包括开具"面单"、呈递重要人事清单。所谓"面单",继昌解释称:"堂上阅看摺件时,其已奉朱批及拟请批者,小班公掌之;有当人对请旨者,曰'见面摺',则掌诸老班公,开具略节送堂,以备遗忘,谓之'面单'。"④也就是说,皇帝每日阅览奏摺后发下,有朱批意见或交军机大臣拟批意见的,由小班公(值班章京中资浅者)办理;未有朱批,须捧入讨论后再请旨的奏摺,则由老班公(值班章京中资深者)办理。老班公须概括这些疑难奏摺的主要内容甚至是回答节略,交给军机大臣,以备召对时回答。这是一项十分重要的工作,章京由此也能最及时地了解到核心的政务信息(军机大臣入见的程序,详见第二章第一节)。

---

① 梁章钜、朱智:《枢垣记略》,中华书局1984年版,第272页。
② 《曾国藩致朱学勤》(同治八年四月十三日),载上海图书馆历史文献研究所编:《历史文献》第7辑,上海古籍出版社2004年版,第102页。
③ 《南屋述闻》,第121—122页。
④ 《行素斋杂记》卷下,第2a—b页。

而呈递人事清单这一制度，继昌有解释称："旧制，军机处缮写简授员缺谕旨，均空其名，以待御笔填写，近则进单请朱圈发下，即由章京照缮，仍将原单缴进，谓之'恭缴朱笔'。"①军机处开具重要人事清单的做法，似出现在同治朝。此前，这项工作由皇帝独断。1861 年王公大臣拟定的垂帘听政章程规定："除授大员、简放各项差使，拟请将应补、应升、应放各员开单，由议政王军机大臣于召见时呈递，恭候钦定，将除授简放之员钤印发下缮旨。"②在辛酉政变之后，两宫皇太后垂帘听政，因不熟悉人事情况，每逢重大人事任命，由议政王军机大臣开具清单，列出推荐人选，再由两宫皇太后根据建议，做出决定。

直到光绪帝完全亲政后，这一政策仍在执行。1888 年军机处拟定的慈禧太后归政后的政务章程，规定重要人事任免原则："简放各缺，拟请于召见时请旨后，由臣等照例缮写谕旨呈进；其简放大员及各项要差，拟请查照醇亲王条奏，由臣等请旨裁定后，皇上奏明皇太后，次日再降谕旨；满汉尚书、侍郎缺出应升、应署，及各省藩臬缺出，拟请暂照现章，由臣等开单进呈，恭候简用。"③也就是说，开具重要人事清单备选，在清后期属于军机处职能，军机章京负责呈递、传达、保管并最终向御前上缴清单，从而能在第一时间清楚地了解到重要的人事变迁。因此，也就免不了有人急于向他们打听人事安排及其中原因。如詹事府左庶子、云南学政梁肇煌

---

① 《行素斋杂记》卷上，第 9b—10a 页。
② 《清穆宗实录》卷 8，第 45 册，第 228 页。
③ 《军机处恭拟归政清单》（光绪十四年十一月初十日），《军机处录副奏摺》，档号 03-5703-032。同月十五日钦奉懿旨："依议，钦此。"

在滇期间，曾密函军机章京朱学勤，函称：

> 弟去年已漂学士一缺，今祭酒一缺又不能得。虽功名有
> 定，不必强求，弟亦不期躁进，惟弟两回名次第一，均不能
> 得，不知都门有人说弟闲话否？如有消息，务祈示知为望。夙
> 叨挚爱，诸荷关垂，无俟弟之渎恳也。弟又启。付丙。①

梁肇煌科举得意，以二甲进士入翰林院为庶吉士，之后一直在翰詹上迁转，当时正担任詹事府左春坊左庶子，秩正五品，且排名在前，照例应升内阁侍读学士（从四品）、国子监祭酒（从四品），结果却两次落空，他怀疑有人从中作梗，于是托朱学勤探听消息。为防止此举外泄，他不忘在函末嘱托朱学勤阅信后焚毁。梁肇煌久居京城，对军机章京的工作程序及运作能力是十分熟悉的。

另外，军机章京还有一项工作，即许宝蘅所说的"恭批安摺"——为皇帝代批请安摺。清末军机大臣瞿鸿禨称："旧例，各省所递安摺、贺摺，皆枢臣恭代朱批。太后安摺批'安'，皇上安摺批'朕安'。万寿大节贺摺批'览'。鸿禨初入枢廷，尚循此例，

---

① 《梁肇煌致朱学勤手札》（同治五年），见上海图书馆历史文献研究所编：《历史文献》第 10 辑，上海古籍出版社 2006 年版，第 117 页。又如，1866 年，河南布政使卞宝第致函朱学勤称："琢如大□猝病逝世，近来颇知持正，尚不失为君子，又弱一个，未免可惜。枢垣关系甚重，尚未知简补何人。近见薰莸杂进，殊切杞忧。"函中透露的是，在军机大臣曹毓瑛（号琢如）病故后，卞宝第以外吏身份打探军机处下一步的人事消息。《卞宝第致朱学勤手札》（同治五年），见上海图书馆历史文献研究所编：《历史文献》第 15 辑，第 85—86 页。

亲于堂上恭书，后皆由章京代笔矣。"①

　　综上所述，军机章京的主要工作，是围绕档案，主要是围绕奏折处理在进行。抄录朱批奏折的副本自不必说，《随手登记档》《交发簿》等档册，也都是与奏折的主要内容及处理结果相关。而为军机大臣开具"面单"，仍是在总结奏折内容，提出简单的应对之策。可以说，《大清会典》对军机章京主要职能的概述，是基本准确的。军机章京"草拟谕旨""参与司法审判""纂修方略"的职任，皆为《大清会典》所记载；而"扈从""随大臣出差办事""仍兼原衙门职任"这些内容，则为应有之义（每日协助皇帝办理奏折，扈从出行为应有之义；作为军机处司员，随堂官办事为应有之义；军机章京作为差使，各带本职，故仍兼原衙门职任为应有之义）。这些内容，并不改变《大清会典》对章京主要职守的叙述。

　　军机章京因直接接触奏折，也掌握重大人事清单的呈递与上缴，故能对国内重大政务了然于胸，成为中枢信息的汇聚之地，也由此造就庞大的内外交际圈。光绪朝军机章京郭曾炘之子郭则沄曾记载章京与外官交往规则：

　　　　军机章京本不许与外吏往来，悬为禁例，然《檐曝杂记》所述，湖抚陈文恭以獐锦伴函，闽抚潘敏惠以葛纱馈节，闽督杨某被劾入京，对章京各致币毳数事，则人事之馈遗，固不能尽绝也。余幼时所见，凡致送炭敬者，皆曰吟梅若干韵，至光

①　《偶直纪略》，第162—163页。

绪季年，则冰敬、炭敬、别敬之名，几于昌言不讳，风气之变迁如此。又在外督抚、提镇、藩桌，每令节庆典，应具贺摺，其摺以黄面红里，晚近各大吏虑违式或疏误干咎，往往预托军机章京代办，而岁时致馈厚酬之，即京朝官之谢恩摺，亦多有托章京代办者，此风相沿已久。①

可见，军机章京因汇总重要政治信息，又熟悉奏摺公文，成为外官乃至京官大老交结的重要对象，平日接受馈赠，代办请安、谢恩奏摺及其他一些重要奏摺公文。关键时候，还能给予照顾。上述记载，也呼应了咸同之际军机章京朱学勤与督抚大员们往来信函所谈论的诸多主题。②

综上所述，军机章京每日的主要工作围绕文书来进行，最主要的文书就是奏摺，他们须记载奏摺处理结果、为军机大臣拟"面单"应对召见、遵皇帝之意为奏摺拟旨、交代奏摺的录副与发抄、亲笔抄录重要奏摺的副本，后来也负责重要人事任命单的开单与上缴。在这些过程中，军机章京掌握的信息量十分庞大，但主动性却是有限的，"章京们的实际专政"，显为夸大之词。

也正是由于军机章京的工作性质，决定了其考选制度的具体内容。

---

① 《南屋述闻》，第131—132页。
② 《梁肇煌致朱学勤手札》，见上海图书馆历史文献研究所编：《历史文献》第10辑，第112—132页；《崇厚、卞宝第、倪文蔚致朱学勤书札》，见上海图书馆历史文献研究所编：《历史文献》第15辑，上海古籍出版社2011年版，第76—113页。

二、军机章京的考试

军机章京身处重要国务的汇总之处，肩负承宣上谕的重任，但在最初，只是由军机大臣从内阁中书、各部院司员、笔帖式中挑选入直，无需向皇帝报告。1799 年（嘉庆四年）初，内阁明发上谕：

> 内阁、军机处为机密要地。向来行走章京，未定额数，俱由军机大臣挑补，并不带领引见。因思各衙门各旗官员，即笔帖式、骁骑校、护军校等微员，无不由引见补授，军机章京职事较重，岂有转不带领引见之理？嗣后满汉章京各定为十六缺，由内阁、六部、理藩院堂官于司员、中书、笔帖式等官内，择其人品端方，年力富强，字画端楷者，交军机大臣带领引见，候朕简用。其记名人员，遇有缺出，按次陆续充补。此次应挑之满汉章京，即照新例办理。①

从这道上谕可读出几条信息：第一，迟至 1799 年，军机章京才定有固定员额，为满汉各 16，共 32 人；第二，在此之前直到嘉庆四年，军机章京一直由军机大臣挑补，且未带领引见，也就是未经皇帝见面确认；第三，从此之后，军机章京先由内阁及各部院堂官选拔，再交军机大臣带领引见，等候皇帝圈出记名。

六年之后，即 1805 年，军机处才开始用考试之法选拔章京，

① 《清仁宗实录》卷 38，第 28 册，第 431 页。

而带领引见的步骤则照旧。①考试制度随后被写入嘉庆朝的《大清会典》。根据会典的规定："凡章京，预期考取，以引见、记名，传补以其次。"具体方法是：

> 满洲章京，以内阁中书、六部理藩院郎中、员外郎、主事、笔帖式兼充。汉章京及汉军章京，以内阁中书、六部郎中、员外郎、主事、七品小京官由进士、举人、拔贡出身者兼充，豫行传知各衙门保送军机大臣考取，或数名，或十馀名引见，奉旨记名者，遇出有军机章京缺，以次传补。三品京堂以上及外官臬司以上之亲子弟，皆回避。其补放御史者，即不充章京；或升任京堂至通政使司通政使、大理寺少卿者，奉特旨，仍充章京。②

由以上两段引文可知，军机章京皆从内阁、六部、理藩院司级官员中选取，基本要求是品方、年富、字画端楷。汉员的要求尤高，必须具备拔贡、举人或进士这三种科举正途出身，不得以捐纳等杂途人员兼充。朝中三品及各省按察使以上的大员子弟，不得充任。如果章京考选并补放御史，也不得继续充任。这些是为了防止军机外泄或掣肘办事。③

---

① 姚元之：《竹叶亭杂记》，中华书局 1982 年版，第 19 页。
② 《钦定大清会典（嘉庆朝）》卷 3，第 11a—b 页；《钦定大清会典（光绪朝）》卷 3，第 47 页。两朝会典对军机章京考试的记载内容相同。
③ 尽管在 1820 年（嘉庆二十五年），上谕免除了章京考试须回避大员子弟的规则，但至少在咸丰年间及此后的军机章京考选中，这一回避的惯例仍在执行（《枢垣记略》，第 134—135 页）。

军机章京区分满汉，分掌满汉文摺件。由于道光、咸丰朝之后，奏摺多用汉文，而满章京只管满文档册，故较少参与军机处的主要事务，①导致"汉屋每日忙迫异常，而满屋则清谈娓娓，无所事事"。②汉章京承担军机处的主要事务，是军机处办事人员的主体。本章所论范围，也仅限于汉章京的考选。

汉章京的具体考试办法，是由各部院保送愿入军机的司官给军机处，由军机处对他们进行论题测试。1813 年，御史傅棠上奏，建议慎选军机章京，钦派大臣监考，并弥封试卷、糊名考试，同时，限制各部院保送人数。嘉庆帝对此下令：

> 军机章京入直枢廷，先取人品端谨，再参以文理清顺，字画工楷，方为无愧厥职。若如该御史所奏糊名考试，则但能观其文字，其人之才、品何由识别？惟在军机大臣秉公甄拔，期于得人，自足以昭慎重。如充补后该章京有舞弊营私劣迹，军机大臣均难辞考选不慎之咎。至各衙门保送人数，亦应定以限制，员缺至多者不得过八员，如逾额，即着军机大臣参奏。此次内阁保至三十二员，未免太滥，着驳回，令该衙门大加删减，不过七八员，出具切实考语，另行保送，由军机处考试拣选，带领引见。嗣后军机章京中如有因滥保获咎者，其本衙门原保之堂官亦着一并议处。③

---

① 《南屋述闻》，第 128—129 页。
② 《枢曹追忆》，第 105 页。
③ 《清仁宗实录》卷 271，第 31 册，第 674—675 页。

嘉庆帝认为，章京重在人品端方，而旨在保障公平的考试糊名之法，并不能起到选拔"人品端谨"之才的效果，故对傅棠的建议未予采用。如何能选拔"人品端谨"之人？"路遥知马力，日久见人心"，自然是要借重军机大臣、部院堂官的判断。部院首先进行保送，然后交由军机处考试，这已经有了第一次的筛选；而军机大臣的本职也在内阁和部院，与本部司员长期共事，对他们的人品德行较为了解，在录取时，可充分结合考卷情况和平时了解，选取品行和文字皆佳的司员。弥封与糊名，是为了确保选拔的公平，也能防止结党，但军机章京选拔并非科举考试，无须照顾公平原则；在军机处体制下，皇帝有绝对的施政主动权，也无须担心军机大臣与章京勾结。

为防止报考者泛滥，嘉庆帝还命各衙门限额保送与考人数。从此，每逢军机章京考试，各部院先自行初试，酌选优胜者八人，保送军机处参加复试。①郭则沄记载称言：

> 军机处章京之考试，由内阁及各部考核各员之合格者，询其愿送与否。其愿送者，本衙门先试之，择优保送于军机处，然后枢臣酌定考试日期。试题以论一篇，三百字为率，限晷交卷，卷用白摺，兼取工、速。人数较多，得分日试之，试毕，由枢臣专其去取，不别简阅卷大臣。其试卷亦不糊名，异于其他试典，盖以职司密勿，重在考察其人之品行声名，初不专取文字。②

---

① 姚元之称："至道光辛巳（1821），愿送者日多，各堂官无如何，始有本衙门自试之例，试取者方得送内阁"（《竹叶亭杂记》，第19页）。

② 《南屋述闻》，第112—113页。

这里面说明了考试形式、答题方式、考察重点。即以论题考试，定时写作三百字左右的文章，由军机大臣给出等第，重视考试者的品行、文字及作文速度。这与军机处参与密勿、办事迅速的要求是一致的。

军机章京的重要职责是短时间内草拟上谕，在考试时，也就有严格的时间限制。姚元之称言，道光年间军机章京考试，"及刑部试时，更限以三刻交卷，字须三百，迟者不阅，而例愈严矣"。①即刑部初试报考章京的司员，限制三刻交卷，且字数应过三百。1893年7月，军机处分三天进行章京考试，"考者即在军机处，限四刻交卷，以一开又二行二百六十字为合格"。②1907年，学部司员许宝蘅参加学部考选军机章京的初试，"限四刻交卷，写白摺一开两行"。③许随后通过初试，进入军机处考试。军机处考试在当时已分作两天，分别举行初试和复试。

初试限两小时交卷，到最重要的复试时，限一小时交卷，"卷为白摺两开，以写满一开为完卷（以一开两行为限，每行二十字，实二百六十二字）"，由军机大臣监考，在交卷时，对表注明时刻。④军机章京考试的时间和字数，自始至终都有严格限制，包括考试满章京亦如此。1905年9月，军机大臣荣庆在日记中记录称："考满京，邸先试以满语，能答者令其书写。见起后，试以汉论。

① 《竹叶亭杂记》，第19页。
② 文廷式：《知过轩谭屑》，上海中山学社编：《近代中国》第18辑，上海社会科学院出版社2008年版，第460页。
③ 《许宝蘅日记》第1册，第150页。
④ 《枢曹追忆》，第96页。

令能满语者坐于东，专试汉文坐于西，领班均令退去，同宝臣监试，限四刻，以百字为合格，五刻以后者不阅。"①从这些细节可以看出，军机处对军机章京基本素质的要求是下笔迅速、文字凝练。

章京负责拟旨，替君主代言，故书法工楷，也是考试的要求之一，以至于时人称"军机章京多书法工敏，鼎魁常出其中"。即殿试中楷法尤工的前三甲，常常在后来选取的章京之列，如乾隆朝状元毕沅、榜眼诸重光、探花赵翼，光绪朝状元黄思永、吴鲁等。②这也使得参加考试者格外注意书法。许宝蘅在考前曾专门前往琉璃厂购买"一得阁"墨汁，原因是御史、军机章京考试，"皆尚白摺小楷，皆须考究佳墨"。该店墨汁最精，废科举后一度生意萧条，但"因考御史、考军机，生意又稍好"。③由此也可见章京考试对楷法和卷面的重视程度。

军机章京执掌最重要的政务文书，汇总朝政信息，又与军机大臣频繁接触，且按照制度，有三年一度的保奖帮助升迁（下文详述），故常有司员托关系谋求这一差使，这也导致考选过程中人情因素泛滥。文廷式记载1893年的章京考试盛况，称言"日来奔竞者如织，然度其得记名者，早在枢臣心目矣"。即报考人数虽多，但很多人已找枢臣（军机大臣）打过招呼，录取谁，大家心中早已有数。据他的观察，录取结果"大致书法、文义居半，而情面亦

① 《荣庆日记》，第87页。
② 何圣生：《檐醉杂记》，收入杨寿枏编：《云在山房丛书三种》，山西古籍出版社1996年版，第34页。
③ 《许宝蘅日记》第1册，第153页。

居半"。①

上文已述，1813 年之后，各部院在自行初试时，一般只选取八人送军机处考试。实际上，初试的报考人数，往往是这一数字的数倍乃至十倍之多。例如 1893 年的初试，"吏、礼两部愿考者亦过十人，内阁则七十余人，户刑部则四十余人"。②通过初试的内阁中书与六部司员，每次约共 50 余人，最后考取而获得记名的人数，为 10 至 20 人不等。

据《枢垣记略》的记载，自 1805（嘉庆十年）年之后，直到 1868 年（同治七年），军机处汉军机章京考试共进行了 16 次，记名章京合计 224 人，略如下表所示：③

	考试时间	记名数		考试时间	记名数
1	嘉庆十年（1805）十月	20	9	道光二十三年（1843）五月	19
2	嘉庆十八年（1813）七月	14	10	道光二十九年（1849）五月	12
3	嘉庆二十一年（1816）	12	11	咸丰元年（1851）十月	9
4	道光元年（1821）八月	13	12	咸丰三年（1853）四月	15
5	道光五年（1825）九月	11	13	咸丰八年（1858）四月	13
6	道光十一年（1831）五月	11	14	咸丰十年（1860）十月	12
7	道光十四年（1834）五月	13	15	同治元年（1862）七月	16
8	道光十九年（1839）五月	14	16	同治七年（1868）十月	20

需要补充说明的是，自从推行考试制度之后，军机章京都须经

---

① 《知过轩谭屑》，第 456—457 页。
② 《知过轩谭屑》，第 456—457 页。
③ 《枢垣记略》，第 39—51 页。

由考试选任，仅有极少数的例外，这就是戊戌变法期间的军机四章京。1898 年 9 月 5 日（光绪二十四年七月二十日），光绪帝明发上谕，任命"内阁候补侍读杨锐、刑部候补主事刘光第、内阁候补中书林旭、江苏候补知府谭嗣同，均着赏加四品卿衔，在军机章京上行走，参预新政事宜。"①这其中，刘光第出身进士，杨锐、林旭则为举人，谭嗣同为湖北巡抚谭继洵之子，捐纳候补知府。若按照前述制度，汉军机章京"以内阁中书、六部郎中、员外郎、主事、七品小京官由进士、举人、拔贡出身者兼充"，且"外官臬司以上之亲子弟皆回避"的制度规定，这个任命显有违规之嫌。

不仅任命方式特殊，四位军机章京的职守也与其他章京迥异。在戊戌变法期间，光绪帝下旨，许司员士民上书言事，由此导致他每日收到的条陈、奏摺数量及篇幅陡增，超出了他处理能力。茅海建据档案史料及林旭、刘光第私信，论证光绪帝直接任命四章京"参预新政"，是让他们另组一班，专门阅读司员士民的上书条陈，草拟处理意见。②这就使得四章京有可能突破军机章京历来只对奏摺进行后续处理及听皇帝述旨后协助拟旨的职守，但同时也增加了他们的政治风险。

三、历届考试述论

关于首次举行章京考试的时间，史料中有不同记载。姚元之在

---

① 《光绪宣统两朝上谕档》第 24 册，第 350—351 页。
② 《从甲午到戊戌——康有为〈我史〉鉴注》，第 668—674 页。

《竹叶亭杂记》中说，1806 年（嘉庆十一年）首次举行军机章京考试，考题"勤政殿疏"。①清代各种笔记史料及现有研究，皆依姚说。然而，据梁章钜在《枢垣记略》中列明的史料可知，仅 1805 年有章京记名。那么，首次章京考试的时间究竟在哪一年呢？

据姚书称，工部司员童槐在首次章京考试中名列第一，我们不妨查考童槐的履历。据其履历单显示，童在 1805 年中进士，同年，"签分工部学习行走"，"保送军机章京"。②由此可知，姚说有误，梁章钜记载准确。首次军机章京考试，发生在 1805 年冬。

前段已述，军机章京首次考试的考题为"勤政殿疏"。勤政殿是圆明园中清帝举行御门听政的场所，类似于紫禁城内的乾清宫。御门听政在清晨进行，主要内容是处理题本。由于此时奏摺早已取代题本成为最重要的政务文书，御门听政也就从康熙年间的每日举行变成嘉庆年间的间歇举行，其象征意义远大于实际意义，意在显示清帝继承勤政的祖训（详见第一章）。据说，童槐在文章中有"所其无逸，弼丕基于亿年万年；彰厥有常，思赞襄于一日二日"两句，为全文增色不少，被列为魁首。③以《尚书》中的"无逸"来解"勤政"二字，不但贴切，也显示出作者熟读与活用经典的功底。

此后的章京选拔，间歇进行，百年间共举行考试二十余次，平均不到五年即举行一次。本章从各种史料中，辑出章京考试试题及

---

① 《竹叶亭杂记》，第 19 页。

② 秦国经主编：《清代官员履历档案全编》第 2 册，华东师范大学出版社 1997 年版，第 562 页。

③ 《竹叶亭杂记》，第 19 页。

考试情况约 14 次。下文分别论之。

1813 年，林则徐在日记中记载当年 8 月 7 日军机章京的考试情况："此两日皆考军机，本日考部员，明日考内阁中书。昨于将考之时，忽有御史傅棠参奏内阁保送人员太多，特旨删减。先前内阁保送三十二人，李兰卿彦章与焉，今删去，只剩八人。兰卿不能与考，甚为可惜。渠留都三年，专候此席，今既画饼，八月初当必归娶矣。"①林则徐同乡内阁中书李彦章报考军机章京，本来在保送之列，结果因内阁报名甚众，被御史奏参，不得已，内阁只得挑出四分之一的人员与考。据林称，李彦章留京三年，只是"专候此席"，由此也可见考试者对军机章京差使的期待程度。

林在三天后的日记中继续说："军机亦于是日引见，考取十八人，记名者十四人。"②有意参加考试的官员，仅内阁就有 32 人，据此不难推测六部衙门有意参加考试的总人数；而最后获得记名者仅 14 人，由此也可推测考选难度之大。

1816 年，鉴于此前保送人数之众，内阁与各部从此时起，对有意参加考试者先进行内部初试。在这年秋季进行的考试中，礼部候补主事梁章钜以第一名的成绩记名。③

1834 年（道光十四年）5 月，军机处又一次进行章京考试。由于各衙门保送人数众多，军机处从 30 日至 6 月 1 日分三天进行考试。考题分别是"见其大则心泰论""九功惟叙论""君子和而不同

① 林则徐全集编辑委员会编：《林则徐全集》第 9 册，海峡文艺出版社 2002 年版，第 24 页。

② 《林则徐全集》第 9 册，第 24 页。

③ 梁章钜：《归田琐记》，中华书局 1981 年版，第 184 页。

论"，最后，军机大臣取中 20 人，皇帝圈出记名 13 人。①"见其大则心泰论"，是周敦颐对《论语》中颜回"一箪食，一瓢饮，在陋巷人不堪其忧，回也不改其乐"的评论，原文是："天地间有至贵至爱可求，而异乎彼者，见其大而忘其小焉尔。见其大则心泰，心泰则无不足。无不足，则富贵贫贱处之一也，处一则能化而齐，故颜子亚圣。"②"九功惟叙"，典出《尚书·大禹谟》："德惟善政，政在养民。水、火、金、木、土、谷惟修；正德、利用、厚生惟和。九功惟叙，九叙惟歌。"③即水、火、金、木、土、谷、正德、利用、厚生这九功应当井然有序。九功也正是传统政府施政的范围。

　　1849 年 6 月的军机章京考试，共取 28 人，最后记名 12 人。④这之后十年内，军机章京传补调动较快，所以频繁进行考试。1851 年（咸丰元年）9 月，军机处举行章京考试。⑤不到两年，又于 1853 年再次进行考试。当年，户部初试题为"临事而惧，好谋而成论"，语出《论语·述而》："暴虎冯河，死而无悔者吾不与也，必也临事而惧，好谋而成者也。"⑥这是孔子恐子路自负其勇而有失，故而告诫子路的话，也可把它看作是军机处与京中部院的办事准则。⑦

---

① 《林则徐全集》第 9 册，第 172 页；《枢垣记略》，第 46 页。
② 周敦颐著、陈克明点校：《周敦颐集》，中华书局 1990 年版，第 31 页。
③ 《尚书正义》卷 4《大禹谟第三》，见阮元校刻：《十三经注疏》上册，中华书局 1980 年版，第 135 页。
④ 张剑整理：《翁心存日记》第 2 册，中华书局 2011 年版，第 721 页。
⑤ 曾国藩著、唐浩明整理：《曾国藩日记》第 16 册，岳麓书社 2011 年版，第 252 页。
⑥ 《论语注疏》卷 7《述而第七》，见《十三经注疏》下册，中华书局 1980 年版，第 2482 页。
⑦ 《荆花馆日记》，第 487 页。

　　1858 年的章京考试，协办大学士、户部尚书翁心存记载内阁、户部初试军机章京的情形。当年 4 月 22 日，翁在日记中记载："巳正，冒雨入内阁，桂燕山相国亦至，考送军机。中书到考者凡三十一人，桂燕山先生出题，为'明慎用刑论'，约四刻许卷已交齐。公同阅看，取送八人：许庚身、张丙炎、方鼎锐、冯柏年、丁寿祺、王恩炳、沈云骏、陈嗣曾，此君写作俱佳，脱一字。午正二刻回。"①第二天，户部初试，翁心存记载："巳初三刻，入署治事，并考送军机章京，到考者凡十六人。予出题'财者人之心论'，基、沈、杜皆到。取朱学勤、夏家镐、张增道、蒋英元、陈介璋、蔡兆槐、戴霖祥、李庆咸，只首卷取佳，馀不如内阁多矣。申初回。"②"明慎用刑"，典出《周易·旅卦》："君子以明慎用刑而不留狱"③，即君子对待用刑应明察谨慎，不要拖延狱讼。"财者人之心"是唐代宰相陆贽语，原文为："人者，邦之本也；财者，人之心也；兵者，财之蠹也。"④

　　一个多月后，军机处分两次考试各部院保送人员，其中，第一天的考题为"王公设险以守其国论"⑤，语出《周易·坎卦》："天险，不可升也，地险，山川丘陵也。王公设险以守其国，险之时用大矣哉！"⑥这次考试，共录取 20 人，记名 13 人。

---

① 《翁心存日记》第 3 册，第 1307—1308 页。
② 《翁心存日记》第 3 册，第 1308 页。
③ 《周易正义》卷 6，见《十三经注疏》上册，第 68 页。
④ 陆贽：《论两河及淮西利害状》，见陆贽著、王素点校：《陆贽集》上册，中华书局 2006 年版，第 324 页。
⑤ 《翁心存日记》第 3 册，第 1318—1319 页。
⑥ 《周易正义》卷 3，见《十三经注疏》上册，第 42 页。

1868 年 10 月，军机章京考试，兵部初试题为"偃武修文论"，论题之意较为直白，常见于传统典籍。①

1878 年 9 月，军机章京考试，内阁、六部保送司员于 9 月 1 日、2 日、3 日分三次考试，第一天考试，内阁中书、吏部与户部司员共 19 人，考题是"祗台德先论"。第二天考试，户部、礼部、兵部司员 19 人，题为"处置得宜能服其心论"。第三天，考兵部、刑部、工部司员共 18 人，题为"敏事慎言论"。②这次考试共有 56 人参加军机处复试，最后由军机大臣取 30 人，皇帝圈出记名 20 人。

军机处三道考题中，"祗台德先"典出《尚书·禹贡》："中邦锡土、姓，祗台德先，不距朕行。"③即以我的德教为先，不要违背我的行事。"处置得宜能服其心论"，典出《四书章句集注》中对孟子"为政不难，不得罪于巨室"的注解："孟子推本而言，惟务修德以服其心。彼既悦服，则吾之德教无所留碍，可以及乎天下矣。裴度所谓韩弘舆疾讨贼，承宗敛手削地，非朝廷之力能制其死命，特以处置得宜能服其心故尔，正此类也。"④考题"敏事慎言论"，典出《论语·学而》："君子食无求饱，居无求安，敏于事而慎于言，就有道而正焉，可谓好学也已。"⑤

---

① 董恂：《还读我书室老人手订年谱》卷 2，文海出版社有限公司 1968 年版，第 123 页。
② 许庚身：《春明日记》，见国家清史编纂委员会编：《晚清文献七种》，齐鲁书社 2014 年版，第 561 页；王文韶著，袁英光、胡逢祥整理：《王文韶日记》上册，中华书局 1989 年版，第 437—438 页。
③ 《尚书正义》卷 6《禹贡第一》，见《十三经注疏》上册，第 152 页。
④ 朱熹：《四书章句集注》，中华书局 1983 年版，第 278—279 页。
⑤ 《论语注疏》卷 1《学而第一》，见《十三经注疏》下册，第 2458 页。

1886 年 7 月，军机章京考试。户部初试题为"重巽以申命论"。①工部初试题为"唐宋枢密使同不同论"。②12 日，军机处复试内阁、吏部司员，考题为"内平外成论"。13 日，复试户部、礼部、兵部司员，题为"智圆行方论"。14 日，复试刑部、工部司员，题为"奉职循理论"。③

"重巽以申命"语出《周易·巽卦》，即以两重巽卦（☴）相叠以重申号令，推行天下政务。"唐宋枢密使同不同论"，则为史论。唐代枢密使由宦官担任，传宣君王命令；宋代枢密使则由文官担任，掌理军务。这是考察应试者对传统制度的熟悉情况。"内平外成"典出《史记·五帝本纪》："舜举八恺，使主后土，以揆百事，莫不时序；举八元，使布五教于四方，父义，母慈，兄友，弟恭，子孝，内平外成。"④"智圆行方"语出《淮南子·主术训》："凡人之论，心欲小而志欲大，智欲员而行欲方，能欲多而事欲鲜。"⑤"奉职循理"语出《史记·循吏列传》："太史公曰：法令所以导民也，刑罚所以禁奸也。文武不备，良民惧然身修者，官未曾乱也。奉职循理，亦可以为治，何必威严哉？"⑥

1893 年的军机章京考试，仍是首先由各部院进行初选。户部尚书翁同龢在 7 月 1 日日记中记载："径至署，考者毕集，同堂无一人也。巳正，熙、福二公，陈、立二君集，乃出题。余带《经世文编·

① 《翁同龢日记》第 4 册，第 2026 页。
② 李慈铭：《越缦堂日记》第 15 册，广陵书社 2004 年版，第 11109 页。
③ 《越缦堂日记》第 15 册，第 11122 页。
④ 《史记》卷 1《五帝本纪》第 1 册，中华书局 1959 年版，第 35 页。
⑤ 何宁：《淮南子集释》中册，中华书局 1998 年版，第 688 页。
⑥ 《史记》卷 119《循吏列传》，第 10 册，第 3099 页。

户政》，请诸君公商。题目已正下，限四刻，张、崇二君亦到。凡三十二人，除不到者五人。有六本依限而不工，直至六刻始毕，最后一人则七刻多矣。福公主去取，余逐本批条记之，良久始定八本，有六本备取，其实平妥者尚有数本也。"①由此可见，部院初试须全体堂官（满汉尚书、侍郎）到齐后命题，尽管户部命题过程由翁同龢主导。他的考题，出自《经世文编》中有关户部事务的内容，而非传统的经史论题。考试时间限一个小时，但有部分人超时。

当年内阁初试题为"恤民隐以培元气论"；礼部初试题为"清慎勤论"；②刑部初试题为"宋司马公议阿云之狱论"③。"恤民隐以培元气""清慎勤"，词义简单，多见于史籍，曾分别出现在乾隆帝、康熙帝的圣训之中。"司马公议阿云之狱"，则出自《宋史·刑法志》，讲的是由女子阿云伤害未婚夫的案件引发的司马光、王安石及满朝争议的故事。④刑部沈家本说，"与考者四十六人，知出处者十三，取送八人"。⑤刑部竞争十分激烈，且是否入选，与能否点出论题的出处相关。

因人数众多，这一年的军机处复试，分三天进行，题目分别是"志广体恭论""激浊扬清论""练迹校名论"。⑥其中，"志广体恭"，典出《荀子·修身》："君子贫穷而志广，富贵而体恭，安燕而血气

① 《翁同龢日记》第 5 卷，第 2610—2611 页。
② 文廷式：《知过轩谭屑》，见《近代中国》第 18 辑，第 457 页。
③ 《沈家本日记》，见韩延龙等整理：《沈家本未刻书集纂补编》下册，中国社会科学出版社 2006 年版，第 1291 页。
④ 《宋史》卷 201《刑法三》，中华书局 1977 年版，第 15 册，第 5006—5007 页。
⑤ 《沈家本日记》，见《沈家本未刻书集纂补编》下册，第 1291 页。
⑥ 文廷式：《知过轩谭屑》，见《近代中国》第 18 辑，第 460 页。

不惰，劳倦而容貌不枯。"① "激浊扬清"，为史籍中常见语。"练迹校名论"，典出《魏书·萧宝夤传》，是萧所上《考功表》中的句子，意在查验士人事迹与声名，也常见于其他典籍。②

1907 年 11 月，军机处举行清朝最后一次的章京选拔考试。考前，仍由各部院自行出题，进行初选。其中，学部的考题为"贾谊、陆贽论"③。这两人分别为汉初及唐中后期名臣，有经典政论传世。军机处的考试，则分为两场进行，前一次为初试，后者为复试，由军机大臣出论题。其中，前一场试题为"辨上下定民志论"，后一场试题为"敏事慎言论"。④ "辨上下定民志"，典出《周易·履卦》。⑤ "敏事慎言论"，典出《论语·学而》，与 1878 年（光绪四年）的考题重复。

以上用较为单调的列举，解释了百余年军机章京考试的考题和概况。与动辄"截搭"经典文段的科举考题相比，军机处考试实在没有太高的难度，多半是一些常见的典故。由此也可见，考试的目的只是选出思维敏捷、下笔神速的官员，而不是要难倒考生，将多数人阻隔在外。

四、考取之后：引见、记名与保奖

根据引见、记名的程序，考试优胜者还必须由军机大臣带领引

① 王先谦：《荀子集解》，中华书局 2012 年版，第 35 页。
② 《魏书》卷 59《萧宝夤传》，中华书局 1974 年版，第 4 册，第 1318 页；《巢云簃随笔》，第 96 页。
③ 《许宝蘅日记》第 1 册，第 150 页。
④ 《许宝蘅日记》第 1 册，第 153—154 页。
⑤ 《周易正义》卷 2，见《十三经注疏》上册，第 27 页。

见，接受皇帝审查，经皇帝圈出记名，才能获得军机章京的身份。军机章京引见、记名的制度，形成于 1799 年（嘉庆四年），早于首次的章京考选。一般而言，皇帝会选择成绩在前者依次圈选，但也有例外。例如，1834 年考取军机章京第一名的林扬祖（字岵瞻），就在引见时未获选中。①

引见记名，不是为了否定军机大臣对成绩的排名，只是为了显示章京的选任出自圣裁，而非其他人的施恩。这一制度讫于清末，一直得以执行。许宝蘅曾在日记中记载 1907 年考选章京后引见的场景：

> 四时半起，五时入城，由前门绕东安门，经景山至西苑门外六项公所内小憩，已六时矣，天尚未明。同考诸君陆续俱到，七时半军机大臣到，八时半排班，九时一刻两宫临殿，军机大臣跪呈引见人员膳牌。余等六人一排，立齐后跪，背履历三句后起立，横行向东退散。②

对于军机章京而言，由军机大臣引见面圣，是一项隆重、严肃的程序。对于皇帝和此时仍在训政的皇太后而言，则是接受数十人每人三句的履历背诵，当然不可能对每位候选者有深入详细的认知，圈出记名也就只能根据考试的名次及引见时的简略印象作综合判断。

皇帝圈出军机章京的比例，多少不定，一般在引见人数的半数

① 《林则徐全集》第 9 册，第 172 页。
② 《许宝蘅日记》第 1 册，第 156—157 页。

以上。例如，1858 年的章京考试，由军机大臣录取 20 人，在引见时咸丰帝圈出 13 名入选。[①]1878 年的军机章京考试，共录取 30 人，在带领引见时，由两宫皇太后圈出 20 人记名。[②]1907 年的记名人数比例略低：军机大臣录取 51 人，最后引见记名的只有 25 人。[③]

从制度上而言，军机章京属于兼差，章京的本职在内阁、部院，故章京从事军机处职事，某种程度上属于"分外之事"，当然也就应该得到相应的奖叙。1799 年，上谕命军机大臣从章京中选择数人，交部议叙。[④]1806 年，军机处上奏称："窃查军机处行走满汉章京内中书、笔帖式等官，向来每阅三四年，由臣等遴择当差勤奋者，分别保题，恳恩升用在案。"[⑤]所以，至迟从这一年开始，军机章京三年保奖一次的制度，就正式确立了下来。获保章京的员额为每次 8 人，占 32 名章京总数的四分之一。[⑥]《钦定大清会典》对军机章京保奖有着明确规定："越三岁，则举其章京以闻而叙焉。"其下详注：

> 每遇三年，准军机大臣于满汉章京内，酌保数人，请旨给予议叙。如遇有军务荡平，及纂办方略等项告成，随时由军机

---

① 《翁心存日记》第 3 册，第 1318—1319 页。
② 《王文韶日记》上册，第 438 页。
③ 《许宝蘅日记》第 1 册，第 155—156 页。
④ 《枢垣记略》，第 52、65 页。
⑤ 《枢垣记略》，第 69 页。
⑥ 军机章京员额在嘉庆四年定为满汉各 16 人，共 32 人。此后时有变更，但最终仍恢复到 32 人的标准（《军机处录副奏摺》，档号 03-4662-058）。在三年一次的保奖中，获保章京初无一定数额，自道光十三年（1833）开始，每届保奖员额基本保持在八人左右。见《枢垣记略》，第 90—128 页。

大臣请旨，酌予奖叙。①

军机章京保奖，与军功，河工，襄办大婚、万寿、大丧礼，皇陵工程一起，被列为清代"异常劳绩"的"大保案"，其主要内容是给予"花样"，使获得保奖者能在官僚系统内加速上升。②军机章京本职为内阁中书、部院低级司员，从内阁中书签分部院主事，由候补、额外主事补为正式主事，是他们仕途发展上必经、也是最为基础一步，由于候补人员基数甚大，补缺也就格外困难。对地位稍高的章京，例如本职已为实缺主事、员外郎、郎中者，保奖则可助其升补更高一级的职缺。到了晚清，随着杂途人员的剧增，官场壅滞的加剧，京官补缺、升迁更为困难。这时，处于仕途底层的内阁中书、候补主事也就格外看好军机章京保奖为仕途带来的机遇。③

　　例如，在 1888 年，刑部学习主事刘光第往见其乡试座师、时任工部侍郎的乌拉布。乌拉布言谈中对刘寄予厚望，勉励刘光第多看书，"多讲求时务急用之学"，在三年学习期满获奏留之后，"军机、总署各衙门差使，均宜得一二处，始易补缺升转"。④郭则沄总结称言："枢直每三年亦例保一次，章京之出力者与焉。其他军务

① 《钦定大清会典（嘉庆朝）》卷3，第 11b—12a 页；《钦定大清会典（光绪朝）》卷3，第 47 页。"如遇有"之后的句子，为《钦定大清会典（光绪朝）》所添入。

② 崇彝：《道咸以来朝野杂记》，北京古籍出版社 1982 年版，第 37 页。

③ 总理衙门章京的保奖制度仿军机章京保奖而来，可互相参证。见李文杰：《总理衙门的保奖制度》，载《社会科学战线》2012 年第 8 期，第 98—102 页。

④ 《刘光第致刘举臣函》（光绪十四年六月十五日），见《刘光第集》，中华书局1986 年版，第 195 页。

告平有保，方略成书有保，庆典推恩有保，重修档案有保，优者得指补某部某缺，或指明缺分最多之户、刑两部‘不论题选咨留遇缺即补’。郎中资深者，并得保京堂升阶或以道员即选，故往时京朝官视枢直为仕途之捷径。”①正因为如此，军机章京被看作“帝师、王佐、鬼使、神差”之一，即清人认为最有利于仕途的差使。②

军机章京久在枢廷当值，接受高强度的文字工作，又与军机大臣熟识。有着这些关系，使得举人、拔贡出身的章京在会试、殿试中胜出的可能性有所增加。百年间，光是在入直军机后再参加会试、殿试而名列状元、榜眼、探花之列的章京，就有约 19 位。③

军机章京不仅能得到军机大臣这群朝中重臣的青睐，有时因入内拟旨得力，也会得到皇帝的赏识。郭则沄称：“凡军机章京之得力者，上皆深识其人，故每有身在章京班列即躐跻枢堂者。”④军机章京有可能因深得皇帝之意，而奉旨擢升为军机大臣。事实上，军机章京由部院司员兼充，司员最高品级为郎中（正五品），军机大臣一般为部院尚书（从一品）、侍郎（正二品），中间尚有较大距离。故章京只有身历大理寺、太常寺、通政司等衙门的三四品京堂之后，才有可能迁擢大臣；且章京未出军机任职，直接拔擢为大臣，属于超擢，往往会受到其他军机大臣的排挤。所以，最有可能

① 《南屋述闻》，第 125—126 页。

② 陈康祺：《郎潜纪闻二笔》，中华书局 1984 年版，第 485 页。

③ 《行素斋杂记》卷上，第 2b—3a 页。这些人分别是：乾隆状元梁国治、毕沅、庄培因、金榜、吴锡龄、戴衢亨、姚文田；榜眼林枝春、涂逢震、梅立本、诸重光；探花赵翼、沈清藻。嘉庆朝状元龙汝言、榜眼许乃普。道光探花乔晋芳、吴福年。光绪朝状元吴鲁、榜眼余联沅。

④ 《南屋述闻》，第 129 页。

的方式是，军机章京在本职上升到一定地位时，则退出军机处；待到实任部院尚书、侍郎后，再入军机，成为军机大臣。通过这种模式成为军机大臣的章京，包括舒赫德、阿桂、班第、兆惠、松筠、庆桂、托津、文孚、袁守侗、梁国治、孙士毅、胡宝瑔、章煦、赵盛奎、陈孚恩、彭蕴章、胡家玉、许庚身、钱应溥、徐用仪等人。①

白彬菊认为："通过提升以前的军机章京，军机处将自己的人置于各要缺，使整个帝国内部有着广泛的联系，并且得到忠诚、富有经验的襄助，这一做法所带来的形势大大有利于军机处。"②如果对上述保奖制度有所了解，就会否决这样的判断。与军机处各项制度类似的总理衙门，在短短 40 年时间内共有 223 位章京入直，其中，超过两成的人官至京官侍郎以上、外官藩臬以上（包括将军督抚 13 人、部院尚书 7 人）；更多的人则获得了四品海关道的肥缺和要缺，其"成材率"远远高于军机章京。③可以说，军机章京、总理衙门章京成功的因素主要是两部门定期的"劳绩保奖"和他们在高层的人脉。

相对而言，军机处作为秘书机构，传达君主的纶音，用梁启超的话说，他们是"留声机器"，不像总理衙门这种"专办洋务"的机构，容易在"帝国"内形成特殊的部门利益。易言之，军机大臣没有太大的必要去营造一个有利于军机处的全国形势。

---

① 《南屋述闻》，第 129 页；《行素斋杂记》卷上，第 3a—b 页。
② 《君主与大臣：清中期的军机处（1723—1820）》，第 266 页。
③ 李文杰：《中国近代外交官群体的形成（1861—1911）》，生活·读书·新知三联书店 2017 年版，第 161—167 页。

1907 年 1 月 23 日（光绪三十二年十二月初十日），军机章京在丙午官制改革中被改为实缺，不再兼任各部院的司员，领班与帮领班被列为三品与四品官。①军机章京改为实缺专官，失去了原来兼差之时受部院堂官青睐进而迁转较易的优势，反而导致登进困难。②

1911 年 5 月 8 日（宣统三年四月初十日），第一届责任内阁成立，军机处被随之裁撤，军机章京进入内阁办事。不久，原来的军机章京或留在内阁承宣厅，或被分流到其他机构，因而逐渐凋零。③

结　语

白彬菊在《君主与大臣》一书中认为，嘉庆年间进行的考选章京的改革，"尽管新建立的引见似乎使得选择权不再掌握在军机大臣之手，但皇帝还是很难利用常规的引见去挑战他的军机大臣的选择"。④我不太认同这种"（军机处权力）扩张"与"（君主）挑战"

---

① 《光绪宣统两朝上谕档》第 32 册，第 267—269 页。
② 《凌霄一士随笔》上册，第 477—478 页。
③ 《光绪宣统两朝上谕档》第 37 册，第 89—90、141—142 页。
④ 《君主与大臣：清中期的军机处（1723—1820）》，303 页。该句的英文原文是：Finally, although the newly introduced audience interviews may have appeared to take the matter out of the grand councillors' hands, the emperor would hardly have been in a position to use his audience interviews regularly to challenge his councillors' choices. See Beatrice S. Bartlett, *Monarchs and Ministers：The Grand Council in Mid-Ching China，1723—1820*，Berkeley，University of California Press，1994，p.248.

的解读模式。嘉庆帝改变原有的军机章京选取办法，不让军机大臣自带内阁与部院司员入直，而是改行考试选拔，主要目的还是考察章京的文字基本功，毕竟军机处需要的是办事慎密、下笔神速、文理通顺的办事员。

而考试之后的引见记名基本不改变军机大臣对章京的成绩排序，只是做部分的淘汰；这说明，记名本身是为了彰显任命出自君主而非他人，仅此而已，不是要有意"挑战"军机大臣。并且，这个程序绝非针对军机处，包括考选御史、考选乡试主考、考选总理衙门章京等，也都需要引见记名。

考卷不糊名的原因也与此类似：皇帝需要依靠军机大臣对其本职所在部院司员的熟识程度，去挑选品行端方甚至是熟识之人，毕竟大小军机日后要在一起协调工作，熟人要比生手强。清末的军机章京许宝蘅甚至说："向来军机考试列首者，多为枢相素知之人"。①如果要防范、挑战或者压缩军机大臣的权限，皇帝尽可要求对试卷进行糊名誊抄，另托他人去阅卷。而之所以在此过程中并不防范枢臣，是因为根本没有这个必要。在军机处办事规制之下，枢臣的权力被设置了"天花板"，即便有扩张也极为有限，远不及前朝的内阁大学士，更不如明以前的宰相。皇帝有着奏摺先阅权和随之而来的主动权，有着驾驭大小军机的自信，无须忧心权力旁落，也不用担心他们结成朋党，蒙蔽圣听。

军机章京是清代军机处主要的办事人员，他们负责草拟和传宣上谕，协助皇帝与军机大臣做奏摺的后续处理工作，手中掌握着重

① 《巢云簃随笔》，第 221 页。

要的军国机要。清代君主对他们的要求是办事慎密、人品端谨、文理清顺，所以，只选正途出身的士人。在考选时，格外注意文字和书法。正如刘光第所说"前见乌先生，劝我常常写字，以便考别衙门差事，庶得早补实缺也"；①文廷式也说，军机章京考试，"大致书法、文义居半，而情面亦居半"。足见书法、文字工夫在考试中的重要性，这其中的弊端也是显而易见的。

1880 年，江苏学政黄体芳上一奏摺，专讲京官考选的弊病。所谓京官考试，是指士人已通过科举、获得出身之后，为选官进行的再次考试，例如考御史、考总理衙门章京、考军机章京。黄体芳认为："廷臣之遇事萎靡，诚不忠也，诚无识也，诚畏葸也，然其所以致此者，微矣。"京官们之所以萎靡无能，究其原因："京官之俸太薄，其迁除差使，又往往取决于考试，则不得不专心致志，以毕生精力争文字之短长、书法之工拙。夫科甲各员，自释褐以后，无论授以何职，朝廷固非欲徒以小楷诗赋报国也。"②他认为，朝廷大臣遇事萎靡，无法有效地因应时局，重要原因就在于他们不得不拿出大量精力，去争文字、书法之长，以便考得差使，顺利升迁。他想不通的是，京官职司繁复，为何要将小楷、诗赋作为授职的依据？

军机章京任差于中枢，有着三年一届的劳绩保奖，有着与军机大臣相处的经历，甚至能在君主面前获得赏识，因此也就有比一般

① 《自京师与自流井刘安怀堂手札》（光绪十四年八月），见《刘光第集》，第197 页。

② 《变法储才实求自强疏》（光绪六年九月初六日），见《黄体芳集》，上海社会科学出版社 2004 年版，第 19 页。

京官更多和更便利的升迁机会。又因熟知军机处体制，他们中间也有一些人后来再次进入军机处，成为皇帝信任的军机大臣，并有机会备咨询，将自己的所思所想介绍给皇帝，进而影响国家的决策。然而，我们却很少看到这样有视野有魄力或者仅仅只是有权力的军机大臣。这恐怕与军机章京自始便拘泥于传宣上谕，注重书法工楷，缺乏视野和格局有关。

不仅军机章京，清代总理衙门章京、御史考试，其主要内容也为传统的经史论题，且特重书法，与军机章京考试的侧重并无二致。而这些人，也正是清朝高层官员最主要的储备力量。诚如黄体芳所言，翰詹"学问日浅"、科道"风节日颓"、六部九卿"见识日陋"，恐怕与上述选官考试的指向有着密切关联。

第七章　总理衙门的奏摺流转及其权力运作

　　清代日常政务的处理，很大程度上可归结为各种政务文书的草拟、签署、批复与执行这一系列的流程。在中央政府层面，京中各部院将例行事项写成题本、奏摺呈递，君主在内阁、军机处的辅助下，进行批答、拟旨，并下发执行，兼有立法与行政的功能。上编各章侧重论述奏摺呈递之后的商讨与批答过程，本章则以总理衙门为例，论证奏摺产生的经过。

　　总理衙门成立于1861年，1901年改组为外务部。它虽号称"专办外国事务"，但举凡与西方各国及日本相关的交涉、商务及新式事业，包括通商口岸海关道记名、驻外公使选任、海关税收的保管与分配、外债的筹措与偿还、电报文书、涉外司法、矿业开发、铁路修筑甚至新式学堂的开设，无不在其职权与参与范围之内，可谓"不独繁于六部，而实兼综乎六部"，[①]在晚清国家政务中，有着重要的地位。在人员设置上，总理衙门仿照军机处：官员分为堂、

---

① 　沈瑞琳：《刑部郎中摺》（光绪二十四年七月二十八日），见国家档案局明清档案馆编：《戊戌变法档案史料》，中华书局1958年版，第179—180页。

司两级。前者称大臣，由皇帝从大学士、军机大臣、部院尚书、侍郎等高级官员中特简，少时三人，多则十余人；后者称章京，从内阁中书、各部院郎中、员外郎、主事中经由考试选取，额定48人，满汉各半，汉员须具备进士、举人或拔贡出身。48人中，包括总办章京4人、帮办章京若干，总揽日常事务；管股章京若干，分股办事；司务厅与清档房章京若干，由新入署的人员担任。总理衙门的外交及其他各类文书，都由章京和大臣共同经手。

　　总理衙门的奏折与六部一样，可大致分为两类，第一类是报告本部主管的事务或提出建议；另一类是奉旨议覆与本部主管相关的事务。在晚清时期，君主（包括垂帘听政的皇太后）对后一类奏折的批复程序往往是"依议"，总理衙门在"外国事务"上的参议和决策功能，就由此表现了出来。不过，总理衙门奏折又与六部存在着很大差别，首先体现在参与草拟的人员不同，其次则是它们所受的重视程度不同。本章将依据总理衙门与军机处档案，结合相关的书札、日记等史料，论述总理衙门最重要的文书——奏折的产生过程，据此探讨晚清的政务流程。①

一、总理衙门奏折的特点

　　根据光绪朝《大清会典》的记载，总理衙门"掌各国盟约，昭

---

① 有关总理衙门与外务部文书处理的论文，目前仅见秦国经：《清代的外务部及其文书档案制度》（载《历史档案》1981年第2期，第119—124页），该文依据中国第一历史档案馆馆藏档案与《钦定大清会典（光绪朝）》，对外务部文书类别及处理流程进行了概述。

布朝廷德信"，"凡水陆出入之赋，舟车互市之制，书币聘飨之宜，中外疆域之限，文译传达之事，民教交涉之端，王大臣率属定议：大事上之，小事则行"①。"大事上之，小事则行"，都是经由文书流转来完成的：大事上之，是具摺呈报请旨；小事则行，是通过发布咨文、札文、照会、信函等，执行政策。其中，奏摺是办理政治外交事务最重要的上行文书，也是本章讨论的对象。

在清代政务文书产生的过程中，常有官员之外群体的参与，例如各省督抚与府州县的幕僚以及书吏，②京内各衙门的书吏。从专业视角来看，书吏操持政务，主要原因在于科举选官立足于儒家经典，更多是指向"通识教育"，提倡"君子不器"，达成一种"成德之士，体无不具，故用无不周，非特为一才一艺而已"的目标。③从任用规则上看，各部司官的选任依据掣签，除刑部之外，各部的尚书、侍郎通常遍历六部，缺乏专业化的选官与任职制度，也就难以养成精于一科的专家，因此，日常行政为书吏留下了极大的发挥空间。嘉庆帝曾慨叹说：

> 自大学士、尚书、侍郎以及百司庶尹，唯诺成风，皆听命
> 于书吏，举一例牢不可破，出一言惟令是从，今吏部京兆相争
> 一事，任书吏之颠倒是非，变幻例案，各堂官受其愚弄，冥然

---

① 《钦定大清会典（光绪朝）》卷 99，第 918 页。
② 瞿同祖著、范忠信等译：《清代地方政府》，法律出版社 2011 年版，第 59—87 页。
③ 《四书章句集注》，第 57 页。

不觉。①

而总理衙门所办之事，涉及中外交涉，在当时异常敏感；又因为事属创始，并无熟悉成法和则例的书吏可用，为防止出现书吏把持、泄露机密之弊，总理衙门进行了相应的制度设计："总理衙门所有应办寻常奏稿、文移、照会等件，均饬令司员自行办稿，供事只供缮写，不准假手办理。"②这使得总理衙门在创设之初，就建立司员（章京）办稿、堂官（王大臣）画稿定夺的基本模式。作为书吏的供事，仅负责一般文书的缮写和抄录，不能参与政务。戊戌变法期间，曾有人指出，军机处、总理衙门这一摒斥书吏办事的制度，"立法最善"，建议命令各部院仿照办理。③这使得总理衙门与军机处、内阁一样，成为清朝中央少数由官员直接办事的机构。更重要的是，这一模式后来被外务部继承，对清末的制度改革产生了重要影响。

在办理总理衙门奏摺的过程中，总办章京起到了关键作用。他们"掌承发庶务之总，综理文书与度支出入之数"，《大清会典》进一步说明：

> 凡章奏，（总办章京）则属草稿，请定于王大臣；其文移照会，分任所司，亦如之。凡收文牍成帙，则督所司编次年

---

① 《清仁宗实录》卷130，第29册，第757页。
② 贾桢等修：《筹办夷务始末（咸丰朝）》第8册，中华书局1979年版，第2718页。
③ 《前驻秘鲁参赞指分直隶候补知县谢希傅摺》（光绪二十四年八月初三日），《军机处录副奏摺》，档号03-9453-047。

月，以记于档。其承发者，亦如之。①

总理衙门实行分股办事制度，下设英国股、俄国股、法国股、美国股，1884 年后添设海防股（甲午战争之后裁）。它们分别办理国别交涉，并附之以专门类的事务。例如，英国股负责关税事宜，法国股负责教务教案事宜，美国股负责华工保护事宜，俄国股负责划界事宜。②各股有数量不等的章京，称为"管股章京"。总理衙门在 1864 年（同治三年）形成完善的办稿登档制度，当年 9 月 20 日（八月二十日），总理衙门上奏称：

> 今拟嗣后奏摺、咨文、照会，均一律办稿，所给各国书启及各省书启，各归各股登档。其来信及覆信底，仍黏存稿，呈堂标画。每月所收文件，除紧要事件随到随办外，其馀均限次月初十日以前，一律办竣。行文后，查明上月共办行存稿若干件，逐稿黏签编号，每股仍设立编号簿一本，将文信事由，一一于簿内注明，以凭查取。③

办理文稿的大致顺序是：总办章京负责汇总每日收到的文书，分股登档，向总理衙门大臣报告内容，再安排管股章京起草覆文，然后交总理衙门大臣核定、发出，最后督促各股将来文、覆文（包括奏

---

① 《钦定大清会典（光绪朝）》卷 99，第 919 页。
② 《钦定大清会典（光绪朝）》卷 99，第 919—925 页。
③ 奕訢等：《变通章程五条》（同治三年八月二十日），见宝鋆等修：《筹办夷务始末（同治朝）》第 3 册，中华书局 2008 年版，第 1216 页。

稿）定期粘贴归档。

与其他部院衙门不同，总理衙门所辖的交涉领域，被认为事属机密，"以各国交涉而与部院照例之事一律视之，必有丛脞贻误者"。①因此，所有事务呈报，"事无大小，悉用封奏"，也就是说，总理衙门不使用题本、而只用奏摺奏事。与此对应的是，"谕旨则由军机处封下衙门，当堂启封"，即总理衙门所奉上谕，皆由军机处直接封发，不使用"内阁奉上谕"的明发模式。②与其他机构相比，总理衙门的封奏还有两个不同之处：第一，八旗、内阁与京内部院衙门分日排班，轮流呈递奏摺，而总理衙门却是有事随时陈奏，不拘泥值日制度。第二，京内各衙门奏摺可分为报告情况、议覆事由两类，处理意见通常是"知道了""依议"两种，无须皇帝朱笔批答，而只用指甲在摺面划痕，"横知竖议"，再由内奏事处口传谕旨发下，不经由军机处抄录副本存档。而总理衙门奏摺则须朱笔批答或详细拟旨，不能口传谕旨。所以，总理衙门奏摺在皇帝批阅后，皆发下军机处，在军机处的《随手登记档》中，记载题由和处理意见（详见第二章第一节）。总理衙门奏摺的独特待遇，凸显了该机构所辖事务的特殊性与重要性。

二、奏摺草拟的程序

奏摺本是康熙、雍正年间兴起的一种政务文书，不经通政司、

---

① 《奕劻等摺》（光绪十年三月二十四日），见《光绪朝朱批奏摺》第 1 辑，中华书局 1995 年版，第 75 页。

② 《钦定大清会典（光绪朝）》卷 99，第 918 页。

内阁之手转呈、票拟，由具备上奏权的大臣具摺密封后，递至御前，皇帝亲拆亲阅。它是皇帝与上奏人之间的直接对话，机密性极高。各部院衙门奏报大事，也逐渐改用奏摺。它逐渐取代题本，成为清朝中后期最重要的政务文书。由总理衙门署名的奏摺，有着各种类型，现分别存于宫中档、军机处档、总理衙门档案中，可粗略分为奏稿、奏底、奏摺原件、军机处录副几类，这些类型也代表了奏摺产生的不同阶段。

正如上文所说，起草奏摺的大原则是：总办章京安排各管股章京起草，然后请王大臣核定。曾任总办章京的方濬师回忆早期的办事规制：

> 总理各国事务衙门之设也，正值军书旁午，洋务鞅掌。长乐初将军为领班章京，实终始其事。维时各务创始，文移笺奏，均各章京分任之。供事数人，抄胥而已。两班诸君子趋事日久，艰难困苦，相与共尝，盖不独同僚亲若弟昆，即堂官，亦视诸章京如左右手也。①

长乐初，名善，他他拉氏，总理衙门首批总办章京，后任广州将军、杭州将军。总理衙门成立之初，面临许多交涉的难题，因筚路蓝缕，毫无前案则例可循，总办章京负责报告收文、汇总意见，交代两班章京起草文稿之事，他们是大臣与章京之间的桥梁，起到十分重要的协调作用。

---

① 方濬师：《蕉轩随录》，中华书局 1995 年版，第 115 页。

在总办章京安排拟稿之前，总理衙门大臣首先会就奏摺的大方向有所指示。章京方恭钊在日记中记录某日总办的工作："阴晴参半，郁蒸溽暑，寅正（4:00）进内，存霭云、双子龄均后至。邸、枢两堂交派颇多，返署已七点。"①存霭云、双子龄为总理衙门章京存祥、双寿。章京杨宜治在日记中亦记日常办公情形："进内，邸、枢堂本日往英馆。又嘱法股办信问北洋广西西江可行轮船否？"②邸是管理总理衙门的庆郡王奕劻，枢则是兼任军机的总理衙门大臣孙毓汶或许庚身。他们指示总理衙门章京应办事宜及稿件的大致方向，督促其办稿进度，之后的细节内容须总办章京自己把关。有时为集思广益，总理衙门大臣与总办章京有可能分开拟稿。杨宜治在日记中曾记："读爽翁拟议复志詹事整顿商务摺稿及堂宪徐小云先生撰议覆摺稿，一赅博，一灵透有佐证，均可诵也。"③爽翁、小云分别为总办章京袁昶（字爽秋）、总理衙门大臣徐用仪（字小云），二人各自草拟总理衙门议覆詹事府詹事志锐有关商务的奏摺，备其他同事采择。

1866 年 12 月，总理衙门奏请在下属的同文馆设立天文算学分馆，延聘西人教习，拟从满汉举人或五贡生员之中考选学员入馆学习，后又建议将"翰林院庶吉士、编修、检讨及五品以下由进士出身之京、外各官"纳入天文算学馆备选学员之列。④此举引发轩然

---

① 方恭钊：《方勉夫手写日记》，光绪十二年六月初八日条，中国科学院图书馆藏，馆藏号：史 450.015。存霭云、双子龄为总理衙门章京存祥、双寿。
② 《惩斋日记》，第 457 页。
③ 《惩斋日记》，第 666 页。
④ 奕訢等：《奏酌拟学习天文算学章程呈览摺》《同文馆学习天文算学章程六条》（同治五年十二月二十三日），见《筹办夷务始末（同治朝）》第 5 册，第 1982—1985 页。

大波，御史张盛藻、大学士倭仁先后上奏反对，而总理衙门亦予以反击，双方展开激烈辩论。为抵消倭仁的牵制与掣肘，在恭亲王建议下，上谕命倭仁进入总理衙门行走，感受日常行政并参与决策。总办章京方濬师致函总理衙门大臣文祥：

> 今日由军机处交出谕旨，令倭相国行走总署矣。在公虚怀若谷，断不存成见于胸中，第公事烦多，章京等无所禀承，必致动行窒碍。乞公与恭邸亲赴署中面谕各章京，遇有章奏文移，务当和衷商确〔榷〕。相国甫莅，所不知者，须详细回明。庶公等同舟共济，休戚相关，而各章京朝夕参谋，定免丛脞。①

由此可见，总办章京办理日常奏稿，须秉承总理衙门大臣意见。总办章京、管股章京是拟稿的主力及参谋人员，故方濬师希望新旧大臣之间能融洽相处，日常办事时，对章京给出明确的指示意见。同时，希望奕訢和文祥能告知各位章京，在起草奏摺时，要照顾到倭仁的意见。

在起草重要奏摺时，总办章京往往亲自上阵，而不假手他人。1867 年 11 月，总理衙门聘请卸任的美国公使蒲安臣担任"客卿"，代清政府出使欧美各国，联络邦交，交涉《天津条约》修约之事。②

---

① 方濬师：《覆文博川尚书书》（同治六年三月二十一日），见《退一步斋文集》卷4，第 21b—22a 页。

② 奕訢等：《奏拟请约美卸任公使蒲安臣代办遣使外国摺》（同治六年十月二十六日），见《筹办夷务始末（同治朝）》第 6 册，第 2159—2160 页。

方濬师时任总办章京，他说，"一切章程体制，与夏奉常家镐、毛户曹鸿图手自核定呈堂，分别奏咨而行"。①夏奉常、毛户曹即太常寺卿夏家镐、户部候补主事毛鸿图，皆为总办章京，他三人是奏摺与章程"起草小组"的核心成员。从次序上看，应是先由总理衙门王大臣商量，形成大致意见，而后托总办章京下笔。为了做好草拟工作，方濬师与文祥多次交流意见，其中之一说：

> 奉手谕谨悉，出使章程今晚可脱稿。濬师所以一手经理者，议论多则胸无主宰，或顾虑游移，反致疏漏，非敢以此见长也。明日寅正（4:00），濬师携章程稿赴朝房候公阅定，再请恭邸细核。倘须面奏，召对时，公等即可先行奏明，志、孙两章京已将公连日所示衷曲详细告之，两人皆谨饬一路，定能体会公于出使事宜蓄志久矣。濬师虽位卑，世受国恩，奚敢避危险。昨公知濬师老母七十，并无兄弟，深用体恤，是则濬师终身衔感者。虽然，濬师年甫三十有八，报国之日甚长，重以公之相知，又奚敢不竭尽愚悃？窃惟今日章程之立，不专为今日计，实为后日计也。一事偶遗，一语偶罅，在彼可以持以要求，在我则又须大费唇舌。②

方濬师将起草出使章程的事情"一手经理"，包揽了下来。出使涉及中外交往，会成为日后遣使的先例，故方濬师对章程字斟句酌，

---

① 《蕉轩随录》，第339—340页。
② 方濬师：《覆文博川尚书书》（约同治六年十月），见《退一步斋文集》卷4，第19b—20a页。

十分仔细。第一次遣使外出，如果完全托付外人，难免引发争议，于是文祥特意保举总办章京志刚、帮办章京孙家榖充任"办理中外交涉事务大臣"，与蒲安臣同行，以便监督及遇事商量。①为此，方濬师在章程八条中，详细规定使团成员的权限、交涉礼仪等各项要点，他向文祥叙述草拟章程时的各种考虑：

> 诏书一下，中外传观，既见优以崇衔，复羡予以重禄，正香山诗所谓"无论能与否，皆起狗名心"，恐不止弊在法中，必又变其名目于章程之外。他日夤缘奔竞，终南捷径，皆从此开，不宜不早审也。公尝云：储材宜豫，未有仓卒而能得材者，尤愿公加之意焉。蒲安臣一席，似乎蛇足，公谓笼络外洋，正是英雄作用。濬师章程中恰专重中朝两使，故于印用关防，须由志、孙两使主持，不使他人干预，亦防其渐也，想公当以为然。朱章京学勤顷以使臣见各国之主，礼节不可失朝廷大体。渠枢直事多，不时到总署，尚不知公与各国公使业已声明。濬师所拟章程，亦堂皇严正也。关防衔字，濬师已先呈董尚书阅定矣，馀容面呈，谨先肃复不庄。②

这段话将重要奏稿、章程起草之时的细节讲得非常清楚。在奏摺起

---

① 奕訢等：《奏请派志刚、孙家榖同蒲安臣办理中外交涉摺》（同治六年十一月初一日），见《筹办夷务始末（同治朝）》第 6 册，第 2165—2166 页。

② 方濬师：《覆文博川尚书书》（约同治六年十月），见《退一步斋文集》卷 4，第 20b—21b 页；《给蒲安臣出使条规八条》（同治六年十一月初一日），见《筹办夷务始末（同治朝）》第 6 册，第 2166—2168 页。

草过程中，虽然有总理衙门大臣的意见在先，但涉及具体内容，总办章京却有着非常大的发言权和主动性，关键性的条文，皆出自方濬师手笔。他认为，此次出使应强调志刚、孙家穀的作用，临时定议决策，应该以他二人为主，不能只是依靠蒲安臣，这应从章程的设计中体现出来。

　　再如 1898 年 3 月，康有为呈递《上清帝第六书》的条陈，建议在内廷设制度局，商讨新政决策；设立十二局，负责执行制度局所订的新政事宜。[①]条陈上递后，光绪帝令总理衙门议覆，帮办章京顾肇新在给其兄长顾肇熙的私信中说：

> 　　康有为条陈变法，请将内而部、院，外而两司、道、府、牧、令尽行裁撤，改为内设十二局，分掌庶务，外员尽改为差，领以京衔，会同地方绅士办事，任意分更，实开民主之渐，奉旨交议。弟惟议设铁路矿务大臣，馀均力驳。奏上，奉旨另行妥议。旋请改派枢臣会同议奏，改由枢臣主稿，已于昨日覆奏，大致仍不出弟原稿之范围，而语意芜杂，较弟为甚。[②]

顾肇新所草拟的总理衙门议覆奏摺于 7 月 2 日呈递给光绪帝，全面驳斥了康有为在上书中的各种建议，只保留铁路矿务大臣一条，光绪帝对此十分不满，命总理衙门再度议覆。[③]总理衙门以"事关重

---

① 《从甲午到戊戌——康有为〈我史〉鉴注》，第 297—299 页。
② 顾肇新：《致顾肇熙》（光绪二十四年六月十六日），《顾豫斋致其兄函》。
③ 《光绪宣统两朝上谕档》第 24 册，第 229 页。

要"为由，表示不便独自担责，建议派王大臣会同议奏。光绪帝遂
命军机处、总理衙门会同议覆康有为条陈，并改由军机处主导。①
从顾肇新信函中可以看出，他所草拟的奏摺底稿，成为阻挡康有为
设制度局、内十二局等举措落实的重要因素。

当然，如遇到不甚得力的总办章京，帮办章京、管股章京甚至
刚入署的章京的作用也就更为凸显一些。顾肇新在 1898 年 8 月充
补总办之后，致函顾肇熙称：

> 近来总办专司传递语言，不甚推敲公事，以致各堂之待总
> 办，亦无异寻常散走之人。弟总拟力矫其弊，将各股收发文牍
> 一一过目，遇有紧要拟稿，先与酌改，再行呈堂。总办改稿系向
> 章也。但近来总署案牍较前不啻倍蓰，弟自认学植浅薄，性情
> 迟钝，时以不克胜任为惧。又兼充矿路提调，开办之初，头绪
> 纷繁，虽日日趋公，而事尚不免脱漏，亦惟尽我心力之所能
> 为，以求职分之所能尽。②

除了草拟奏摺，总办章京还须将管股章京所拟的重要稿件一一仔细
推敲、修改。顾肇新认为在他之前的总办章京，并未认真履行职
责，导致总理衙门大臣看轻他们，因此，顾准备"力矫其弊"。

同一时期入署的新任章京汪大燮，本来分发进司务厅办事，却
被视作拟稿的主力，他在给其弟汪康年的信中说：

---

① 《总理各国事务奕劻等摺》（光绪二十四年五月二十五日），国家档案馆明清档案
局编：《戊戌变法档案史料》，第 8—9 页。
② 《顾肇新致顾肇熙》（光绪二十四年七月初三日），《顾豫斋致其兄函》。

兄在署颇蒙徐、许另眼，缘署无通达事理之人，每遇一稍
要用心机之事，四股人所拟稿，尽不可用，而颇赏兄文能达，
免堂官削改费心。然署事毕后，往往尚需携家握管为之，故亦
甚累。如蚕务乃商务，即英股事，而属兄且击赏。英股人方忌
之，非不知趋避，以关系重大，不忍听之也。来日局面已不可
知，谚所谓做到那里算那里而已。①

汪大燮因拟稿得力，得到总理衙门大臣徐用仪、许景澄的赏识，挤
占了原本属于各股管股章京的事务。正因如此，总办章京十分仰仗
他，试图将他"拉上俄股"。据汪大燮称："此近来最繁最难办之
股，此股人甚多，而少了事之人，均相约如此，但太上前不得，太
落后亦不得。此等难处在办事之外，未尝不难也"。②总理衙门俄国
股办理对俄交涉及与各国边界问题，这是 1899 年前后最为棘手的
难题，加上俄国股章京"少了事之人"，汪大燮如进入俄国股，不
能太出头，也不能因怕事而完全回避，所以他认为"办事之外"尚
有人事关系亦属头疼之事。汪大燮以司务厅章京的身份得到总理衙
门大臣和总办的赏识，正是因为管股章京办事不得力所致。

若遇特殊的交涉任务，在拟定稿件时，总办章京、帮办章京的
发言权就小一些了，总理衙门大臣会亲自出手。1898 年，德国以
"曹州教案"为借口，向清政府提出租借胶州湾的要求。总理衙门

① 《汪大燮致汪康年》（光绪二十五年四月初七早），见上海图书馆编：《汪康年师
　友书札》第 1 册，上海古籍出版社 1986 年版，第 806 页。
② 《汪大燮致汪康年》（光绪二十五年正月二十日），见《汪康年师友书札》第 1
　册，第 797 页。

大臣翁同龢、张荫桓两人奉旨交涉，帮办章京顾肇新参与拟稿，他
在给顾肇熙的私信中称言：

> 德使于月之十二日来署会晤，商定照会，越日送去。现专
> 候德使照覆到日，据以入奏，即可作为结案。照覆已来，惟铁路
> 一款，稍有参差，馀均定妥。奏稿已办妥，似不至再有翻异。此
> 事发端之初，合肥拟引俄国为援，德使谓以密谋漏泄于人，大
> 不谓然，自后专由翁、张两堂与德使密订，各堂皆不得与闻。
> 一切密件，多由弟手缮写，因此弟遂日不得闲，而亦不能稍有
> 参赞，不过奉令承教而已。①

合肥即李鸿章，时以大学士任总理衙门大臣。德国强租胶州湾一
事，因李鸿章欲援引俄国干涉，致使局势更加复杂，光绪帝将此事
转交翁同龢、张荫桓专办，将李鸿章和其他总理衙门大臣都排除在
外。顾肇新虽能参与重要文书的草拟，却无法主动献策，不过是被
动地"奉令承教而已"，充当单纯的文员角色。当遇有特别机密事
件时，总理衙门大臣甚至不让总办章京缮写抄录，而完全自行办
理。1867 年，总理衙门曾有一奏摺称：

> 臣衙门所办事件，大半机密，不可泄漏者为多。遇有紧要
> 之事，有时不交供事，令各章京自行缮写，亦有并不交章京，
> 由臣等自行缮写者。其各省文件信函有关系者，亦饬各章京严

---

① 顾肇新：《致顾肇熙》（光绪二十四年二月），《顾豫斋致其兄函》。

密封存，不准宣露。至臣衙门陈奏摺件，及各省条奏有谋深虑远、为他日自强之计者，军机处亦概不发抄。①

又据杨宜治日记记载 1888 年的议事程序一则：

　　十一月二十九日　阴。微雪如霰。闻各堂宪议公事甚密，一、系定边将军杜嘎尔摺陈云，俄人自同治八年荣全定界后，近年复在乌里雅苏台之东、唐努及乌梁海所辖之大木克里河之南一带地方挖金、建房、游牧，请饬总署办理；一、前出使倭国某被台谏举劾十六条；一、使俄洪大臣条陈，请派庶吉士出洋，及总署章京派参随事；一、赫德举伊弟赫政赴印藏充汉文通事。②

可见，涉及机密奏摺的议覆，总理衙门先只在大臣内部秘密讨论，章京只能辗转得知其大概。另据 1884 年初李鸿章给总理衙门大臣张佩纶的信函：“初九、十二日两缄计早达到，旋接总署十三公函，煌煌大文，非大手笔莫办，钦慰无已。”③可见，李鸿章所说的总理衙门公函出自张佩纶而非总办章京、管股章京之手。在 1896 年李鸿章赴俄密谈之际，与国内往返收发密电皆由总理衙门大臣翁同

<hr />

① 奕訢等：《又奏钞录各督抚摺函请饬倭仁详看慎勿宣播片》（同治六年三月初二日），见《筹办夷务始末（同治朝）》第 5 册，第 2022 页。
② 《惩斋日记》，第 564—565 页。
③ 《致张佩纶》（光绪十年正月十七日），见顾廷龙、戴逸主编：《李鸿章全集》第 33 册，安徽教育出版社 2008 年版，第 359 页。

龢、张荫桓等亲自翻译、校对，不假章京之手。①

综上所述，包括奏摺在内的总理衙门文稿，大致依据文稿的保密及重要性，分为几个层次，各有不同的处理流程和原则。一般事项，由总办章京禀告大臣后，交代分股办理，总办章京负责修改；重要奏摺，由总办章京直接起草，交大臣定稿；机密奏摺，由特定的总理衙门大臣经手，总办章京不得插手，或仅由他们负责简单的缮抄。

三、奏摺的草稿与签署

总理衙门定期的办稿和归档制度，让我们今天能看到较多的奏摺原稿。一般而言，奏摺草稿为行书或草书，经管股章京拟就之后，交总办章京修改再呈交大臣酌定。在稿件右上角，有朱印"堂批"二字，其下为总理衙门大臣批示的具体意见，一般照例写"阅定"二字，表示交由总理衙门大臣修改、定稿。下文所引述的总理衙门奏摺草稿中修改较多的一段，保留有完整的管股章京拟稿、总办章京改稿、总理衙门大臣审定的痕迹，我们可借此观察奏摺产生过程中各类官员的作用。该奏稿产生于 1899 年初，主要内容是，

---

① 翁同龢在光绪二十二年四月十七日记："巳正退，都虞小憩，即赴樵野处排发电旨，先将谕旨排讫发出申初。后将约文全篇改定排发戌正。请总办来，交讫始归。午饭在樵野处，具馔甚精。敬子斋来，仲华约而未来，逐字磨对，目眩心烦，几不能支，归亥初矣，乏极而卧"。五月十八日记："又得李电，盖订正五月初二之件，逐码校对，费神思，因以稿商之樵野。樵野回信，但云所虑极是，可与二邸商之。"樵野、敬子斋、仲华，分别为总理衙门大臣张荫桓、敬信、荣禄（《翁同龢日记》第 5 册，第 2903、2910 页）。

总理衙门建议由政府主动宣布在广西南宁自开商埠，以保利权，其中最主要的段落是：

> 臣等查广西南宁地方形势，既属扼要，商务又复流通，~~未雨绸缪，诚应如该抚所奏，将该处自行开设商埠，以保利权而杜觊觎。详查□□□成案~~，上年因商办中缅条约，野人山让界~~事务，□英国在西江通西~~，英国使臣窦纳乐即坚曾称：南宁系~~西汪上游~~，实包括在西江之内，欲请一律开为口岸。~~经臣等反复辩驳，始将下游梧州、三水开埠，而不及南宁等处，该国政府殊未满意，屡电饬该使坚请必须开办，经臣等婉言回复，暂从缓办。又查通例，中国自通商以来，凡因事端，而许开口岸者，多划为租界，权利不能无损，不因事端而自开口岸，则作为通商场，不划为租界，权利尚可自主。臣等前次力拒该国，不肯遽将南宁开埠者，正以南宁系上游形势扼要之重镇，不应牵混西江，随照梧州之例等同一律，划为租界，致损权利，拟留将来自开口岸地步，现时亟应将此意揭明，□该国催请开埠，臣等虽暂与推宕，终难久阻，拟即揭明此意，谨当开诚布公，与之明白妥议~~，本年该使又迭次催请开办。臣等覆以俟行查广西巡抚察看地方商务，再行酌定。
>
> 今该抚既有此请，臣等酌度情形，与其外人援例求请而后准，转致授权于人，不如自开口岸，尚可示以限制。拟请如该抚所奏，将南宁~~脱出西江、梧州等处案白，由~~作为中国自设口岸，比照湖南岳州等处章程府成案一体办理。~~若能就范，即行转饬开办，否则，或仍从缓体察情形，再行奏明请旨核夺。~~

具奏遵议南宁自行开埠如能妥议就范，即行开办应行照办由

文稿后附录有拟稿人、阅稿人的记录："章京霍翔谨拟；章京顾肇新谨阅"。①霍翔，安徽庐江人，1879 年（光绪五年）举人，1895年以工部候补主事充补总理衙门章京，时任差于英国股。顾肇新，时任总办章京。因为有前文的铺垫，理由已比较清晰，霍翔的该段拟稿被顾肇新删去大半，只保留了主干，使得内容十分精炼。

在奏摺草稿的首页，有红色印记"堂批"二字，下有总理衙门大臣一人签署"阅定"二字并注明时间"十二月十二日"（1 月 23日），然不能确定"阅定"二字的作者，即审定该稿件的总理衙门大臣具体是谁（图 7-1）。

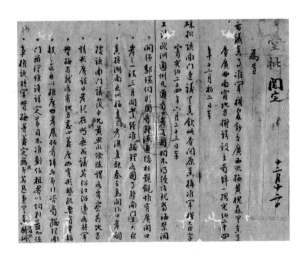

---

① 《总理衙门具奏遵议南宁开埠应行照办由》（光绪二十四年十二月十九日），台北"中研院"近史所档案馆藏《外交档案·北洋政府外交部全宗》，档号 03-17-021-02-001. 文中横线为删除内容，□为漫漶难辨字。

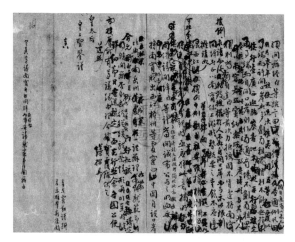

图 7-1　总理衙门具奏遵议南宁开埠应行照办由草稿

资料来源：总理衙门：《具奏遵议南宁开埠应行照办由》（光绪二十四年十二月十九日），台北"中研院"近史所档案馆藏《外交档案·北洋政府外交部全宗》，档号 03-17-021-02-001。

资料说明：《外交档案》包括《总理各国事务衙门全宗》《外务部全宗》《北洋政府外交部全宗》，但具体的档案系依据主题分类，故该件虽属总理衙门时期的文件，但被收入《北洋政府外交部全宗》之中。

奏稿在起草完毕，再经总办章京改稿、总理衙门大臣阅定之后，会被誊清，抄写在红栏奏稿纸之上（图 7-2）。奏稿之前，开列有总理衙门的全堂衔名，即所有总理衙门大臣的头衔，各人须在自己的衔名之下，签名画押：汉大臣书汉文"奏"字，汉军、蒙古及满大臣书满文"奏"字，并注明时间（图 7-3）。奏稿必须经全体堂官"书奏"，表明这一奏稿得到总理衙门大臣一致通过，可以使用总理衙门的部门名义正式上奏。如果有人请假、出差，则须注明"假""差"情况而无须画押，剩下的大臣则须一一签押。

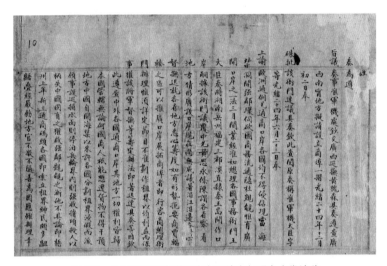

图7-2　总理衙门具奏遵议南宁开埠应行照办由誊清稿

资料来源：总理衙门：《具奏遵议南宁开埠应行照办由》（光绪二十四年十二月十九日），《外交档案·北洋政府外交部全宗》，档号03-17-021-02-001。

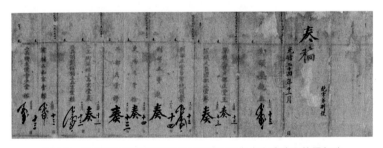

图7-3　总理衙门具奏遵议南宁开埠应行照办由誊清稿之签署部分

资料来源：总理衙门：《具奏遵议南宁开埠应行照办由》（光绪二十四年十二月十九日），《外交档案·北洋政府外交部全宗》，档号03-17-021-02-001。

从时间上来看，总理衙门大臣"堂批"审核奏稿，表明全文已定，此后交全体大臣在誊清稿上画押，时间为二至十天不等。这里值得注意的是，奏摺草稿前的堂批"阅定"是由一人签押的（见图 7-1），是否须事先合议，征求全体大臣同意，或仅由一两位大臣同意即可？在全体堂官"书奏"之前，堂批"阅定"之外的大臣有多大的知情权？

总理衙门大臣"书奏"的流程，在当时人的日记及档案中，也有相应记录。这一流程，有时是趁大部分总理衙门大臣集中会议之时，由章京递交画押。如杨宜治在日记中记录 1888 年一则书奏画押的流程称："（光绪十四年）四月初四日　晴。皇上祀天坛。卯刻还宫，余随谒见，伺枢、邸堂画稿、阅公件毕，回署，已巳刻。"①据《曾纪泽日记》，次日总理衙门有五件奏稿呈递，所以须提前在这一天将奏稿交给全体大臣书奏画押。②所谓的"枢、邸堂画稿"，意思是让管理总理衙门事务的庆郡王（邸）以及兼任总理衙门大臣的军机大臣（枢）许庚身、孙毓汶几人书奏。

如果总理衙门大臣并未集合，则由章京写好"禀稿"，连同奏摺的誊清稿交大臣书奏。《总署奏底汇订》收录这类禀稿，例如，1898 年 3 月 31 日奏稿的抄件之前，附有一则禀稿说明：

> 章京童德璋、顾肇新谨禀：本衙门现有应奏正摺二件，今早奉翁中堂谕，定于本月十二日（4 月 2 日）具奏。兹将奏稿封呈王爷书奏，仍交原弁带同。奏底容再送呈。又昨日发电二件，收电九件，一并封呈王爷钧阅。为此谨禀。三月

---

① 《惩斋日记》，第 475—476 页。
② 《曾纪泽日记》下册，第 1686 页。

初十日①

童德璋、顾肇新为当值的总办章京、帮办章京。当时，总理衙门有两位"王爷"：多病的恭亲王奕訢及庆亲王奕劻，所以，无法确定受信者具体是谁，但可以读出如下信息：何时上呈奏摺，由一位总理衙门大臣主持、决定（具体到这封信，显示此人是翁同龢），然后交其他大臣书奏即可。然而，奏摺在定稿前，是否征求所有大臣的意见，仍不得而知。

我们再来看 1871 年（同治十年）同样性质的禀文一件。当年10 月 6 日，两位总办章京有一禀文：

> 夏家镐、沈敦兰谨禀：所有具摺答送日本礼物摺一件、片一件、单三件，均已缮齐，请各堂在署阅看，于明天呈递，奏底封送呈阅，其备办颁给日本国物件，并王爷答送物件一分，亦经各位大人点阅，谨将清单送呈钧鉴。谨禀。八月二十二日②

该禀文亦无从确定受信人身份，有可能是主持总理衙门事务的恭亲王奕訢。然可以肯定的是，该奏稿、奏片、清单在上呈皇帝之前，

---

① 全国图书馆文献缩微复制中心编：《总署奏底汇订》第 2 册，全国图书馆文献缩微复制中心 2003 年版，第 783 页。《总署奏底汇订》共收录总理衙门同治五年（1866）至光绪十年（1884）间的奏摺七百余件，皆为总理衙门清档房供事缮抄的奏底，部分奏底附有总办章京呈交总理衙门大臣知会奏摺内容或请求画稿的禀帖。

② 《总署奏底汇订》第 2 册，第 714—715 页。

要交给总理衙门全体大臣阅看。

另有 1883 年初总办章京禀文一件：

> 章京叶毓桐、梁钦辰谨禀：所有议覆盛京将军崇等奏朝鲜贸易事宜并中国官员与陪臣往来礼节等因摺、片各一件，奉宝中堂谕：定于本月二十五日会奏，兹谨照录奏底封呈钧阅，是日王爷衔下谨遵照注"假"，合并禀闻。为此谨禀。十二月二十四日①

该禀文的受信人为恭亲王奕訢，他当时请病假在家。负责决定这次上奏事宜的，是大学士、总理衙门大臣宝鋆。按理，誊清奏稿须全体堂官书奏，因奕訢有病假，故书"假"代替书奏。书"假"意味着不对奏摺负相关责任，如果奏摺内容出现问题，或皇帝就其中内容进行咨询，书"假"者不在追责、咨询之列。从这一禀稿也可以看出，书"假"并不意味着该大臣对奏摺内容全不知情。在个别情况下，总理衙门大臣如果反感相应的建策，会有意书"假"进行回避。例如，1867 年入署的大臣倭仁，长期在总理衙门奏稿上书"假"，回避本署事务，拒绝对奏摺的内容负责，直到最后"因病罢直"。②

上文 1898 年、1883 年的两件禀稿，都曾提及奏稿的上递时间

---

① 《总署奏底汇订》第 1 册，第 458—459 页。
② 陈义杰整理：《翁同龢日记》第 1 册，中华书局 1989 年版，第 528—544 页。倭仁有意回避为总理衙门奏摺画稿，可从倭仁任总理衙门大臣期间（三月二十一日至六月十二日）总理衙门原摺之后的署名部分推断出来。

是由一位总理衙门大臣主持安排的，结合奏摺草稿堂批"阅定"字样，我们似可大致推测，决定上奏者与堂批"阅定"者为同一人。也就是说，奏摺定稿的经过，是知会所有大臣，而最终由一人总其成。那么，这个总其成的人是由总理衙门大臣轮值，还是通过其他方式产生呢？

1897 年 3 月，进入总理衙门约半年的大学士李鸿章在给张佩纶的信中，抱怨署中的办事状态："余若停数日不到署，应画稿件、应发文电，无人过问。樵野在此当杂差，今出使，更无应差者矣。高阳数月一晤。"①樵野，即张荫桓；高阳，即李鸿藻。他二人都是总理衙门大臣，按理应该参与负责核定、阅画稿件。总理衙门当时虽有翁同龢、李鸿藻等 11 人任差，但根据李鸿章的描述，他们多没能有效主持工作，署中事情，全赖张荫桓、李鸿章二人料理。而张当时正欲前往英国访问，故重担落在李鸿章一人肩上。李鸿章乐于任事，半年后在给他女儿的信中又说："朝政泄沓日甚，译署事繁，张樵野冬初回，吾可稍暇，然未可言退也。"②即便在 1898 年戊戌变法前夕，总理衙门上述状态仍无多大改变，李鸿章在当年 4 月信中说："总署各堂无管事者，余日进署料理，藉以消遣岁月而已。"③

从这里可以看出，总理衙门的文书并非由各位大臣轮值"阅定"，而是由一二主动任事之人来负责。具体到奏稿，是由一位任

① 《致张佩纶》（光绪二十三年二月二十二日），见《李鸿章全集》第 36 册，第 138 页。
② 《致李经璹》（光绪二十三年八月二十日），见《李鸿章全集》第 36 册，第 157 页。
③ 《致李经方》（光绪二十四年闰三月初十日），见《李鸿章全集》第 36 册，第 177 页。

事大臣负责阅定，而后交全体大臣书奏。这种办理奏稿的模式，有如下特点：

第一，管股章京、尤其是总办章京的主动权非常大。他们起草、修订奏折的具体细节内容，然后交给任事大臣"阅定"，即告定稿。

第二，总理衙门事务容易流于因循。总理衙门大臣共同书奏，意在群策群力，同时也意味着共同负责，制度上并无领班负责之制，这意味着全体大臣有着近似的权力和责任，故没有必要"出头"任事。

第三，总理衙门对于富有争议、具有进取性的方案会难以通过。因大臣共同书奏意味共同负责，若有问题，须一并担责，在书奏前征询所有大臣的意见，这意味着奏折中的对策或方案须获得所有人的一致同意。而各位大臣自身知识结构、文化见识、政治立场、冒险精神都不尽相同，有时甚至完全相反，如果要让所有人对一份奏折都画押同意，则须隐藏起奏折的锋芒，这也就意味着越是平庸的建议，争议越少，也越容易获得通过。

四、奏折呈递件、军机处副本与总理衙门清档

在总理衙门全体大臣在誊清稿上签署书奏之后，奏折即可按正式格式缮抄、校对，然后在预定时间内上递。

根据清代制度，部院衙门施行轮值制度，也就是轮流值日递折。轮值当天，须在凌晨寅正（4:00）乾清门开启时，将奏折交至奏事处，转呈皇帝批阅。与此同时，递折衙门的全体大臣，须递膳

牌预备皇帝召见、询问。①遇到重要事件，非轮值衙门可以"加班奏事"。由于总理衙门地位非同寻常，不参加部院排班轮值，如有奏摺可随时呈递。总理衙门大臣遇递摺之日，须递呈膳牌，预备皇帝召见、询问。一般来说，皇帝对递摺、递膳牌的大臣不会全班召见，而是择一二要员入内，就奏摺涉及事务或奏摺之外的事务进行询问（相关内容可参阅第二章）。②

前文已述，总理衙门奏摺与部院奏摺不同，后者因多半系照例奏事，只需例行给出"知道了""依议"的简单答复，再由奏事处太监口传谕旨即可。总理衙门每天的奏摺，不以指甲划痕的方式处理，而必须皇帝亲自批答，或交军机处拟旨。同时，亦须发下军机处，在军机处《随手登记档》有详细的处理意见及后续去向的记载。如是皇帝朱笔批答件，则由军机处抄录副本备查。这样，就形成了朱批原摺和军机处录副两种文本。

在总理衙门奏摺经朱批或者拟旨之后，例交总理衙门章京领回。据前引总理衙门奏摺，"臣衙门陈奏摺件，及各省条奏有谋深虑远，为他日自强之计者，军机处亦概不发抄"。③这就意味着许多重要的总理衙门奏摺并未经发抄传出，在《邸抄》《京报》上是无法寻觅的。章京领回的朱批奏摺，须按期缴回，这一规则与其他部院奏摺相同。在这个过程中，总理衙门会另外抄录奏摺全文和朱

---

① 《钦定大清会典（光绪朝）》卷82，第763—764页。
② 这一过程可参考曾纪泽回国后担任总理衙门大臣期间的日记内容，见《曾纪泽日记》下册，第1559—1876页；亦可参见《张荫桓日记》，第507—555页。
③ 奕訢等：《又奏钞录各督抚摺函请饬倭仁详看慎勿宣播片》（同治六年三月初二日），见《筹办夷务始末（同治朝）》第5册，第2022页。

批、谕旨，与其他各类档案文书一起，定期按专题修纂成档册，称为《总理各国事务衙门清档》。①

根据《大清会典》的规定："王大臣有教令，则下总办而逮于所司，稽旧章以权准则。凡旧章之志于册者，曰《清档》。"②清档的纂修，始于总理衙门建立之时。最先，由各股自行承修，到1864 年 9 月（同治三年八月），总理衙门奏设专门的清档房，管理修档事宜。清档房由新传到署的章京充当主力，他们专司档案阅读、整理，不参与各股事务的办理。总理衙门希望他们借修档之机，翻阅档案，熟悉公文与业务流程，便于日后分股之后，迅速适应文书的草拟。为了对他们进行监督与引导，另在总办、帮办章京中，特派二员担任提调。清档房章京满汉各四，共八人，英法美俄四股文书均分二人，一人负责管理修辑，一人专司校对。清档主要由总办章京督修，清档房章京修纂。

总理衙门清档是专题档册，每册皆有专案题名。各档案扉页，有承修官、校对官、督修官的姓名（早期部分档册无督修官），后增加覆校官一名，由管股章京充任。收入清档的文件，为上文所揭总理衙门日常收发的档案，其中，又以总理衙门奏摺及对应的上谕为大宗（见图 7-4）。具体而言，总理衙门各股在登记、处理所收发文书后，必须在次月初十日前办理完毕，十五日须将所收文件交给清档房，由清档房编订档案。如有耽误，则追究总办章京与相关清

---

① 奕訢等：《变通章程五条》（同治三年八月二十日），见《筹办夷务始末（同治朝）》第 3 册，第 1215 页。

② 《钦定大清会典（光绪朝）》卷 99，第 919 页。

档房章京之责。①

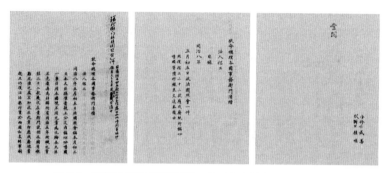

图 7-4　总理衙门清档扉页承修、校对章京签名及目录、正文

资料来源：总理衙门：《清档一册》（同治八年），全国图书馆文献缩微复制中心编：《国家图书馆藏清代孤本外交档案续编》第 2 册，全国图书馆文献缩微复制中心 2005 年版，第 783、785、787 页。

资料说明：扉页的承修官成善、校对官桂明为总理衙门清档房的满章京。"堂阅"表示该档册由某位总理衙门大臣核定。

　　清档房章京之中，承修官负责将总理衙门所收发的该股档案，随案依性质分类，然后按专题编订目录。目录力求完整，不得遗漏。在目录编订完毕后，将其交给供事，由供事依目录进行缮抄。校对官负责档案校正工作，力求使清档与原档一致，保证清档不得有过多的错字。所修纂之清档，以季为单位，呈送总理衙门大臣查阅。因此，清档虽然为原件之抄本，但它几乎与原档同时形成，且按照规定，纂修过程严密，在一定程度上价值可与原文件等同。②总理衙门清档也是留存至今的总理衙门档

①②　奕䜣等：《变通章程五条》（同治三年八月二十日），见《筹办夷务始末（同治朝）》，第 3 册，第 1215—1216 页。

案中的大宗。①

　　至此，总理衙门的奏摺也就走完了从奏稿、奏底到正式奏摺、录副奏摺、清档，这一系列状态的全过程。

结　语

　　与清代其他中央机构一样，总理衙门有着严格的公文处理流程，也有着完整的文书保管及档案修纂的制度。严格的收文、发文程序，保证总理衙门能及时处理本部门事项，不至于迁延迟滞，将办理过的文书登记，据主题类别编纂档册，备案查核，使得所办事务有案可稽，便于日后参考。总体而言，总理衙门相关的奏摺档案可以分为草稿、签署件、正式上递奏摺、录副奏摺与清档几类。

　　总理衙门的奏摺处理流程与其他中央部院有近似之处，但最重要的区别在于，总理衙门在办理文稿的过程中，由章京全程参与，将书吏排斥在外，避免了后者操持政务带来的弊端。根据所办事务重要性不同，大臣、章京在其中发挥的作用各有不同。其次，总理衙门的奏摺有着优先于其他部院的地位：无须参与排班轮值，有事

---

① 《清档》是总理衙门档案中占比重较大的档案。《清档》定期按主题纂修：独立成册，先后命名为《总理各国事务衙门清档》《外务部清档》。1912 年清帝逊位后，北京政府外交部曾对目录散失的档案进行了重新登记、修补。1949 年之后，被携带赴台转交给"中研院"近史所的《清档》中，一些较完整的、部头较大的档册得到圈点、整理和出版，计有《海防档》《矿务档》《教务教案档》《中法越南交涉档》《澳门档》等数种。藏于北京国家图书馆的总理衙门档案中的清档，收入《国家图书馆藏清代孤本外交档案》及其《续编》中。参见《王聿均先生访问纪录》，载陈仪深等编：《郭廷以先生门生故旧忆往录》，"中研院"近史所 2004 年版，第 40—43 页。

可随时具摺呈递；且总理衙门奏摺不能由皇帝作划痕的简单处理后直接发下，而必须动笔批示，或交由军机处阅摺后再决定处理。由此也使得总理衙门的多数奏摺得以在军机处进行录副，并在军机处《随手登记档》中留下完整的记录。最后，总理衙门有着大量的依据主题分类、定期归类编纂的清档，这使得总理衙门在清朝原有的文书档案的基础上，建立起最为完备的公文处理制度。

然而，总理衙门具备严密的文书档案制度并不意味着它所经办的事务都能得到合理和认真的对待。这首先缘于总理衙门的首长制度：虽有管理该机构的亲郡王，但并不意味该亲郡王单独负责，奏摺这一最重要的公文，须交由全体大臣画稿书奏通过才能发出。这也意味着文稿必须走中间路线，才能获得十余位总理衙门大臣的全体赞成，还要避免任何容易引起争执的观点。虽然一般会有一位大臣负责协调、定稿，但其人选既非轮值，也非大臣们推举，而是取决于总理衙门大臣个人性格和任事态度，遇到责任感较强，勇于担当的大臣，他在文稿形成过程中的主导性就会突出一些；遇到畏事、不愿出头的团队，文稿的因循特性就会更加明显。其次，总理衙门办稿程序较为严密，每一步皆有法可循，但这只能保证事务得到及时和依序办理，办稿的质量，须倚赖总办章京、管股章京和大臣的素质。章京直接办事，按部就班地草拟奏摺，在某些时候甚至会因经验的丰富反客为主，促使总理衙门大臣全盘接受他们的意见和拟稿，形成清朝中央机构中少有的、一定意义上的"章京/秘书专政"，出现位处中层的司官在摒斥胥吏办事的同时，又让大臣倚重的现象。

第八章 君相关系的终曲——清季内阁与军机处改革

清末的预备立宪，主要内容包括制定宪法、筹组责任内阁和开国会①，这些内容涉及一个重大问题——确立君权的边界。责任内阁的设立并非平地起高楼，按照清末政治改革的经验，新机构常由旧有部门改制而成。责任内阁作为最高行政机构，负实际的施政责任；而在旧有体制中，内阁与军机处位处中枢，分别辅助君主处理题本、奏摺两类最重要的政务文书，并传宣上谕。就地位和权力而言，旧内阁和军机处是责任内阁最理想的改组来源；就未来走向而言，旧内阁和军机处也必须改组或撤销——在君主立宪政体下，行

---

① 必须指出的是，责任内阁制度形成时间较晚，且各国情况差异较大，在本章论述时段内，也尚在变动和发展之中。严格来说，责任内阁是指议会制下由议会选举或提名内阁首相/总理，对议会负行政之责的制度。部分君主立宪制国家（或在历史发展的某个阶段），君主握有实权，决定政府首脑人选，这与责任内阁制度是有区别的；总统制国家由总统担任政府首脑，或由总统任命作为幕僚长性质的内阁总理，也非责任内阁制度。晚清引进和使用"责任内阁"一词时，并未区分和辨析君主立宪制下的内阁、议会制内阁、总统制内阁，有意或无意忽略了当时英、美、德、日各国内阁制的区别，尤其忽略了各国君主或总统与议会、内阁总理相互关系的区别。本章为论述方便，仍沿用当时文献中的"责任内阁"一词，并不代表笔者认可其内涵。

政命令的发布权应归属于责任内阁而非君主的秘书机构。

按照清制，内阁大学士秩正一品，位列文官之首，有"宰相"的名分；军机大臣属于差使，从内阁大学士、部院尚书、侍郎等高官中简用，每日直接面对君主，辅助奏摺的处理，是最重要的实权官员。内阁大学士若兼任军机大臣，因地位名分与权力之实相副，被俗称为"真宰相"。①而责任内阁中的总理大臣作为政府首脑，负责组建内阁团队，与旧内阁的大学士及军机大臣在地位上有着共通之处。责任内阁的设立、新旧机构的对接，不仅是新的政治理念下的创制问题，同时也涉及传统的君权与相权的关系。

君权与相权是传统中国政治中一对古老的关系，甚至决定着王朝的权力结构和时代特点。这一对关系也是长期以来历史学家极感兴趣的话题。既往研究对君权相权的思考，往往止于清代中期之前的军机处，本章希望考述清季旧内阁、军机处的改革及责任内阁成立的曲折经过，进而解释君相关系在帝制晚期，由君主制向君主立宪制过渡历程中的激荡和最终走向，尝试从传统政治制度的视角解释清末宪政改革的特点，并对这一改革进行理论思考。②

① 在清代，即便以正一品内阁大学士兼任军机大臣，也仍是皇帝的秘书，具体的表现，在本书上编所述的文书流程中可以反映出来。以大学士兼军机大臣者，与明以前总揽政务、统率百官的宰相有着本质区别，故这里所谓的清代"宰相"，只是沿用习惯称呼而已。

② 有关清末预备立宪时的责任内阁问题，可参见高放：《清末立宪史》，华文出版社2012年版，其中详细梳理了清末立宪时期各派言论的内容特点、机构的变迁。李细珠则尤其强调政治派系、请愿运动、政争等在责任内阁设置过程中的作用和影响。参考《袁世凯与清末责任内阁制》，见《变局与抉择——晚清人物研究》，北京师范大学出版社2017年版，第223—257页；《地方督抚与清末新政——晚清权力格局再研究》，社会科学文献出版社2012年版，第176—207页；《清末预备立宪时期的责任内阁制——侧重清廷高层政治权力运作的探讨》，见《新政、立宪与革命——清末民初政治转型研究》，北京师范大学出版社2018年版，第43—145页。

一、君相关系与丙午官制改革的局限

关于丙午官制时的责任内阁方案，既往研究较多强调争议背后的派系与政争，偏向认为：袁世凯主张设立责任内阁，是为了将行政权力转移到自己手中，以防慈禧太后死后可能出现的政治清算，袁世凯与奕劻的政敌也因此激烈地反对设立责任内阁。

其实，责任内阁在学理上也面临着巨大困境，传统君相关系的论述对责任内阁有着极强的干扰。责任内阁负最高行政责任，无疑将分去君主之权，这与清前期的政治经验相悖，也与明清以来的历史走向背道而驰。清中期设立军机处，手握实权的军机大臣有着权力"天花板"。前文已述，在成熟的奏摺制度之下，君主先阅奏摺，根据情况咨询军机与部院大臣完成国事处理，军机大臣作为君主的秘书难以主动弄权，更难构成一个特定的利益集团（1861 年承德、京师对立的特殊情况下除外）。在同治初年，未谙具体政事的两宫皇太后垂帘听政，授给领班军机大臣议政王的头衔，绝大多数的政务都交给军机处拟旨拟批。同光两朝，君主对军机处的倚赖较此前增强了很多。即便如此，否定军机大臣的建议，甚至剥夺他们的权力和地位，也在君主一念之间。①

---

① 白彬菊注意到军机处的权力"扩张"，例如她认为，军机大臣对官员任用有赞助优势（Domination of Partronage），兵部对此不满，上奏抗议自己记名的人员不如军机处提名之人。但事实上，军机处记名武职人员，完全听从皇帝的旨意。考察她所利用的史料原意，是兵部希望军机处记名的参将，在以后有题选副将缺出时，一体开单（从前没有专条）。嘉庆帝驳斥说，之所以给这些武将记名，是因为"念其曾经出兵受伤，劳绩稍著，即随时加恩记名"，但不能因此给予"不次之擢"。也就是说，兵部希望能给被军机处记名的参将较好的擢升机会，而不是相反。我认为，这一误解，很可能是因过度解读了军机大臣的权力，将军机处作为一个利益集团所致。见《君主与大臣：清中期的军机处（1723—1820）》，第 293 页。史料原文见《清仁宗实录》卷 182，第 30 册，第 391—392 页。前文第六章也谈到这一点。

也正因如此，甲午、戊戌之前，士人对于本土的制度尚有信心，军机处作为君主集权的重要体现，在清人论述中一直被看作制度优势。朱一新曾说："凡君民共主之国，相权重于君主，每易一相，则朝局一变，要地皆易置私人，始得行其志，否则议论纷歧，事多掣肘，筑室道谋，迄于无成。法国之所以不竞，弊盖坐此。"[①]在他看来，西方议会制度下的责任内阁，相权重、君权轻，宰相变动，则其他重要职务亦须随之换人，政局也因此动荡不安。戊戌变法期间，虽不乏变革高层制度的建策，却无人提及责任内阁。康有为及其党人有意设立制度局议覆重大的政务，但这并未触及君主乾纲独断的大权。

设立责任内阁的最早提议者及其时间难以考实，但至少在庚子国变之后，趋新报人汪康年提出过这一主张。1901 年，历经联军入侵、"两宫西狩"的惨痛经历，汪康年作了一篇改革变乱之后中国局面的《整理政法纲要》，并托人将这一文件转交犬养毅、大隈重信、山县有朋等日本政要参酌。《纲要》的"政体"部分建议："全国之事皆统于皇帝一人，皇帝择相而任之。一切皆由相措置。惟人事须先请于上，上不许，可令改议。""改官制"部分则建议："设总理大臣一人，其制略如古之宰相，惟权专而有限制，凡内政外交悉归主持，各部长悉由相臣举用。"[②]当时慈禧太后与光绪帝避难在外，奕劻、李鸿章亦与列强议和，局势尚未安定，故汪康年敢于发出这一旨在攘夺君权的议论。待到形势底定之后，这种主张又

---

① 朱一新：《无邪堂答问》卷 4，中华书局 2000 年版，第 164 页。
② 《整理政法纲要》（光绪二十七年正月初四日），汪康年著、汪林茂整理：《汪康年文集》上册，浙江古籍出版社 2011 年版，第 74—76 页。

逐渐销声。辛丑之后的改革路径，仍局限于增设和改革原有的六部架构，并未变更军机处、内阁这两个涉及君权的机构。

1902 年 6 月，赴英参加英王登基典礼的载振、唐文治在出使日记中特意记载了英国的议会政治与首相的产生方式，得出结论："英国民权之重如此，然或办理国是有所舛误，则国人皆归罪于执政，不闻咎及君主。"他们已认识到内阁制度的两面：虽然行政权归首相，但国人不会将行政过失归咎于君主，"不至启犯上之渐"。①

这一时期，康有为在海外对传统官制有深入思考，并在检讨旧制的基础上，表达了官制改革的想法，这就是从 1902 年起陆续刊布在《新民丛报》上的"官制议"系列。其中，1903 年 12 月发表的《中国汉后官制篇》议及君权相权相争的议题，总的结论是："君、相争权而为君所胜，亦中国政界一大案"。在晚清的学术环境中，外来的思想常被追溯具有中学的源头，西方政制常被拿来与中国古代制度相比附，康有为看待传统的宰相制度就是如此，他说：

> 盖汉世丞相之权，佐天子总理万机，故无所不统。既以一人无所不统，则其下必分曹任事，乃理势之自然也。故汉世国事，专在丞相一人，如今欧、日各国政权全在总理大臣一人。其各曹掾吏，由三公得自行辟举，亦犹今欧、日各国各部大臣由总理大臣自行辟举除用也。故汉制，大臣能运用如意，绝不

---

① 载振、唐文治：《英轺日记》光绪二十八年五月十五日条，文明书局 1903 年版。

掣肘，亦与各国总理大臣同。①

康有为感叹，英国、欧洲的制度"实可谓中国流出哉"。②《新民丛报》虽在日本发行，但刊登的文章却历经辗转，成为国内士人争相阅读的对象。供职工部的孙宝瑄读过上述篇目后说："我国政界有一大案，曰君相争权。非君如弁髦，其权为相所夺，即相如闲员，其权为君所夺。"③又说："各国专务大臣，无不出领曹司，内参大政，而有大宰相统之，此深合于唐制，为英人所首创，而他国从之也。"④孙宝瑄虽然对"大宰相"统领专务、大臣负行政责任的制度出自中国这一观点表示保留，但对于该制度却大加赞赏，认为"深合唐制"，"不可不仿行"。

相比报人和普通民众的建议，清朝高层自发的改革建策更具实际的效应。日俄战争的结局，让士人们对日本式的君主立宪制有了更深的好感。1906 年五大臣出洋考察宪政之后，正式提出仿行责任内阁的奏议，这极大指引着后来改革的方向。8 月 25 日，考察政治大臣戴鸿慈等上奏称，"宜略仿责任内阁之制"，并解释，"责任内阁者，合首相及各部之国务大臣组织一合议制之政府，代君主而负责任者也"，"各国每由君主自擢首相，由首相荐举阁臣，一切施政之方，由阁臣全体议定，然后施行，而得失功罪，则阁臣全体

---

① 《官制议》，见《康有为全集》第 7 集，第 244—245 页。原载《新民丛报》第 42、43 号（光绪二十九年十月）。
② 《官制议》，见《康有为全集》第 7 集，第 259 页。这一论点出自《各国官制篇》，原载《新民丛报》第 3 年第 2 号（光绪三十年六月）。
③ 孙宝瑄：《孙宝瑄日记》中册，中华书局 2015 年版，第 883 页。
④ 《孙宝瑄日记》中册，第 888 页。

同负其责"。①奏摺根据日本经验，提出具体的改革方案：

> 以军机处归并内阁，而置总理大臣一人兼充大学士，为其首长，以平章内外政事，任国政责成。置左、右副大臣各一人，兼充协办大学士，为其辅佐，以协同平章政事，共任国政责成。其原有之大学士，则仍带各殿阁之名衔，简为枢密院顾问大臣，以示优崇之意。而令各部尚书皆列于阁臣。此三大臣者，常与各部尚书入阁会议，以图政事之统一。会议既决，奏请圣裁。及其施行，仍由总理大臣、左右大臣及该部尚书副署，使职权既专而无所掣肘，责任复重而无所诿卸。②

这一方案将新旧两种制度巧妙地融合了起来：新内阁以总理大臣领衔，负行政责任，以副大臣协理，正、副大臣分别冠以旧内阁的"大学士""协办大学士"之名。重大国策的商议权，交给以总理大臣为首，副大臣、各部尚书担任阁臣的新内阁，同时，将政务奏摺的决定权保留在君主手中，即"会议既决，奏请圣裁"的模式。

该摺虽由戴鸿慈、端方所上，但背后的操刀者有可能是身在东瀛的梁启超。③而翰林院编修、后官御史的赵炳麟则说，该摺由袁

---

① 《出使各国考察政治大臣戴鸿慈等奏请改定全国官制以为立宪预备摺》（光绪三十二年七月初六日），见《清末筹备立宪档案史料》上册，第368页。
② 《清末筹备立宪档案史料》上册，第369页。
③ 夏晓虹：《梁启超——在政治与学术之间》，东方出版社2014年版，第17—30页。

世凯"令幕宾张一麟、金邦平为疏，使端方回京上之"。① 这一方案出台后，引发了朝野巨大争议。原因在于，责任内阁一旦与传统的宰相制度、明清内阁关联起来，就不再是单纯的创制问题，而是牵涉到对数千年君相关系的检讨，也牵涉到对着眼于防范历代弊政的清朝制度的否定。责任内阁、内阁总理大臣的名称和职守，很自然地让人联想到历朝的宰相、宰相府以及明清内阁。若向前追溯，宰相制度早在明初即已废除，明朝中后期曾一度出现过作为内阁首辅的权臣，这使得清朝在废宰相这一点上做得更为彻底：内阁大学士虽位极人臣，但很大程度上是一虚衔，并无像明朝那样票拟题奏本章处理方案的权力。② 所以，检讨进而否定清朝的中枢制度，是设立责任内阁绕不过去的门槛。

9月2日，是奏摺上递后第 8 天，慈禧太后任命 14 人编纂新官制。这些人除考察宪政归来的载泽及直隶总督袁世凯外，其余皆为内阁大学士、各部尚书。她另下旨由各省总督选派司道入京参议官制，最后由奕劻、大学士孙家鼐、协办大学士瞿鸿禨"总司核定"。③

---

① 赵炳麟：《光绪大事汇鉴·立宪大略》，见赵炳麟著、黄南津等点校：《赵柏岩集》上册，广西人民出版社 2001 年版，第 292 页。张在笔记中亦有与赵相同的说法（张一麟：《古红梅阁笔记》，上海书店出版社 1998 年版，第 44—45 页）。

② 钱穆认为："清代政制，沿明代不设宰相，以大学士理国政，以便君主独裁"，"雍正时别设军机处，自是内阁权渐轻，军机处权渐重。然军机处依然非相职。"他将这些视作是清朝属于"狭义的部族政权"的表现（钱穆：《国史大纲》下册，九州出版社 2011 年版，第 896—897、909 页）。对此描述，我完全同意；对此观点，我完全不同意。我认为，设军机处、虚化内阁职权，是明初废丞相、加强君权的延续，与 15 世纪以来中国历史的走向一脉相承，恰好是清朝作为"中国"的体现。历史上的各种"部族政权"，反而保留一定的"民主"。

③ 《光绪宣统两朝上谕档》第 32 册，第 129—130 页。

面对即将到来的中枢改革，翰詹科道表现出高度警惕。他们认识到，清朝的内阁、军机处是对前代宰相制度的否定，在本质上是为了保证权力操之在上，是以牺牲施政的合理性为代价，严防权臣的出现，体现出清朝的制度优势。正如御史刘汝骥随后所说的，设总理大臣"是置丞相也"，"盖我朝家法至精至要，惟其超越往古、破迂儒之瞀说者，尤莫如不建储、不置首相二事，煌煌祖训，载在金縢，可谓深切著明矣"。①他的思路是，既然明清废宰相的做法是正确的，为何要设立内阁与总理大臣？刘汝骥，直隶静海人，1895年中进士，授翰林院庶吉士，时任江西道监察御史。他的论述代表翰林中传统一派的认知。

御史王步瀛听说要设立总揽政务的新内阁，忧心忡忡地说："传闻将撤军机，权归内阁，宣召无定，罕瞻天颜，日久倦勤，近侍用事，祖宗家法恐因之堕。"②他担心权力汇总于新内阁，将导致权臣和近侍专权，祖宗之法被破坏，建议慈禧太后和光绪帝慎重考虑新内阁之事。在另一奏片中，王步瀛认为，内阁总理大臣"威权太重，流弊滋多"，应仍设军机处办事。他将军机处与谏官言事看作"中国万世不易之理"，守之则治，违之则乱。③王步瀛，陕西眉县人，1876年中进士，曾官户部主事，1900年随慈禧太后与光绪帝"西狩"关中避难，后升郎中、补御史。他以微官获得到了高层

---

① 《御史刘汝骥奏总理大臣不可轻设以杜大权旁落摺》（光绪三十二年八月十三日），见《清末筹备立宪档案史料》上册，第421—422页。
② 《掌浙江道监察御史王步瀛奏为敬陈妥定官制管见事》（光绪三十二年八月初一日），《军机处录副奏摺》，档号03-5618-045。
③ 《掌江南道监察御史王步瀛片》（光绪三十二年），《军机处录副奏摺》，档号03-5618-057。

信任，知识结构上则偏重传统旧学。

另一位御史赵炳麟也专摺上奏谈及明清制度的承续，他说："自前明洪武时，胡惟庸以诛败，遂废丞相府，置内阁以掌机务，承旨而已，施行之权则分寄于六部，所以杜专政之渐也，我朝因之"，他不无警告意味地说，如果内阁将"承旨""施行"合二为一，"京、外一切衙门皆属于内阁，以承其令，内外一应庶政，皆仰于内阁，以受其成，是直恢复前明初年丞相府之权限"。①他担心，"一切大权皆授诸二三大臣之手，内而各部，外而诸省，皆二三大臣之党羽布置要区"。②赵炳麟，广西全州人，1895 年中进士，曾官翰林院编修，时任福建道监察御史。③他将责任内阁与历史上权臣丛出的宰相制度画上了等号，否定了责任内阁的合理性。除了史鉴的考虑，赵的态度也是出于对现实政治的忧虑。他后来回顾说："世凯因戊戌之变，与上有隙，虑上一旦复权，祸生不测，冀以内阁代君主，已可总揽大权，自为帝制，入京坚持之。王公、尚、侍望风而靡。御史赵炳麟曰：立宪精神，全在议院。今不筹召集议院，徒将君主大权移诸内阁，此何心哉?"④

御史张瑞荫则论述说，军机处优于前代宰相与内阁制度，关系到君权，故不可裁撤。他说，"军机处其地至要，其弊极少，较诸

---

① 《福建道监察御史赵炳麟奏新编官制权归内阁流弊太多摺》（光绪三十二年八月二十五日），见《清末筹备立宪档案史料》上册，第440页。

② 《福建道监察御史赵炳麟奏立宪有大臣陵君、郡县专横之弊并拟预备立宪六事摺》（光绪三十二年八月二十一日），见《清末筹备立宪档案史料》上册，第124页。

③ 《清代官员履历档案全编》第8册，第561页。

④ 《光绪大事汇鉴·立宪大略》，第293页。

汉相国府、唐之中书门下、宋之三省、明之内阁，有利无弊，尽善尽美"，军机大臣"例司缮写谕旨，其权一归于上"，"自设军机处，名臣贤相不胜指屈，类皆小心敬慎，奉公守法，其弊不过有庸臣，断不至有权臣"。他又历数王莽、曹操、胡惟庸、严嵩之祸，结论是："大抵天下之权，惟皇上可以操之，非臣下所宜擅也。"①张瑞荫，直隶南皮人，大学士张之万子，以荫生袭刑部员外郎，后官御史。他与张之万的门生徐世昌往来甚密，平时亦接受袁世凯给御史的"例份"及给他本人的额外馈赠。②为避免卷入族叔张之洞与奕劻、袁世凯的政争，他不顾张之洞的嘱咐，托徐世昌将其奏调出京。所以，与赵炳麟不同的是，张瑞荫反对责任内阁并非着眼于预防眼下的袁世凯，而是鉴于既往历史发出的隐忧。③在他看来，清代君主独揽大权，军机大臣只能小心谨慎承旨办差，杜绝了权臣奸相的弊端。

　　王步瀛、赵炳麟、张瑞荫反对责任内阁的出发点各有不同，但绝非个案，在翰詹科道中持同样或近似观点者不占少数。御史石长信也上奏称：如果"集重权于一人，幸公忠自矢，已不免专擅之嫌，倘私意偶蒙，恐流为僭窃之渐"。④吏部主事胡思敬亦上条陈：

---

① 《掌山西道监察御史臣张瑞荫奏军机处关系君权不可裁撤摺》（光绪三十二年八月十一日），见《清末筹备立宪档案史料》上册，第429—430页。
② 张达骧：《袁世凯佚事述闻之二》，见政协天津市委员会文史资料研究委员会编：《天津文史资料选辑》第16辑，天津人民出版社1981年版，第40页；张达骧：《我所知道的徐世昌》，见政协全国委员会文史资料研究委员会编：《文史资料选辑》第48辑，中华书局1984年版，第221页。
③ 张达骧口述、周宝华整理：《张之万述闻》，见政协南皮县委员会编：《南皮县文史资料》第1辑，政协南皮县委员会1989年版，第36页。
④ 《御史石长信奏请将政务处并入内阁其他官制勿大更张摺》（光绪三十二年八月二十四日），见《清末筹备立宪档案史料》上册，第431页。

军机大臣"无论官职崇卑，不相统摄"，若设立内阁总理大臣统一枢务，"无论用亲藩，用满汉大臣，皆可恣睢自擅，窃弄权柄，启奸人窥伺之渐"。①慈禧太后对这些意见显然有意加以利用，在王步瀛上奏之后，她即命发下考察政治馆知道，供其编定新官制时参酌。②

要设立责任内阁，必须解决评价旧制及防范权臣两大问题。赞成责任内阁的人，如要确保立论的稳固，须设法驳斥责任内阁将导致权臣当道的立论。给事中刘彭年曾由载泽等奏调出洋，考察宪政，是改革的拥护者，③ 他以日本制度为例，说明责任内阁的总理大臣任行政之咎，天皇却仍操黜陟大权，君主有权而无责。同时，内阁总理有任期之限，不用担心其擅权跋扈。④

1906 年 11 月 2 日，总司核定官制大臣奕劻等人提交了军机处、内阁及各部改革的总方案，随奏摺附呈清单、节略 24 件。方案提出，设立新内阁，内阁设总理大臣，各部尚书为内阁政务大臣；改原有部院为 11 部，内阁被授予行政实权。⑤另有专门节略回应内阁总理擅权的担忧称："内阁既总集群卿协商要政，而万几所出一秉圣裁，不可无承宣之人为之枢纽，故设总理大臣一人以资表率。总

---

① 《吏部主事胡思敬陈言不可轻易改革官制呈》（光绪三十二年八月二十五日），见《清末筹备立宪档案史料》上册，第 433 页。
② 《光绪宣统两朝上谕档》第 32 册，第 145 页。
③ 戴鸿慈：《出使九国日记》，岳麓书社 2008 年版，第 313 页。
④ 《给事中刘彭年奏立宪宜教育、财政、法律三者并举摺》（光绪三十二年九月初二日），见《清末筹备立宪档案史料》上册，第 162—163 页。
⑤ 《清代军机处随手登记档》第 169 册，第 534—535 页；《庆亲王奕劻等奏厘定中央各衙门官制缮单进呈摺》（光绪三十二年九月十六日），见《清末筹备立宪档案史料》上册，第 464 页。

理大臣之称，初不昉于日本，我朝雍正、乾隆间，固尝有之。采邻国之良规，即以复圣朝之旧制，称名至顺，取则非遥"，如虑其权力过重，"则有集贤院以备咨询，有资政院以持公论，有都察院以任弹劾，有审计院以查滥费，有行政裁判院以待控诉"。①

奏摺、清单上递后，经过四天的慎重考虑，慈禧太后下旨，同意 11 部的改革方案，但对于内阁、军机处的部分，则予以驳斥，明发上谕称：

> 军机处为行政总汇，雍正年间本由内阁分设，取其近接内廷，每日入值，承旨办事较为密速，相承至今，尚无流弊，自毋庸复改。内阁、军机处一切规制，着照旧行。其各部尚书均着充参预政务大臣，轮班值日，听候召对。②

慈禧太后否决了军机处及总理大臣改革方案，同时，对军机处人事进行了大的调整。与明发上谕同时发下的，还有三道极为严肃的"朱笔上谕"：命大学士世续、广西巡抚林绍年入军机处；开去鹿传霖、荣庆、徐世昌、铁良的军机大臣差使，专管部务；原军机大臣奕劻、瞿鸿禨留任。③这样一来，军机处变得十分精简。奕劻、瞿鸿禨本为政治对手，与奕劻有密切关系的人员皆退出军机。原本的机构改革伴随巨大的人事变动，这里面隐约透露出最高统治者对责

---

① 《阁部院官制节略清单》（光绪三十二年九月十六日），见《清末筹备立宪档案史料》上册，第 468—469 页。
② 《光绪宣统两朝上谕档》第 32 册，第 196 页。
③ 《光绪宣统两朝上谕档》第 32 册，第 195—196 页。

任内阁方案及可能出现权臣、朋党的担忧与回应。

在宫中档奏摺中，尚存同期的另一清单，也是关于军机处、内阁与各部院的改革方案，内容如下：

> 军机处拟改为办理政务处，军机大臣拟改为办理政务大臣；内阁如旧制。吏部如旧；巡警部改为民政部；户部改为度支部，以财政处并入；礼部以太常寺、光禄、鸿胪三寺并入；学部如旧；兵部改为陆军部，以练兵处、太仆寺并入，海军部、军咨府暂归陆军部办理；刑部改为法部，大理寺改为大理院；工部并入商部；商部改为农工商部；邮传部以轮船、铁路、电线、邮政合为一部；理藩院改为理藩部。以上各部尚书均拟充参与政务大臣，轮班值日。都察院拟改都御史一员、副都御史二员，科道如旧；资政院采群言，拟设；审计院核财用，拟设。其馀各衙门均不更改。①

这一清单与上文奏摺和节略中提的各部改革方案完全相同，但有关内阁、军机处部分则并不一致：奏摺、节略中提出要设"内阁总理大臣"，各部尚书任"内阁政务大臣"，而清单中则建议改军机处、军机大臣为"办理政务处""办理政务大臣"，各部尚书任"参与政务大臣"，"内阁如旧制"，只是强调了军机大臣、各部院大臣原本具有的政务议覆之权而已，否决了责任内阁与内阁总理大臣的

---

① 《呈军机处拟改为办理政务处等清单》（约光绪三十二年），《宫中档朱批奏摺》，档号 04-01-01-1086-048。原清单未署作者与时间，本章据内容推断，该清单应为光绪三十二年九月十六日前后所上。

方案。这一清单是否为奕劻等人提交的 24 件清单之一，或者只是同期的另一备选草案，不得而知。但两者间有关内阁、军机处内容的不一致，或可解释为核定官制大臣在这一问题上存在着较大分歧。

实际上，设立责任内阁除了要过传统君相权力的理论关，也要过现实权力较量这一关。如果设立责任内阁，此时的领班军机大臣、总司核定官制的庆亲王奕劻或直隶总督袁世凯都有可能是内阁总理大臣人选。如何防范他们势大，成为最高统治者和朝中大臣必须考虑的现实问题。恽毓鼎有所针对地说："近来疆臣权重势专，朝廷一意姑息，不复能制，尾大不掉，藩镇之祸时见于今。"[1]君权相权之争，有着历史教训和眼下观照两层意义。赵炳麟后来回顾，1906 年"所编官制，大权集于内阁，奕劻将以世凯为内阁总理也"。在赵炳麟反对责任内阁的奏摺上递后，"太后感悟，御史刘汝骥、张世培、赵启霖、江春霖等继续言之，内阁之制不下"。[2]

否定既存的军机处与内阁制度，是建立责任内阁必过的理论关，但这又涉及对清朝"祖制"乃至两千余年中国历史上防范权臣的理论及制度努力的否定，阻力不可谓不小。丙午官制改革中，最高统治者适时地利用了这一点，搁置了责任内阁的创议，这其中既包含了继续保有君主大权的考虑，同时也隐含对新制可能滋生权臣与朋党的担忧。

---

① 《恽毓鼎澄斋日记》第 1 册，第 348 页。
② 《光绪大事汇鉴·立宪大略》，第 293、300 页。

二、军机处与新制的冲突

既往有关清末立宪的研究多认为，革命党的活动、立宪派的请愿促成了责任内阁的成立，本节则循着制度本身的脉络和特点，揭示责任内阁在上述因素之外的制度成因。

在丙午官制改革中，基于理论和现实的考虑，最高统治者否决了责任内阁的提议，但此后却一直有设立责任内阁的建议与预筹。这首先体现在职官制度的细微变动上。

清代内阁职司题奏本章，从军机处设立后，因奏摺归军机处协助处理，题奏本章的重要性下降，内阁职能逐渐虚化。在1901年（光绪二十七年）改题为奏之后，内阁的实际功能更加弱化，内阁大学士与协办大学士，仅为名义上品级最高的文官，若不管部、不兼六部尚书或军机大臣，即为"空头大学士"。在筹备立宪过程中，重新充实内阁功能和作用，是一些朝中大臣尤其是内阁官员的努力方向，他们试图用内阁的旧瓶去装新酒，以旧内阁做基础，转型到责任内阁。

1905年11月，清朝设立考察政治馆，命延揽通才，悉心研究政治，"择各国政法之与中国治体相宜者，斟酌损益，纂订成书，随时呈进，候旨裁定"，次年正式开馆。①除了内阁学士宝熙、江苏常镇通海道刘若曾两位提调，其他考察政治馆大臣主要是军机大臣

---

① 《光绪宣统两朝上谕档》第31册，第191页；《考察政治馆大臣奏报开用考察政治馆关防日期事》，《军机处录副奏摺》，档号03-9284-002。

加上未入军机的内阁大学士。①与立宪相关的意见，都发下考察政治馆讨论议覆。1907 年 7 月，内阁学士吴郁生上奏建议，"现在军机大臣、大学士、部院堂官旬有会议公事之举，似亦宜在内阁会集，以为将来部院堂官入阁办事之初基"。②吴是内阁学士，清楚旧内阁体制，他希望内阁能够名副其实，各部院堂官可以最终入阁办事。以原内阁大学士加上部院堂官入阁集议办事，这就在形式上近似于内阁会议的模式了。在内阁旧地议覆政务，也是为过渡到责任内阁做好形式上的准备。

1907 年 8 月 13 日，奕劻等人上奏，将考察政治馆改设为宪政编查馆，由军机处王大臣总揽其事，议覆关系宪政的事项及各种条陈法规。与此同时，所有军机大臣、大学士、参预政务大臣（即各部尚书）会议的重大事宜，皆改由内阁办理。③也就是说，基本接受了吴郁生的建议，以定期会议重大事务这一集体行动，将军机大臣、内阁大学士、各部尚书集合起来，塑造出一个近似责任内阁的雏形。这条建议得到了慈禧太后的批准。

当然，旧内阁的改制、新内阁的筹组并非只是学理演进、朝野辩论的结果，也有革命党人压力促动的因素。就在奕劻等人上奏之前七天，即 8 月 6 日，孙宝瑄就已风闻："内外大臣有更调之说，并欲组织内阁，盖为革命党人声势所动摇也"，又说"过七月初一

---

① 《政务处大臣奏为简选宝熙刘若曾派充考察政治馆提调并拟请馆址事》（光绪三十二年闰四月十五日），《军机处录副奏摺》，档号 03-5459-094。

② 《内阁学士兼礼部侍郎衔吴郁生摺》（光绪三十三年六月十八日），《军机处录副奏摺》，档号 03-5619-016。

③ 《奕劻等摺》（光绪三十三年七月初五日），《军机处录副奏摺》，档号 03-9287-014。

（8月9日）即将发表"。①传闻内容中，"组织内阁"的程度稍过，其他预测则较为准确。在革命党人的压力下，奕劻等人对旧内阁制度进行了调整，朝着责任内阁的目标前进了一步。

很快，就有人上条陈，建议在现有的集体会议基础上再前进一步。度支部学习郎中刘次源上条陈，变"议政之内阁"为"行政之内阁"。他主张，内阁必须有责任与权力，从而统一各部行政、监督各省行政、裁决省部争执。并认为，汉代丞相统领十四曹，分理政务，"仿佛英日之合议内阁，而丞相实为总理大臣"，建议"特旨建设责任内阁，简派总理、副总理大臣，以表率百官，督理国务，并于其中设官分局，谕十部尚书皆入阁参预政务"。②11月25日，孙宝瑄已在报上读到"政府有裁军机处组织内阁"的消息。③

尽管舆论已越来越倾向接受责任内阁，然最高统治者似尚未想好如何处理君相关系的大难题，故有意回避责任内阁的话题。1908年8月27日，清廷公布《钦定宪法大纲》，规定："君上有统治国家之大权，凡立法、行政、司法皆归总揽"，"用人之权，操之君上，而大臣辅弼之，议院不得干预。"④确定君主集权的大原则，只字未提责任内阁的设置及其地位。同时公布的九年预备立宪事项

---

① 《孙宝瑄日记》下册，第1129页。
② 《度支部四川司学习郎中刘次源为敬陈内阁会议组织责任内阁等八条改革之旨事呈文》（光绪三十三年），《军机处录副奏摺》，档号03-9291-007。刘次源后任度支部财政监理官，有揭帖指刘"主张革命"（《京师近事》，载《申报》1909年7月14日第4版）。
③ 《孙宝瑄日记》下册，第1181页。
④ 《宪法大纲》，载《政治官报》第301号（光绪三十四年八月初二日），第9页。

中，也不见责任内阁的计划安排。①

但是，成立责任内阁的呼声却日渐高涨。8 月 10 日，会议政务处提议组织新内阁。8 月 28 日，续议组织新内阁之事。就在此时，清朝政局发生巨大的变动，光绪帝和慈禧太后在 11 月相继去世。醇亲王载沣之子、不满三岁的溥仪继位，载沣奉旨以摄政王监国，"军国政事均由摄政王裁定，遇有重大事件必须请皇太后懿旨者，由摄政王随时面请施行"。②当时的急务，在于稳定政局，让监国摄政王制度走上常轨，设立责任内阁的计划被暂时搁置。紧接着，载沣借皇帝名义发布上谕，称将遵守九年预备立宪时间表，"使宪政成立，朝野乂安"。③

此时，新旧制度、新旧观念之间，出现越来越多的冲突。

12 月 4 日，御史赵炳麟上奏，建议恢复军机大臣在政务处理过程中署名的旧制。赵援引乾隆帝巡行外省时由随行的军机大臣署名谕旨的故事，认为署名可防止"唐代之墨敕斜封、明室之口传中旨"产生的流弊，让署名者责有攸归。他建议军机大臣拟旨时，"应遵照乾隆时祖制，于谕旨之后一一开具承旨衔名"。实际上，这一枢臣署名的"乾隆旧制"并不存在。当时只是因为乾隆帝巡游在外，军机大臣分成留京和随行两部分，因此在廷寄上谕之时，要写承旨人姓名。

此前，赵炳麟曾两次上奏，要求恢复所谓的军机大臣署名旧

---

① 《议院未开以前逐年筹备事宜》，载《政治官报》第 301 号（光绪三十四年八月初二日），第 12—18 页。
② 《光绪宣统两朝上谕档》第 34 册，第 251 页。
③ 《光绪宣统两朝上谕档》第 34 册，第 274 页。

制，但都被慈禧太后做留中处理，第三次建议却被载沣接受。①军机处是君主的秘书处，军机大臣本就负责承宣谕旨，全员署名，画蛇添足，实在有些不伦不类。梁启超为此专门写了一篇文章，题为《军机大臣署名与立宪国之国务大臣副署》，他说："军机大臣之奉上谕，则如写字机器将留声机器所传之声，按字誊出耳，而于纸末必缀一行云某机器所写，甚无谓也。"②

赵炳麟的本意，是让军机处原封不动地传达上谕，并将责任具体到起草、封发上谕的军机大臣身上，使其不敢在拟旨时随意夹带、曲解上意。让人所料不及的是，这一规定却无意中引发两年之后的一场"宪政危机"。

1908 年，清廷派出达寿、汪大燮、于式枚等大臣分别赴日本、英国、德国考察宪政，为九年预备立宪做具体的准备。1909 年 6 月，考察宪政大臣李家驹上奏，建议参照日本经验，核定新官制。他解释说，日本体制"重君主之大权而已"，"日本宪法，实以君主大权立诸行政、立法、司法三机关之上"，政府"乃君主行使大权所设机关之一，决不以君主为政府之长，所谓君主无责任也"，"苟有违法及失政情事，责问弹劾（国务大臣）"，"惟全国结一心尊戴之诚，斯皇图保万世不拔之固"，所以"必取内阁之制"。具体来说，内阁由君主任命，定大政之方向，统一各部事务，凡国务必经

① 《宣统政纪》卷 2，中华书局 1987 年版，第 60 册，第 35—37 页；《宣统政纪》卷 3，第 60 册，第 45 页。

② 梁启超：《军机大臣署名与立宪国之国务大臣副署》，载《国风报》第 1 卷第 8 期，收入《饮冰室合集》第 3 册《文集》25 上，中华书局 1989 年版，第 55—56 页。

内阁、凡臣工入对必经内阁、凡臣工入奏必经内阁、外交事件必取决于阁议。①1910 年 2 月，吉林巡抚陈昭常奏请设立责任内阁，②各省督抚、咨议局要求成立责任内阁的电文、奏报纷至沓来。

6 月 27 日，在朝野请开国会的呼声中，清廷宣布在当年 10 月召开资政院集会，作为今后议院的基础，此时并未言及责任内阁。③资政院的召开，使得立宪未成型，而先有了宪政危机。

上文已述，在赵炳麟建议恢复军机大臣署名上谕的"故事"之后，每日谕旨皆由摄政王钤章、军机大臣署名，意在使军机大臣如实传达上谕，如有事故，可追究他们传达偏差之责。资政院开会后，部分议员对署名这一举措的涵义提出了质疑，因为在其他立宪国家，副署意味着担负行政责任。10 月 19 日，资政院议场通过决议，向军机处递交由议员易宗夔牵头的说帖，质问军机处副署上谕，是否意味着对全国行政负责，宪政编查馆是否掌握最高立法权？④有意思的是，该说帖名为"质问"，资政院却使用"咨呈"形式向军机处递交。⑤在清代公文的程式中，"咨呈"意味着向地位更尊的机构的发文，⑥咨文称：

---

① 《考察宪政大臣李家驹奏考察日本官制情形请速厘定内外官制摺》（宣统元年五月初七日），见《清末筹备立宪档案史料》上册，第 524—528 页。

② 《吉林巡抚陈昭常奏请设立责任内阁摺》（宣统元年十二月二十二日），《宫中档朱批奏摺》，档号 04-01-02-0112-002。

③ 《光绪宣统两朝上谕档》第 36 册，第 170—171 页。

④ 《资政院第一次常年会第八号议场速记录》，见李启成校订：《资政院议场会议速记录——晚清预备国会论辩实录》，上海三联书店 2011 年版，第 54—55 页。下文的资政院常年会速记录都来自该书，不再一一注明。

⑤ 《资政院咨呈军机处》（宣统二年九月十九日），《军机处录副奏摺》，档号 03-7473-019。

⑥ 《钦定大清会典（光绪朝）》卷 30，第 274 页。

本院恭承明诏，为上下议院之基础，议院则必有对待之机关负执行之责任，议院则必有独立之权限为法律之构成。本员为此遵章质问：现在之军机大臣采用副署制度，断非署名敕尾而已，必当如各国之内阁国务大臣负完全之责任。请问军机大臣对于各部行政、各省行政是完全负责任，抑不完全负责任？又，宪政编查馆从前为国内最高之立法机关，现在资政院既已成立，照章应议决新定法典，宪政编查馆是否仿各国内阁所设之法制局，抑仍握最高之立法权？①

议员们依据君主立宪国的通例，将军机处署名解释为负完全的行政责任，但在清朝君主亲裁大政（当时由监国摄政王代行）的体制之下，军机大臣自然无法、也无权对各部及各省行政负责。故这一说帖表面上针对军机处，实则将矛头指向监国摄政王乃至君主亲裁大政的旧制，当然也就无法获得军机处的答复。紧接着，资政院又发生了一场更大的风波。

根据院章，资政院应行议决国家每年收支预决算、税法及公债事件，新定与修改法典以及特旨交议的事件。在当时体制下，"议决"并不代表即刻生效，而是由该院的正副总裁会同军机大臣或各部大臣具奏，请旨裁夺。②对此，我们不妨对照旧有的政务程序：相关政务的请示或者建策，由督抚及其他有上奏权的官员具奏，皇

---

① 《资政院议员易宗夔质问军机大臣是否全负责任并决议宪政编查馆改制事说帖》（宣统二年九月十九日），《军机处录副奏摺》，档号03-7474-088。
② 《改订及续订资政院院章》（宣统元年七月初八日），见上海商务印书馆编译所编纂：《大清新法令》第6卷，商务印书馆2011年版，第92—93页。

帝例交相关部院进行议覆，待议覆后递摺，皇帝例行"依议"，或交军机处草拟谕旨发下，完成政务的处理（详见第二章）。所以，资政院的加入，只是攘夺了中央各部在财政、法律问题上的议覆权。在原有的政务程序仍正常运作的情况之下，看不出资政院有监督和限制政府权力的属性。这与君主立宪政体以及资政院议员的预期完全不合。

按照院章，资政院可议决税法及公债事件、特旨交议事件。11月20日，资政院在核议云南盐斤加价案之后，将决议具奏请旨。奏摺递上，即得到批示："督办盐务大臣察核具奏"。同时，资政院在核议广西高等警察学堂招生办法之后，亦将决议具奏请旨，得到批示："着民政部察核具奏"。两处批示谕旨皆附有全班军机大臣的署名及监国摄政王钤章。①在监国摄政王体制下，资政院的两件奏摺都是载沣代行的朱批，这一批示，有可能是直接批示，也有可能是载沣照准的军机处拟批。从旧有制度而言，批示过程并无差错，完全遵循以往的公文流程；然而在议员看来，资政院是国会的基础，应该与行政权分立。将资政院已经议决的议案再交给督办盐务大臣、民政部议覆，这是立法、行政不分，将行政置于司法之上，在立宪体制下是无法成立的。又因为谕旨有军机大臣署名，议员们将攻击的矛头再次指向军机处。

11月22日，在资政院议事会上，议员易宗夔对奏摺的处理结果做出激烈反应，他说："资政院系立法机关，凡立宪政体之国，皆系三权鼎立，一种是立法，一种是司法，一种是行政。何谓三权

---

① 《谕旨》，载《政治官报》第1102号（宣统二年十月二十日），第2—3页。

鼎立？说是立法、司法、行政，都是独立不能侵犯的，现在这两道阁抄，就是对于本院所议决的云南盐斤加价案与广西巡警学堂案，一件交督办盐务处察核具奏，一件交民政部察核具奏，此系军机大臣拟旨、军机大臣副署。既是军机大臣拟旨、军机大臣副署，则军机大臣有应负之责任。军机大臣岂不知道这个立法机关是独立的么？既然知道为独立的机关，就不能将立法机关所议决的案子交行政衙门去察核。可见，军机大臣是侵资政院的权，违资政院的法了。"①他的发言得到了议员们的拍手支持。有了这一定性，易宗夔建议依据《资政院院章》的规定，弹劾军机处。部分议员则提出一面弹劾军机处，一面奏请从速组织责任内阁。②

弹劾军机案是新旧体制的一次冲撞。在旧制度的权力架构下，监国摄政王代行朱批，或者军机处拟旨将奏摺交职能部门议覆，这是循照惯例办事，无可厚非；但衡之以新制度，行政机构将立法机构的议决案再次发交行政部门审核，这让议员们无法接受。在旧制度中，皇帝亲裁大政，军机处是最高行政权的秘书机构；在新制度下，政府负责执行，不能攘夺资政院的立法功能。议员们深层次的诉求，是要将凌驾于资政院之上的皇权虚化，另立与之平行、可供监督的责任内阁。这就涉及政体中最核心、也是预备立宪中最为棘手的问题——皇权。

弹劾奏摺上递后，领班军机庆亲王奕劻领衔上奏，表示"才力竭蹶，无补时难"，向载沣请辞。12月18日，监国摄政王使用最

---

① 《资政院第一次常年会第二十号议场速记录》，第242页。
② 《资政院第一次常年会第二十号议场速记录》，第245—246、254页。弹劾案以112人赞成获得通过（当天到会的议员134人）。

严肃的"朱谕"形式连下两道上谕，回应此事。朱谕拒绝了军机大臣的辞呈，用严厉语气驳斥资政院的弹劾之词：

> 资政院奏"大臣责任不明、难资辅弼"一摺，朕已览悉。朕维设官制禄及黜陟百司之权，为朝廷大权，载在先朝《钦定宪法大纲》。是军机大臣负责任与不负责任，暨设立责任内阁事宜，朝廷自有权衡，非该院总裁等所得擅预。所请着毋庸议。①

显然，载沣已经看到资政院的矛头指向。在清朝制度中，亲裁大政的皇权才是行政上的最高主导，军机处不过是承旨宣旨。质疑军机处的作为，质问他们的行政责任，实际上是在怀疑君主的决策权。所以，载沣才会以"朱谕"这种不经中间环节、不许改易一字而直接下达指令的形式颁布上谕，目的在于一锤定音，明示该决定出自圣裁，宣告皇帝亲裁大政的最高权力不容置疑。

对于这一点，议员并非无知。在弹劾奏稿起草期间，议员陆宗舆曾说："今日之对待者，又是乾隆以来旧制相沿之军机大臣，并非责任内阁，是绝不能有外国国会对于政府的效力。"②但议员们之所以多数支持弹劾案，其中有着特殊的背景，主要来自两个方面。

一是此时的监国摄政王体制凸显了军机大臣的作用。在清朝旧有体制内，君主虽亲裁大政，但亲裁的程度有别，因君主个人阅历、能力不同而表现各异，其主动性与军机处往往互为消长。例

---

① 《光绪宣统两朝上谕档》第 36 册，第 476 页。
② 《资政院第一次常年会第二十一号议场速记录》，第 266 页。

如，在同光时期垂帘听政体制之下，重大政务由皇太后代为裁决，但是大部分日常政务实由恭亲王奕訢领导的军机处班底根据既往经验拟旨。而在慈禧太后这一政治强人去世之后，监国摄政王的能力和威望显然无法起到稳固重心的作用。正如部分资政院议员分析的那样，这一时期，"皇上正在冲龄，颁布一切法令，皆军机大臣议决事件，所以必须质问军机大臣"。①也有议员激动地说："现在我们中国国计民生闹到如此，而军机大臣尚醉生梦死，用上谕的名义运自己的私意，舞文弄墨，有什么益处?"②

二是涉及党争，即朝野对领班军机大臣奕劻多有不满，军机弹劾案是希望借此来罢免以奕劻为首的军机班底。有一派议员认为："现在内政、外交种种失败，都是军机大臣不负责任之故，而军机大臣中握权最久者，孰逾于庆亲王、那中堂? 我们弹劾案只对于机关说话，并不弹劾其人，本员本不赞成。"③所以，军机弹劾案不完全着眼于宪法大纲之下司法与行政的关系，而是有着现实中人事关系的考虑。

摄政王的朱谕袒护了军机处，宣示了皇权的至上性，但同时也制造了一个危险：把皇权放在最高行政权的位置上，直接暴露在民意机构前。在 12 月 19 日举行的会议中，议员邵羲说："现在政府不负责任，无论什么事情都要归咎于君主，岂不危险? 所以，本院现在弹劾，还是要拉军机大臣出来，与资政院对待，才能保全立宪国的精神。"④议员陈树楷也说："政府与国会是两个对待的机关，

①《资政院第一次常年会第十六号议场速记录》，第 171 页。
②《资政院第一次常年会第二十号议场速记录》，第 243 页。
③《资政院第一次常年会第二十七号议场速记录》，第 382 页。
④《资政院第一次常年会第二十七号议场速记录》，第 388 页。

君主居于其上，以保神圣不可侵犯之尊严，其责任由政府担当，这是立宪国家的政体，所以君主万世一系也"，"资政院既不是完全的国会，就应该预备一不完全之责任内阁，为资政院对待的地位"。①最后，会议以多数决通过一项奏折议案，希望明定军机大臣责任，将军机处作为君主与议会之间的一道防火墙。②12 月 24 日，资政院又通过速设责任内阁议案。③

然而，还未等两奏折起草上递，摄政王在 25 日以宣统帝名义宣布："前经降旨饬令宪政编查馆修正筹备清单，着即迅速拟订，并将内阁官制一并详慎纂拟具奏。"④这道上谕下达后，资政院议员认为速立责任内阁的目的已达，故撤销此前两件奏稿的议案。

载沣虽以朱谕的形式驳斥了资政院对军机处的弹劾，却在七天之后发布上谕，将责任内阁的设立排入短期的议事日程之内。1911年 1 月 17 日，清廷正式发布《钦定修正逐年筹备事宜清单》，其中首条即在 1911 年厘定内阁官制。⑤至此，责任内阁进入正式筹组、克期完工的阶段。

三、责任内阁的两个阶段

既往研究一般认为，成立于 1911 年 5 月的责任内阁（奕劻任

---

① 《资政院第一次常年会第二十七号议场速记录》，第 390 页。
② 《资政院第一次常年会第二十七号议场速记录》，第 396 页。
③ 《资政院第一次常年会第二十九号议场速记录》，第 425 页。
④ 《光绪宣统两朝上谕档》第 36 册，第 490 页。
⑤ 《事由单》，载《政治官报》第 1162 号（宣统二年十二月十九日），第 6 页。

总理大臣，又被称为"皇族内阁"）是清廷欺骗人民的举措，而成立于 1911 年 11 月的袁世凯内阁则是武昌起义冲击下的产物，该内阁充满着袁氏属性。本节希望从制度的视角阐释奕劻内阁的性质，并着重讨论袁世凯内阁与奕劻内阁的本质区别。

1911 年 1 月，在责任内阁的大方向确定之后，剩下的就是如何筹组的问题。当时一些人已注意到，责任内阁按照任命方式，可分为君主任命或议会任命两类，由此也涉及负责任的对象问题。① 在筹组责任内阁的过程中，有御史和驻外公使上奏，建议将内阁总理的任命权控制在君主手中。驻美国公使张荫棠风闻内阁总理可能将由"廷推会选"，他上奏说："任命内阁总理大臣之职，非独立宪之国此权悉属君主，即共和之国此权亦属于总统。"他担心，公开推举内阁总理，将会"因此而纵朋比营私之弊，开夤缘奔竞之门"，建议新内阁总理大臣之任，"必要简在帝心，出自朝命"。② 张荫棠为了论证内阁总理任命权"操之在上"的合理性，曲解了"共和之国"的内阁制度。在内阁制国家中，一般由议会多数党领袖担任总理或首相，总统的任命只是程序上的。总统操控总理的实质任命权，多发生在总统制国家中，总理只作为总统的幕僚长，并非责任内阁的负责人。

御史欧家廉则提出筹组责任内阁须避免的误区。他认为，责任

---

① 《吉林巡抚陈昭常奏请设立责任内阁摺》（宣统元年十二月二十二日），《宫中档朱批奏摺》，档号 04-01-02-0112-002。

② 《出使美墨秘古国大臣张荫棠奏内阁总理应由朝廷任命并请早定宪法速开国会摺》（宣统三年二月二十日朱批），见《清末筹备立宪档案史料》上册，第 554—555 页。朱批意见："宪政编查馆知道"。

内阁"内总全国政令，外司百寮进止，即吾古者宰相之职"，为避免内阁总理擅权，他提出了五条建议：内阁总理应设正副，内阁以外不可无他独立衙门，各部大臣以下可单独入奏和觐见，总理及各部大臣不可由议院推举，总理及各部大臣不可负连带责任。[①]五条建议，旨在分内阁之权，严防内阁总理与各部大臣结党营私，避免君权旁落，遭议会钳制。

1911年5月8日，宪政编查馆提交责任内阁官制，随即得到批准。宪政编查馆显然接受了张荫棠、欧家廉的类似意见，"统治之权属诸君上"，"参仿日、德两国为合宜"，将内阁人事大权交给君主而非议会。奏摺也驳斥了内阁将会擅权的清议，称言："历代置相用意实与各国责任内阁无殊，而彼则无议院之对待，无弼德院之赞襄，故有时或失之专恣，今则互相维系，法理精严，加以兵柄别有专司，法权又归独立，更无从威福自擅。"

最终拟定的责任内阁官制，要点如下：内阁总理、协理大臣、各部大臣均为国务大臣，组成内阁。其中，内阁总理为领袖，制定大政方针。内阁设政事堂，为国务大臣会议之所。国务大臣均候特旨简任，均可自行入对、上奏。军机军令事件除特旨交阁议外，其他皆由陆军大臣、海军大臣自行向君主具奏。[②]

同日，谕命奕劻为内阁总理大臣，原大学士那桐、徐世昌为内阁协理大臣，梁敦彦、善耆、载泽等十人为各部大臣，皆带国务大

① 《御史欧家廉奏内阁官制宜详慎定拟以防擅权窃政摺》（宣统三年三月十二日），见《清末筹备立宪档案史料》上册，第557—558页。
② 《宪政编查馆会议政务处会奏摺、内阁官制清单、内阁办事暂行章程清单》（宣统三年四月初十），见《清季筹备立宪档案史料》上册，第559—564页。

臣头衔。①与此同时，裁撤旧内阁，裁撤军机处与会议政务处，军机章京、内阁侍读、内阁中书暂入新内阁办理日常事件。②按照制度，新内阁日常行政应使用阁印，然责任内阁谋事仓促，一切重要公文均暂用军机处印信。由此亦可见军机处与责任内阁的继承关系。③由于满族大臣与亲贵占据13席阁臣中的9席，故奕劻的责任内阁又被称为"皇族内阁"。

责任内阁成立后，引发了巨大争议。这一争议，首先并不在于其组织形式和权力来源，而在于内阁成员的人选。恽毓鼎在上谕公布当天的日记中，忿忿地说："处群情离叛之秋，有举火积薪之势，而犹常以少数控制全局，天下乌有是理！其不亡何待？"④这是第一次责任内阁引发批评的最主要原因。

这里，我们可剔除人选的因素，从政务运作方面检讨第一次责任内阁的得失。

前文已述，清代传统政务运作，很大程度上体现在文书处理上。各省将军、督抚、钦差大臣，京中部院、科道言官等具有上奏权的人群，将所办事务具奏，直接呈递御前请示。其中，各省关于具体事务的汇报、请示奏摺，皇帝阅后多批示该部、该衙门知道或议奏的意见，即交由六部、理藩院、总理各国事务衙门等讨论议覆，再由它们以奏摺形式报请批准，皇帝对此一般"依议"。有一

---

① 《光绪宣统两朝上谕档》第37册，第87—88页。
② 《光绪宣统两朝上谕档》第37册，第89—90页。
③ 《内阁总理大臣庆亲王奕劻等摺》（宣统三年四月十二日），《军机处录副奏摺》，档号03-7475-041。
④ 《恽毓鼎澄斋日记》第2册，第532页。

些奏摺，皇帝会自己形成意见，或咨询后形成意见，交由军机处拟旨，以廷寄、明发或交片谕旨形式发下施行。京中各部院则实行轮值制度：轮本衙门值日则递奏摺、堂官递膳牌，等待皇帝召见询问（详见第二章）。这些程序严格体现皇帝"亲裁大政"的理念。但在实际上，许多决策是通过职能部院讨论议覆的形式作出的，具摺请旨只是最后例行的步骤。具体到 1908 年之后，一般政务由监国摄政王代皇帝批阅，多数奏摺，只是按照上述程序循例办理批示。只不过，所发下的上谕多了监国摄政王的钤章及军机大臣的署名。

　　责任内阁成立之后，政务处理仍循原来的奏摺模式，即大小国事由具备上奏权的各省及京中官员具奏，呈递御前批示。内阁可接受君主授权，讨论国务，并对重大国务进行议覆，但最终决定权仍在君主手中，且内阁总理及国务大臣均可自行入对、上奏，内阁并无行政上的大权与全责。

　　关于部院轮值制度，也没有太多变化，除了内阁总理大臣、协理大臣每日入对外，各部大臣仍实行分班值日制度，如遇有召见及临时请觐事务，可会同内阁总理大臣或协理大臣入对。另外，各部大臣亦可根据需要自行入对。①在这一模式之下，仍是君主在各部大臣的咨询和帮助下，处理国家政务，仍是给予行政各部议覆国务的权力。

　　在名称上，内阁设立"政事堂"，这本来只是旧内阁一个建筑名，但在此时，却固定成为国务大臣的会议之所。按照内阁官制，

---

① 《内阁办事暂行章程》（宣统三年四月初十日），见《清末筹备立宪档案史料》上册，第 563—565 页。

应经阁议事件，由内阁总理大臣、协理大臣召集各部大臣会议。政事堂曾是唐代宰相议事之所，后改称"中书门下"，在唐代政务运行中有着重要作用，宰相通过协商，完成政令的草拟、修正，经皇帝画敕，发下施行。①内阁奉旨召集总理大臣、各部大臣会议协商，与唐代政事堂的议事模式近似。

综上所述，1911 年 5 月成立的第一次责任内阁，在组织上、形式上及政务程序上，更加类似于唐代的政事堂和中书门下，而并非君主立宪制度下的责任内阁。所以，这一内阁不仅仅在人选上，同时在制度设计上，都存在着严重问题。

责任内阁成立五个月之后，1911 年 10 月 10 日，武昌起义爆发。

10 月 22 日，资政院第二次常年会召开。29 日，资政院总裁世续等人代表第二次常年会上奏，建议重组内阁，原因有二：第一，从世界惯例来看，立宪国的君主立于神圣不可侵犯的地位，作为君主延伸的皇族也应有特殊地位。如果由皇族组织内阁，负行政责任，在政策失误进而被推倒之时，皇族尊严、君主的神圣都会因之而受损。第二，从清朝制度来看，亲王不假事权、不入军机是嘉庆帝的旧制。②

10 月 30 日，清廷以内阁明发上谕的形式承诺"一俟事机稍

---

① 刘后滨：《从三省体制到中书门下体制——隋唐五代》，见吴宗国主编：《中国古代官僚政治制度研究》，北京大学出版社 2004 年版，第 154 页。

② 《资政院总裁世续、署资政院总裁内阁法制院院使李家驹、署资政副总裁理藩院左侍郎达寿等摺》（宣统三年九月初八日），《军机处录副奏摺》，档号 03-9303-019。

定，简贤得人，即令组织完全内阁，不再以亲贵充国务大臣，并将内阁办事暂行章程撤销"。①两日后，奕劻率国务大臣上奏总辞，上谕即刻批准，并任命袁世凯为内阁总理大臣。②11 月 3 日，清廷批准资政院拟定的《宪法重大信条十九条》，规定总理大臣由国会公举、皇帝任命，其他国务大臣由总理大臣推举、皇帝任命，皇族不得为总理大臣、国务大臣或各省行政长官。③8 日，资政院以无记名投票法，正式选举袁世凯为内阁总理大臣，次日经上谕确认。16 日，袁世凯面奏荐举国务大臣人选，梁敦彦、赵秉钧等人分别任各部大臣，组成第二届内阁。

11 月 22 日，袁世凯面奏日常政务程序，建议停止一切与立宪制度相抵触的内容，主要包括：君主除照内阁官制召见国务大臣外，其余召见官员均暂停止；总理大臣不必每日入对，遇有事件，奉召入对，并得随时自请入对；除照内阁官制得由内阁国务大臣具奏外，其余各衙门应奏事件均暂停止，所有从前应行请旨事件，均咨行内阁核办，其必应具奏者，暂由内阁代递，凡无须必请上裁事件，均以阁令行之；各部例行及属于大臣专行事件毋须上奏，停止各部值日办法；停止奏事处传旨事件；内、外奏摺照题本旧例，均递至内阁，由内阁拟旨进呈，再请钤章。④23 日，内阁办事人员离开乾清门外的军机处原址，进入内阁公署办事。⑤

---

① 《光绪宣统两朝上谕档》第 37 册，第 280 页。
② 《光绪宣统两朝上谕档》第 37 册，第 285 页。
③ 《宪法重大信条十九条》(宣统三年九月十三日)，见《清末筹备立宪档案史料》上册，第 102—104 页。
④ 《袁世凯全集》第 19 册，第 66 页。
⑤ 《清代军机处随手登记档》第 180 册，第 351 页。

这时还有一些大臣像从前那样，递上内容机密的封奏，但这些奏摺都落到了内阁手中，由内阁拆阅、拟旨。[①]12 月 6 日，载沣辞去监国摄政王，缴销王章，不再干预政事[②]，责任内阁得以全权理政。12 月 20 日，袁内阁以强势姿态声明："各立宪国于奏事之制，规定颇严"，"凡定政治之方针，保持行政之统一者，皆责成于内阁"，严行禁止中外大臣向隆裕太后呈递封奏。[③]

与此相对应的是，资政院的大权被明确化。根据《宪法重大信条十九条》的规定：国会议决事项，由君主颁布之；国会未成立前，这一条款适用于资政院。[④]这条规定只是说君主有权颁布资政院议决的法案，但没有讲明如果双方发生了意见冲突，该如何处置。12 月 7 日，资政院通过议案，改用阳历、准全国臣民自行剪发。袁内阁在替皇帝草拟颁布令时，将上述规定解读为："资政院议决之案，皇上仅有颁布之旨，并无否决之权。"这一解读随后得到了清帝的确认。[⑤]

对照前一次责任内阁的章程和实践，我们可发现第二次责任内阁有了本质区别。首先，在人事上，第二次内阁总理由资政院推举，各部大臣则由内阁总理推举，君主对内阁的行政团队仅具备形式上的确认权。其次，日常政务的处理是通过阁令行之，各部例行

---

① 《光绪宣统两朝上谕档》第 37 册，第 317 页。
② 《光绪宣统两朝上谕档》第 37 册，第 330 页。
③ 《光绪宣统两朝上谕档》第 37 册，第 351—352 页。
④ 《宪法重大信条十九条》（宣统三年九月十三日），见《清末筹备立宪档案史料》上册，第 102—104 页。
⑤ 《内阁奏片》（宣统三年十月十七日），《光绪宣统两朝上谕档》第 37 册，第 333 页。

及大臣专行事件，毋须上奏，而是交由内阁处理。相应地，各部值日办法停止，内阁总理及各部大臣不再每日入内，预备召见和奏对。各省事务虽然仍用奏摺，但摺件不再密呈君主御览，而是交给内阁拟旨。向上密奏的渠道也被袁世凯完全堵死。作为准国会的资政院，不但可以推举内阁总理大臣，还可以行使最高立法权而无须担心被君主否决。

这样，清朝的文书制度乃至国家体制发生了本质改变；政务的处理之权，已从君主手中转移至内阁手中。清朝原有的部院轮值制度、密摺制度也随之消亡。

有趣的是，这一时期的《随手登记档》依然在记载每日奏摺的处理情形。《随手登记档》是军机处档册，由军机章京记载每日发下的奏摺题由和处理结果。此时，军机处已废，故记录者已变为内阁。与此前不同的是，除了极少数内容，这时档册中所记录的奏摺处理过程与皇太后、皇帝没有太大的关系。基本的办事方法，是由内阁总理大臣写好奏摺处理意见，然后象征性由皇太后确认。确认单据的幅面与奏摺一样大小，正面用工楷写"奉旨：知道了，钦此。宣统三年某月日"字样，之后有署名"内阁总理大臣袁世凯"，在日期之上，有方形篆文图章，内容是"法天立道"四字。①也就是说，《随手登记档》虽记录依旧，但奏摺的处理流程已经完全改变。

以上细节，可看做制度性的根本变化，而不能简单地解释为表

① 《呈宣统三年十月二十六日奉旨单》（宣统三年十月二十六日），《宫中档朱批奏摺》，档号 04-01-25-0599-012。

面文章或权力斗争。第二次责任内阁，已完全具备君主立宪政体下责任内阁的形式与内容，君主的权力被虚化，成为形式上的国家元首。①延续两千余年的君权相权之争，至此以西式责任内阁的成立而告终。

结　语

清朝继明初废丞相之后，进一步将题本地位及连带的大学士票拟作用弱化，并设置传宣上谕、辅助处理奏摺的军机处，这些是为了防前代之弊，避免宰相制度下产生出权臣。清末立宪过程中的责任内阁，在形式与内容上和前代的宰相制度部分吻合；而防止宰相制度复辟，正是清朝祖制设计的初衷，所以，责任内阁在创议之初难免遭遇阻力，得不到广泛的认同。慈禧太后恋栈权力固然是一个方面，学理和舆论上的困境也是责任内阁制雷声大雨点小，难以落地生根的原因。从现实层面而言，清朝君臣基于对奕劻与袁世凯集团的疑虑，也不愿将权力下放到内阁手中。在丙午官制改革之后，设置责任内阁的声音一直存在，但由于种种原因，一再拖延。为了防止监国摄政王体制下出现军机大臣借拟旨推销私意的情形，清廷接受建议，在日常下达上谕时，加入了军机大臣的署名，以示责任。

由军机大臣副署上谕的做法，无意中给资政院问责军机处提供

---

① 从这个意义上来讲，辛亥革命最终推翻的不是君主专制制度，而是君主立宪制度。当然，《宪法重大信条十九条》的颁布、君主立宪制的建立，本身就是由武昌起义直接促成的。

了依据。在旧体制中，监国摄政王或军机处指示行政部院议覆奏摺（包括资政院奏摺）属应有之义，却引发了新体制下资政院对司法、行政两类权力是否及如何并行的疑问，进而发出了军机处副署上谕是否如责任内阁一样代表行政责任的疑义。这是新旧两种体制的冲撞，资政院对军机处这一君主秘书处的质疑，实际上是对君主权力应该止于何处的疑问；而监国摄政王以朱谕形式回护军机处，驳斥资政院，实际上是推开了军机处，将君权直接暴露在民意机构面前。

为平息风波，纾缓资政院和各省咨议局的不满，监国摄政王宣布迅速筹组内阁。责任内阁在不到四个月时间内组建完毕，而以皇族亲贵为主要成员。这一次的责任内阁，在人事任命、日常国事的上奏程序、各部轮值召对、政务处理流程等重大内容上，与旧制度并无太大区别，只不过在处理国事时增加了国务大臣会议议事的比重，使得这一制度框架更加类似于君权笼罩下的宰相合议制，而并非君主立宪制度下的责任内阁。为防止内阁总理权力过大，防止内阁与国会结为朋党，制度规定各部大臣在必要时均可上奏或独对，这些使得内阁总理大臣的权力遭到分割和限制，也无法担负起行政全责。

武昌起义之后清廷组建的第二次责任内阁，虽时间仓促，但从制度层面而言，完全改变了原有的奏摺处理模式——奏摺不再由君主批示裁决，而是改由阁令处置；内阁总理不再每日向君主奏对，各部大臣也停止轮值奏事。在人事上，内阁总理由资政院推举，各部大臣由内阁总理举荐，由此显示权力来源、责任对象及各自的权限所在。可以说，这一制度框架已具备了君主立宪制度之下责任内阁的主要特点。

　　1912 年 2 月 12 日，清帝颁诏退位。此时，距离第二次责任内阁成立仅 88 天。责任内阁本是为虚化君权而设，意在使君主不负行政责任进而将其置于"神圣不可侵犯"的地位，不想，却最终见证了君主制度的终结。

下编 会议决策与晚清变局

第九章　廷议与决策——晚清的大学士六部九卿会议

　　在清朝，中央政务的决策依据，主要包括题奏本章、奏摺的呈递与处理。与前者相关的朝会模式，有御门听政；与后者相关的朝会模式，则包括每日的军机处见起、值日衙门堂官的召见备询。①在奏摺制度推广、军机处成为君主的秘书机构之后，题本的地位逐渐下降，处理题本，尤其是其疑难部分——折本的御门听政，频率逐渐降低，直到咸丰朝之后停罢。每天的大小政务，通过军机大臣与值日部院大臣这些小规模的见起来处理。（详见第一章、第二章）辅弼君主的军机处制度，被认为是代表君主专制的顶峰而饱受诟病。但这似乎容易造成误解，即认为所有政务都是乾纲独断，进而忽视君主之外的因素在政务决策中的影响和作用。

　　对传统制度怀有敬意的钱穆曾经议论说："明代虽说一切事权

---

① 《中国政治制度通史》对此有所总结，将清代"以皇帝为代表的中央决策凭依"分为六个渠道：呈递题奏本章、进行密摺陈奏、御门听政、陛辞请训、派出钦差大臣、外出巡视。参见白钢主编：《中国政治制度通史》第10卷，社会科学文献出版社2011年版，第46—57页。

集中在皇帝，究竟还有历史旧传统，亦并不是全由皇帝来独裁。有许多事，是必经廷推、廷议、廷鞫的"，"倘使有大事，各部不能单独决定，也常由七卿、九卿公决，这叫做廷议"。①"虽说""究竟"一类的转折词，显然带有回护明制的意味，针对的正是清朝的"由皇帝来独裁"。与百年来的学者们立足于批判旧制度的专制特性不同，钱穆同情传统制度，只将清代君主独裁看作是"部族政权"的特征，通过将清制特殊化，把它同此前的传统制度剥离开来。这样做，起到了辩护之效，结果却是忽视了清制对明制的继承。事实是，钱穆所列举的明代廷议——九卿会议模式，不仅存在于明代，也贯穿于整个清代，晚清时期运用得尤为频繁。报人汪康年曾说："我朝有大事，固尝有令六部九卿会议矣。"②熟悉当时政务运作的吏部司官何刚德也说："从前国有大事，则交大学士六部九卿会议。"③

学术界因长期强调"清代君主专制的加强"这一大趋势，故在政治制度领域，尤其关注以君主为核心的军机处、奏摺制度以及与此相关的朝会。④本章则侧重钩沉君主并不在场的九卿廷议及由其扩大而成的"大学士六部九卿会议"，考察它在晚清时期的运用及

---

① 《中国历代政治得失》，第106—107页。
② 汪林茂编：《中国近代思想家文库：汪康年卷》，中国人民大学出版社2014年版，第302页。
③ 《春明梦录》，第98页。
④ 学界对晚清个别以奏摺形式进行的大讨论有一些关注，这些大讨论是以上奏的形式展开的，例如1875年前后"海防与塞防之争"、甲午后政局的大讨论。参见牟安世：《论中国近代史上的"塞防"与"海防"之争》，载《河北学刊》1986年第5期，第53—58页；张海荣：《甲午战后改革大讨论考述》，载《历史研究》2010年第4期，第99—117页。

其政治影响。

一、从议政王大臣会议到九卿会议

清朝在入关之前，就有"议政王大臣会议"的议政模式，带有浓厚的军事民主制特色。成员包括宗室贵族、八旗要员与重要大臣。清太祖时期有五大臣议政的模式，太宗时期出现"议政大臣"职衔。因参与议政的成员有亲郡王、贝勒等，故又称"议政王贝勒大臣会议"。①清朝仿照明制设立六部后，政务转由各部议奏，议政王大臣的权限缩小，且笼罩在扩张后的皇权之下。顺治初年，多尔衮以摄政王身份执政，议政王大臣会议更多只是辅助商议和决策的角色。从 1650 年（顺治七年）到 1673 年（康熙十二年），议政王大臣会议的成员增加，执掌最广，议政内容包括重大刑名案件、军务方略、边疆与民族问题、渎职官员的议处、重要官吏的铨选等内容。在此之后，共同会议的人数减少，乾隆年间最终消亡。②

与议政王大臣会议同时存在的，还有九卿会议，这原本是明代的议政模式。万历年间重修的《明会典》专章记载"会议"旧例，称言：

①　杜家骥认为，议政王大臣会议有固定的会议处所议政处，也有办事人员，是一个"重要的权力机构"。参见杜家骥：《清代"议政处"考略》，载《清史研究》1991 年第 3 期，第 33 页。

②　杜家骥：《对清代议政王大臣会议的某些考察》，载《清史论丛》第 7 辑，中华书局 1986 年版，第 115—124 页。

洪武二十四年（1391），令今后在京衙门有奉旨发放为格为例及紧要之事，须会多官计议停当，然后施行。又令各衙门会议事，六科给事中与议，若有众论不同，许面奏定夺。宣德三年（1428）奏准，官民建言，六部尚书、都御史、六科给事中会议奏闻。正统十年（1445），命内阁官与各衙门会议，后免会。正德六年（1511）奏准，凡事机重大，会官议拟，先备揭帖送该议官人各一本。如紧急，亦将略节先送传看毕，方才请会，仍行守卫，严禁在傍观听者。近例，凡朝廷有大事，当会别部或会九卿堂上官及掌科掌道官议者，该部奏请得旨，然后请会。若合会武臣，则五府管事官皆与；合会儒臣，则翰林院、詹事府春坊、司经局、国子监皆与。若刑名，则锦衣卫与；若大事，则皇亲驸马皆与。其奉旨会某衙门者，如旨施行。①

这里提到了会议政务的多个层次：最常见的是各部堂官会同六科给事中与议；大一些的是某一部会同他部；更大规模的是会同九卿衙门堂上官、六科掌道给事中、都察院各掌道御史；最大规模的则再加入五军都督府或翰林院、詹事府、国子监等机构的官员。此外，内阁也曾一度加入会议人群。

万历年间（1573—1620）的做法是，某部该管之事，如果会同他部或者九卿及科道商量，须由该部请旨而后会议。其他参与会议的官员人群，视会议问题的不同而各有差异。据同一时期沈德符的

---

① 《大明会典》卷80《礼部三十八》，第429—430页。

记载，每当有公事会议奉旨有"大小九卿公同"参与时，由六部、都察院、通政司、大理寺（以上为大九卿）及太常寺、詹事府、顺天府、光禄寺等部门堂官（小九卿）参与。①可见，廷臣会议是明朝较为常见的议政模式。会议时，相关部门先将议事内容写成揭帖，供会议者提前阅读。有不同意见，可向君主面奏定夺。会议意见并非最终的决策，而是须将结果上报请旨，交君主裁决。

清朝的廷议在内容和形式上与明制相似。乾隆间敕修《皇朝通典》记载："凡有应议大政、大狱（大理寺），与六部、都察院、通政使司，称九卿会议焉。"②这里所说的九卿，与明代九卿"六部、都、通、大"的概念相同，只不过清代九卿有满汉两缺，人数比明朝多。此外，清朝的大政商议，无论是早先的议政王会议，还是后来的九卿会议，往往加入大学士共同参与。《皇朝通典》载："自国初置文馆，设八大臣及十六大臣，凡事与诸贝勒会议。天聪十年（1636），改设内三院，曰内国史院、曰内秘书院、曰内弘文院，各设大学士一人。"③内三院，即清代内阁的前身，内三院大学士在入关前即参与诸贝勒会议。后来随着议政王大臣会议的式微与九卿会议的常规化，大学士亦加入到九卿会议之中。另外要说明的是，在顺治、康熙年间，议政王大臣与大学士、九卿部分重合，且经常共同会议。从《实录》记载来看，1685 年（康熙二十四年）之后，原本参与会议的议政王与大学士九卿并称的几率减少。

当遇到特别重要的大政、大狱时，大学士九卿会议则进一步扩

① 沈德符：《万历野获编》中册，中华书局 1959 年版，第 519 页。
② 清高宗敕撰：《清朝通典》卷 27《职官五》，商务印书馆 1935 年版，典 2179 页。
③ 《清朝通典》卷 23《职官一》，典 2160 页。

大。据《皇朝通典》记载："凡遇秋审、朝审及奉旨下九卿、翰林、
詹事、科道会议之事（詹事府詹事），咸入班预议焉。"①复核死刑
的秋审、朝审程序和奉旨会议的大事，其议事模式就变成了"大学
士、九卿、翰詹、科道会议"。在君主专制的构架之下，加入众臣
会议的模式，主要针对两种情形：一是事关重大，必须示以慎重和
公正。另一项考虑则是集思广益、借助众人智慧。

那么具体而言，何种事件须交大学士九卿会议，制度上是否有
着一定之规呢？以下就《清实录》所见之事例择要进行归纳。

重大司法案件 按照 1673 年（康熙十二年）定例，各省秋审
案上报后，将督抚贴黄、会审看语及三法司会议看语刊刷招册，首
先进呈御览，再由九卿科道于八月内在天安门外会议，分别情况具
题请旨。②1723 年（雍正元年）之后，詹事府詹事"凡遇有会议朝
审诸大政，偕九卿科道参预焉。"③可见，死刑要案皆由九卿、翰
詹、科道会议复核，这是有章可循的。

另一些司法大案，也交由大学士九卿会议，但并无一定之规，
是否交议要视君主的意愿而定。如 1655 年（顺治十二年），巡按
御史顾仁在外巡视时纳贿徇私，顺治帝将此案交内大臣、内三院、
议政大臣、九卿、詹事、科道会议，最后定议处斩。④1781 年（乾
隆四十六年），前甘肃布政使王亶望及下属捏灾冒赈、侵蚀捐监钱

① 《清朝通典》卷 23《职官一》，典 2163 页。
② 杨一凡、宋北平点校：《大清会典（康熙朝）》第 4 册，凤凰出版社 2016 年版，
  第 1710—1711 页。
③ 清高宗敕撰：《清朝文献通考》第 1 册，卷 83《职官考七》，商务印书馆 1935
  年版，考 5609 页。
④ 《清世祖实录》卷 95，第 3 册，第 745 页。

粮一案事发，牵涉上下官员极多，审讯及议罪都交由大学士、九卿会议。①1842 年（道光二十二年），提督余步云在对外作战中弃城奔溃，被军机处拟罪"即行正法"，后因事关重大，道光帝再交大学士、九卿、科道会议。②

除了涉及朝廷大员的案件，有关王朝安危的案件及重要律例也常交由大学士、九卿等廷议。较为典型的如 1658 年（顺治十五年）更定逃人法事例、1729 年（雍正七年）的曾静案、1755 年（乾隆二十年）的胡中藻文字狱大案。③

王朝礼仪事务　关涉王朝礼仪的事宜，亦常交由廷议。主要包括帝后谥号的斟酌及加谥，重要宗室如怡亲王允祥的祀典，历朝帝王的祀典，明季忠臣的谥号与表彰。④除了商定礼仪，廷议也处理因礼仪而引发的争端，如 1749 年（乾隆十四年）围绕前任大学士张廷玉将来是否配享太庙引发的争议，即发给大学士九卿会议。⑤

科举与选官事宜　与科举这一抡才大典相关的事务，事关人才选拔、社会公正与王朝稳定，关于科举的条例、名额的增减这些看似细微的变动，通常交由九卿会议。例如 1733 年（雍正十一年）博学鸿词考试应行事宜、1744 年（乾隆九年）减少乡试中式举额、

---

① 《清高宗实录》卷 1136、1140，第 23 册，第 177—178、271 页。
② 《清宣宗实录》卷 387，第 38 册，第 955—956 页。
③ 《清世祖实录》卷 117，第 3 册，第 912 页；《清世宗实录》卷 87，第 8 册，第 159—160 页；《清高宗实录》卷 484，第 15 册，第 63—67 页。
④ 《清世宗实录》卷 94，第 8 册，第 258—260 页；《清高宗实录》卷 1000，第 21 册，第 385—386 页；卷 1211，第 24 册，第 248 页。
⑤ 《清高宗实录》卷 355，第 13 册，第 899—901 页。

1788年议定科场条例等，都属于此类事例。①

国计民生事宜　除了上述重要刑法、礼仪、科举选官事宜，有关国计民生的政事，也是大学士九卿会议的对象。这些主要包括：1.漕运与漕粮。如1788年（乾隆五十三年）粮道用何种方式押运漕粮的问题，1800年（嘉庆五年）驳斥两江总督费淳提出的改江浙漕粮折色为本色征收的建议。2.赈灾与水利。如1781年，水利专家嵇璜提出黄河应仍行山东故道，先由部分大臣覆奏驳斥，乾隆帝为示慎重，交大学士九卿科道会议具奏。3.捐纳。1741年有御史提出停止捐纳监生的政策，乾隆帝交由大学士九卿会议，认为"事属难行"。4.设治。1830年（道光十年）有关两江总督是否兼辖江西的问题引发争议，奉旨交由大学士九卿会议讨论。②此外，有关税法、钱法、社仓、矿务等民生经济事宜，也常交由大学士九卿会议。

边疆与对外事宜　如1740年（乾隆五年）贵州开垦田土、栽种树木之事，1772年关于内地商民开垦新疆之事，1782年对缅甸的和战政策，1793年酌筹西藏善后章程，都是交由大学士九卿会议商酌定拟的。③

以上采用列举法对大学士九卿会议的对象进行了简单的分类说

①　《清世宗实录》卷130，第8册，第689—690页；《清高宗实录》卷222，第11册，第867—874页；卷1310，第25册，第673页。

②　《清高宗实录》卷136，第10册，第960—961页；卷1146，第23册，第366页；《清仁宗实录》卷76，第28册，第1026页；《清宣宗实录》卷171，第35册，第647页。

③　《清高宗实录》卷130，第10册，第899—902页；卷909，第20册，第173页；卷1159，第23册，第521—522页；卷1421，第27册，第15—17页。

明。必须指出的是，所举的例证只是廷议事件中极小的一部分。

在了解了大学士九卿会议的基本对象之后，我们会进一步追问：廷臣会议及此后的会稿遵循怎样的基本程序？会议的形式与时限、会议奏稿的起草是否有着一定之规？

顺治年间有大臣曾说，当时的廷臣会议"有迎合上意而言者，有因一己之爱憎而言者，有缄默以从众者，有观望大臣不肯轻言者"。①君主将问题发交会议之前，多少会表露态度，这自然影响到会议的整体基调。虽说参与会议者都可发表意见，但事实上，大学士九卿之间不但有品级之差，也早已经形成实际政治中的权势和秩序。为了避免得罪身居高位、操持实权的大臣，官员们多半"缄默从众"，即便有不同意见，也互相观望而不愿轻言。

另一方面，会议的结论要上奏请示君主裁决，而奏稿则由全体会议人员署名，以示责任，这与前章提及的总理衙门奏摺的特点相同。地位稍高、在会议中有发言权的官员，则须考虑自己的意见能更好地被大多数会议者接受，避免众人因署名担责而被带入仕途的险境。这样一来，也就只能牺牲会议奏稿的质量，删削其中的锋芒，努力朝着君主的意见靠拢；当君主意见晦暗不明时，则朝中间路线靠拢。如此操作，会议者可规避决策风险，但是会议质量就难免打了折扣。康熙年间的御史张志栋曾说："近见九卿每有会议，并不从公确论，惟瞻顾推诿、苟且了事，仍然致烦宸断。"②这就是说，廷议本来是为了给君主出谋划策，分忧解难，但众臣不愿担

---

① 《清世祖实录》卷136，第3册，第1049页。
② 《清圣祖实录》卷122，第5册，第289页。

当，态度敷衍，最后还是将皮球踢还给了君主。

1807年（嘉庆十二年），给事中严烺上奏称，各衙门对于会议上奏事件，常由主稿衙门办稿完毕，即送各处画稿署名，交议事件并未经过会议的充分讨论。嘉庆帝对此发下上谕："特交大学士九卿等会议之件，因事关重大，诚恐本部数人识见不到，谋虑未周，不得不博采旁求，集思广益"，他指责那种毫无主见、随大流的会议官员，"积习相仍，每有会议时不发一语，随同画诺，事后又以此议系他人主见，设或上干指驳，亦全不任咎"，命此后的会议人员如有不同意见，可另外上摺单衔陈奏。同时，他去掉了会议的时限规定，因为"会议事件必须详细斟酌，往返熟商，方于事理有当，若迫以期限，岂不开草率之弊乎"？①

尽管嘉庆帝鼓励持有异议的大臣单衔上奏，可又有谁愿意公开违背众论去另辟蹊径？个别与会议意见相左又希望上达天听的官员，因碍于环境，只能一边在会议公摺上署名，另一方面在私底下将不同意见陈报给君主。这种"小报告"行为一定程度可纠敷衍从众之偏，却不为君主所鼓励。1816年，嘉庆帝发下上谕，专门批评说，如有人不同意公论，可向众人抒其见解，众人可"面折其非"；"如其人心仍不服，朝廷本有两议之例，即当自抒己见，据实直陈，候朕裁定"。他认为，那种表面附和，事后打小报告的行为"是首鼠两端"，"其心实私而不公"。②这是明白地告诉会议大臣，要么接受众人意见加入共同署名之列，要么公开表明自己的异议。但如此一来，

---

① 《清仁宗实录》卷181，第30册，第379—380页。
② 《清仁宗实录》卷323，第32册，第271页。

持有异议者可能担心孑然兀立、不容于同僚而打消表达意见的念头。

正因为如此，光绪年间的京官何刚德称："从前国有大事，则交大学士、六部、九卿会议"，"名为会议，实在主管衙门早定一稿，或主管衙门应回避者，另推一衙门主稿。在内阁会议，同意者即行画稿；不同意者或单衔具奏，或联合数人另奏，然究属少见。"这至少说明，何刚德所处的时代，遇会议时单衔另奏发表意见者并不多见。此外，何刚德还说："议案虽取会同，而决议究以主管衙门为重，譬如从祀孔庙之案，或有异议，究须归礼部作主也。"[1]即名为会议，实则参与者的发言权并不相同。

通过以上例证，我们可概括大学士九卿会议的一些基本特点：参与者皆可发言，共议大事，但实际操作中如果涉及专业问题，则由某一部门担任主稿，其他机构循例画稿署名；不凸显专业知识的重大国事，则由实权的大臣主持定议。会议地点一般选在内阁，会议之后形成奏摺上报，由君主裁决。如有不同意见，可拒绝联署而单衔另奏，不过这种情况并不常见，更多的情况是全体会议者共同署名。这就使得会奏起草不得不向中间路线靠拢，以求得奏稿意见能被全体参与者顺利接受。会议上奏的时限一般是明确的，但也并非绝对，例如嘉庆帝倾向宽给时限，在充分讨论、形成一致意见之后再上奏请旨。

二、大学士九卿会议的升级

在晚清时期，除原有的九卿会议依旧存在之外，另出现了一种

---

[1]　《春明梦录》，第98页。

从形式上有所突破的大型廷议。这个突破并非有意的制度设计，而是源于一次意外。1858 年夏（咸丰八年四月），钦差大臣桂良、花沙纳、耆英前往天津，与兵临城下的英法联军议和。耆英曾参与《南京条约》《黄埔条约》的交涉，有过同英法外交官打交道的经验，故咸丰帝的盘算是，先由桂良、花沙纳出面谈判，态度坚决一些，如果没有进展，再派耆英出面，以情感进行通融。不料，英国翻译官李泰国（Horatio Nelson Lay）在同耆英见面时，出示了英军在两广总督衙门抢掠的道光年间耆英所写的驭夷奏摺，其中有对英国的贱鄙用语，这使得耆英极为难堪。桂良、花沙纳担心英国人借此报复，耆英则自行回京。①耆英的举动让咸丰帝十分恼怒，他先下一道亲笔朱谕，将耆英押解回京定罪；当议罪奏摺上递后，咸丰帝又写下朱批意见："着恭亲王奕訢、惇亲王奕誴会同大学士、六部、九卿秉公定拟具奏。"②

这个朱笔意见由咸丰帝直接批示并发下执行，无法更改。他大概希望尽量多地集合朝中高官的意见来给耆英定罪，在盛怒之下却忘了"大学士九卿廷议"的基本模式和用语。批示发下之后，军机处有些不知所措，章京蒋超伯记载说：

> 咸丰戊午（1858）夏，会讯故相耆英一案，大学士六部九

---

① 《军机大臣寄钦差大学士桂良等于英法所请各事概勿轻允然后由耆英出转圜上谕》（咸丰八年五月初二日），见齐思和等编：《中国近代史资料丛刊·第二次鸦片战争》第 3 册，上海人民出版社 1978 年版，第 404—405 页。

② 《惠亲王绵愉等奏会同审讯耆英并将供摺呈览摺》（咸丰八年五月十一日），见《中国近代史资料丛刊·第二次鸦片战争》第 3 册，第 421—422 页。

卿会议。主稿者枢堂。时焦太仆佑瀛领班，遍检档册，并无指
定何项衙门为九卿。阮葵生《茶馀客话》所云六部、都、通、
大为九卿，实亦得自传闻，非确证也。焦君与家幼竹太守锡绶
议，请于枢堂，除六部及四品以下衙门外，以都察院、通政
司、大理寺、太常寺、太仆寺、光禄寺、顺天府尹、宗人府
丞、理藩院九项衙门当之，其议遂定。①

这段记载的正是军机处接到咸丰帝朱批之后的窘状。在此之前，廷
议采用"大学士九卿"的基本模式，但咸丰帝却在两者之间加入了
"六部"，这就出现了一个疑问：九卿（六部、都、通、大）原本包
含了六部，"六部九卿"并称，就说明九卿另有所指。那么九卿具
体指哪些人呢？军机章京焦祐瀛、蒋锡绶赶紧翻阅档案，结果并未
找到"大学士六部九卿会议"的先例。于是，二人急忙请示军机大
臣，最后决定，在六部之外，另外凑足九部门以符合"六部九卿"
的规模。不过，蒋超伯关于九卿的解释也遭到一些质疑，有人认
为，六部九卿实际上等于六部及诸卿，九是虚指。②但无论虚实，
从这时起，"大学士六部九卿会议"就算开了先例，突破了"六部、
都、通、大"的九卿规模。

　　紧接着使用"大学士六部九卿会议"处理的大事件，就是三年
后的辛酉政变。1861 年 11 月，两宫皇太后联合恭亲王奕訢发动政
变，抓捕咸丰帝生前任命的赞襄政务大臣载垣、端华、肃顺等人，

---

① 蒋超伯辑：《南涯楛语》，新文化书社 1934 年版，第 19 页。
② 徐一士：《亦佳庐小品》，中华书局 2009 年版，第 262—263 页。

随后下发谕旨：

> 派恭亲王会同大学士、六部、九卿、翰詹、科道，将伊等应得之咎，分别轻重，按律秉公具奏。至皇太后应如何垂帘之仪，着一并会议具奏。①

这次会议规模巨大，除了大学士六部九卿，另外加上了翰林院、詹事府、都察院的六科给事中与十五道监察御史。商议的内容有两项，一是给赞襄政务大臣定罪，二是订立皇太后垂帘听政的章程。在这两个事项中，参与后一项即订立垂帘听政章程的人更多，共200余人。据奏摺上的署名，参与会议的官员包括：亲郡王至奉恩辅国公在内的亲贵，御前大臣，内阁大学士、学士、侍读学士；六部与理藩院尚书、侍郎，都察院左都御史、副都御史，通政司通政使、副使、参议，大理寺卿、少卿，总管内务府大臣，顺天府尹，宗人府丞，翰林院侍读学士、侍讲学士，詹事府詹事、少詹事，太常寺卿、少卿，太仆寺卿、少卿，光禄寺卿、少卿，国子监祭酒、司业，鸿胪寺卿、少卿，钦天监监正、监副，六科给事中与十五道监察御史。②如果剔除掉亲贵与翰詹、科道，所谓的六部九卿具体指的是六部与理藩院、都察院、通政司、大理寺、内务府、顺天府、宗人府、太常寺、太仆寺、光禄寺、国子监、鸿胪寺、钦天监。即便去掉六部，剩下的机构也远超过九个，因此，上谕所说

---

① 《咸丰同治两朝上谕档》第 11 册，第 375 页。
② 《世铎等奏遵旨会议皇太后亲理大政事摺》（咸丰十一年十月二十六日），见《清代档案史料丛编》第 1 辑，第 134—137 页。

"大学士六部九卿会议"中的九卿是一虚指,几乎将所有在京四品以上文官机构全部包含在内。

在这之后,最高统治者曾多次采用大学士六部九卿会议或以上规模(加王公、翰詹科道)来讨论重大政务,我们可将这些会议信息简单归类如下:

表9-1 晚清的大学士六部九卿会议概况

	时 间	事 项	会议模式	资料来源
1	1858.6	会议耆英拟罪事	恭亲王惇亲王会同大学士六部九卿秉公定拟具奏	《上谕档》8:222
2	1861.11	赞襄政务大臣案与垂帘听政章程	恭亲王会同大学士六部九卿翰詹科道会议具奏	《上谕档》11:375
3	1861.11	议加康慈皇太后谥号	大学士会同六部九卿详议具奏	《上谕档》11:415
4	1862.1	议覆宋晋奏定陵规制事	王大臣大学士六部九卿翰詹科道会同妥议具奏	《上谕档》11:591
5	1862.5	议覆张锡嵘奏请宗祀文宗于大飨殿事	王大臣大学士六部九卿翰詹科道会同妥议具奏	《上谕档》12:195
6	1862.7	定拟何桂清之罪	大学士六部九卿翰詹科道公同会议定拟具奏	《清实录》45:816
7	1867.5	制订章程限制流民私垦盛京事	恭亲王会同大学士六部九卿公同商议妥筹具奏	《上谕档》17:133
8	1872.10	同治帝亲政章程	军机大臣大学士会同六部九卿妥议具奏	《上谕档》22:190
9	1873.1	黄河改道后治理之法	军机大臣会同六部九卿妥议具奏	《上谕档》22:277
10	1874.1	处置乌鲁木齐提督成禄案	御前大臣大学士六部九卿核议定拟具奏	《上谕档》23:275

（续表）

	时　间	事　项	会议模式	资料来源
11	1875.1	再次垂帘听政事及章程	王公大学士六部九卿吁恳两宫皇太后垂帘听政，着该王公大臣等妥议章程详细具奏（先上奏，后下旨）	《上谕档》24：407
12	1875.1	安置醇亲王奕譞事	着王公大学士六部九卿悉心妥议具奏	《上谕档》24：409
13	1875.3	议覆筹办海防事宜	着派亲郡王会同大学士六部九卿悉心妥议	《上谕档》1：28—29
14	1875.8	议覆崇实奏变通奉天吏治章程事	军机大臣六部九卿会议具奏	《上谕档》1：202
15	1877.4	太庙中殿位次事	王大臣大学士六部九卿翰詹科道会同惇亲王等妥议具奏	《上谕档》3：76
16	1879.5	吴可读奏皇嗣事	王大臣大学士六部九卿翰詹科道会同妥议具奏	《上谕档》5：132
17	1880.1—1880.9	崇厚与俄国交涉案	崇厚所议条约章程及总理衙门历次所奏各摺片着大学士六部九卿翰詹科道妥议具奏	《清实录》53：544
			总理衙门等议覆奏摺着王公大臣六部九卿翰詹科道会同妥议具奏	《清实录》53：661
			俄约事着惇亲王军机大臣大学士六部九卿翰詹科道暨左庶子张之洞会同妥议具奏	《清实录》53：718
18	1884.5	会议中法战争事	李鸿章摺着御前大臣军机大臣总理各国事务衙门大臣大学士六部九卿翰詹科道会同妥议具奏	《清实录》54：523

（续表）

	时 间	事 项	会议模式	资料来源
19	1884.7	议覆潘衍桐请开艺学科储人才摺事	着大学士六部九卿会同总理各国事务衙门妥议具奏	《上谕档》10：168
20	1884.8	会议中法战争事	着御前大臣军机大臣总理衙门大臣大学士六部九卿翰詹科道日讲起居注官于本月二十二日午刻前赴内阁会同妥议具奏	《清实录》54：628—629
21	1885.12	黄宗羲顾炎武从祀文庙事	着大学士六部九卿翰詹科道再行详议具奏	《上谕档》11：301
22	1886.7	皇太后归政事	王公大学士六部九卿两次主动上奏请皇太后再训政数年（非交议而是主动上奏）	《上谕档》12：218—223；226—231
23	1895.6	甲午战后筹款讨论	着户部咨行大学士六部九卿暨各直省将军督抚各抒所见（并非会议）	《清实录》56：815
24	1899.3	河工治理案	着军机大臣大学士六部九卿翰詹科道一体会议具奏	《上谕档》25：56
25	1899.6	查核各省厘金盐课并筹饷事	着军机大臣大学士六部九卿会同妥议具奏	《上谕档》25：158

说明：以上《上谕档》，1—12项来自中国第一历史档案馆编：《咸丰同治两朝上谕档》，13—25项来自《光绪宣统两朝上谕档》，广西师范大学出版社1998年、1996年版。《清实录》为中华书局1986年影印版。

在这25件（实际27次）大会议的案例中，仅一次缺大学士之名，即1875年议覆变通奉天吏治章程一事，上谕命"军机大臣六部九卿会议具奏"，这可能仅是措辞的疏忽，因为相比于六部，内阁级别更高，身份上亦无须回避。另外，有一次属于向大学士六部九卿成员个别征求意见，要求他们"各抒己见"，分别上奏。在这些会议的情形中，都另有与"大学士六部九卿"会同讨论的人群，包括指定的亲王、范围更大的"王大臣""王公""御前大臣"，或专门指定的军机处、总理衙门这些机构。军机大臣与总理衙门大臣皆为兼差，本职都在内阁部院，原本就属于"大学士六部九卿"之列，将其单列出来，是有意凸显两机构在会议时的发言权。这25件议事程序中，有13次都涉及"翰詹科道"，其中包括：翰林院侍读学士、侍讲学士；詹事府詹事、少詹事、左右庶子；都察院六科给事中、十五道监察御史。他们未必有实际政务的历练，却代表着士林清议，当君主试图借重会议以体现公意之时，他们是不容忽视的力量。

就内容而言，所有的会议都是讨论重大事项。具体到类别，又各有不同。其中，涉及重大政治体制设计的有四次，即同治、光绪朝两次垂帘听政章程的制订、两次亲政事宜的拟订；与朝廷礼制相关的有七次，涉及皇太后（奕䜣生母）加谥号、先帝陵寝的规模、光绪帝本生父的地位、太庙中殿位次、同治帝皇嗣的承续、大儒黄宗羲顾炎武从祀文庙这些问题；五次涉及朝廷重臣的死刑拟定问题，分别是耆英案、赞襄八大臣拟罪、何桂清案、成禄案、崇厚案，这几件大案多涉及当时的内外战争；三次与对外战争决策相关，分别是崇厚与对俄问题、中法战争问题；两次涉及"龙兴之地"奉天的治理；两次涉及财政事宜；两次涉及黄河改道的善后；一次是海防问题讨论；一次是储备与选拔人才之事。

三、大型廷议的实际效果

如果仔细分析各次大型会议的细节，可发现最高统治者（皇帝或皇太后）在其中的作用并不一样：有时他们已先有主见，因事关重大，特意发交廷议，借公意来充实或传达一己之见；有时他们并未预设见解，是希望借助大规模商议，集思广益；有时则最大程度的公开政事，示好清议，纾缓舆情。具体到某一次会议，以上各种考量有可能同时并存。我们不妨择要做简单的分类。

（一）先有主见而后下发廷议

在 1858 年首次使用"大学士六部九卿会议"这一模式时，咸丰帝是希望借会议之名对耆英定拟重罪。他先是发下朱谕，令僧格林沁锁押耆英来京，并说耆英"不惟辜负朕恩，亦无颜以对天下，实属自速其死"。①六天之后，咸丰帝再命恭亲王会同大学士六部九卿商议耆英案。可见，在谕令会议之前，皇帝已经表明了自己的态度。不久，会议对耆英"酌拟绞监候，朝审时入于情实"，即在秋季走正常的朝审程序，拟定"情实"再执行绞刑。宗室肃顺撇开会议公摺，单衔上奏，他要求加重处罚："比照临阵脱逃律，即行正法"。会议结论与咸丰帝之前的表态和预期有一定落差，而肃顺的意见则与之接近。咸丰帝在看完奏摺后，亲笔写下朱谕："令耆英

---

① 《耆英锁押来京朱谕》（咸丰八年五月初五日），见《中国近代史资料丛刊·第二次鸦片战争》第 3 册，第 411 页。

看朕朱谕，传旨令伊自尽。"①这一过程显示，咸丰帝只是借用会议之名为耆英定罪而已。当会议结果不如他的预期时，他可写下朱谕，直接表达心中所要的答案。

在1861年辛酉政变中，两宫皇太后谕命恭亲王会同大学士、六部九卿、翰詹科道会议赞襄政务大臣"应得之咎"，即定其具体罪状。上谕首先给八大臣之罪定调，说他们朋比为奸、反对回銮，致使咸丰帝圣躬违和、龙驭上宾；又说八大臣在御前议事时，"哓哓置辩，已无人臣之礼，拟旨时又阳奉阴违，擅自改写，作为朕意颁行"。②不但将咸丰帝驾崩的罪责推给八大臣，还宣布他们无人臣之礼，违背圣意拟旨。这条条都是清朝制度难以容忍的重罪。有上谕在前，众臣会议必须遵循这个基调。于是，会议拟定载垣、端华、肃顺"比照大逆，但共谋者不分首从皆凌迟处死律，凌迟处死"。不过，两宫皇太后随即出面"加恩"，赐载垣、端华自尽，肃顺斩立决。③在这个事例中，会议的结果符合甚至超出上意的预期，但为了示以恩典，上谕命改变死刑执行的方式。可以说仍是上意在先，借会议形式申张自我意志。

1860年，两江总督何桂清面对太平军的攻势，屡次弃城外逃，贻误战机，危害军心。两年后，大学士会同刑部定议，对其从重拟罪"斩立决"。奏上，谕命再次由大学士、六部九卿、翰詹科道"公同会议定拟"，理由是"朝廷明慎用刑，何桂清曾任一品大员，

---

① 《令耆英自尽朱谕》（咸丰八年五月十九日），见《中国近代史资料丛刊·第二次鸦片战争》第3册，第450页。

② 《咸丰同治两朝上谕档》第11册，第375—376页。

③ 《咸丰同治两朝上谕档》第11册，第388—393页。

自当众议佥同，方足以申国宪而昭公允"。①当会议奏摺递上，仍坚持斩立决的原议时，上谕却说"按律科断，即不必于律外施刑"，将斩立决改为斩监候，朝审时归入情实，秋后处决。②从斩立决改为朝审时归入情实，死刑结果并无实质性的更改。上谕中的话表明，之所以交众臣廷议，是为了借"众议佥同"的形式，"申国宪而昭公允"。后来的改判，则是为了彰显事涉一品大员时的慎重及在上者的权威。

(二) 礼制问题与征询意见的廷议

在一些涉及王朝礼仪典制的会议中，最高统治者事先似并无预设的立场，更多地是向礼学专家征询意见。在今人看来，这些问题的重要性远到不了大张旗鼓、集众廷议的程度，但在当时却都是关乎礼乐维系和朝廷体面的重大事项。

辛酉政变之后，为了酬庸恭亲王奕訢，两宫皇太后为奕訢生母康慈皇太后增加谥号（原谥号仅 14 字，而非皇太后通常所用的 16字），具体议加之法，交给大学士、六部九卿详议。③咸丰帝去世后，侍郎宋晋上奏称，道光帝慕陵的规制朴实俭约，咸丰帝定陵应仿照办理。时隔不久，云南学政张锡嵘奏请宗祀咸丰帝于天坛祈年殿。前后两个建议都关乎新皇帝的孝行这一治国大原则，两宫皇太后都交由大学士、六部九卿、翰詹科道会议。两次会议的结果，随后以奏摺形式上递，得到上谕的确认：前一个是肯定宋晋所奏的原

---

① 《清穆宗实录》卷 30，第 45 册，第 816 页。
② 《清穆宗实录》卷 31，第 45 册，第 833 页。
③ 《翁心存日记》第 4 册，第 1659 页。

则，陵制从俭，但仍按照已成的规模续建；后一个则是驳回张锡嵘的建议。①

与此类似的是醇亲王奕譞的待遇问题。同治帝去世后，两宫皇太后命醇亲王之子载湉入嗣咸丰帝，继承大统。随之而来的，是皇帝本生父的地位及相应的礼仪细则。此事是涉及皇统及皇家关系的敏感话题，且有着明朝"大礼议"的前车之鉴，因此，两宫皇太后要求王公、大学士、六部九卿共同会议，"酌理准情，折衷至当"。②会议的结果，是免去了醇亲王多处场合的行礼事宜。

光绪初年还有两件与礼仪相关造成重大争议的事件，都曾交大学士六部九卿会议。第一件事关清朝皇嗣的名分大义。1879 年（光绪五年），吏部主事吴可读采用自杀身亡、留下遗摺这一极端的"尸谏"方式，要求为死去的同治帝"豫定大统"，光绪帝生有子嗣，应该继承同治帝的皇统。这本就是光绪帝继位之初定下的基调，吴的建议不过是复述前旨，希望以死明志，维持体制的权威，其象征意义大于实际意义。因进谏的方式十分激烈，又涉及皇统的敏感话题，两宫皇太后命王大臣、大学士、六部九卿、翰詹科道会同妥议具奏。会奏结果，自然与此前的谕旨及吴可读建议并无差异。③在这个事例中，会议的形式大于内容，将重大问题交议，显示统治者已给了朝中清议一个交代。

第二件则关涉到士风与学风的导向。1884 年（光绪十年），内阁学士陈宝琛奏请将明儒黄宗羲、顾炎武从祀文庙。依旧例，谕命

① 《咸丰同治两朝上谕档》第 12 册，第 7—8、325—326 页。
② 《咸丰同治两朝上谕档》第 24 册，第 409、423 页。
③ 《光绪宣统两朝上谕档》第 5 册，第 149—150 页。

礼部议奏。次年，礼部会同大学士、九卿驳回了陈宝琛的从祀建议，而工部尚书潘祖荫、户部尚书翁同龢、礼部侍郎孙家鼐等十位大臣另递一摺，支持陈宝琛从祀的建议。这其中，翁、孙二人不但是官居一品的部院堂官，同时也是身膺重寄的帝师。主驳一方有人数上的优势，主准一方则有身份上的重量。从深层次来讲，这场论争涉及黄、顾的学术侧重于程朱理学还是心学一路的认定问题。是否准祀，既关涉到对清初大儒学术地位的认定，又会极大影响当下的学风走向。① 在这种情形下，慈禧太后谕令大学士、六部九卿、翰詹科道再行详议具奏。最后，在内阁、礼部的坚持之下，会议奏摺仍维持原判，驳回黄、顾从祀文庙之请。② 这次的讨论虽名为会议，目的是求得意见的统一，但最后仍有包括翁、孙在内的多位高级官员拒绝署名会奏，他们或单独上奏或联衔上奏，坚持准祀的主张。③

（三）侧重集思广益的政务会议

而对于一些借重行政经验和专家意见的重大问题，最高统治者更是无法预设立场。将议题发下会议，目的是集思广益。

19 世纪中期，越来越多的关内游民前往盛京开垦发展，这一

---

① 段志强：《顾炎武、黄宗羲、王夫之从祀孔庙始末新考》，载《史学月刊》2011年第 3 期，第 66—67 页；孙明：《"必衷诸圣"与"各祭其师"——再论光绪十年至十二年黄宗羲、顾炎武从祀文庙之争》，载《史林》2016 年第 2 期，第125—126 页。

② 《光绪宣统两朝上谕档》第 12 册，第 75 页；《大学士额勒和布等摺》（光绪十二年二月十五日），《军机处录副奏摺》，档号 03-5543-022。

③ 《翁同龢日记》第 4 册，第 2000 页。

地区因被视作"龙兴之地"的禁地而不许开垦。面对巨大的私垦浪潮，政府无法采用驱逐游民、收回土地的粗暴做法，但具体应如何应对，统治者也没有周全的措施，于是交由恭亲王会同大学士、六部九卿会议。①对于河工这一专业性较强的事务同样如此。1873年、1899年，为应对黄河改道造成的巨大河患，上谕两次命发下会议。前一次由军机大臣会同六部九卿讨论，后一次规模更大，翰詹科道亦加入其中，以最大限度地出谋划策。②

同样，遇到棘手的财政筹款这一专业问题时，统治者也是将问题交由群臣，尽量多地扩宽讨论渠道。

1874年（同治十三年），日本侵略台湾、蚕食琉球王国的举措引发清朝高层的警惕，朝中兴起了海防之议。首先是总理衙门上奏，就造船、练兵、筹饷各条提出建议，随后上谕命将奏摺交沿海沿江督抚讨论，递交议覆奏摺。而后，两宫皇太后据总理衙门的请求，将各地的讨论奏摺交"廷臣会议"，参与者包括总理衙门大臣之外的亲郡王、大学士、六部九卿。③1875年春，廷臣经过会议后，由礼亲王世铎领衔上呈公摺，采取折中姿态，反驳增加盐厘、借外债、开矿厂的建议，而采纳酌提省一二成厘金及四成洋税的动议。总体基调是，"始事规模不宜过宽"。在会议人群中，通政使于凌辰、大理寺少卿王家璧对海防议持完全负面的态度，反对购买洋船与制造机器。由于会议奏稿将总理衙门的意见打了不少折扣，又

---

① 《咸丰同治两朝上谕档》第17册，第133页。
② 《咸丰同治两朝上谕档》第22册，第277页；《光绪宣统两朝上谕档》第25册，第74—77页。
③ 《光绪宣统两朝上谕档》第1册，第28—29页。

出现了激烈的反对意见，两宫皇太后随即命总理衙门一并汇总议覆。①经过两月的考虑，总理衙门递上一摺一片两清单，依次条列海防建设大要，并批驳于、王意见，主要内容包括：派员分段督办海防，集中有限的财力先创立北洋海军，再渐次扩充；先试买新式铁甲舰一两艘，用有实效再陆续添购；从洋税、厘金中酌提部分款项作为海防经费。两宫皇太后随即命军机处下发廷寄，基本同意总理衙门最后的意见，派李鸿章、沈葆桢督办北、南海防，试购少量铁甲舰，未提集中发展北洋海军一事，由此开始了成规模的海防建设。②

在这一次的海防大讨论中，曾使用了亲郡王大学士六部九卿会议的模式。这是总理衙门主动建议的结果，两宫皇太后予以照准。总理衙门是想通过这一方式，减轻日后海防建设的压力：因为会议奏摺意味着满朝大臣的集体背书。群臣会议的覆奏，虽然采行了中间路线，但海防建设的大方向确定无疑。有了集体意见的背书，一些清流杂音被排除在外。会议奏稿再经总理衙门修正，最后交两宫皇太后上谕确认，肯定了总理衙门（主体成员兼任军机大臣，即上谕的起草者）海防建设的基本方向。③可以说，在这次海防讨论中，

---

① 礼亲王领衔会议奏摺、于凌辰、王家璧摺见中国史学会主编：《中国近代史资料丛刊·洋务运动》第 1 册，上海人民出版社 2000 年版，第 118—135 页。当天上谕见《清德宗实录》卷 4，第 52 册，第 136—137 页。

② 《总理衙门为遵议醇亲王奕譞等奏海防事宜各摺片事》（光绪元年四月二十六日），《宫中档朱批奏摺》，档号 04-01-03-0195-012；《中国近代史资料丛刊·洋务运动》第 1 册，第 144—155 页；《光绪宣统两朝上谕档》第 1 册，第 107—109 页。

③ 姜鸣认为，两宫皇太后下达的上谕，使得恭亲王等人进行长达大半年的海防筹议，"其最终确定的建军方针竟在一天里被轻轻调换了"，可能有些过度解读。见《龙旗飘扬的舰队——中国近代海军兴衰史》，生活·读书·新知三联书店 2002 年版，第 88—89 页。

总理衙门大臣合理地利用了大学士六部九卿会议的形式，初步达成海防建设的计划。

在同治帝、光绪帝未亲政前，清廷在面对对外和战的大问题时，也时常诉诸大学士六部九卿会议的模式。这样做，虽可收充分讨论之效，但缺点也是明显的：将和战大事诉诸舆论，冒着受制于清流横议和华夷情绪的巨大风险，以至于在激昂言论的压力下盲目主战。1884 年 4 月 28 日，李鸿章上奏称，法越之事重在分界与通商，应该及时挽救，预备对法谈判。奏摺提到，请慈禧太后"豫为审定何者可行、何者难允"，"庶几国是定于一衷"，又称"交涉大事，独任则难于操纵，合办则易臻周密"。①暗示将此事交由廷议。30 日，上谕命御前大臣、军机与总理衙门大臣、大学士、六部九卿、翰詹科道会同议奏。②

然而，众臣意见却十分歧异。5 月 6 日，御前大臣伯彦讷谟祜领衔上递会议公摺。从后来给李鸿章的密寄谕旨推测，这个奏摺的大致是说，如果法人不索要兵费，可与之谈判，且应格外留意商务问题。在会议公摺之外，另有醇亲王奕譞、侍郎廖寿恒、署左副都御史张佩纶等约 18 人单独上奏，他们大多倾向强硬路线，反对与法国媾和。意见如此歧出，慈禧太后不得不将众多奏摺搁置起来，在 8 日给李鸿章发下密旨，命他以公摺意见为基础，筹议谈判，随后又授给李鸿章谈判全权。③为防止事机泄露，搅动舆论，妨碍一

① 《遵旨复陈法越事宜密抒愚悃摺》（光绪十年四月初四日），见《李鸿章全集》第 10 册，第 416—418 页。
② 《清德宗实录》卷 181，第 54 册，第 523 页。
③ 《清代军机处随手登记档》第 118 册，第 343—348、353、367 页。

线的军事行动与外交谈判，慈禧太后在 5 月 22 日特下一道密旨给李鸿章等人，要求亲自经理重要文书，严防幕友委员泄密。①

从这个事例可以看出，众臣的会奏意见可在和战决策的重要关头起到集体背书的作用（尤其对于主和态度），但另一方面也会冒极大的风险，引发舆论的喧嚣，让军事行动与外交谈判陷于被动。可能正因为如此，甲午、乙未年在面临中日和战与谈判的重要关头，君主都不再诉诸廷议的模式。

四、会议的个案解析——崇厚与对俄交涉案

在了解会议效果之后，我们要问的是，这种集众会议的"精英民主"是怎样运作的？在会议过程中，众多参与者分别有怎样的作用和地位？下文择 1880 年崇厚与对俄交涉案进行说明。该问题曾三次交由廷议，并经御前大起商议（详见第四章）。我们可循着参与者翁同龢的记录，考察历次会议的具体经过。

1880 年 1 月 2 日，翰林院侍读学士黄体芳上奏参劾出使俄国大臣崇厚不奉谕旨，任意定约通商划界，后又擅自回国，建议"敕下廷臣会议，重治其罪"。②当天两宫皇太后发下上谕，将崇厚先行交部严加议处，开缺听候部议，另将所议条约及总理衙门历次涉及俄事的奏摺交大学士、六部九卿、翰詹科道妥议具奏。③此事牵涉棘手的对俄外交，事关版图划界和通商利权，按照通常的做法，应将

---

① 《清代军机处随手登记档》第 118 册，第 422 页。
② 《使臣专擅误国请饬廷臣议罪摺》，见《黄体芳集》，第 10 页。
③ 《清德宗实录》卷 104，第 53 册，第 544 页。

讨论范围局限在小范围之内，由外交专家提出对策，严防泄密，避免舆论的干扰。

此时，朝中清议正盛，惩办崇厚的奏摺又是由清流健将黄体芳提出，于是有交廷议的上谕。李鸿章说，"政府专欲诿过于人，而不计此事之如何结局，深可骇叹"，①联系到当时的制度——两宫皇太后垂帘听政，奏摺处理一般由军机处（主要成员与总理衙门班底重合）在请示后拿出方案再做决定，所以李鸿章才说崇厚案交由廷议，是军机处（政府）的卸责之举。俄国署理公使凯阳德（M. Koyander）得知消息后，随即前往总理衙门争闹，总理衙门将此事奏报，并建议将俄使交涉细节并入到大学士、六部九卿会议的内容之中。②

在此之后，廷臣会议，并酝酿会议奏摺。工部尚书翁同龢在日记中记载：

> （1月13日）草摺底，略言弃伊犁以全大局。夜赴荫轩招，绍彭在座，商量摺底，意见略同。
>
> （15日）写摺稿三分，一付荫轩，一付绍彭，托其明日先携到阁。
>
> （16日）与燮臣到阁，发下张之洞一摺，王仁堪等二十二

---

① 《复丁雨生中丞》（光绪五年十二月初一日），见《李鸿章全集》第32册，第505页。

② 李鸿章在给曾纪泽信中又说："总署又将此事奏交廷臣一并集议，将来似不过敷衍了事，徒添痕迹，弄巧成拙耳"（《复曾侯》（光绪五年十二月初五日），见《李鸿章全集》第32册，第506页）。

人一摺，盛煜一摺。王、盛皆主杀使臣，盛言旁及于保荐使臣之人。张则力言宜战，略言十不可四要，四要曰计决、曰气壮、曰理直、曰谋定。宝竹坡议则主战而沉痛恻怛。王漱兰、李苾园端棻议大略宜修战备。百僚相顾不发，骈头看摺，杂然一群鹅鸭耳。余稿未出，龄、全两相国邀谈。龄相云：张摺甚好，可照行，但须俟上亲政后再议。余曰：此推诿之词，议而不议，不敢附和……夜绍彭来，绍彭云：余议全师以为然，付朱敏生改削作公摺。

（18 日）到荫轩处，绍彭、敏生、锡席卿在彼，看敏生所拟公摺稿，极妥洽，明日将画之。一驳伊犁南境，一驳蒙古及天山南北设领事，一驳汉口陆路通商，一驳伯都纳行船，征引富而笔达，未言议于御笔未准之先，不过口舌之争，若于既定之后必生肘腋之患，并请严修守之备，以安宗社。片言崇厚治罪。

（19 日）巳正，偕燮臣到阁，待良久，见稿即画之，昨日已阅悉也。①

荫轩，即礼部尚书徐桐；绍彭，即兵部尚书广寿；龄、全两相国分别指体仁阁大学士载龄、协办大学士全庆；朱敏生，即兵部侍郎朱智；锡席卿，即刑部侍郎锡珍；燮臣，即内阁学士孙家鼐。以上记录说明，会议奏底是翁同龢起草的，基调是放弃伊犁，保全对俄交涉的大局。礼部尚书徐桐、兵部尚书广寿也表示同意。三天之后，司经局洗马张之洞上奏，要求理直气壮拒绝俄约，将崇厚明正典

---

① 《翁同龢日记》第 3 册，第 1461—1463 页。

刑，并积极备战。盛昱、王仁堪等也主张对俄强硬并严惩崇厚，还波及崇厚的荐主沈桂芬。

在张之洞等人高亢激昂的论调之下，当天到内阁参与会议的百官不发一言，假装低头阅读文件。翁同龢十分鄙视，说他们是"一群鹅鸭"。大学士载龄赞赏张之洞的意见，但认为应在将来徐图之。在这种局面下，翁没有拿出此前起草好并得到另外几位同僚赞同的奏稿。当晚，兵部尚书广寿单独拜访翁同龢，告知全庆支持翁摺的基调，但要交给朱智修改。朱智是资深的军机章京，经手过无数奏摺，擅长周全巧妙地改削文稿。两天后，翁同龢、广寿、朱智、锡珍等六部堂官汇集于徐桐的住所，阅看改后的摺稿，表示满意。改后的奏稿实际上与翁的原稿差异较大，第一项即驳斥割让伊犁南境，另外将俄国在蒙、疆设领之事及通商汉口之事——驳斥，与张之洞的态度较为一致，只是词句不如他的激烈。

1 月 21 日，会议公摺上递，署名者为广义的大学士六部九卿，除出差、丁忧等未能参与会议的大臣之外，与议者有 150 人。大学士李鸿章、左宗棠因身兼直隶总督、陕甘总督，并未到场会议，故有效签名者是 148 人。①

---

① 《会议俄约分别准驳摺》（光绪五年十二月初十日），见《李鸿章全集》第 8 册，第 551—554 页。名单据该摺文后的签名。四天后，李鸿章在给总理衙门的信中说："敬悉凯署使因俄约交廷臣会议，颇有违言，顷闻会疏已上，仍由钧署会同王大臣再行详细妥议"（《致总署》（光绪五年十二月十四日），见《李鸿章全集》第 32 册，第 506 页）。由此可见，李鸿章并未参与会议和起草奏摺，只是听到会议奏摺上递了一事。李近在天津，情况尚且如此，远在西北的左宗棠也应无法参与会议讨论。故李鸿章虽以文华殿大学士领衔上奏，并不代表他参与起草并同意其中的意见，也自然不宜看做李鸿章作品。《清季外交史料》将会议公摺收入，拟题为《直督李鸿章等奏遵议崇厚所订俄约应准应驳及各条利弊摺》，大违文件本意（见王彦威、王亮编：《清季外交史料》第 1 册，书目文献出版社 1989 年版，第 338 页）。

　　奏摺递上的当天，两宫皇太后阅摺后见大起，有 45 位大臣参与。两宫皇太后同意奏摺意见，几位大学士、六部尚书也做同样的引申。恭亲王奕訢明知摺中所说的策略不可行，故建议众臣到总理衙门一并商议，于是，谕命亲郡王、御前大臣、六部与都察院堂官再议此事。经过前一轮的集会，舆情得到了纾缓，故这一轮的会议限制在部院堂官以上的小范围之内。①

　　2 月 12 日，亲郡王领衔的小规模会议奏摺上呈。限制了参与人数的会奏，不像前次那样意见歧出。②上谕宣布崇厚违训越权之罪，仍派上奏的亲郡王、六部堂官给崇厚定罪，同时派曾纪泽赴俄改定条约。③翁同龢在 2 月 26 日日记中记下这次小规模定罪会议的经过，称言：

　　　　沈相着人来催到阁会议，刑部、总署诸君皆相待。本是辰刻（7:00—9:00），待至午正（12:00）。刑稿比照增减制书律，已行者斩监候，条约系钦定，即与制书无异，虽未奉御批而画押用印，即属已行。余改一字，即画讫。"以为冒昧任事者戒"，"任"改"从"。看筹边摺，凡八条，亦画讫。次看宝廷请派参赞原摺，此次附片请毋庸置议，亦画讫。又看樊增祥摺，今日上，请立诛崇厚。奏摺王大臣无异词，惟崇厚一摺醇邸另议。④

---

① 《翁同龢日记》第 3 册，第 1463—1464 页。
② 《翁同龢日记》第 3 册，第 1469 页。
③ 《清德宗实录》卷 107，第 53 册，第 576 页。
④ 《翁同龢日记》第 3 册，第 1472 页。

这次会议形成三份奏摺和附片，其中之一是将条约比拟为君主的制书，照"增减制书"之名给崇厚拟罪斩监候；之二是提出中俄问题的筹边之策八条。

与此同时，翰詹科道这些未参与会议的官员们不断上奏：2月19日，少詹事宝廷奏请将国书及所改条约仍交会议王大臣公拟；24日，御史戈靖奏请笼络英法以制俄；26日，翰林院编修于荫霖奏请备敌设防，庶吉士樊增祥奏请将崇厚明正典刑、称曾纪泽不堪任使；3月1日，詹事府少詹事宝廷再上奏摺，奏请将俄事交更大范围的廷议，且交由内阁牵头主稿……①清流们发起的奏摺攻势一波接着一波。3月3日，为崇厚拟罪斩监候的小型会议公摺上呈，得到上谕的批准，而同日上呈的，还有醇亲王密摺，当时作留中处理。②两个月后，李鸿章向曾纪泽透露："其时圣意及廷臣皆欲正法，赖政府援中外众论，与醇邸密请从轻，乃以斩监候定谳。"③可见，崇厚免于立即正法，逃过一劫，一是因为在军机处的努力下形成的会议公摺，一是因为被留中的醇亲王密摺的关系。

为吸取崇厚擅自议定约款的教训，上谕命总理衙门酌核中俄条约章程，确定曾纪泽对俄谈判的基准。这种事关中方谈判底牌的信息，被最高统治者严格保密。4月1日，总理衙门上递对俄条约章程及签注，由两宫皇太后交发小范围的勋戚大臣阅看，并让张之洞同看，密嘱"毋宣泄"。④将清流健将张之洞拉入同阅人群并警告

① 《军机处随手登记档》第 111 册，第 156、170、173—175、177、190—191 页。
② 《军机处随手登记档》第 111 册，第 198 页。
③ 《复曾劼刚星使》（光绪六年四月初五日），见《李鸿章全集》第 32 册，第 543 页。
④ 《军机处随手登记档》第 111 册，第 224、319—320 页。

"毋宣泄",这是一个高明的策略,等于直接警告张,如果有翰詹科道借此喧闹,则一定源自他的漏风,且一定追究他的责任。

果然,改订俄约之事并没有被清流拿出来喧腾。但围绕崇厚的议处,却又起了争端。从 5 月下旬到 6 月初,李鸿章多次致函总理衙门,告知英国君主及英法公使希望宽免崇厚,总理衙门随后作了密奏。①宝廷、黄体芳通过渠道得知消息,分别上奏,强烈反对轻释崇厚。②由于争议太大、舆论汹汹,6 月 19 日,两宫皇太后发下懿旨,干脆将总理衙门密摺与宝廷、黄体芳的奏摺,统一交王公、大学士、六部九卿、翰詹科道会议具奏。③这是就针对崇厚及俄约的第二次大规模廷议。

6 月 21 日,是廷臣约定的会议之期,翁同龢以工部尚书的身份参与其间,他在日记中记载:

> 诣内阁会议,定辰刻 (7:00—9:00),到巳正 (10:00)。王公毕集,全师领衔摺请如所请,群公多画者,徐、广、童、殷、潘皆嫌措词未湛,因邀至别室改之,余与伯寅粗拟一稿,殷、童两君以为宜加监禁,朱敏生固争,以为与办法有碍,遂删之。时已午正 (12:00),大堂拥挤,遂出,不复入内。……访兰孙不值,晤伯寅。归东华寓,则兴侍读传全师谕,以摺底增数字见商,遂诣全师,酌定而归,乏极恨极,恨有惭于清议,无补

---

① 《复总署》(光绪六年四月十五日、四月二十五日),见《李鸿章全集》第 32 册,第 549、551—552 页。

② 《军机处随手登记档》第 111 册,第 541—542 页。

③ 《清德宗实录》卷 113,第 53 册,第 661 页。

于大局也。月赤。香涛奉特旨与议，余与商。伊以为十八条可
全从，减罪臣之议则不可从，真高论哉。惇亲王另议。钱湘
吟、锡席卿亦似有另议。祁子禾、胡聘之、王先谦、孔宪毅、
李璠、钟佩贤、邓庆麟另议，臣工中凡十人。[①]

这里讲述的是众臣集中到内阁会议，以及会议奏摺起草的全过程。
奏底的起草人未知，但徐桐（礼部尚书）、广寿（兵部尚书）、童华
（左都御史）、殷兆镛（礼部侍郎）、潘祖荫（刑部尚书）对奏摺措
辞有不同意见，由翁同龢与潘祖荫另拟一稿，主要意见仍是减崇厚
之罪，缓和对俄谈判的气氛。殷、童二人认为，尽管声明给崇厚减
罪，但仍宜加以监禁，朱智认为有失本意，遂删掉监禁一条。翁同
龢返寓所之后，内阁派人前来，翁随后到协揆全庆处增删、酌定奏
稿。翁是总理衙门大臣沈桂芬的"南清流"一派，也是会议公摺的
起草人，内心却不一定认可宽免崇厚，自认为"有惭于清议，无补
于大局"，相反，他赞同张之洞主张的崇厚不减罪、俄约可商酌的
意见。

从这次会议情形可以看出，亲临内阁大堂、参与会议的官员非
常多，但并非所有人都能平等地表达意见。会议形成的公摺实际出
自几位大学士和部院大臣之手，是他们相互商酌和妥协的结果。在
妥协之后，甚至连起草者本人也未必同意会议公摺的意见，为了照
顾各方意见，通盘考虑大局，起草者不得不写出违背本心的意见。

6 月 23 日，由礼亲王世铎领衔的王公、大学士、六部九卿、

---

① 《翁同龢日记》第 3 册，第 1487 页。

翰詹科道会议公摺上递，建议宽赦崇厚的斩监候之刑。与此同时，在会议时表达不同意见的众人单衔上奏，明确提出反对意见。①26日，当两宫皇太后看完众多奏摺之后，不顾巨大的反对和质疑声，密令暂行宽赦崇厚的斩监候罪名，仍行监禁，由曾纪泽将此事知照俄国。②27日，又以密寄上谕形式命令南北洋大臣李鸿章、刘坤一等筹备御敌，并严令："现在崇厚免罪，尚未明降谕旨，务宜慎密，不得露泄"。③

9月21日，曾纪泽仍在俄国谈判。一年前崇厚所签条约到此时已接近换约之期。如果俄方要求超出了此前设定的底线，无疑难以接受；而如果拒绝俄国要求，则中俄之间有可能发生战事。军机大臣王文韶代军机处草拟摺片，力言不可对俄失和，并请示因应之策。④第二天，慈禧太后召见众臣，军机大臣申明战事不可恃，不敢孤注一掷。翁同龢亦主张妥协，而徐桐则称，如条件不可接受，不如一战。因和战之事关系重大，当天御前的争执并无结果，两宫皇太后发下会议上谕：着惇亲王、军机大臣、大学士、六部九卿、翰詹科道暨左庶子张之洞会同妥议具奏，醇亲王着一并议奏。⑤

至此，为崇厚及对俄外交，两宫皇太后第三次发下了王公、大

---

① 《军机处随手登记档》第 111 册，第 560—563 页。
② 《清德宗实录》卷 113，第 53 册，第 663　664 页。
③ 《清德宗实录》卷 113，第 53 册，第 664 页。
④ 《总署奏中俄换约日期已届请饬曾纪泽和衷商办片》（光绪六年八月十七日），《清季外交史料》第 1 册，第 415 页；《王文韶日记》上册，第 529 页。据《随手登记档》，该摺是军机处而非总理衙门奏片，《清季外交史料》记载有误。见《军机处随手登记档》第 112 册，第 58 页。
⑤ 《翁同龢日记》第 3 册，第 1507 页；《清德宗实录》卷 118，第 53 册，第 718 页。

学士、六部九卿、翰詹科道廷议。所幸当天晚上总理衙门接到曾纪泽电报，告知俄国已遣使节来华。9 月 24 日，谕命暂停会议和战一事，改为会议俄使到京之后的交涉方略。①28 日，惇亲王领衔的会议奏摺上递，另有十余件单衔奏摺，表达与公摺不尽相同的意见。

以上三次大规模会议，除第一次认定俄约无法接受、崇厚有擅权之罪外，其余两次皆是各式议论丛出，甚至针锋相对，并有大量单衔上奏的情况。10 月 3 日，两宫皇太后将 28 日会议奏摺及其他单衔奏摺发下，交惇亲王、恭亲王、醇亲王、翁同龢、潘祖荫五人阅看。②几天后，两宫皇太后召见上述几位重臣及军机大臣，讨论此后的对俄交涉问题。据翁同龢记载，皇太后表示，"实无主意，惟军机及尔三王两大臣是任，必始终其事，条约万不可许者勿许，其馀斟酌行之"。③此后，对俄事务的会议就限制在了极小的范围之内。

"大学士六部九卿会议"这一模式从产生到 1901 年后六部制度逐渐完结，一共使用过约 27 次，而三次都发生在一年时间内，围绕着同一个主题——崇厚与对俄条约。三次会议，使用的都是最大规模：除了大学士六部九卿，尚有王公和翰詹科道的加入，会议人数达 150 人左右。从情理而言，此事涉及敏感的外交谈判，其内容不宜诉诸大规模廷臣会议——首先是难以保密，进而泄露己方的谈判底线；另一方面，外交问题容易刺激出非理性的大众情绪，进而

---

① 《翁同龢日记》第 3 册，第 1508 页。
② 《翁同龢日记》第 3 册，第 1510 页；《军机处随手登记档》第 112 册，第 94 页。
③ 《翁同龢日记》第 3 册，第 1511 页。

对一线外交官形成巨大压力，干扰谈判的正常进行。李鸿章在最后一次会议前致函总理衙门，建议说："此事惟赖钧处密禀庙谟，能谋速断，庶有结局，幸勿再交廷议，致贻后悔。"①他警告说，不要再将谈判之事诉诸廷议。

尽管如此，会议之法仍被频繁使用，这与清议高涨形成的巨大舆论阵势相关。第一次会议发端，即因清流干将黄体芳弹劾崇厚，军机处感受到其中压力，故交由廷议，尽管这在李鸿章看来属于透过卸责。当然，军机大臣中有北派清流领袖（李鸿藻），本就是廷议的主张者。

要求百余人署名的会议公摺完全符合每一署名者的本意，是一件无法办到的事情，公摺的意见和结论，只能朝中间路线靠拢，寻找舆情与理性之间平衡点，结果是连起草人自己也不认可奏摺中的观点。不可否认的是，每次的会议公摺都必须考虑公布后清议的反应，故而起草之初即受到清流的制约。这就对军机处乃至最高统治者造成压力，李鸿章评论说："政府自俄事起后谣诼纷乘，习为模棱，此必有从旁主其议者"，"二十一日（9月25日）廷臣又会议俄事，和战二策，迄无定论"。②"习为模棱""迄无定论"，即是清议暗中影响政策走向和决策风格的明证。这是清议对会议的影响之一。另一方面，会议模式也在一定程度上成为北派清流宣泄激愤情绪的渠道。尽管如此，每次会议仍有大量不同意见撇开会议奏摺，

---

① 《致总署论俄事勿再交廷议》（光绪六年八月十二日），见《李鸿章全集》第32册，第598页。
② 《复刘岘庄制军》（光绪六年八月二十六日），见《李鸿章全集》第32册，第606页。

通过单衔方式陈奏更加激进的观点，这在以往的各次会议中是罕见的。有会议却不能形成一致，最终也加速塑造了更加对立的派系分野。李鸿章抱怨说："兰枢（军机大臣李鸿藻，字兰荪）于洋务懵未有知，自谓未与前议，领袖清流，顾为借城背一之举，朝局水火已成。"①

从这三次会议的个案中我们也可以看出，会议确实有着影响甚至改变最高统治者意愿的作用。在首次会议后，军机处与醇亲王小规模会议改变了崇厚"即行正法"的命运；在对俄战和的关键点上，两宫皇太后并无主见，因此反复诉诸大规模会议。而集众廷议虽然让清流意见进行表达，起到纾缓舆情的作用，但弱点也是明显的，张佩纶自己承认，此事"虽饬交廷议，纷如聚讼，岂有良图"？聚讼纷纭的环境也让军机处和总理衙门进退失据，不敢坚持专业化的应对方案，"于战事嫌无章法，于和局嫌无著法"。②

1901年之后，原有的六部九卿设置开始变化。先是新增外务部、商部、巡警部、学部；1906年丙午官制改革后，扩充为11部，大理寺、光禄寺、太常寺、詹事府等机构或被裁撤，或被改并，"大学士六部九卿"的名义不复存在，廷议也开始废弛。胡思敬抱怨说："曩时军国大政犹交六部九卿会议，迩来变乱成宪，多

---

① 《复丁雨生中丞》（光绪六年五月十三日夜），见《李鸿章全集》第32册，第556页。
② 《张佩纶致李鸿章》（光绪六年八月），见姜鸣整理：《李鸿章张佩纶往来信札》，上海人民出版社2018年版，第47页。

由一二人主谋。废刑讯而刑部不知；废科举而学臣不知，礼部亦不知。"①辛丑之后，大政反而更集中于少数权贵之手，引发朝野不满。在此情形下，户部侍郎上奏建议规范会议章程，将要政交"阁部九卿翰林科道会议，宽以时日，各抒所见，别纸录陈，并令传知属官，咸得论列"。这里的"阁部九卿"，就是原大学士六部九卿的新称谓。到1904年底，政务处拟定章程，规范会议制度，要点包括：奉旨会议事件，实任四五品京堂、科道皆与议；内政外交之大端，由各该衙门审度重轻，临时请旨会议，或特旨举行会议；会议应速覆奏之件限十日，一时难决断者酌情展限；与议臣工出具说帖交政务处汇择具奏。②重要国事与制度，多了阁部会议这一途径，但这一模式虽名为"会议"，却只要求参与者写好说帖交给政务处备选，与廷议会奏的模式是有区别的。

结　语

明代制度中九卿廷议制度，清朝也一直存在。在清前期，大学士、九卿常与议政王大臣一并会议。康熙朝中期以后，随着议政王大臣会议频率的减少，大学士九卿会议成为廷议的主体。其规模进一步扩大，就会加入翰詹科道官员。会议的一般程序，是某一专务部门或者实权大臣主笔，将会议意见折中后写成奏稿，交给与议官员画稿署名，之后再交付君主裁决。参与会议者，都有独立表达意

---

① 胡思敬：《国闻备乘》，中华书局2007年版，第94页。
② 《清德宗实录》卷537，第59册，第146页。

见的权力，并可争取将意见写入公摺之中；亦可保留意见，拒绝署名而另上奏摺。这种会议模式，因咸丰帝一次偶然的"失误"，变为大学士六部九卿会议，参与部门从原有的内阁、六部、都察院、通政司、大理寺扩充为京中四品以上的文官衙署。为了最大规模地集思广益、求取公意，统治者还会将会议人群扩大到在京王公、翰詹科道，参与人数甚至逾两百。晚清时期，这种大规模的会议常被使用，讨论内容多是与国本相关的问题。

大型廷议处理的一般都是君主交议事件。有的是君主已有主见，借助廷议将自己的意见细化，如果廷议后所上的公摺与君主预期不符，他甚至可以另起炉灶，下旨直抒意见；有时发交廷议仅是借助公论，缓解舆情，示好清议。有一些事件在交议前，君主并无明确意向或者对策，发交廷议是为了最大程度地集思广益，收群策群力之效。不过，大型廷议有着临时性，并没有一定之规在何时使用：同为晚清的和战大事，对俄拒约、中法战争都使用过大型廷议征求意见，而中日甲午战争之前就不曾使用这一模式。从使用时段来看，晚清 27 次大型会议只有约四次发生在君主亲政时期，其他则发生在垂帘听政尤其是两宫皇太后同时垂帘之时。换句话说，垂帘听政加强了统治者对于廷议的倚重。从最后效果来看，晚清廷议的结果一般不会被君主推翻。

就常理而言，人数越多的会议，达成一致性的可能性就越小；而廷议却必须要求达成一致，并会奏回复，这就意味着牺牲议政的合理性。为求得集体署名，奏稿必须迁就所有会议者的意见或利益。单衔另奏在制度上虽说可行，却并不受君主的鼓励。在上位的统治者并不是看不到会议的先天弊病——近似和稀泥，之所以宁愿牺牲议政的合理性，逢大事仍发下会议，正是看中了会议的"正面意义"。

人们往往强调君主专制之下一切权力操之在上的特点，相应的责任问题则少有探讨。因不定期的自然灾害、上天示警而发布的"罪己诏"，也可解读成政治责任，但抽象的天人关系毕竟无法建立起直接的权责之链。这并不意味着君主专制能逃避责任，尤其是在外患频仍的晚清时期。《马关条约》签订后，光绪帝曾沉重地说："台割则天下人心皆去，朕何以为天下主？"①如果战与和的决策是会议做出的，廷臣皆有署名，他的压力恐怕就要小得多。这正是君主或军机处看重的会议的第一层意义。

一个庞大的人群为求得一致而写出的会奏稿，其中极端的意见会被首先剔除掉，而具有锐气、突破成规的条目也都在被删削被中和之列，这样做固然意味着丧失掉部分决策的合理性，但更重要的是，阖朝重臣不分南北、无论清浊，至少就一个重大问题达成了一致，大学士六部九卿背后维系的是整个庞大的官僚集团的共识。这是会议的第二层意义。"为政不难，不得罪于巨室"（《孟子·离娄上》），晚清的大型廷议可看做是这个理念的实践。再进一步思考，在这种框架之下，政治决策似更接近一种有限范围的精英主义的民主，君主专制因此也有着相应的弹性。

---

① 《翁同龢日记》5 册，第 2797 页。

第十章 议会与会议——晚清议院论的侧面

有关议会的论述是近代政治思想的重要内容，晚清士人们立足于时局，为了因应内外难题，在接触西方民主思想之后做出了不尽相同的理解，形成了各有特点的论述，并影响到清末民初议会政治的实践。

对于晚清的议院论，中外学者有较多关注，形成了丰厚的积累和论述。张朋园列举了晚清 70 年间中国知识分子及在华外人中间有代表性和影响力的议会思想，将议会思想进入中国分为从初步介绍到付诸实现的四个阶段。①史华慈阐释了民主在中国近代思想中的工具性性质，即以此达到国家富强的办法，而不注意终极价值的实现这一特点。②熊月之对鸦片战争之后各种人群的议院论做了梳理，分人群与时段进行评述，并将其作为近代民主思想的重要组成

---

① 张朋园：《议会思想之进入中国》，见郑大华、邹小站主编：《思想家与近代中国思想》，社会科学文献出版社 2005 年版，第 159—196 页；亦可参见其著：《中国民主政治的困境——1909—1949 晚清以来历届议会选举述论》，上海三联书店 2013 年版，第 1—48 页。

② 黄克武：《近代中国的思潮与人物》，九州出版社 2016 年版，第 42 页。

部分。①黄克武论及清末试图以议会实现"公"及民本政治的思想，并认为当时舆论对议会及民主政治充满着热望和乐观。②上述路径大致默认晚清议会源自西方因素。与此不同的是，孔飞力在论述魏源、冯桂芬有关扩大政治参与的言论时，更重视这一现代性特质的本土因素，他认为晚清广泛政治参与的主张，源自中国历史上久已存在的"根本性关切"，同时，也与清代中后期国家面临的内外难题有关。③茅海建则通过重要文本的分析，认为康有为、梁启超在戊戌时期对西方的民主制度只有外形的知识，他们认为中国经典中"谋及庶人"等内容即西方的议会，他们所主张的很可能是一种更关注民意、注重通上下之情的政治制度，而非西方的君主立宪制。④

本章试图将晚清议会论放在朝会与决策的制度线索中进行理解，探寻议会论述中一些隐微的、未被此前研究充分重视的面相，思考这些认识形成的原因及其后续的影响。

一、总理衙门官员与议会论

此前学者都注意到晚清士人议会论中的"三代"理想，将西方议会与中国上古三代的政治相比附，认为议会是符合儒家"民本"

---

① 熊月之：《中国近代民主思想史》，上海社会科学院出版社 2002 年版。
② 黄克武：《近代中国的思潮与人物》，第 51—58 页。
③ 孔飞力著，陈兼、陈之宏译：《中国现代国家的起源》，生活·读书·新知三联书店 2013 年版，第 29、55 页。
④ 茅海建：《论戊戌时期梁启超的民主思想》，载《学术月刊》2017 年第 4 期，第 142 页。

理想的政治类型。不过，这一现象不是自始就有的。在林则徐组织、主要依据外人资料编纂的《四洲志》中，在魏源所撰《海国图志》及徐继畬所著《瀛寰志略》中，皆提及了英国议院制度。①这三部成于 1840 年代的著作对于议会制度仅为转译介绍而已，并未将其与中国上古的因素联系起来。

从 1870 年代开始，诸多朝廷大员的奏摺中开始出现议院论，甚至是设议院的建议。大学士、军机大臣、总理衙门大臣文祥的议论，被当作具有典型意义的观点而被反复征引。②文祥（1818—1876），字博川，瓜尔佳氏，满洲正红旗人，第二次鸦片战争期间，以军机大臣身份留京，协助恭亲王奕䜣办理议和，之后参与创建了总理衙门。1861 年之后，长期兼任军机大臣与总理衙门大臣，是清朝内外政策的重要制订者。他在 1875 年的一份密奏中，提及西方的议院制，将其作为西方国家君民一心、共谋国事的例证："说者谓各国性近犬羊，未知政治，然其国中偶有动作，必由其国主付上议院议之，所谓'谋及卿士'也；付下议院议之，所谓'谋及庶人'也。"③

这份奏摺驳斥了那种认为西方各国"性近犬羊"的观点，说明他们在政治上自有章法，且符合中国"谋及卿士""谋及庶人"的古意，他认为，尽管中西国情不同，"外国上议院、下议院之设，

---

① 张朋园：《议会思想之进入中国》，第 162—163 页。
② 较典型的论述参见熊月之：《中国近代民主思想史》，上海社会科学院出版社 2002 年版，第 132—136 页。沟口雄三著、孙歌译：《中国思想史——宋代至近代》，生活·读书·新知三联书店 2014 年版，第 336—337 页。
③ 赵尔巽等撰：《清史稿》第 38 册，中华书局 1976 年版，第 11691 页。

势有难行"，但"义可采取"，即借鉴议院听取民意、巩固人心的效能，"用人行政，一举一动，揆之至理，度之民情，非人心所共惬，则急止勿为；事系人心所共快，则务期于成"。这应该是清朝大臣的奏摺中最早将议会运作与儒家政治理想联系起来的议论，在当时极具胆识。

值得注意的是，这份奏摺实际上是由其下属兼幕僚周家楣起草的，并被他收入自己的文集《期不负斋政书》之中。周家楣（1837—1886），字筱棠，江苏宜兴人，1859 年中进士，1864 年以礼部主事充补总理衙门章京。起草上述奏摺时，已升总办章京，在总理衙门任差十年有余。他是文祥的下属，按照制度，总办章京奉大臣之命，负责总理衙门每日文书的起草和修改。因与总理衙门大臣接触频繁，关系密切，有时也会替他们个人起草奏稿。文祥的奏稿就是出自周家楣之手。这份奏摺作于 1875 年，当时文祥已重病，且在此之前较长时间都处于请假状态中。[1]比对文祥所上的原奏与周家楣文集中的奏摺，文字上并无差别。这个密摺有可能是文祥自忖不久于人世而作的重要谏言，但应有着周家楣的重要参与[2]（总办章京在奏摺起草过程中的作用详见第七章第二节）。相比较而言，文祥虽从一开始就担任总理衙门大臣，却先后身兼都察院左都御史与各部尚书、内阁大学士等要职，又是军机处重要成员，地位仅次于恭亲王奕訢。他因身体原因，从 1869 年起频繁请长假。[3]而周家楣

---

[1]　文祥：《文文忠公自订年谱》卷下，光绪八年刻本，第 73b—74a 页。

[2]　周家楣：《拟代文博川中堂密陈疏》，见《期不负斋政书·政书一》，光绪二十一年刻本，第 35b—36b 页。

[3]　文祥：《文文忠公自订年谱》卷下，第 61a—73b 页。

从章京做起，升任总办（以后更进一步升任总理衙门大臣），主要精力都在总理衙门事务上。他有着更多接触、阅读外来文件与书籍的时间，也有着更多推敲总理衙门内外文稿及深入了解外情的机会。综合这些情况及周家楣个人文集的相关线索，似可推测周的思想在文祥奏摺中的重要分量。①

如果我们再进一步探究，周家楣和文祥有关议院的议论从何而来？综合各种因素推测，最有可能的、最直接的途径应该是两个：其一是总理衙门大臣徐继畬所著的《瀛寰志略》；第二则是与他们有着更为密切接触的总理衙门章京志刚和孙家穀。

徐继畬（1795—1873），曾任福建巡抚，以著述《瀛寰志略》而闻名于世，1865 年召京后被重新起用，任总理衙门大臣，直到四年后致仕。他与文祥、周家楣有四年的共事时间，其代表作《瀛寰志略》在 1866 年被总理衙门重新制版刻印，最有可能被总理衙门的同人接触、阅读和参考。②1870 年，访问欧美的孙家穀在给总理衙门同事的信中说：“西洋风土，惟《瀛寰志略》一书尚堪尽信，但未详耳。”③由此也可见该书在总理衙门官员中的流行程度。《瀛寰志略》有叙述英国议会的段落，将英国议会上下两院称作“爵房”“乡绅房”，国有大事，“乡绅大众允诺而后行，否则寝其事勿

① 另一个值得注意的问题是，在文祥自订年谱中，并未提及该摺的相关内容以及西学知识，这种未被记载的部分很可能暗示当时朝野对西学的态度，即还未到值得士大夫们公开讨论、研习的程度（《文文忠公自订年谱》卷下，第 71a—74b 页），也由此可见文祥奏摺的内容在当时所独有的影响力。

② 徐继畬：《瀛寰志略》，总理衙门同治五年（1866）刻印本。

③ 《蕉轩随录》，第 342 页。

论",①以此说明英国国会下院的重要作用。

而志刚、孙家穀二人可能与周家楣、文祥有着更加密切的接触,他二人都是1861年总理衙门成立之日起就入署当差的旧人,曾在1868年至1870年以总办章京、帮办章京的身份同蒲安臣出使,对西方议会制度有直观认识。志刚在出使日记中记录了他对美国议会的观感:

> 每遇大政,则各邦首领皆有派在都邑会议之人,惟赋税出于民者,下堂议之。条约法令出于上者,上堂议之。亦必上下"询谋佥同",或议从其数之多,而后上其议于伯理喜顿(president),听其照准施行,故民情达而公道存。②

志刚介绍的是美国参众两院的情况,他观察到美国大政交议院讨论,允诺后交总统照准方能施行。这与周家楣替文祥草拟奏摺中"议之可行则行,否则止,事事必合乎民情而后决然行之"是吻合的。尽管志、周二人的上述思想不一定存在着必然联系,但考虑到总办章京之间的紧密关系,他们对于出访的各种细节应有着频繁交流。与志刚同行的孙家穀曾说,他在出使期间私下留有记录,打算整理后示人。③志刚、孙家穀、周家楣三位总办章京是当时总理衙门大臣最重要的助手,也是日常奏议的起草人,④文祥奏摺的意见,

①　徐继畬著、宋大川校注:《瀛寰志略校注》,文物出版社2007年版,第258页。

②　志刚:《初使泰西记》,岳麓书社1985年版,第270页。

③　《蕉轩随录》,第342页。

④　《中国近代外交官群体的形成(1861—1911)》,第124页。

很有可能是透过这一管道，进入到最高统治者的视野之中。

二、会议与议会

晚清思想家主张扩大政治参与，孔飞力对此有着独特的解读，他特别注重其中的本土因素。下文要论述的，是晚清士人在该问题上的另一本土性，即他们用本土的政治经验来理解议会运作的经过。在讨论这一问题之前，我们有必要对前章论述的议事与决策模式略作回顾。

（一）会议的旧制

在 1906 年丙午官职改革期间，御史史履晋上奏，建议先设议院，再立内阁，以防政府的权力过大。其中一段分析清朝的政治运作程序，称言："今日环球各国，无论君主、民主，无不立宪，其以专制称者惟中、俄两国耳。俄国姑不具论，中国之专制，非君上之专制，实政府之专制也。何以言之？我朝成法，内外题奏本章，除奉特旨'着照所请'，暨例行公事外，凡稍涉疑似无例可援，未有不交议者，是君上未尝专制矣。"①

史履晋，直隶乐亭人，1890 年中进士，曾任刑部主事、员外郎、郎中，并充主稿差使，参与了《大清会典》的修纂，对典章制度十分了解。②他所言"君上未尝专制"，在第一、二章有过详论，

---

① 《御史史履晋奏改革官制宜先州县后京师并先立议院后立内阁摺》（光绪三十二年九月十六日），见《清末筹备立宪档案史料》上册，第 460 页。
② 《清代官员履历档案全编》第 8 册，第 261 页。

可概括作如下解释：清朝中后期的政务，主要通过奏摺流转来完成。从明朝继承过来的题本（公事用印）、奏本（私事不用印）系统，在奏摺逐渐流行并占据主导地位之后开始式微。奏本在 1748 年被废除，题本也在 1901 年被废止。内外政务，由部院大臣、将军、督抚等具备上奏资格的高级官员具摺请旨。按照惯例，对于各种涉及具体政务的请示奏摺，在奏摺制度创立之初，主要是君主独断；但在乾隆朝之后，一般都交给对应的职能部院即京内六部进行"议覆"，这就是常见的朱批"该部/衙门（妥议）具奏"模式。这是因为日常的行政请示，需要查核相应的规章、近似的惯例后，再做合理的安排。在职能部院进行议覆、给出对应的解决方案之后，同样要具摺请旨。部院熟知办事则例，能提出合乎常理及惯例的解决方案，君主对于他们的覆奏，一般给予肯定答复，也就是"依议"的模式。

在这个过程中，我们可以清晰地看到，朝政在很大程度上是由掌握着"议覆权"的部院来决定的，君主的乾纲独断在这个程序中是有限的。在事涉机密问题时，君主有时也会命某一群大臣负责议覆，例如指定全体军机大臣"妥议具奏"。在事涉重大政治事件时，君主会启用规模更大的议覆模式，例如前章所论的"在京王公大臣、大学士、六部九卿"全部参与"会同议奏"。1861 年、1874 年两次决定"垂帘听政"章程时，都曾采用过这一模式。[1]史履晋说："中国之专制，非君上之专制，实政府之专制也"，这里的政府，不独指军机处，而是将经常参与议覆政务的中央各部院都包含在内。

---

[1] 《咸丰同治两朝上谕档》第 11 册，第 468—469 页；第 24 册，第 407 页。

所以，清朝高层政治中的会议二字，与民国初年政党兴盛之后的常用词会议有着较大区别。首先，清朝政治中的会议通常是一个动词，意为多位大臣、多个机构共同商讨某件大事，然后会同上奏请旨。如果要细究，可拆分为"会同议奏"四字之意；第二，会议事件一般有着场所（大型会议通常是在内阁），但并不意味着参与者都必须到场，很多会议奏摺由主稿衙门或大臣起草后，送交其他会议者画稿签押即可。

例如，辛酉政变后上谕命内阁、部院大臣会同议奏两个世袭罔替的王爵怡亲王（载垣袭）、郑亲王（端华袭）如何处置之事。大学士翁心存记载："内阁交片会议怡、郑二王世爵事，已拟奏底，知会各部院堂官，今日午刻赴阅看，予病未能往也。"①即会议奏摺由内阁主稿，其他各衙门主管官员前往阅看。如果有事，也可以不去，届时阅读定稿并参与署名即可。

只有争议特别重大的"会议事件"才能引来大部分会议者的到场参与。例如，1880年6月，上谕命王大臣、大学士、六部九卿与翰詹科道会同议奏崇厚擅签俄约一事，翁同龢记载会议场景，称众臣毕至，"（内阁）大堂拥挤，遂出，不复入内"。②这次会同议奏的规格非常高，几乎将京城所有具备上奏权的文官全部涵括在内。人多了之后，全数到齐议事是一件难以操作的事情，一般做法是主稿衙门起草后，交其他会奏者阅览、签署。崇厚一案因牵涉重大利益，亲自前来会议者较多，以至于挤满了内阁大堂。当天的做法

① 《翁心存日记》第4册，第1684页。
② 《翁同龢日记》第3册，第1487页。

是，由大学士全庆领衔主稿，将奏稿给大家传阅，再做修改。不过，各方意见争持不下，最后由翁同龢等拟稿改写，形成多数人勉强接受的稿件，翁忿忿地说，"恨有惭于清议，无补于大局"。次日，翁在奏稿上签名（详见第九章第四节）。①

（二）以会议理解议院

在理解了清朝语境中的"会议"故事之后，我们再来看这一概念对晚清的议会观念有怎样的影响。军机章京陈炽在1894年左右著有《庸书》，其中《外篇》论及西式议院：

> 阁部会议，本有旧章，惟语多模棱，事无专责，亦宜特建议院，以免依违，此上议院之法也。②

陈炽于1887年任军机章京，谙熟清朝最高政治的运转程序。③所谓的"阁部会议，本有旧章"，即上文所说的（内阁）大学士、（六部）尚书、侍郎以奏摺会同议奏大政的形式。"语多模棱"，即清朝典章制度没有明确界定何时使用这一模式，所以导致"事无专责"。因此，陈炽主张"建议院"，将会同议奏重要政务的程序制度化，这就是他所理解的"上议院之法"。他也认为，这种制度不会妨碍君主的权力，"兼听则明，偏听则暗，事之行否，仍由在上者土

---

① 《翁同龢日记》第3册，第1487页。
② 赵树贵、曾丽雅编：《陈炽集》，中华书局1997年版，第108页。
③ 《清代官员履历档案全编》第6册，第206页。

之"。①陈炽将世界上三种政体与议院对应起来：君主制有上议院，无下议院；民主制有下议院、无上议院；君民共主制有上下议院。②他将清朝当时"阁部会议"的奏事体制略等于上议院，希望借上议院这一实体，将大臣会同奏事的模式常规化、体制化，使得大政讨论能够有所专责、有所依归。

1895 年，总理衙门章京杨宜治在随王之春顺访英国时，赴伦敦的威斯敏斯特宫参观，近距离旁听国会议事。他在日记中介绍英国国会的议事程序：

> 凡事必求君民两便，然后施行，如损下以益上，或损上以益下，必有从而挠之者。凡议一事，下院议定，达之上院议定，然后奏请君主画诺。③

据杨宜治的这一观察，英国的国是决策，至少有两个特点值得注意，一为君民两便，没有偏袒；二则是上院、下院一致议定，最后再"奏请君主画诺"。

杨宜治（约 1846—1898），字虞裳，四川渠县人，举人，曾任刑部员外郎、郎中，从 1885 年起，兼任总理衙门章京。出访之日，他在总署任差已超过十年，且较长时间担任英国股章京，后来升任

---

① 《陈炽集》，第 108 页。
② 《陈炽集》，第 107 页。
③ 杨宜治：《俄程日记》，见北京大学图书馆藏稿本丛书编委会编：《北京大学图书馆馆藏稿本丛书》第 17 册，天津古籍出版社 1991 年版，第 379 页。

总办。①这一职业轨迹显示，他属于娴熟外交业务、了解外情的京官，他的议院论也就更能说明问题。如果仔细分析，杨宜治对英国国会的理解是存在问题的，当时的下议院之权高于上议院，一般情况下，都是由下议院多数党负责组织政府，多数党领袖担任首相。杨称，凡讨论一项议案，两院赞同后交国王"画诺"，即签署宣布，这一点并无问题；但杨没有说明的是，议案的发布语是由国会起草的，国王例行签署即可，即实际上由国会做主，国王的批准仅具象征意义，这一程序须与清朝体制中"奏请君主画诺"区分开来：清朝的六部官员对于属吏所草文书、皇帝对于部院的议覆或会议奏稿，通常予以同意。不过如果选择推翻重来，亦是常见之事，制度上并无不可。君主在这一过程中有着最后裁决权。

反观英国的议会议事与此迥异，一为国王的权力仅为形式上的，另一方面，在两院遇到冲突时，如下议院通过议案遭上院否决，两院可自行调处；若无法调处，首相可以辞职并请求解散下院，重新大选。若新选出的下院继续支持该案，则上院一般不再反驳。另一方面，英国议会与政府既有共生的一面（政府由下议院多数党组阁，阁员一般也是议员），亦有对立的一面（议会可监督作为行政机构的内阁），而清朝的六部常负责议覆、处理该管事务，实际上扮演着决策与执行的双重角色。杨宜治对英国国会的议事程序做了简单化处理，其解释与实际偏差较大，原因在于他的解释是基于原有的知识背景及国内的政治经验而做出的。

1898 年戊戌变法期间，光绪帝接受大学士孙家鼐的建议，将

① 《中国近代外交官群体的形成（1861—1911）》，第 169—186 页。

冯桂芬所著《校邠庐抗议》分发各部院，由京官们进行签注或简明论说，以备采择施行。此后，共有372位京官员提交了签注意见。①《校邠庐抗议》全书并未提及议院建议，但在第一章"公黜陟议"中，提出了选拔官员的新法，核心精神是孟子所说的："国人皆曰贤，然后察之，见贤焉，然后用之。"具体方法是，将保举、会推之权授给内阁中书以上的普通京官，由他们推荐在京及外省各级官员，再由吏部进行登记和择定。外省普通官绅也可参与低级官员的举荐。②

翰林院编修吴炳针对该条意见称："此条宜变通行之。行政宜公议，进退百官不宜公议；凡遇兵、刑大政以及外交重事，仍用会议旧章，而略参以西人议院之法。特与议者总须京朝官，而商民不预。至黜陟之权，则仍宜操之自上。"③《校邠庐抗议》说的是举荐官员之事，吴炳则将其扩充为"公议行政"的议题。他首先提及的"会议旧章"，即陈炽所说的遇到重大事件，交由多个部门大臣会议而后联衔上奏的方式。由此来示以慎重，并达到集思广益的目的。吴炳认为，西人"议院之法"可以作为"会议旧章"的补充，遇大事时，除可交由重臣会议之外，亦可经由更大范围的人群即"京朝

---

① 孙家鼐：《请饬刷印〈校邠庐抗议〉颁行疏》（光绪二十四年五月二十九日），见中国史学会编：《中国近代史资料丛刊·戊戌变法》第2册，上海人民出版社2000年版，第430页；《光绪宣统两朝上谕档》第24册，第246、254—255页；李侃、龚书铎：《戊戌变法时期对〈校邠庐抗议〉的一次评论——介绍故宫博物院明清档案部所藏〈校邠庐抗议〉签注本》，载《文物》1978年第7期，第53—59页。

② 冯桂芬：《校邠庐抗议》，上海书店出版社2002年版，第1—2页。

③ 中国第一历史档案馆编：《清廷签议〈校邠庐抗议〉档案汇编》第4册，线装书局2008年版，第1526页。

之官"来议决。根据他的理解，相比于"会议旧章"，议会之法的不同点在于适用人群较为宽泛，把决策讨论者的范围放宽到了京朝官。

戊戌变法期间，光绪帝下令，普通部院司员、士人可上书言事，由其所在部院或都察院代递。镶白旗蒙古生员诚勤称："图强之始，必先设议院以固民心。"他举出上古三代的成例，说"《洪范》稽疑，谋及庶人；盘庚迁都，咨于有众"，"盛王罔不博采众议而成大同"。他认为，"西国议院，其风近古"，也将西方制度分为三种：君主之国、民主之国、君民共主之国。他尤其赞赏君民共主之国"权得其平"："盖事虽定于上下议院，仍奏其君裁夺，君曰可，即签名准行；君曰否，则发下再议。其立法之善，思虑之密，要皆由于上下相权，轻重得平而已。"他将英国作为君民共主之国的典型，并认为欧洲富强的原因可归结于上述制度。①

与杨宜治一样，诚勤在解释君主立宪制下君主与议会关系时，有意或无意地夸大了君主在行政中的主动权。如上文提及的英国，国会两院在议决法案后，例交君主发布，发布文字仅为象征性的。值得注意的是，如果将诚勤所说的下议院替换成"内阁部院"或者"六部九卿"，在遇大事时，由它们"奏其君裁夺，君曰可，即签名准行；君曰否，则发下再议"，即可发现诚勤所理解的议会制度与中国并无太大的差异，只不过，议覆或者会议重大事务的权力由阁部衙门变为了他所说的议院。他在诠释西方议会制度时，同样也带

---

① 《镶白旗蒙古生员诚勤呈》（光绪二十四年七月），见国家档案馆明清档案局编：《戊戌变法档案史料》，中华书局1959年版，第186—187页。

入了中国制度的模型。所谓的开议院，仅仅是将会议奏事的主体人群扩大，从部院重臣变为议院的议员而已。

从以上的四个例子可以看出，晚清的会议模式影响到官员们对议院的理解，两者之间存在密切关联：会议是多位大臣（经常涉及跨部门）共同商讨大政，而后共同署名上奏请示的政务处理模式；晚清官员看到的议院，则是商议大政的场所，使用的是众人会议的模式，议妥议案之后，须交君主签署。因此，他们很自然地将两者联系在一起，画上了一个约等号。他们未能看到议院与内阁背后所代表的权力意涵。

与这个理解近似、对时局影响也最大的，要数康有为及其党人的议院论述。

1898 年 2 月 28 日，御史宋伯鲁上奏，提出"拟略师泰西议院之制"，设立"议政处"，由各省督抚、京官一品以上者保举博通古今、洞晓时务之人，出具考语咨送吏部，在引见后即充当"议政员"，月给薪水，轮流住班。"凡国家大政大疑，皆先下议政处，以十日为限，急则三五日议成，上之军机王、大臣；不可，则再议，军机复核无异，乃上之皇上亲裁断而施行焉"。[①]他将议政处看作清朝制度的延续，"国初有议政之设，六部有交议之事，皆所以揆度事情，抉择可否，行之邦国，施之民人"，自从设立军机处，遂罢议政之员，虽有六部交议或翰詹科道九卿集议，但议事范围甚小。宋伯鲁援引《尚书》中"询谋佥同""谋及乃心，谋及卿士，谋及

---

① 《御史宋伯鲁摺》（光绪二十四年二月初八日），《军机处录副奏摺》，档号 03-5615-010。

庶人，谋及卜筮”的经典论述，认为“泰西上下议院，深得此意”。他建议设立的议政处，是前章所论九卿会议的扩大，"略师"西方议院，且深合儒家的经义，以议政为主，议罢则先交军机处覆核，再交皇帝亲裁。

8月19日，内阁学士阔普通武请求“仿泰西设议院，以期上下一心”。奏摺提到，“议院之义，古人虽无其制，而实有其意”，具体表现是，诸多经典中都有类似的论述，除儒家经典中的“上下交泰”“询谋佥同”“谋及卿士，谋及庶人”的教诲，他也拿出汉代诏公卿问贤良文学民间疾苦的事例，说“议员之职，有谏大夫，有博士，有议郎”，将中国历史上的言事之官类比为议员，称泰西议院“绰有古风”。他建议：设立上下议院，“无事讲求时务，有事集群会议，议妥由总理衙门代奏，外省由督抚代奏：可行者酌用；不可行者置之。事虽议于下，而可否之权仍操之自上，庶免泰西君民争权之弊”。①

宋伯鲁提出议政处与阔普通武所设想的议院，都是议政机构，只不过，前者只享有初步议覆的权力，议妥后仍需交军机处覆核，即决策之权被分走一半；而阔普通武提出的议院则可直接议覆，经代奏后交皇帝决定。他们所说的议政处和议院，可看作司员士民上书政策的升级版：将上书的主体固定为议政处或议院，借此将上书的行为常规化。至于其他的程序——议妥后奏摺的呈递之法（交军机王大臣覆核或者由总理衙门及督抚代奏）、呈递之后君主的处置

---

① 《内阁学士阔普通武摺》（光绪二十四年七月初三日），见《戊戌变法档案史料》，第 172 页。

之法（操之在上），这些与当时的制度并无差别。所谓的议政处和
议院，与近代议院精神相去甚远，它们只是清朝既存制度中的一
环，去执行会议奏事这些原本由军机处、职能部院或六部九卿一起
承担的任务，它们只是分润旧机构的议覆之权而已。

　　如果说康有为党人的议院论还遮遮掩掩，尚不敢尽夺军机处与
职能部院经议覆而决策的权力，那么康有为本人的建议，就要更进
一步了。他在1895年所作的《上清帝第三书》，其中建议设立"议
郎"，具体选任方法是：令士民公举博古今、通中外、明政体、方
正直言之士，约十万户而举一人。议郎轮班入直，以备皇帝顾问，
并可随时请求召对，"上驳诏书，下达民词"。值得注意的是，康有
为建议，"凡内外兴革大政，筹饷事宜，皆令（议郎）会议，三占
从二，下部施行"。①所谓的"议郎"，是皇帝身边负责议覆重要政
务的官僚群体，他们议事，采用会同议奏之法，取多数决的原则。

　　在1898年3月的《上清帝第六书》中，康有为提出了一个与
议郎相关的机构——制度局，他建议"开制度局于宫中，征天下通
才二十人为参与，将一切政事、制度重新商定"。制度局"用南书
房、会典馆之例，特置制度局于内廷，妙选天下通才〈十〉数人为
修撰，派王、大臣为总裁，体制平等，俾易商榷，每日值内，同共
讨论，皇上亲临，折衷一是，将旧制新政斟酌其宜，某政宜改，某
事宜增，草定章程，考核至当，然后施行"。另外在午门设立待诏
所，派御史为监收，收天下人上书，然后发下制度局讨论；关涉新

---

① 康有为：《上清帝第三书》（光绪二十一年五月），见《康有为全集》第2集，第
　　79—80页。

政的条陈，也都发给制度局议行。康有为认为，之所以派制度局议事，是因为"军机出纳喉舌，亦非论道经邦，跪对顷刻，岂能讨论？总署困于外交，且多兼差，簿书期会，刻无暇晷。变法事体大，安有无论思专官而可行乎？"①

康有为所说的议郎、制度局修撰，都是议政人群，他们通过会议的方式，议覆包括增税筹饷在内的重大政务，尤其是与新政相关的事务。他们既不像宋伯鲁的议政处要先将意见"上之军机王、大臣"，也不像阔普通武所说的议院，在议妥后须找总理衙门或督抚代奏，他们可与君主直接对话。

那么，为什么不直称议院、议员，而要用制度局、议郎之类的词语来代替呢？康有为解释说："夫议院之义，为古者辟门明目达聪之典，泰西尤盛行之。"但他马上笔锋一转，认为"中国不可行也"，因为中国"二千年一统之大"，"惟有君权治天下而已"。他认为，现行制度中政务"下之九卿、翰詹科道会议，又下之公车诸士会议，此亦西人之上、下议院也"。②他将六部九卿会同议事的制度类比为上议院，将司员士民上书比作下议院，他认为，如果继续在旧制度下施行新政，将议政之权交给六部九卿、公车诸士，新政就会因守旧之士占绝对多数而无法推行，故中国暂时不宜言议院。康有为的这些话，反映了清朝政治体制的实践对议院理解的影响之深。

① 康有为：《外衅危迫分割洊至急宜及时发愤大誓臣工开制度新政局摺》（光绪二十四年二月二十九日呈），见《康有为全集》第4集，第14—15页。
② 康有为：《答人论议院书》（光绪二十四年五月二十八日），见《康有为全集》第4集，第326页。

实际上，康有为认为不宜设立的议院与他主张的制度局，最大的区别在人选上面：后者的成员都是皇帝重新选拔的趋新之士，而他所希望避免的议院，则是当时的六部九卿、翰詹科道等守旧人士居多的机构。他所反对的，不在于议政的模式，而在于议政的人选。

康有为及其同时代通晓洋务的京官们，都有一个近似的看法，即认为议院是具备中国古义的议政工具，与传统的大臣会同议奏政务的制度相似。康有为并不反对开设议院，只是担心非其党人的议员掌握了议院实权，接手了议覆政务的决策权。他主张的制度局也未改变旧有的体制，而只是拿走了原属于军机、总署与阁部衙门的议奏、议覆之权而已。

三、议会与财政

在 19 世纪后期士人的议会论中，还有一个值得注意的细节，即他们都特别注意到议会与财政的关系。从近代议会产生地英国的历史脉络来看，征税权是议会手中握有的重大权力，为此权力，甚至引发英国君主与议会的决裂，进而发生革命。法国革命之前，亦出现过君主向三级会议要求扩大财政收入、解决财政危机的旧事。

对于 19 世纪的中国而言，应对内外战争，开办新式事业，都需要大规模扩大政府岁入，这与近代欧洲一些国家的情况是相似的。不同的是，征税在中国须克服理念上的难关——无论是儒家学说还是清朝祖训，都将轻徭薄赋、政简刑清看成是理想的政治状态。相应的，晚清士人在介绍议会与财政时，也须对增税这一有违祖制和圣人训诲的做法进行合理解释，使得增税不仅具有可行性，也能具备合法性。

《瀛寰志略》里面曾简单提及欧洲各国议会与税收的关系，并未对这一关系作价值判断，称言："增减课税，筹办帑饷，则全由乡绅主议，此制欧罗巴诸国皆从同，不独英吉利也。"①30多年后，翰林崔国因在奏摺中论及这一问题时，就开始有意褒扬了。他在1884年的一件奏片中，将设议院、讲洋务两条并列，皆作为自强手段，并援引西国的史实进行说明：英、美、德、法诸国财政收入每年三亿两，故能百废俱兴。其中，德、法版图仅为中国十分之一，却能得到数倍之多的收入，就在于"下议院之人，皆民间所举，府库出入，纤悉皆知，知其取之于民者仍用之于民，故无阻挠耳"。②在另一道奏摺中，他为当时的困局出谋划策说："今日之事势，为古今之创局，凡所设施，每骇听闻，而练兵、筹饷各举，为向未经见者，必使斯民身居局中，悉其原委，知此中实有不得不然者，乃肯设身处地，为朝廷分忧，而后兵可增而不以为抽丁，饷可增而不以为重敛。"③他将增税当成是自强的必要条件，而设议院使民众知情，进而争取支持，则是获得高税收的必要和有效手段。

杨宜治在观察英国议会的议事程序时，也议论说，因议会制度

---

① 《瀛寰志略校注》，第258页。
② 崔国因：《设议院讲洋务二条请实力行之由》，见《桌实子存稿》，光绪二十八年刻本，第25a页。
③ 崔国因：《奏为国体不立后患方深请鉴前车速筹布置事》，见《桌实子存稿》，第22a—23b页。

能做到"询谋金同，大众得当"，故而"以上德若风，民应如草，即征赋过重，罔有怨咨"。①戊戌变法期间，户部候补主事程利川在签注《校邠庐抗议》时，曾论及议院与财政的关系，他说："泰西各国，凡一切国政、国用，皆自议院主之，遇有征伐兴作之事，议院以为可，即需数千百万而可以立办"。②阔普通武在奏摺中也提到，中日战争时期，日本议院支持战争，"其兵饷支绌之际，匹夫匹妇亦乐捐输"，他认为议院在筹款进而在赢得战争一事上，功劳甚大。③

镶白旗蒙古生员诚勤亦在条陈中列举开设议院的好处，头一条即筹款的优势："西国师旅兴筑之事，皆下议院议定后，即由议院筹款，盖百姓利之，劝输自易也"，而中国正处于振兴庶务之际，"库款支绌之时，凡一举动，必先筹款。有议院，则军国大事，君秉其权，转饷度支，民肩其任。无论筹费若干，议院定之，庶民从之。纵征赋过重，民无怨咨，以为当共仔肩也。"④在他看来，只要设立了议院，议院即有权筹款，并确定岁入的规模，即便税收过重，也能做到"民无怨咨"。

在儒家观念里，国家收入"岁有常经"，政府不可随意开源，开源必然导致与民争利，与"轻徭薄赋""不尽利以遗民"的理念背道而驰。1895年，两广总督谭钟麟在一道论及广东禁赌的奏摺

① 《俄程日记》，第379—380页。
② 《清廷签议〈校邠庐抗议〉档案汇编》第8册，第3272—3273页。
③ 《内阁学士阔普通武摺》（光绪二十四年七月初三日），见《戊戌变法档案史料》，第173页。
④ 《镶白旗蒙古生员诚勤呈》（光绪二十四年七月），见《戊戌变法档案史料》，第187页。

中说："当此时艰孔亟，民俗凋残，即使用款难筹，亦何堪以呼卢喝雉（按：即赌博）之钱为理财筹饷之计？量入为出，酌盈剂虚，与其取不义之财而大亏政体，何如减无用之费而稍挽颓风？"①翰林恽毓鼎在读到邸报中的这份奏摺后，特意抄录该段，并作一点评："数语通达之至！"②可见，在很多士人眼中，"量入为出，酌盈剂虚"，节流而不是开源才是理财的大道。面对十九世纪末期的时局，应付内外战争，办理船政、出使、加强边防、开办新式教育等诸多事业，无不需要巨额款项。祖制、圣人训诲显然同纾缓时局的需要无法兼顾。

在这种情况下，有效地因应眼前的难题、保证王朝的延续无疑是居首的问题。主张通过议会来增加岁入的官员，首先强调的是议会增税后达到的效果，崔国因提到增税后"百废俱兴"，阔普通武则提到日本议院支持战争，"需数千万而可立办"，最后赢得了胜利。这样一来，如能得到民众支持顺利筹款，减少怨怒，即便稍违"薄赋"的理念，也是可被接受的方案。各种议院论述也往往将议院增税后民间少有或没有"怨咨"作为其合理性的重要依据，他们已默认议院具备"斯民"代表性，议院同意意味着臣民与君主共担责任。但是，中枢对这一点显然心存疑虑，1884 年 6 月，就在崔国因上奏后不久，军机处对崔摺给出了针对性答复：

　　　　崔国因摺　设上下议院，凡练兵筹饷各举，使斯民身居局

---

① 《裁革陋规严禁赌博摺》，见谭泽闿等编：《谭文勤公奏稿》第 17 卷，宣统三年刻本，第 4a 页。
② 《恽毓鼎澄斋日记》第 1 册，第 81 页。

中，悉其原委，而后兵可增而不以为抽丁，饷可增而不以为重敛。臣等查外洋以商务为重，上下均得其利，与中国政体迥殊，若仿其议院之制，无论扰乱政治之大患，即欲增兵增饷，民间有重敛而无分润，蚩蚩之氓安能尽明大义？其事断不能行，拟毋庸议。①

这时主政的军机大臣为礼亲王世铎、额勒和布、阎敬铭等人。这一班底组建刚满两月，立足未稳，其背后指挥的是光绪帝生父醇亲王奕譞，他对于任何可能分润慈禧太后决策权的行为都是极端防范的。议院同意固然意味着共担责任，但知情权、同意权本身，同样意味着激活决策权力。参政群体的扩大、会议奏事权力的下放，不可避免地攘夺君主、军机处与部院的权力，自然不为醇亲王和军机处所容。借议院增加岁入、消解民怨的提议，并未被军机处理解和接受。

结　语

本章主要揭示了晚清议会思想中被忽视的一些因素和面相，尤其是士人"以中解西"的议会观的偏差，主要论点可小结如下：

此前研究认为最早提及且正面肯定西方议院的文祥奏摺，很可能是以周家楣为主的总理衙门章京的集体创作，他们是较早直接接触议院及议院思想的一批中国人，他们对议院的直观理解，最终借

---

① 《光绪宣统两朝上谕档》第 10 册，第 140 页。

助文祥这位重臣的奏摺呈达御前。

晚清士人的议院论固然有趋新的一面，我们也应注意到其中旧的一面，即当时人在理解议院时，有自身的知识背景，也有自己的侧重，与当时西方的议会制或总统制之下的议院有着不小的差距。重要表现之一，就是把清朝旧制中的议事程序代入议会制度之中，用中国式的会议奏事来理解西式的议会。所谓的会议奏事，即当时施行的集中某一部门或众多部门的大臣共同讨论重要事项、拿出对应方案，然后上奏请旨的政务程序（详见第九章）。在近代君主立宪制度下，议院议决法案、交君主签署后公布的程序，被晚清士人解读成会议奏事，只不过会议奏事的主体由内阁部院大臣变为新的固定机构——议会。在他们看来，新设的议会是专门议奏政务的机构，有着更多的政治参与，故能实现君臣一心、询谋金同的政治理想。

不得不说的是，清朝大臣会议事件，再上奏请示，君主立宪国家的议院审查议案，交君主签署，这两者在形式上确有相似之处，但内在精神却存在着巨大差异。以英国为例，到 18 世纪，国王与人民关系常被比作"两个互不信任的经纪人之间的商业契约或协议"，人民依靠下议院与王权进行集体谈判。[1]反观清朝的会议奏事，则是在君主的授命之下提供咨询，供其参考和裁决。与立宪制度下君主权力经常受到限制不同的是，晚清士人较少谈到或是有意回避这一点。西方君主公布法案的程序，被类比为中国君主的"画

---

① ［英］马克·戈尔迪、罗伯特·沃克勒主编，刘北成等译：《剑桥十八世纪政治思想史》，商务印书馆 2017 年版，第 578 页。

诺",裁决权因此被放大。这种解读忽视了当时立宪制之下君主署名多为象征意义,根本无法与清朝皇帝对部院奏摺行使裁决之权相比的事实。与此同时,欧西体制下,议会与政府分处决策、执行两端,而清朝议事体制中,职能部院往往通过议覆奏摺掌握决策权,从而将决策与执行权(某种程度是立法与行政)集于一身。

最后需要注意的是,晚清士人在论及议会时,几乎毫无例外都注意到其财政大权,并有意突出这一权力。"轻徭薄赋"是儒家的治国理念,"永不加赋"是清代祖训祖制,通过增税来扩大政府收入规模可谓清朝的"政治不正确"。但如果要应对西潮冲击后的新挑战,必须扩大税源,筹集巨额资金。晚清议院论述中的内容之一,就是由议院充当中间人,缓解传统政治观念与眼前局势之间的紧张,用民众的同意来消解祖制与圣人训诲所包含的"政治正确"。

1910 年 11 月,第一届资政院常年会在议决有关税务及法律的两项地方事务后,以奏摺形式上报请旨。结果,上谕命对应的行政部门进行议覆。当时,载沣以摄政王身份执政,军机处辅佐政务、草拟上谕,资政院认为军机大臣侵夺了资政院权限,于是依照院章对其进行弹劾。①军机处被整体弹劾,这是罕见而严重的政治事件。按照新的院章,资政院可议决每年国家收支预算、决算、税法及公债事项,这是比照当时西方议会形成的章程。②但是,按照旧的政

---

① 《资政院第一次常年会第二十号议场速记录》,第 245—246 页。
② 《改订资政院院章》,载《政治官报》第 657 号(宣统元年七月十一日),第 7 页。

务程序，部院的会议事项须以奏摺形式请旨，批准后方可付诸施行，皇帝亦可对会议奏摺指示"该部议奏"，故上谕内容亦无可厚非。弹劾案可看作新旧制度的严重冲撞，其中关键，是资政院以议院自居，而军机处却将资政院当作了类似会议奏事的阁部。此次交锋的后果之一，就是1911年5月第一次责任内阁的成立（详见第八章第二节）。这大概也可看作晚清议院论的间接影响。

第十一章　御前会议与筹备立宪

　　第四章考察了清代君主召见诸多大臣商讨朝政的模式——大起，它在后来的叙述中通常被称为"御前会议"。但事实上，"御前会议"四字合用，应是源自日文，它是明治时期一种政务决策的方式。在 1905 年前，"御前会议"四字曾零星出现在中文报刊中。到了 1905 年之后，随着筹备立宪的展开，日文信息被大量译介，这一词语也就被逐渐推广开来，人们约定俗成地将清朝君主召对众多大臣的大起称为"御前会议"。

　　例如，恽毓鼎在 1911 年写作《崇陵传言录》时，用较大篇幅回顾他所参与的 1900 年 6 月两宫见大臣、议和战的往事，总结称："是为庚子御前四次大会议"。①清帝逊位前夕几次朝会的参与者恭亲王溥伟，在事后作《让国御前会议日记》，将 1912 年 1 月皇室及高层官员围绕清帝退位的多次讨论称为"御前会议"。②正如第四章所述，这两次的御前会议，仍应被视作"见大起"，而日式的御前

---

① 恽毓鼎：《崇陵传信录》，第 64 页。

② 溥伟：《让国御前会议日记》，载中国史学会编：《中国近代史资料丛刊·辛亥革命》第 8 册，上海人民出版社 1957 年版，第 111、112、115 页。

会议，在内涵上则另有所指。不过，本章并非与这个约定俗成的名词较劲，而是希望探寻本意上的御前会议（故而不加引号）在清末的遭遇及其背后的意涵。

一、御前会议的本意

见大起是名不副实、但被后人约定俗成地称为"御前会议"的朝会，而日式的御前会议则是清廷试图召开却未能付诸实践的朝会与决策模式。

前章已述，回溯到清代制度中，与国事相关、最为重要的政务文书是题本与奏摺。它们或是以个人名义、或是以部门甚至更大集体的名义呈递到御前。当题本或奏摺的内容涉及多个部门之时，就存在协商拟稿的问题，须综合多人意见，将最后结论具题（清前期）或具摺（中后期）上陈，这个过程被称为"会议具题/奏"，会议在这里是一个动词，而不是名词。我们在文献中最常见到的会议，包括军机处会同某部院议奏该管事宜；三法司（即刑部、都察院、大理寺）会议司法事务；各类王大臣会议；大学士九卿会议重大国务。会议之后，由一个部门主导拟稿，其他部门参与修改，最后诉诸正式奏摺，参与机构的堂官都必须在摺后签字。在上述会议形式中，最重要的即大学士九卿会议，晚清时期又称"大学士六部九卿会议"，由内阁大学士、六部尚书与侍郎、理藩院、都察院、通政司、大理寺、顺天府等京内小九卿衙门堂官等参与商讨拟稿，俗称"廷议"。从各种会议的例证来看，这些高层次会议的主体，往往位阶平等，即多个部门属于平行衙门、多名官员属于同僚关系。从理论上而言，他们都可就交办事件自由发表见解，如果不同意会议结论，则可拒绝署名，另外单衔上奏。

除此之外，在晚清时期，钦差大臣与外人谈判亦称为"会议"。我们可以从《筹办夷务始末》《清季外交史料》中找到相应的例证。总之，清代语境中的会议，与民国政党兴盛之后的会议有着很大区别，它适用于君主之下的机构和官员之间。会议的主体，一般属于平行关系，并不涉及君主本人。且会议的结果并不代表最终的决策，而是须以具题或者具摺方式上陈，请示圣裁。

会议与见大起，是清代制度中不同的政务商讨和决策模式。两者之间有重大区别：会议是跨部院的讨论模式，参与者形式上平等，可公开发表意见并求取共识，会议结果须以题本或奏摺形式上报，听候君主独立做出裁决。见起则是君主的政务咨询会，见大起是大型咨询会，大臣在全过程中跪奏备询，君主借此了解详情，在当场或事后下旨裁决。清代制度中的会议和见起是严格区分的。

既然如此，庚子四次御前会议、让国御前会议这些用法是怎样出现并且被广泛运用的呢？人们为何约定俗成地将大起称为御前会议？

我们首先简单看一下日本御前会议的基本情况。在 1889 年颁布的日本宪法中，并无御前会议之名，但历经甲午中日战争、日俄战争以后，御前会议逐渐变成战时有效的军政决策机制。简单地说，日本御前会议是决定战争、议和等重大国务的会议，一般由天皇主持，有内阁、大本营成员出席，协调政府与军事部门的意见。在会议之前，通常已由内阁会议形成决定，天皇也已掌握了相关动向，所以御前会议只是一个程序，由天皇依顾问的建议来批准政策即可。值得注意的是，在君主立宪体制下，天皇不对御前会议的后果承担责任。①

在 19 世纪末、20 世纪初的对外战争中，日本多次利用御前会议做重大决策。例如，1895 年 1 月 27 日，在清廷派出张荫桓、邵友濂二人赴日和谈之后，日本君臣在广岛召开御前会议。参与者除天皇之外，有小松亲王、在广岛的阁员和大本营成员，其中包括：首相伊藤博文、外务大臣、陆军大臣、海军大臣、海军军令部长、参谋本部次长，议题是对华和约案。由外相陆奥宗光呈递条约方案并做简单说明，再由首相伊藤博文起立，陈奏形势与政策概要。明治天皇听完并阅览了条约案，询问列席大臣，在未收到异议后，随即批准条约案作为议和的基础。②

此后在 4 月 24 日，日本君臣再开御前会议，讨论俄法德三国干涉还辽一事。除天皇之外，参与者包括首相、海军大臣、陆军大臣。先由首相提出三个方案选项，经过各大臣反复商量，最后决定暂行第二项方案：将辽东问题交由国际会议处置。这次御前会议事起仓促，在前一天东京外务省才接到三国公使转交的本国政府训令，对日本索求辽东一事表示异议，日方无法在此前举行内阁会议充分讨论细节并达成一致，只能在御前开议，做出暂行决定。事实证明，这个决定随后被推翻，日本的政策改为可对三国让步，对中

---

① 龚娜：《昭和天皇思想与行动的研究》，天津社会科学院出版社 2014 年版，第 38—39 页。

② ［日］陆奥宗光、伊舍石译：《蹇蹇录》，商务印书馆 1963 年版，第 118—120 页。

国则寸步不让。①

在 1904 年日俄战争之前，日本君臣也曾开御前会议，确定对俄政策。其中，2 月 4 日开战的决定，首先由上午的内阁会议做出，再由下午的御前会议批准。明治天皇在上午曾询问元老伊藤博文的意见。在御前会议的决定做出之后，天皇对侍从说，这一战争"非朕之志，然事既至兹，如之何？"又说：如果战事出现不测，将何以对祖先和臣民？②

尽管学术界对于天皇在御前会议中的作用及其责任问题存在争议，但我们仍可总结 20 世纪初期日本御前会议的一些特点：首先，御前会议涉及国家重大决策，尤其是战争、议和的大事。其次，在御前会议召开之前，内阁、大本营已经形成方案，天皇在御前会议上一般不予拒绝。第三，宪法虽未规定御前会议的地位，但它却成为事实上战时有效的决策机制。第四，御前会议的决策在名义上是由天皇做出的，但天皇并不对决策后果负责，天皇发挥的是一种"加持"的作用。此外还有一点值得提一句，即大臣向天皇上奏时，要起立陈述。

1905 年日俄战争之前，御前会议四字曾零星出现在汉语环境中，但大规模地被中国人使用，则是在 1905 年之后。当时的报刊，例如《申报》《东方杂志》等，直接使用日语的原文来报道该国的御前会议。例如《申报》在 8 月 29 日刊载东京专电："今日（谓 28 日），日本各

---

① 《蹇蹇录》，第 158—160 页。
② ［日］和田春树著，易爱华、张剑译：《日俄战争：起源和开战》下卷，生活·读书·新知三联书店 2018 年版，第 808—809 页。

亲王元老政治家大臣等为和议问题，在宫中开御前会议。"①

很快，这一用法被引申到清廷的君臣见起一事上，例如《申报》在 10 月 24 日报道，"日俄和约已于十九日经军机大臣奏呈，两宫遂于是日特开御前会议，皇太后向各军机宣言谓：此后凡与日俄交涉须格外谨慎云云"，"次日复开御前会议，提议三大问题，即租借辽东半岛、缩短撤兵时期、东清铁路权限是也。各大臣于此三大问题，虽未议决，然皆异常注意者也"。②比对档案及当事人日记可知，这里所谓的两宫"特开御前会议"，不过是每日例行召见军机大臣而已。③因有了日本的先例，中文会议二字的意涵也在悄然变化。自 1905 年之后，"御前会议"一词被当作军机见起或重臣们集体见起的代名词，开始逐渐泛滥。

二、"御前会议"一词的推广

1906 年 8 月，考察政治大臣出洋归来，上奏建议筹备立宪，

①　《申报》1905 年 8 月 29 日第 2 版。
②　《中政府议满洲善后问题》，载《申报》1905 年 10 月 24 日第 2 版。
③　据外务部参议邹嘉来 10 月 17 日（九月十九日）日记记载："日俄和约昨日批准，自本日起中立义务已竟。"在军机大臣上学习行走的徐世昌十九日、二十日皆记载："未明起，入直，已刻散。"又据军机处《随手登记档》《上谕档》十九日、二十日，军机处并无奏片上呈。通过这些记录可知：九月十九、二十两日并未见大起，而只是循例召见军机大臣。《申报》关于这两天御前会议的报道，可能是军机见起，其中细节则很可能不实。见邹嘉来：《怡若日记》光绪三十一年九月十九日条，日本东洋文库藏；徐世昌：《徐世昌日记》第 5 册，北京人民出版社 2015 年版，第 2416—2417 页。《光绪宣统两朝上谕档》第 31 册，第 158 页；《军机处随手登记档》第 167 册，第 402—414 页。

上海《时报》报道：北洋大臣袁世凯到京，27 日接受召见，定次日"开御前会议，参订立宪事宜"。①事实上，到 29 日，才开所谓的"御前会议"。《那桐日记》记载：

> 传递膳牌，卯刻（5:00 之后）赴园，两宫在仁寿殿召见，公同阅看考查政治王大臣〈摺〉。十三人分为两起，军机六人一起，醇亲王、王、孙、世、那四中堂、张大人百熙、袁宫保世凯七人一起。太后垂询立宪事，醇王等奏请即〔及〕早宣布立宪，以慰天下臣民之望，两宫嘉许，约刻许，同下。②

当天重臣见起是在颐和园，分两起进行：头起为军机大臣奕劻、瞿鸿禨、荣庆、铁良、徐世昌、世续，这是例行见起；第二起是载沣与大学士王文韶、孙家鼐、世续、那桐，外加邮传部尚书张百熙、直隶总督袁世凯。慈禧太后在咨询两起大臣之后，定下了预备立宪的大方向，30 日由庆亲王牵头草拟上谕，9 月 1 日以明发上谕形式宣布筹备立宪。③从上奏、见起咨询大臣到草拟与颁发上谕，这些程序与传统军机处制度下的政务流程没有任何差异。但是在此之后，除了少数的军机与部院大臣仍坚持用见起、召见，一般的士绅尤其是资政院议员都开始使用御前会议；除了官方档案，其他的书面文字，也都开始普及这一名词。

---

① 《北洋大臣袁世凯到京初八日召见后定初九日开御前会议参定立宪事宜》，载《时报》1906 年 8 月 28 日第 3 版。
② 《那桐日记》下册，第 577—578 页。
③ 《光绪宣统两朝上谕档》第 32 册，第 128—129 页。

1910 年 11 月，因各省请求速开国会，缩短原定的准备期（原定 1916 年召开），监国摄政王载沣决定召见军机大臣、会议政务大臣，商议开国会年限。10 月 31 日，军机大臣毓朗在资政院议场发表演说：速开国会的陈请已"上达天听"，但仍须"询谋金同，才能定夺"，"现今已有谕旨，将资政院原奏发交政务处公同阅看，不日开御前会议，妥商办法"。资政院议员罗杰回应说："来日御前会议要求诸位军机大臣极力主张，于军机朗大臣要求尤切。"①11 月 2 日，隆裕太后下旨："着会议政务处王大臣于初二日（11 月 3 日）预备召见"。②以下三段是当事人日记中关于 3 日召见（所谓"御前会议"）的记载：

> 醇亲王载沣记："代召见会议政务处王大臣等十七人。巳刻，德雷使偕莒提督在明殿觐见，予代接见如礼。"③
>
> 军机大臣徐世昌记："未明起，进内，到大坦〔他〕坦谢恩。入直。今日同会议政务处王大臣召见一次，军机先后召见二次，午初刻散。"④
>
> 军机章京许宝蘅记："七时起，八时三刻到官报局会议。知今日召见军机及各部尚书，详询开国会事，议未决，明日当可降旨。十二时散。"⑤

---

① 《资政院第一次常年会第十二号议场速记录》（宣统二年九月二十九日下午一点三十分钟开议），第 107—108 页。
② 《交旨》，载《政治官报》第 1084 号（宣统二年十月初二日），第 2 页。
③ 载沣：《醇亲王载沣日记》，群众出版社 2014 年版，第 370 页。
④ 《徐世昌日记》第 7 册，第 3117—3118 页。
⑤ 《许宝蘅日记》第 1 册，第 320 页。

对此，上海的《时报》报道说："今日因国会事，召见军机大臣、会议政务处王大臣等，开御前会议取决议毕，随即外臣觐见，故国会事不及即行降旨。"①4 日，清廷正式颁布上谕，缩短开国会年限为五年，上谕称言："又于本月初二日召见该王大臣等详细垂询，切实讨论，意见大致相同。"②早在 1906 年丙午官制改革后，新设 11 部尚书，皆兼任参与政务大臣，他们与军机大臣中未兼尚书者共 17 人，成为 11 月 3 日见大起的成员。

同一天资政院开会，议员罗杰询问议长溥伦速开国会之事，资政院有原始记录称：

> 罗议员杰："前请速开国会上奏案，今天有上谕没有？"
>
> 议长："还没有消息，今天已经召见会议政务处王大臣，但是还没有上谕下来。"
>
> 罗议员杰："几时才有上谕？"
>
> 议长："本议长不是会议政务处王大臣，不能悬揣。"③

而《申报》的梗概记录则称：

> 罗杰谓："国会上奏案今日有上谕否？"
>
> 议长答："无之，今日开御前会议，想正在商议中。"

---

① 《初二日酉刻北京专电》，载《时报》1910 年 11 月 4 日，第 3 版。
② 《光绪宣统两朝上谕档》第 36 册，第 376—377 页。
③ 《资政院第一次常年会第十三号议场速记录》（宣统二年十月初二日下午一点五十分开议），第 124 页。

　　罗杰又问："几时可降谕旨？"

　　议长答："不知。"①

　　从以上史料对比可知，这里所谓的御前会议，就是原有的大臣召对——见起，对象包括全体军机大臣与会议政务大臣。与光绪年间不同的是，这时处于主导地位的，是监国摄政王载沣，政务决定并非当场启奏并作裁断，而是咨询意见，事后草拟谕旨，经摄政王复核后再颁行，与军机处体制下的召对、拟旨没有区别。

　　1911 年 4 月，在清廷决定开责任内阁之前，曾由摄政王载沣召见会议政务处王大臣，"叫全起"，定订内阁官制。这次召见，在当时报刊上也被广泛称为"御前会议"。《新闻报》用头条报道此事，称言：

　　　　初二日（4 月 30 日），特开御前大会议，决定新内阁制及颁布内外新官制，各衙门先期知会是日一律入对、一律叫起。然闻枢垣人云，官制问题，一时尚不能决定，然去颁布期则不远也。②

查载沣当天日记："代召见会议政务处王大臣等。他坦请安，住北海西所。"③参与召见的政务大臣荣庆记载："卯正（6:00）入西苑门，同世伯兄乘舟至勤政门。巳初（9:00），随枢邸、政务处王大

①　《申报》1910 年 11 月 11 日，第 2 张第 2 版。

②　《御前会议中之阁制》，载《新闻报》1911 年 5 月 6 日，第 5 版。

③　《醇亲王载沣日记》，第 396 页。

臣召见于勤政殿东暖阁，摄政王南坐面北，同人分东西坐，十钟归。"①可见，这天的召见，属于军机大臣、会议政务大臣"全起"，即召见全体军机大臣、各部尚书议事。又根据荣庆记录，当天见起的形式，系依照1908年为监国摄政王定订的召见礼仪程序——在勤政殿东暖阁为摄政王及政务大臣设座议事，这是与以往的见大起不同的地方（详见本章第三节）。

1905年之后在朝官员的口语及民间报刊中所提到的清廷的"御前会议"，都是指君主（或代行君主权力的皇太后、摄政王）召见重臣见大起的活动。宣统朝的见大起与此前已有了形式上的区别——可以落座，可以平仪讨论，但本质仍未改变。清朝的政令——各类上谕中，并未出现过"御前会议"这个词语，其中的原因很简单：真正意义上日本式的御前会议，在清季从来没有召开过。

尽管如此，却并不等于没有开御前会议的计划。日本的御前会议与明治宪法颁布后的君主立宪政体相关，而清季预备召开的御前会议，同样与筹备立宪相伴。

三、开御前会议的尝试

在有过上述比较之后，我们再来看看清廷对御前会议的设计、开御前会议的努力及其局限。

1908年11月，光绪帝、慈禧太后去世，宣统帝溥仪即位。溥仪的本生父载沣以摄政王身份监国摄政，他随后便生出了定期开日

---

① 《荣庆日记》，第191页。

本式御前会议的想法。据上海《时报》和《大同报》的报道：监国摄政王决定次年在各部院堂官头衔前加"御前会议"字样，有事则开御前会议定夺。①摄政王监国的体制与同治、光绪朝初年的垂帘听政不同，通常由载沣使用朱批，代为召见大臣。既然并非君主及皇太后亲临，很快便有人提出摄政王的礼节问题。12 月 13 日，内阁牵头，会奏摄政王礼节十六条，关于见大臣，说明如下：

> 　　拟请于养心殿中设御座，并设案。东侧设监国摄政王座，座前亦设案。王公百官遇有应行跪安、谢恩各礼节，皆向御座恭行。每日召见王公百官，该员先向中设御座跪安。起，入东暖阁启对，依东设案，中设监国摄政王椅座，旁备矮机凳，监国摄政王在座。如命召对之员坐，即各就机坐；如不命坐，则侍立。启对毕，监国摄政王命退，即退出。②

遇有跪安、谢恩等礼节，小皇帝不必在场，大臣向养心殿御座行礼即可。而日常处理国事、召见大臣，地点是在养心殿东暖阁，主角是监国摄政王。需要特别注意的是，摄政王座位前，为入见官员设有矮凳，监国摄政王可命之坐，然后咨询议事。

　　军机大臣鹿传霖记载了新制下的议事程序："（1908 年 12 月 14 日）六钟入直。自今日始，养心殿召见，先向御座跪安，即入冬暖

---

① 《时报》1908 年 12 月 11 日，第 3 版；《大同报》第 10 卷第 20 期（1908 年），第 29 页。
② 《内阁各部院会奏监国摄政王礼节摺》，载《政治官报》第 409 号（光绪三十四年十一月二十一日），摺奏类第 9 页。

阁，摄政王西向正坐，各枢居右旁坐，事毕述旨均同前。"①翰林院掌院学士荣庆记载某日召对情形："卯初入内，翰院奏事，蒙召见养心殿。初入至御案前跪安，入东暖阁，摄政王面西坐，案前右设几，命坐，询学务及醇贤王册文，接写袭次式样，刻许退。"②由鹿传霖和荣庆的叙述可知，每日召见军机大臣与轮值部院堂官，是由摄政王代行的，且摄政王礼节得到严格执行，这一细节十分重要：尽管摄政王地位极高，但召对大臣已可入座，这与日本的御前会议在形式上比较接近。这种变化也使得真正的御前会议具备形式上的基础。

正因如此，报刊纷纷披露，正式的御前会议已进入摄政王与军机处的日程之中。1909 年 3 月 25 日《申报》报道："闻枢府提议，现在筹备立宪，重要政务日益繁多，拟请摄政王行升殿礼后，仿照各立宪国御前会议制度，遇有应议要事，各王大臣请王升文华殿开议。"③5 月 22 日，《时报》再次报道："摄政王谕枢臣催政务处速行订定御前会议章程，以便早议实行筹备本年宪政事宜。"④到 7 月份，甚至传出消息说，御前会议方案八条，由摄政王授意，已在 18 日召见军机时议定，方案的主要内容是：每天召见军机大臣时，就在御案前会议，摄政王东边向西坐，大臣西边向东坐，御前大臣、内廷行走等人，都可参加。⑤同样是《申报》，在 8 月 19 日报

①《鹿传霖日记》，见张剑、郑园整理：《晚清军机大臣日记五种》下册，中华书局2019 年版，第 857 页。

②《荣庆日记》，第 147—148 页。

③《宪政进行种种》，载《申报》1909 年 3 月 25 日，第 1 张第 4 版。

④《初三日戌刻电报》，载《时报》1909 年 5 月 22 日，第 3 版。

⑤《议决实行御前会议》，载《申报》1909 年 7 月 31 日，第 1 张第 4 版。

道称，那桐以东三省交涉问题十分急迫，与王大臣商议，建议摄政王在文华殿开御前会议，参与者包括军机大臣、会议政务大臣、资政院大臣，得到多数人支持，"日内即见施行"。《时报》亦有类似报道。

然而，在不久之后《申报》却说，御前会议章程尚未议妥，故"未便轻易举行"。①

在 1911 年之前，历次由摄政王见军机大臣与会议政务大臣的"全起"，虽都落座，也有共同商议的形式，但这与真正的御前会议仍有差距，所以，报刊舆论在提及正式的御前会议时，对两者仍然进行明确的区分，《新闻报》就说："上次决定国会，虽由政务大臣全班召见，仍非正式之御前会议。兹闻监国于日前交议枢臣，以现在外交内政均甚困难，即须本年秋凉时特开御前会议，以便解决各项要政，并特谕此项会议关系重要，应详细核订规制秩序，勿得与政务处相同，当即由枢臣交饬政务处宪政编查馆核订矣。"②实际上，到 1910 年底，正式的御前会议仍未召开，《申报》说大致会以宣统三年为期。③但即便在 1911 年 5 月责任内阁成立之后，也并未定订御前会议章程，朝政处理与此前近似，逢大事由监国摄政王代皇帝召见内阁总理或者国务大臣。

10 月 10 日武昌起义发生后，奕劻内阁解散、袁世凯内阁成

---

① 《御前会议东省交涉纪闻》，载《申报》1909 年 8 月 19 日，第 1 张第 4 版；《京师近事》，载《申报》1909 年 8 月 30 日，第 1 张第 5 版。《拟开御前会议》，载《时报》1909 年 8 月 21 日，第 3 版。
② 《谕订御前会议章程》，载《新闻报》1910 年 8 月 11 日，第 5 版。
③ 《京师近事》，载《申报》1910 年 12 月 31 日，第 1 张第 6 版。

立。12 月 6 日（十月十六日），载沣缴销摄政王章，退居藩邸，政
务由袁世凯内阁全权负责。在这种局面下，原有的摄政王代为召见
的程序消失。由于清廷一直以来并未制定立宪政体下御前会议的礼
仪和程序，在载沣之后，更无召开御前会议的可能。从内阁协理大
臣徐世昌的记载来看，这时遇到南北议和、清帝退位等重大事项，
他在御前接受隆裕太后咨询，用的都是"召见"字样，而非会议。
也就是如上文所说，所谓的"让国御前会议"只是在皇太后面前接
受召对和咨询而已。

　　那么，我们要问的是，为何御前会议筹备至久，摄政王也有意
推动，却一直没能付诸实施呢？

　　1909 年底，《申报》曾刊发一则题为《曷勿组织内阁》的时
评，其中讲到："聚一班懵无学识老耄颓唐之大臣，而开御前会议，
宜乎其聚讼盈廷而毫无结果也。摄政王有鉴于此，欲派庆邸为会
长，以专责成，可谓洞悉政体者矣。"[1]这是在讲御前会议筹办过程
中的困境，我们不妨将它放在当时的制度背景中去解读。

　　按照传统的军机处及部院大臣日常召见的形式，参与见起的大
臣重在备君主咨询，虽然他们的意见（尤其在垂帘听政时期）能极
大地影响君主决策结果，但在形式上而言仍是由君主下最后决心。
君主乾纲独断的权力不仅未曾受到质疑，反而被当作清代防范权臣
的制度优势。乾纲独断并不意味君主有权无责，光绪帝曾在《马关
条约》签订后说："台割则天下人心皆去，朕何以为天下主？"[2]权

---

① 《曷勿组织内阁》，载《申报》1909 年 12 月 16 日，第 1 张第 6 版。
② 《翁同龢日记》第 5 册，第 2797 页。

力对应责任，光绪帝的话，即有承担施政后果、以示责任的意味。而此时一直在筹备中的责任内阁，从理论上而言应当负行政的全责，从而避免施政失误殃及君主权威及皇室地位。与责任对应而来的，自然是行政上相应的权力。事实证明，这也是摄政王和隆裕太后最为纠结的地方。

1911 年 5 月，新内阁成立，由奕劻任内阁总理。内阁总理大臣、协理大臣、各部大臣为国务大臣，组成内阁，总理大臣为内阁领袖。内阁设立政事堂，为国务大臣会议处所。国务大臣候特旨简任，可自行入对、上奏。军机军令事件，除特旨交阁议外，其他由陆海军大臣自行上奏。①与此同时，裁撤军机处和旧内阁。从形式上看，新式责任内阁已宣告成立；但从制度上看，新内阁成立后的政务程序与此前并无本质区别：权力仍然集中在上，并未下放至内阁及总理大臣；行政命令仍是以上谕而非阁令下达（可参阅第八章第三节）。循着这个线索，就能理解御前会议为何始终雷声大雨点小、无法付诸实施了。在武昌起义之后被迫组建的新内阁，已经掌握行政全权，发布日常政令（决定除王朝存续之外的事项），也就没有必要用御前会议的决策方式了。

御前会议与责任内阁相伴随，其中都包含着一个关键问题：即决策权须集中于内阁，君主仅保留形式上的审批权。只有权责相当，方可使内阁负行政之责。当施政失误时，内阁倒而无伤君主。君权下放、行政权集中于内阁，这是君主立宪的应有之义，可是从

---

① 《宪政编查馆会议政务处会奏拟定内阁官制并办事暂行章程附清单》（宣统三年四月初十日），见《清末筹备立宪档案史料》上册，第 558—565 页。

传统政治制度的视角来看，却意味着皇权旁落与相权的抬头，体制上的剧变足以让摄政王踌躇不已。这既是第一次新内阁成立后政治体制换汤不换药的原因，也是御前会议之所以筹备至久却不见落实的关键所在。

从实践层面来看，在原有军机处体制下，军机与部院大臣习惯于备君主咨询的角色，最后决策通过皇帝交代大意、军机处拟旨的方式来完成，军机与部院大臣无须负决策之责，这也导致要真正开御前会议，须负言责、直接承担行政后果之时，大臣们流于因循推诿、议而不决，也正是时评所谓"宜乎其聚讼盈廷而毫无结果"的原因，正因为如此，载沣才"欲派庆邸为会长，以专责成"。①

结　语

我们今天称为"御前会议"的活动，在晚清时期实际上有两种。第一种，即第四章所论述的，是清朝体制中大规模召见臣工的朝会，当时又叫做"大起"或者"全起"。君主每日批阅奏摺，在军机处协助下完成上谕拟定、国是决策。军机大臣见起、轮值上奏的部院大臣递膳牌见起，这是每天清晨朝会的两项内容。当遇到重大事项，尤其在同光时期垂帘听政的体制之下，君主及皇太后对军机处和臣僚意见更为倚重，有时会大规模召见军机与部院大臣，其中，最大规模的是大学士六部九卿见起，人数众多，被后人俗称为"御前会议"。这是取其字面意思，即御前讨论国事，但这一名词在

---

① 《曷勿组织内阁》，载《申报》1909 年 12 月 16 日，第 1 张第 6 版。

官方档案中难觅其踪。1905 年日俄战争之后，日本立宪政体被国内重视，并得到深入介绍，"御前会议"之名开始大规模出现在中文报刊，用来代指本国君主在清晨见大起的朝会活动。这种称呼的接受度十分广泛，以至于清季资政院开会时，军机大臣和议员在口语中都使用了这一词汇。我们今天各种学术论著、小说影视中提及的"御前会议"，也都是这种见大起的朝会活动。

另一种是真正意义上的御前会议。它本是日文词汇，是日本君主立宪政体下一种特殊的决策方式，通常在涉及军国大事决策时举行。参与者包括内阁首相及大臣、大本营成员。内阁在御前决策之前，往往已通过会议，拿出了详细的方案并达成了共识，御前会议的批准程序是形式上的。也正因为如此，君主也得以逃避相关大政决策的责任。然而，这一模式却极大强化着所作决策的权威。在这一会议上，君臣在形式上是平等的，与会者在御前就座，当需要上奏时则起立陈述。这种日式的御前会议在清季从未召开过。

御前会议未召开，并不等于它与清朝政治发展毫无关联。在1909 年之后，载沣以摄政王身份监国，面对日益高涨的立宪呼声，他在考虑设立责任内阁的同时，也将定期召开御前会议列入计划之中。从形式上而言，在摄政王监国的体制下，载沣代为披览、批示奏摺、召见大臣，且为大臣设立座位，代行君权却又近似平仪，拉近了清朝体制中见大起与日式御前会议之间的距离。然而，御前会议的背后伴随相应的政治理念：君主须将行政大权下放至责任内阁，由其切实担负起行政责任，御前会议仅是形式上决定大政方向，如此方合本义。载沣在君权走向的重大问题上并未下定决心，军机大臣又未具备相应的责任担当，使得御前会议虽一直有着呼声，却最终未能召开。

结　论

　　皇帝制度是"百代皆行"的秦制之一，在过往认知中，君主专制制度在清代达到顶峰，标志是军机处的成立。从文书流转的角度来看，军机处体制意味着君主将最重要的政务文书——奏摺的处理权牢牢地握在了手中：由他先阅，由他亲笔批示，疑难部分可借朝会形式，有针对、有选择地咨询军机处与部院大臣。长篇的答复，则由军机处完全依照他的意见草拟谕旨。原本留给内阁大学士的票拟文书的权力以及与此相关联的主动性被剥夺殆尽。晚清时期，因三位君主皆幼年即位，朝政诉诸皇太后垂帘听政或监国摄政王制度，朝会和文书处理的流程亦随之发生变动。1906 年之后的筹备立宪，同样如此。这些变化，不仅是君主专制发生权变的表征，也是新的制度元素得以塑造的过程。

　　本书细致考察了朝会、文书及其所涉的政务决策，对它们在晚清时期的变革着墨尤多，下文试着在综观全书的基础上，提炼一些结论性的思考。

　　（一）我们衡量君主专制的重要指标，是君主与宰相关系。一般认为，明初废丞相之后，传统意义上的宰相已经消失，用黄宗羲的话说，此后无宰相，而只剩"宫奴"，但这并不意味相权因素的消失①。明代内阁大学士为章奏作票拟，被概括为"自内授之而后拟之"②，然而在明代中后期，因君主的个人原因，内阁大学士在票拟时有着一定的主动权。清代雍正朝设立军机处，因同时期对奏摺功能的倚重不断加强，君主个人因素极为突出，原内阁及内阁的票拟功能遭到弱化。相比大学士，军机大臣的角色则更为被动，更类似黄宗羲所谓的"宫奴"。在晚清时期，却发生了一些变化。

在垂帘听政体制下，皇太后代君主继续握有奏摺的先阅之权、决策之权，军机处只能在聆听她们的意见后，才能阅读所发的奏摺，并依指示拟批拟旨，然而实际情况却是"深宫端拱，枢廷照旧赞襄"。③年纪尚轻、长在深宫多年的皇太后自然无法谙熟实际政务，军机处在拟批拟旨时，就显出较大的主动权。这一点在咸丰帝死后赞襄政务大臣理政期间，就表现得很明显——除去涉及最高层权力分配的个别重大问题，他们集体作出的所有拟批与拟旨，都得到皇太后的钤印许可，尽管他们之间是政敌关系。同治、光绪两位君主成年后，恢复或者部分恢复了君主大权，对军机处的倚重却因惯性而延续了下来。当时封疆大吏在书札往还中，频繁出现"政府"二字，显示出军机处在政策制定、人事任命过程中的强有力存在。光绪帝未成年时的练习批摺（无效），居然远比亲政后的（有效）意见详实，后者内容又与亲政前军机处的拟批类似，这就说

---

① 祝总斌将议政权、监督百官执行权当做宰相的两个基本条件。参见《两晋南北朝宰相制度研究》，北京大学出版社 2017 年版，第 4—5 页。
② 黄宗羲：《明夷待访录》，中华书局 1981 年版，第 8—9 页。
③ 《复鲍华谭中丞》（光绪元年二月初十日），见《李鸿章全集》第 31 册，第 181 页。

明，亲政后君主的主动权是有其限度的，对实际政务的批示，依照此前军机处的成法故事例行批示即可。在文书处理、朝会程序中，君主对军机处乃至对各部院的依赖度都大大增加。

尽管如此，这时的"相权"有一定程度之实而无其名，如果出现名分上的僭越或者试图坐实相权，就会导致严重的后果。另一方面，"相权"有一定程度之实而无其责，军机大臣并没有显示出"政府"应有的担当，相反，却不乏争权、泄沓、懵懂、推诿的情节，这些也成为封疆大吏与报刊舆论批评的对象。

（二）文书制度所体现的君权与相权关系，是解读晚清政治的一把钥匙。咸丰帝病重时，正身处热河。他所重用的御前大臣与行在军机大臣形成了一个政治集团，从皇帝手中接过批摺及拟旨的权力。咸丰帝每天收到奏摺后，并不先行阅读，也就无法向他们交代意见，故他们的拟批与拟旨是在无干扰的环境中进行的。这个热河小集团的"票拟"之权，甚至超过了明朝中后期的内阁大学士，因为后者的票拟毕竟还有后续的实质监督与审核。也正因为如此，热河小集团拿到的权力是十分危险的，它与明清以来持续削弱相权的趋势完全背离。如果他们的拟批与拟旨之权失去约束，在朝中就不再是备咨询、录旨意的地位，而是变被动听旨为主动施政，触碰到君权的禁脔。然而，位居高层的他们并没觉察到巨大危机正在悄悄地靠近。

咸丰帝死后，热河小集团正式取得了"赞襄政务"的名目，他们依旧按照之前的程序处理文书：每天从小皇帝和皇太后那里拿到奏摺，经过小圈子的讨论，即成定议。在他们看来，咸丰帝死前赐给皇太后和小皇帝的御印图章，仅仅是一件象征，他们握笔成文的拟批拟旨意见只要呈递，就必须得到御印的钤图认可，否则，他们可通过"搁车"，让政务瘫痪。得意之余，他们说出了"请太后看摺，亦系多余"一类的话。从制度史的内在理路来看，他们的落败是无疑的——数百年来，削弱相权、严防权臣的趋势早已内化为政治伦理。相权的坐实、名分的僭越，将使他们被彻底孤立。

政变之后的垂帘听政体制，由议政王、军机大臣接过文书处理的权力。议政王头衔虽高过赞襄政务大臣之名，但在拟批和拟旨之前，要先听皇太后陈述意见；在拟批和拟旨之后，则须呈递她们审核、钤图再发下。文书流程的细节，将议政王、军机大臣的手脚严格限制在军机处旧制之内，尽管军机大臣在此之后得到的倚重较之前要强得多。

当1906年官制改革之时，改组原设的六部架构、消除满汉缺额差别这些建议都得到了采纳，而仅有新设责任内阁一条被完全否决。这里面固然有最高统治者紧抓君权不放的因素，而新内阁形似宰相府、内阁总理近似宰相，未尝不是重要的原因。既然人们已经认可本朝军机处的优势——严防权臣奸相的出现，何必又去走回头路，重新设立宰相？

在预备立宪过程中，一个重大的议题就是君权的边界问题，即君主究竟是否为虚君以及君权应该止于何处的问题。权力对应责任，决策意味着担责。君权边界如果得不到很好的解决，也就不具备日本式御前会议的土壤。这就是御前会议虽有其名而无其实的关键所在。在这一时期，中土的知识资源，原有的对朝会、文书的理解与西式议会的诸多形式纠葛不清，也影响到朝野对君权与立法权、行政权关系的理解，影响到对君权界限的理解。

（三）政务运作依赖文书流转，文书的处理反映出权力的分配。赞襄政务大臣拟批拟旨之权溢出军机大臣、内阁大学士的权限之外，近乎相权，且公开表露，这是他们落败的重要原因。他们与两宫皇太后的矛盾，可约化为拟批拟旨是否受"钤图"约束的问题。议政王军机大臣被牢牢限制在军机处体制之内，就在于两宫皇太后有着对文书的初阅权、裁决权。

皇太后与皇帝的权力分野，也可以借文书流程进行分析。同光时期，垂帘听政曾两次因君主成年而告终。不过，第一次是完全归政，同治帝恢复以往清帝对政务文书的处理权；第二次则是不完全归政，且分两个阶段完成。首先，当1886年慈禧太后归政给成年光绪帝之时，醇亲王奕譞出而阻止，要求永照现行程序办理；当两年后慈禧太后因皇帝大婚再提归政之时，醇亲王指导军机处制定出新规：政务文书的处理事后通报太后、重大人事任命事先请示太后，使得光绪帝在理政时须时刻揣度太后心意，皇太后无形之中参与到决策之中。1898年的戊戌政变，使文书处理又回复到1886年后亲政加训政的状态：皇帝虽可批摺，但政务都要遵循太后的意见进行批示。

1911年两次责任内阁的性质，同样可从文书角度进行解读。当年5月，清廷裁撤军机处，设立责任内阁。但每日的内外奏摺，仍由摄政王代君主批示，内阁成员可奉旨议覆政务，国务大臣可自行入奏，这些与军机处时代并无不同。责任内阁的欺骗性固然有阁员身份的一面（被称为"皇族内阁"），朝会、文书所展现的权力分野，同样显示出换汤不换药的实质。这时的新内阁，更像是唐宋的中书门下，与责任内阁有着不小的距离。而武昌起义后清廷再次筹组的责任内阁，则完全取得了奏折批示权、一般上谕的草拟权（只有王朝和皇室存续的重大问题除外），政务由阁令行之，内阁被赋予了施政决策权，承担起由此而来的责任，君主的认可沦为一种象征。到此时，君主立宪政体下的责任内阁才算真正建立。我们对这一点须加以注意，而非仅看到该届内阁的袁世凯印记。

（四）朝会议事是文书处理的重要手段，朝会形式的多样化与前后变化，既与文书地位的变化相关，也反映出清朝政治注重实效的一面。御门听政是明朝旧制，重在处理题奏本章。原本在明朝中后期间歇举行的听政，到康熙帝亲政后甚至每天皆有。清帝的勤政姿态也因之而树立，逐渐成为"祖制"的一部分。但前明君主多年不上朝的旧例早已证明，题奏本章可以跳过朝会而交由内阁票拟，当清朝君主越来越多地青睐奏折这一直接与臣子对话的文书时，题奏本章所受的重视度、御门听政的必要性，都在迅速降低。这使得御门听政最后变成处理疑难题本的朝会，视积压的折本数量而定，每月甚至数月才举行一次，其象征意义远过于实效。辛酉政变后的垂帘听政章程以皇帝年幼为由，暂停御门听政，这一项祖制从此走向终结。

与此同时，必须每日及时处理的奏折，早已占据君主清晨的绝大部分时间和精力。事实证明，君主亲拆亲阅奏折，辅之以备咨询、录旨意的军机大臣以及轮值部院大臣见起的朝会模式，远比百官商讨已有票拟意见的御门听政，要高效得多。通过军机大臣与部院大臣见起无法解决的问题，君主可能进一步诉诸更具规模的大起。这种撤祖制、有针对、有递进的朝会序列，凸显晚清制度注重实效的特点。

（五）晚清时期的政务处理，较多地展现出"集体决策"的因素。例如，垂帘听政时期，皇太后倚重军机处的拟批与拟旨，而亲政后的君主在决策时，也多依赖部院大臣的议覆。这一时期，奏摺朱批中使用"该部/衙门议奏"的频率较此前大为增加，即李鸿章所说的"遇事多下部议"①。而部院则使用集体决策，尤其是新设立的总理各国事务衙门，事情总赅六部，大臣甚至多至十人。重要的建策或者请示，一旦由君主"下部议"，就意味着将此事交给了职能部院的大臣集体商议。他们的议覆奏摺，在绝大多数情况下都会得到"依议"的肯定答复，这个答复甚至不须诉诸笔墨，而只用简单的封面划痕作记。如此一来，中央部院起草议覆奏摺，在很大程度上也就等同于制定政策。

除了一般的部院议覆，在重大政务上，还较多诉诸九卿会议、大学士六部九卿会议之制，将大政在更大范围内公开，宽以时日，让参与的大臣能充分讨论；这一时期也较为频繁地召集见大起，就大政决策在御前进行商讨。这些形式，虽未能从根本上改变君主专制的本质，但对大臣的倚重程度确实与此前有所不同。

（六）会议的集体决策未必等于合理决策。如前所说，"下部议"，即君主将建策或请示交给部院去议覆，很大程度上就等于将决策权交给了部院大臣。无论是传统的六部，还是新成立的总理各国事务衙门，都是集体负责、多人参与，他们共同加入到议覆奏摺的草拟人群，故而也进入到政策制定的程序之中。议覆意见须由他们会议参与（即便不经由会议，最后定稿也须知会所有部院堂官，

① 《复鲍华谭中丞》（光绪元年二月初十日），见《李鸿章全集》第31册，第181页。

或是奉旨议覆的全体大臣），在起草下笔之时，就须掂量各位大臣的态度与接受程度。从形式上看，这是小规模民主：集体参与、多人发言。一方面各位大臣——名目与品级虽不同，权力与责任却近似——相互牵制，避免了权力的集中，君权因此而更加稳固；另一方面，决策过程的集体参与，使得意见不至于偏执一端。不过，也正是这种平衡各方的起草程序，使得担负决策功能的议覆奏摺删削了锋芒。为防止政策失误的责任牵累各方，文书朝着最为平庸的方向靠拢，集体决策、群策群力往往沦为"虚应故事"。

从部院奏摺的执笔者来看，除去书吏，主要是源自科举出身的六部司官，涉及重大外交军事问题（或称为洋务）的总理衙门尤其如此。总理衙门章京是部院司官中的佼佼者，他们通过数百字经史论题的考核，被选拔出来，字迹工楷、思维敏捷、下笔迅速，但在知识结构上，却存在缺陷。他们的选任侧重文字能力，依照过往的经验来拟稿。除去这些直接议覆奏摺的执笔者，最终决策文书——上谕的草拟者军机章京，也与总理衙门章京存在同样的问题。

部院奏摺如此，大规模的廷议奏摺更是如此。原本在明朝政治体制中有重要地位的廷议，在晚清时期规模扩大，除了集思广益，更突出的一个功能是诉诸公议，为最高统治者的决策背书，去分谤担责。垂帘听政体制下的统治者无法忽视清议汹汹而独断专行，这大概也是晚清特有的现象。对于清流意见的妥协，很多时候未必与军事外交上的专业与理性决策的要求相吻合。由集体参与的奏摺生产，不但容易被清流所牵制，同时也容易泄密，让高层的军事与外交决策陷入被动。在这种体制之下，形式上的精英民主，不但未能发挥民主决策的作用，反而成为合理决策的障碍。

（七）有形的、诉诸文字的制度，不可作虚文来看。在晚清几次政治变动中，有形的、诉诸文字的制度，都是政治人物或集团追求的目标，政治较量一定会通过文字诉诸笔端，固定成为有形制度的一部分。辛酉政变，两宫皇太后与恭亲王会将他们政变后的成果用垂帘听政章程进行固定，清晰地条列出朝会流程、文书处理的方式等重要细节；皇帝成年得到归政，同样有细致的章程规定他们在朝会、文书上的权力与限度。筹备立宪、两次责任内阁的成立，背后无不有着明晰的条规在约束各方。它们能否被严格遵守，发挥应有的作用，主要取决于两点：第一，产生这种制度的背后力量是否能维持这种有形制度的延续；第二，这种有形制度是否符合当时的政治伦理。1861 年赞襄政务大臣体制之所以被推翻，是因为两者都不满足；1898 年的惊心动魄的戊戌政变，实际是在醇亲王拟定的有形制度框架内变动，恢复的是皇帝大婚前，亲政加太后训政的体制；1906 年责任内阁方案的破产与 1911 年责任内阁的建立，则是因为政治伦理已发生逆转，改革甚至革命成为时代的风潮。

当两个条件不满足的时候，则原来的有形制度很可能触发政争，进而被突破。而当上述两个条件都满足的时候，有形制度即可以发挥实际的效用。有形制度虽然说可以被突破，政争各方实际上都在围绕它进行斗争。政治人物总会将政治斗争的结果，塑造为有形的制度。

钱穆在观察现代政治运转时曾说："现在我们的文书制度，层次之多，承转之繁，使人一跑进这个圈套，就无法得转身。再加上民主二字，好像什么事都待集体商量过，于是文书递转以外再加上开会忙。"①看来，无论是传统还是现代，无论在专制制度还是在民主体制之下，政务的运作都离不开文书与会议两个关键的因素。如何更好地处理这两个要素的关系，做到既能高效率决策，又能集思广益，既能维持施政权威，又能不失专业与理性，依然是值得我们去深思的问题。

---

① 《中国历代政治得失》，第179—180 页。

征引文献

《宫中档朱批奏摺》

《军机处录副奏摺》

《随手登记档》

军机处《早事档》

（以上为北京中国第一历史档案馆藏）

《军机处档摺件》

《宫中档奏摺》

军机处《早事档》

（以上为台北故宫博物院图书文献馆藏）

《外交档案·北洋政府外交部全宗》

（以上为台北"中研院"近史所档案馆藏）

《总理各国事务衙门清档》

（以上为北京大学图书馆藏）

《大同报》1908 年

《申报》1905、1909、1910 年

《时报》1906、1908、1909、1910 年

《新闻报》1910、1911 年

《政治官报》1908、1909、1910 年

《大明实录》第 1 册，"中研院"历史语言研究所 1962 年版

《顾豫斋致其兄函》，中国社会科学院近代史研究所藏，所藏号：甲 233

《清实录·德宗实录》第 52、54、55 册，中华书局 1987 年版

《清实录·高宗实录》第 10、13、15、20、23 册，中华书局 1987 年版

《清实录·穆宗实录》第 45、48 册，中华书局 1987 年版

《清实录·仁宗实录》第 28、29、31、32 册，中华书局 1986 年版

《清实录·圣祖实录》第 5 册，中华书局影印本 1985 年版

《清实录·世宗实录》第 7、8 册，中华书局影印本 1985 年版

《清实录·世祖实录》第 3、4 册，中华书局影印本 1985 年版

《清实录·文宗实录》第 44 册，中华书局影印本 1987 年版

《清实录·宣统政纪》第 60 册，中华书局 1987 年版

《邸抄》第 84 册，国家图书馆出版社 2004 年版

《新华字典》，商务印书馆 2019 年版

爱新觉罗·溥仪：《我的前半生》，东方出版社 2007 年版

宝鋆等修：《筹办夷务始末（同治朝）》第 5、6 册，中华书局 2008 年版

陈炽著，赵树贵、曾丽雅编：《陈炽集》，中华书局 1997 年版

陈康祺：《郎潜纪闻二笔》，中华书局 1984 年版

崇彝：《道咸以来朝野杂记》，北京古籍出版社 1982 年版

崔国因：《枭实子存稿》，光绪二十八年刻本

邓广铭：《邓广铭全集》第 10 卷，河北教育出版社 2005 年版

邓之诚：《祺祥故事·序》，见《旧闻零拾》二，邓氏五石斋 1939 年刊本

董恂:《还读我书室老人手订年谱》,文海出版社 1968 年版

方溶师:《蕉轩随录》,中华书局 1995 年版

方溶师:《退一步斋文集》,文海出版社 1968 年版

冯桂芬:《校邠庐抗议》,上海书店出版社 2002 年版

高劳辑:《清宫秘史》,载《东方杂志》第 9 卷第 1、2 期,1912 年 7、8 月

故宫博物院明清档案部编:《清代档案史料丛编》第 1 辑,中华书局 1978 年版

故宫博物院明清档案部编:《清末筹备立宪档案史料》上、下册,中华书局 1979
年版

故宫博物院明清档案部编:《义和团档案史料》上册,中华书局 1979 年版

顾廷龙、戴逸主编:《李鸿章全集》,安徽教育出版社 2008 年版

郭则沄:《南屋述闻》,中华书局 2007 年版

郭则沄:《竹轩拾零》,见北京大学图书馆藏稿本丛书编委会编:《北京大学图书馆
馆藏稿本丛书》第 6 册,天津古籍出版社 1987 年版

国家档案局明清档案馆编:《戊戌变法档案史料》,中华书局 1958 年版

何刚德:《春明梦录》,北京古籍出版社 1995 年版

何宁:《淮南子集释》中册,中华书局 1998 年版

何圣生:《檐醉杂记》,收入杨寿枏编:《云在山房丛书三种》,山西古籍出版社 1996
年版

胡思敬:《国闻备乘》,中华书局 2007 年版

黄体芳著、俞天舒编:《黄体芳集》,上海社会科学院出版社 2004 年版

黄濬著、李吉奎整理:《花随人圣庵摭忆》,中华书局 2008 年版

黄宗羲:《明夷待访录》,中华书局 1981 年版

继昌:《行素斋杂记》,上海书店出版社 1984 年版

贾桢等修:《筹办夷务始末(咸丰朝)》第 8 册,中华书局 1979 年版

姜鸣整理:《李鸿章张佩纶往来信札》,上海人民出版社 2018 年版

蒋超伯辑:《南漘楛语》,新文化书社 1934 年版

金梁:《光宣小记》,收入章伯锋等主编:《近代稗海》第 11 辑,四川人民出版社
　　1988 年版

康有为著,姜义华、张荣华编校:《康有为全集》第 2、4、7 集,中国人民大学出版
　　社 2007 年版

崑冈等修:《钦定大清会典(光绪朝)》,收入《续修四库全书》第 794 册,上海古
　　籍出版社 2002 年版

李慈铭:《越缦堂日记》第 13 册,广陵书社 2004 年版

李启成校订:《资政院议场会议速记录——晚清预备国会论辩实录》,上海三联书店
　　2011 年版

李文杰整理:《吕海寰资料两种》,中国社会科学院近代史研究所编:《近代史资料》
　　第 123 辑,中国社会科学出版社 2011 年版

李宗侗、刘凤翰:《清李文正公鸿藻年谱》,台湾商务印书馆 1981 年版

梁启超:《军机大臣署名与立宪国之国务大臣副署》,《国风报》第 1 卷第 8 期,收入
　　《饮冰室合集》第 3 册,《文集》25 上,中华书局 1989 年版

梁章钜辑、朱智补、何英芳点校:《枢垣记略》,中华书局 1984 年版

梁章钜撰、于亦时点校:《归田琐记》,中华书局 1981 年版

林则徐全集编辑委员会编:《林则徐全集》第 9 册日记卷,海峡文艺出版社 2002
　　年版

刘光第:《刘光第集》,中华书局 1986 年版

刘路生、骆宝善主编:《袁世凯全集》,河南大学出版社 2013 年版

鹿传霖:《鹿传霖日记》,张剑、郑园整理:《晚清军机大臣日记五种》下册,中华书
　　局 2019 年版

陆贽：《论两河及淮西利害状》，王素点校：《陆贽集》上册，中华书局 2006 年版

吕式斌：《枢曹追忆》，中央文史研究馆编：《崇文集二编——中央文史研究馆馆员文选》，中华书局 2004 年版

内阁印铸局编：《内阁官报》，文海出版社影印本 1965 年版

欧阳哲生主编：《傅斯年全集》第 2 卷，湖南教育出版社 2003 年版

齐思和等编：《中国近代史资料丛刊·第二次鸦片战争》，上海人民出版社 1978 年版

秦国经主编：《清代官员履历档案全编》，华东师范大学出版社 1997 年版

清高宗敕撰：《清朝通典》，商务印书馆 1935 年版

清高宗敕撰：《清朝文献通考》，商务印书馆 1935 年版

瞿鸿禨：《儤直纪略》，谌东飙校点：《瞿鸿禨集》，湖南人民出版社 2010 年版

全国图书馆文献缩微复制中心编：《国家图书馆藏清代孤本外交档案续编》第 2 册，全国图书馆文献缩微复制中心 2005 年版

全国图书馆文献缩微复制中心编：《总署奏底汇订》第 1、2 册，全国图书馆文献缩微复制中心 2003 年版

阮元校刻：《十三经注疏》，中华书局 1980 年版

上海商务印书馆编译所编纂：《大清新法令》第 6 卷，商务印书馆 2011 年版

上海图书馆编：《汪康年师友书札》第 1 册，上海古籍出版社 1986 年版

申时行等修：《大明会典》卷 44，收入《续修四库全书》第 789 册，上海古籍出版社 2002 年版

申时行等修：《大明会典》卷 80，收入《续修四库全书》第 790 册，上海古籍出版社 2002 年版

沈德符：《万历野获编》，中华书局 1959 年版

司马迁：《史记》卷 1、119，中华书局 1959 年版

谭廷闿等编：《谭文勤公奏稿》第 17 卷，宣统三年刻本

陶大均：《平龛遗稿》，1920 年刊本

托津等纂：《大清会典事例（嘉庆朝）》，嘉庆二十三年刻本

托津等纂：《钦定大清会典（嘉庆朝）》，嘉庆二十三年刻本

脱脱等撰：《宋史》，中华书局 1977 年版

汪康年著、汪林茂编：《中国近代思想家文库：汪康年卷》，中国人民大学出版社 2014 年版

汪康年著、汪林茂整理：《汪康年文集》上册，浙江古籍出版社 2011 年版

王先谦：《荀子集解》，中华书局 2012 年版

王彦威、王亮编：《清季外交史料》，书目文献出版社 1989 年版

魏收：《魏书》，中华书局 1974 年版

文廷式：《知过轩谭屑》，上海中山学社编：《近代中国》第 18 辑，上海社会科学院 出版社 2008 年版

文祥：《文文忠公自订年谱》卷下，光绪八年刻本

沃丘仲子著：《慈禧传信录》，崇文书局 1918 年版

吴保琳编：《章京文存》，中国国家图书馆古籍部民国抄本

吴庆坻著，张文其、刘德麟点校：《蕉廊脞录》，中华书局 1990 年版

夏晓虹：《梁启超——在政治与学术之间》，东方出版社 2014 年版

宪政编查馆官报局编：《政治官报》，文海出版社影印本 1965 年版

徐继畬：《瀛寰志略》，同治六年刻印本

徐继畬著、宋大川校注：《瀛寰志略校注》，文物出版社 2007 年版

徐凌霄、徐一士著，徐泽昱编辑：《凌霄一士随笔》中册，中华书局 2018 年版

徐一士：《亦佳庐小品》，中华书局 2009 年版

薛福成著，丁凤麟、张道贵整理：《庸盦笔记》，江苏人民出版社 1983 年版

杨一凡、宋北平点校：《大清会典（康熙朝）》，凤凰出版社 2016 年版

杨一清著，唐景绅、谢玉杰点校：《杨一清集》下册，中华书局 2001 年版

姚元之：《竹叶亭杂记》，中华书局 1982 年版

伊桑阿等修：《大清会典（康熙朝）》，文海出版社影印本 1993 年版

袁昶：《乱中日记残稿》，中国史学会主编：《中国近代史资料丛刊·义和团》，神州
　　国光社 1951 年版

袁昶著、孙之梅整理：《袁昶日记》上册，凤凰出版社 2018 年版

允禄等监修：《大清会典（雍正朝）》卷 58，清雍正十年武英殿刻本

允裪等撰：《钦定大清会典（乾隆朝）》卷 81，乾隆二十九年武英殿刻本

恽毓鼎：《崇陵传信录》，中华书局 2007 年版

载龄等编：《批本处现行事宜》，北平故宫博物院 1937 年影印咸丰元年本

张一麐：《古红梅阁笔记》，上海书店出版社 1998 年版

赵炳麟：《光绪大事汇鉴·立宪大略》，见赵炳麟著、黄南津等点校：《赵柏岩集》上
　　册，广西人民出版社 2001 年版

赵尔巽等撰：《清史稿》，中华书局 1977 年版

赵翼：《檐曝杂记》，中华书局 1982 年版

震钧：《天咫偶闻》，北京古籍出版社 1982 年版

志刚：《初使泰西记》，岳麓书社 1985 年版

中国第一历史档案馆编：《嘉庆道光两朝上谕档》，广西师范大学出版社 2000 年版

中国第一历史档案馆编：《乾隆朝上谕档》，中国档案出版社 1998 年版

中国第一历史档案馆编：《清代军机处随手登记档》，国家图书馆出版社 2013 年版

中国第一历史档案馆编：《清廷签议〈校邠庐抗议〉档案汇编》第 4 册，线装书局
　　2008 年版

中国第一历史档案馆编：《咸丰同治两朝上谕档》，广西师范大学出版社 1998 年版

中国第一历史档案馆编：《光绪宣统两朝上谕档》，广西师范大学出版社 1996 年版

中国第一历史档案馆编：《光绪朝朱批奏摺》，中华书局 1995、1996 年版

中国第一历史档案馆整理：《康熙起居注》第 1 册，中华书局 1984 年版

中国史学会编：《中国近代史资料丛刊·戊戌变法》，上海人民出版社 2000 年版

中国史学会编：《中国近代史资料丛刊·洋务运动》，上海人民出版社 2000 年版

周敦颐著、陈克明点校：《周敦颐集》，中华书局 1990 年版

周家楣：《拟代文博川中堂密陈疏》，《期不负斋政书》政书一，光绪二十一年刻本

朱寿朋编：《光绪朝东华录》第 4 册，中华书局 1958 年版

朱熹：《四书章句集注》，中华书局 1983 年版

朱一新著，吕鸿儒、张长法点校：《无邪堂答问》卷 4，中华书局 2000 年版

爱新觉罗·载沣：《醇亲王载沣日记》，群众出版社 2014 年版

北京市档案馆编：《那桐日记》上册，新华出版社 2006 年版

陈义杰整理：《翁同龢日记》第 1—6 册，中华书局 1989—1998 年版

戴鸿慈：《出使九国日记》，岳麓书社 2008 年版

方恭钊：《方勉夫手写日记》，中国科学院图书馆藏缩微胶卷

李慈铭：《越缦堂日记》，广陵书社 2004 年版

刘志惠点校：《曾纪泽日记》，岳麓书社 1998 年版

溥伟：《让国御前会议日记》，中国史学会编：《中国近代史资料丛刊·辛亥革命》第
　　8 册，上海人民出版社 1957 年版

荣庆著、谢兴尧整理：《荣庆日记》，西北大学出版社 1986 年版

绍英：《绍英日记》，国家图书馆出版社 2009 年版

沈家本：《沈家本日记》，韩延龙等整理：《沈家本未刻书集纂补编》下册，中国社会
　　科学出版社 2006 年版

史晓风整理：《恽毓鼎澄斋日记》，浙江古籍出版社 2004 年版

孙宝瑄：《孙宝瑄日记》，中华书局 2015 年版

唐浩明整理：《曾国藩日记》，岳麓书社 2011 年版

王庆云：《荆花馆日记》，商务印书馆 2015 年版

王文韶著，袁英光、胡逢祥整理：《王文韶日记》上册，中华书局 1989 年版

徐世昌：《徐世昌日记》，北京人民出版社 2015 年版

许庚身：《春明日记》，国家清史编纂委员会编：《晚清文献七种》，齐鲁书社 2014
    年版

许宝蘅著、许恪儒整理：《巢云簃随笔》，中华书局 2018 年版

许宝蘅著、许恪儒整理：《许宝蘅日记》，中华书局 2010 年版

杨宜治：《惩斋日记》，见北京大学图书馆馆藏稿本丛书编委会编：《北京大学图书馆
    馆藏稿本丛书》第 17 册，天津古籍出版社 1991 年版

杨宜治：《俄程日记》，见北京大学图书馆馆藏稿本丛书编委会编：《北京大学图书馆
    馆藏稿本丛书》第 17 册，天津古籍出版社 1991 年版

载振、唐文治：《英轺日记》，文明书局 1903 年版

张方整理：《翁曾翰日记》，凤凰出版社 2014 年版

张剑整理：《翁心存日记》，中华书局 2011 年版

张荫桓著，任青、马忠文整理：《张荫桓日记》，上海书店出版社 2004 年版

张荫桓著、王贵忱注释：《张荫桓戊戌日记手稿》，尚志书社 1999 年版

邹嘉来：《仪若日记》，日本东洋文库图书部藏

沈丽全整理：《崇厚、卞宝第、倪文蔚致朱学勤书札》，见上海图书馆历史文献研究
    所编：《历史文献》第 15 辑，上海古籍出版社 2011 年版

沈丽全整理：《梁肇煌致朱学勤手札》，见上海图书馆历史文献研究所编：《历史文
    献》第 10 辑，上海古籍出版社 2006 年版

夏颖整理：《曾国藩致朱学勤手札》，见上海图书馆历史文献研究所编：《历史文献》
    第 7 辑，上海古籍出版社 2004 年版

夏颖整理：《朱学勤致应宝时手札》，见上海图书馆历史文献研究所编：《历史文献》
    第 14 辑，上海古籍出版社 2010 年版

张达骧：《我所知道的徐世昌》，见政协全国委员会文史资料研究委员会编：《文史资
    料选辑》第 48 辑，中华书局 1984 年版

张达骧：《袁世凯佚事述闻之二》，见政协天津市委员会文史资料研究委员会编：《天
    津文史资料选辑》第 16 辑，天津人民出版社 1981 年版

张达骧口述、周宝华整理：《张之万述闻》，见政协南皮县委员会编：《南皮县文史资
    料》第 1 辑，政协南皮县委员会 1989 年版

白钢主编：《中国政治制度通史》第 10 卷，社会科学文献出版社 2011 年版

陈恭禄：《中国近代史资料概述》，中华书局 1982 年版

陈仪深访问、周维朋记录：《王聿均先生访问纪录》，收入陈仪深等访问、王精玲记
    录：《郭廷以先生门生故旧忆往录》，"中研院"近史所 2004 年版

高放：《清末立宪史》，华文出版社 2012 年版

龚娜：《昭和天皇思想与行动的研究》，天津社会科学院出版社 2014 年版

关文发、颜广文：《明代政治制度研究》，中国社会科学出版社 1995 年版

郭成康：《18 世纪的中国与世界：政治卷》，辽海出版社 1999 年版

黄克武：《近代中国的思潮与人物》（修订版），九州出版社 2016 年版

姜鸣：《龙旗飘扬的舰队——中国近代海军兴衰史》，生活·读书·新知三联书店
    2002 年版

孔飞力著，陈兼、陈之宏译：《中国现代国家的起源》，生活·读书·新知三联书店

2013 年版

李文杰：《中国近代外交官群体的形成（1861—1911）》，生活·读书·新知三联书店 2017 年版

李细珠：《变局与抉择——晚清人物研究》，北京师范大学出版社 2017 年版

李细珠：《地方督抚与清末新政——晚清权力格局再研究》，社会科学文献出版社 2012 年版

李细珠：《新政、立宪与革命——清末民初政治转型研究》，北京师范大学出版社 2018 年版

罗志田：《中国的近代——大国的转身》，商务印书馆 2019 年版

马幼垣：《靖海澄疆——中国近代海军史事新诠》上册，中华书局 2013 年版

茅海建：《从甲午到戊戌——康有为〈我史〉鉴注》，生活·读书·新知三联书店 2009 年版

茅海建：《戊戌变法史事考》，生活·读书·新知三联书店 2005 年版

茅海建：《依然如旧的月色》，生活·读书·新知三联书店 2014 年版

钱穆：《国史大纲》下册，九州出版社 2011 年版

钱穆：《中国历代政治得失》，生活·读书·新知三联书店 2001 年版

瞿同祖著、范忠信等译：《清代地方政府》，法律出版社 2011 年版

苏同炳：《咸丰、慈禧与恭王》，见《中国近代史上的关键人物》上册，中华书局 1988 年版

吴相湘：《晚清宫廷实纪》，中国大百科全书出版社 2010 年版

熊月之：《中国近代民主思想史》，上海社会科学院出版社 2002 年版

张德泽：《清代国家机关考略》，故宫出版社 2012 年版

张朋园：《中国民主政治的困境：1909—1949 晚清以来历届议会选举述论》，上海三联书店 2013 年版

章乃炜等编：《清宫述闻》上册，紫禁城出版社 2009 年版

朱维铮：《重读近代史》，中西书局 2010 年版

祝总斌：《两晋南北朝宰相制度研究》，北京大学出版社 2017 年版

单士元：《清宫奏事处职掌及其档案内容》，载《故宫博物院院刊》1986 年第 1 期

杜家骥：《对清代议政王大臣会议的某些考察》，载《清史论丛》第 7 辑，中华书局
　　1986 年

杜家骥：《清代"议政处"考略》，载《清史研究》1991 年第 3 期

段志强：《顾炎武、黄宗羲、王夫之从祀孔庙始末新考》，载《史学月刊》2011 年第
　　3 期

戈斌：《光绪帝朱批述评》，载《故宫博物院院刊》1998 年第 3 期

胡丹：《明代早朝述论》，载《史学月刊》2009 年第 9 期

李侃、龚书铎：《戊戌变法时期对〈校邠庐抗议〉的一次评论——介绍故宫博物院明
　　清档案部所藏〈校邠庐抗议〉签注本》，载《文物》，1978 年第 7 期

李文杰：《论总理衙门的保奖制度》，载《社会科学战线》2012 年第 8 期

刘桂林：《漫话御门听政》，载《紫禁城》1983 年第 4 期

刘后滨：《从三省体制到中书门下体制——隋唐五代》，载吴宗国主编：《中国古代官
　　僚政治制度研究》，北京大学出版社 2004 年版

刘绍春：《军机章京考选制度述略》，载《史学月刊》1992 年第 2 期

刘绍春：《军机章京职权责利的若干问题》，载《史学集刊》1993 年第 4 期

刘文华：《谈京内奏折的处理及朱批、录副奏折的构成问题》，载《清史研究》2014
　　年第 4 期

茅海建：《论戊戌时期梁启超的民主思想》，载《学术月刊》2017 年第 4 期

牟安世：《论中国近代史上的"塞防"与"海防"之争》，载《河北学刊》1986 年第

5 期

秦国经：《清代的外务部及其文书档案制度》，载《历史档案》1981 年第 2 期

冉琰：《再谈康熙御门听政》，载《民族史研究》第 6 辑，民族出版社 2005 年版

孙明：《"必衷诸圣"与"各祭其师"——再论光绪十年至十二年黄宗羲、顾炎武从
　　祀文庙之争》，载《史林》2016 年第 2 期

王薇：《御门听政与康熙之治》，载《南开学报》2003 年第 1 期

徐艺圃：《试论康熙御门听政》，载《故宫博物院院刊》1983 年第 1 期

许宝蘅著，许恪儒、马忠文整理：《清代及北洋政府时期中央机构档案及其管理——
　　答韦庆远问》，载《清史研究》2014 年第 4 期

俞炳坤：《热河密札考析（上）》，载《故宫博物院院刊》1982 年第 1 期

张海荣：《甲午战后改革大讨论考述》，载《历史研究》2010 年第 4 期

张朋园：《议会思想之进入中国》，载郑大华、邹小站主编：《思想家与近代中国思
　　想》，社会科学文献出版社 2005 年版

朱金甫：《清康熙时期中央决策制度研究》，载《历史档案》1987 年第 1 期

祝总斌：《古代皇太后"称制"制度存在、延续的基本原因》，见《材不材斋史学丛
　　稿》，中华书局 2009 年版

［美］白彬菊著、董建中译：《君主与大臣：清中期的军机处（1723—1820）》，中国
　　人民大学出版社 2017 年版，第 303 页

［日］沟口雄三著、孙歌译：《中国思想史——宋代至近代》，生活·读书·新知三联
　　书店 2014 年版

［日］和田春树著，易爱华、张剑译：《日俄战争：起源和开战》下卷，生活·读
　　书·新知三联书店 2018 年版

［日］陆奥宗光著、伊舍石译：《蹇蹇录》，商务印书馆 1963 年版

［英］马克·戈尔迪、罗伯特·沃克勒主编，刘北成等译：《剑桥十八世纪政治思想史》，商务印书馆 2017 年版

Bartlett，Beatrice S. *Monarchs and Ministers*：*The Grand Council in Mid-Ching China*，*1723—1820*. Berkeley，University of California Press，1994.

后 记

这本书的思考过程，可以追溯到2004年春北京大学中国近代政治制度史的课堂。当时，我对茅海建教授讲述的清代中央政府的决策过程饶有兴趣，同时也对课上提到的君臣朝会与文书的处理细节，产生了一些疑问。查找各种论著后发现，各种解释并不能解答我的困惑。此后在阅读史料时，我便留了心，遇到相关的内容，就随时记下来。

等到2011年入职华东师范大学后，我对文书行政有了更直观的感触。从那时起我就发现，很多与自己相关的大小事项，无论最后成功与否，都会经由公文流转展示出来。例如，申请教工宿舍、申报出国访学、开办暑期学校等，都是先有想法、拿出步骤、落实经费、形成方案，然后自行拟稿，提交院系领导审核，再由院系上交对应的职能部门审查签署，或由一部门主签，多部门会签。完成审核签署，再交主管的校领导批复。一圈流程走下来，事情就办得差不多了。接着就可拿着批复文件（如果成功的话），根据方案执行。工作经验、读档所思、课堂所学，让我深刻体会到：政策的产生与会商、决策的形成、相关的权力与责任，都会在文书的流程中有所体现。

大约六七年前，我在其他研究之余，开始阅读清代文书与朝会的相关资料，发现我们一般认知的清代早朝与历史上存在的朝会有着重大区别——那种集文武官员议事的朝会，实际上是在乾清门户外举行，处理的是早已经由内阁票拟好的题本，因而是一种形式大于内容的朝会。而更为重要的政务文书——奏摺，则是在皇帝、军机大臣、上奏人这一小范围内进行处理。前人在讲到晚清奏摺时，经常会提到慈禧太后批摺的情形，并有所征引，通过阅读朱批奏摺我发现：皇太后可"披览"奏摺，但并无"批阅"的例证。学者们引证的一些朱批，实际上是童年光绪帝在师傅指导下进行的批摺练习。为此我写了两篇文章，有幸被《故宫博物院院刊》和《近代史研究》录用，这鼓励了我在该问题上进行深究的信心，进而申报了"清季中央政府的文书流转、政务运作与制度变迁研究"的国家社科项目。我将政务决策具体化为朝会的细节与文书的处理流程，细分为诸多的小问题进行研究，先后写了十多篇论文，经过修改之后，就是呈现在读者面前的这本小书。

本书所写的题目，与传统的"公牍学"有相似之处，使用的史料，有一些是未刊的书札、日记和档案，此类史料近年来整理颇多，其实也算不上特别新，做这个题目的我，近似于陈寅恪所说的材料与问题皆不新的"闭门造车之徒"。不过我仍然认为，政治运作和日常行政，事关到国家、社会与个人利益，是大家都关心的题目，自有其价值。本书希望澄清晚清时期朝会的具体流程，各种政务文书的产生、处理经过，皇太后、皇帝与军机处的权力划分，清末新政与文书政治的关系，进而讨论当时"君主专制"的特征及其限度，进一步思考政治决策的效率与合理性的关系、权威性与专业性的关系问题。希望通过细微的考证，稳妥地推进对这一系列问题的认知，呈现稍大的思考，避免失之于琐屑。

这些年来，学界比较提倡"跨学科"研究，我却固执地认为，历史学未必要赶这个时髦。二级学科以下的各专门史，本就已经自带了其他学科的属性（例如经济史、外交史），了解各学科的知识，领略其精髓，不留痕迹地创作出圆融的史学作品，可能才是应该努力的方向。当然，这么说也许会有"盲人摸象"之讥，但我同样认为，一只大象固然需要远远的、触类旁通去观察其大概，靠近了仔细地摸清大象的腿、身躯、大耳朵，也同样重要或者说更为重要——对局部有过细致切实的研究，往往更易理解并及于整体。从这个角度来讲，越是将本学科做到极致，便越能贡献给其他学科。

当然，我并不是说跨学科不好，事实上，书中的一些思考正是得益于其他学科的启示（有时是打击）。谈到跨学科，我需要感谢浙江大学人文高等研究院。2016 年，为了集中时间处理搜集到的诸多史料，我尝试申请前往成立不久的浙大高研院访问，很快就得到批准。从 2016 年秋季开始，我在高研院访问了两个学期，这本书至少有三分之一的内容是在之江边上完成的。高研院的驻访学人来自全国乃至世界各地，学科背景各异。在每周报告会以及每天午餐时，我都能听到社会学、人类学、政治学者的高论，他们对历史学的直截发问也每每给我巨大的启发，慢慢改变着我端坐斗室，盯着京师、盯着上层、盯着档案的思维定式。想想那时，每天下班后关好门窗，下山乘车到苏堤南口，再横穿西湖走回宿舍，回味白天的收获，很多奇思妙想就是在苏堤上闪现出来的。那真是神仙一般的日子。

今天年轻学者大概不会有衣食之忧了，却又面临新的困境，这困境用四个字可以概括："威逼""利诱"。所谓的"威逼"，就是量化考核悬诸头顶；所谓的"利诱"，我想，被形形色色的项目和计划所缠/扰的高校青年教师们看到这两个字，大概都会会心地一笑。学者有自己的兴趣和专长，学校也自有压力跟指向。感谢华东师范大学，让我从未有过"威逼"的压力（由此可见，从容的环境未必导致学者的怠惰，但"我要完成"跟"要我完成"所导出的结果，还是大不相同的）；而当我挣扎着去抗拒一部分"利诱"之时，也仍能在上海的郊区生活下去。现在还能提供这样的环境，给年轻人一定的空间，便算是一所好学校。

一位我十分尊敬的师长经常提醒我们，要分清"为人之学"与"为己之学"（《论语·宪问》有言："古之学者为己，今之学者为人"）。程颐对这句话做的注解非常到位，他说："古之学者为己，其终至于成物，今之学者为人，其终至于丧己。"用另一位我十分尊敬的师长的教导来解释，便是年轻人要"守得住"。岁月匆匆，白驹过隙，我不忍看时间精力和生命被"切香肠似"地消耗掉，也因为如此，希望尽量固执地按自己的想法去处理一些自认为长时段内共通的大问题，也期盼尽可能地去提升论著的品质，让自己的文字能存活得稍长一些。

本书中八成文字的底稿曾经在期刊上发表过，编入时经过了大的整合与修改。这些论文往往一投便中，这要感谢接纳我论文的期刊。优秀的期刊编辑部不吝赐予一位年轻人机会，给足了我信心，也让我学会直面批评。在改稿之时，我发现很多细微的讹误都被编辑部老师更正了过来，如《中华文史论丛》，更是改正了我引文断句的错误，这份一丝不苟的态度给我很大的触动。如果不是自认为过得去的论题，如果没有经过反复锤炼和核校，现在我反而不敢随意投稿了。当然，鉴于个人学识和精力有限（真实感触），书中的各种讹误仍在所难免，皆归本人承担。

1898 年 6 月 11 日，曾经产生过一份影响中国历史进程的文献，那便是变法诏书。其中有一句，专门告诫人们对新学问的态度，用以警示全国士庶，并也送给尚在孕育中的母校：

> 专心致志，精益求精，毋徒袭其皮毛，毋竞腾其口说。

122 年过去了，我们这个世界沧海桑田，上面的话却并未因时空转移而稍减其价值。相比各种豪言壮语，我更认为这句话能代表母校对学问的态度，也更符合我心目中校训的标准。今后的学问岁月，当经常引此省思、以此自勉。

李文杰

庚子年仲夏前初稿，仲秋改定

图书在版编目(CIP)数据

辨色视朝:晚清的朝会、文书与政治决策/李文杰
著.—上海:上海人民出版社,2020
(论衡)
ISBN 978-7-208-16777-3

Ⅰ.①辨… Ⅱ.①李… Ⅲ.①行政管理-研究-中国
-清后期 Ⅳ.①D691.22

中国版本图书馆 CIP 数据核字(2020)第 206721 号

责任编辑　邵　冲
封面设计　赤　徉

论衡

辨色视朝
——晚清的朝会、文书与政治决策
李文杰　著

出　　版　**上海人民出版社**
　　　　　　(200001　上海福建中路 193 号)
发　　行　上海人民出版社发行中心
印　　刷　常熟市新骅印刷有限公司
开　　本　890×1240　1/32
印　　张　14
插　　页　5
字　　数　305,000
版　　次　2020 年 11 月第 1 版
印　　次　2021 年 3 月第 2 次印刷
ISBN 978-7-208-16777-3/K·3009
定　　价　78.00 元